本科规划教材

数字电路设计简明教程

SHUZI DIANLU SHEJI
JIANMING JIAOCHENG

唐普英　姜书艳　张　鹰　主编

电子科技大学出版社
University of Electronic Science and Technology of China Press
·成都·

图书在版编目(CIP)数据

数字电路设计简明教程 / 唐普英，姜书艳，张鹰主编. -- 成都：电子科技大学出版社，2020.7
ISBN 978-7-5647-8216-0

Ⅰ. ①数… Ⅱ. ①唐… ②姜… ③张… Ⅲ. ①数字电路—电路设计—教材 Ⅳ. ①TN79

中国版本图书馆 CIP 数据核字（2020）第 155650 号

数字电路设计简明教程

唐普英　姜书艳　张　鹰　主编

策划编辑　郭蜀燕
责任编辑　李燕芩

出版发行　电子科技大学出版社
　　　　　成都市一环路东一段 159 号电子信息产业大厦　邮编　610051
主　　页　www.uestcp.com.cn
服务电话　028-83203399
邮购电话　028-83201495

印　　刷　成都市火炬印务有限公司
成品尺寸　185 mm×260 mm
印　　张　19.25
字　　数　430 千字
版　　次　2020 年 7 月第一版
印　　次　2020 年 7 月第一次印刷
书　　号　ISBN 978-7-5647-8216-0
定　　价　68.00 元

前言

FOREWORD

数字电路，也称为数字逻辑、数字设计、数字电子技术、数字集成电路等。本教材主要解决数字系统的硬件电路设计问题。

所谓系统，是表达信号之间特定的输入 / 输出关系。数字系统是用于处理数字信号的系统，其输入信号与输出信号均为数字信号。

数字系统的设计总体上可以分为两大类：一类是软件系统设计，这是基于通用计算机系统进行的应用性设计；另一类则是硬件系统设计，采用元器件单元来实现。

软件系统设计的优点是设计灵活，适用性广泛，但其弱点是运算速度慢，这是由于其串行运算特点所决定的。此外，软件系统的实现也依赖于计算机硬件系统的发展。

硬件电路设计则是专门针对特定的系统进行，针对性强，可以灵活设计小的运算单元，大量采用并行设计是其优点。

本教材的任务就是了解和掌握数字系统硬件设计的基本思路和方法。

数字硬件电路通常采用集成电路实现。所谓集成电路，是将由若干元器件及相互连接形成的电路功能单元制作于一个芯片上，封装到一起形成的功能单元器件。

数字电路特别适合于集成技术的发展，从20世纪60年代以来，数字电路设计经历了从小规模集成（SSI）、中规模集成（MSI）到大规模集成（LSI）、超大规模集(VLSI)的发展阶段，目前已经进入片上系统（SOC）的设计阶段，任何复杂的数字系统都可以在单个集成芯片上实现。

采用数字集成电路实现数字系统的硬件设计可以采用两种不同的方式。

1. 定制集成电路的设计：ASIC（Application Specific Integrated Circuit）

针对需要实现的特定数字系统，采用逻辑单元或运算单元的组合进行设计，并将该设计在单片集成芯片上实现。采用此种设计方式，可以根据不同系统的特点实现最优化设计。但这种设计周期长，初期投资大，只适合于大规模生产阶段的设计。

2. 采用商用的通用集成块进行设计：板上组合设计或可编程器件设计

此方法先制作出适应于各类设计需求的通用型集成器件，然后通过选择这些器件外部或内部的连接关系实现数字系统的设计。当采用中小规模集成块时，这种设计体现为印制板上的多集成块连接设计。而对应更大规模的设计时，则采用存储器、CPLD、FPGA等可编程集成块，通过改变内部存储数据来实现设计。此类设计灵活方便，适应于研究阶段或小规模生产阶段。

数字技术的飞速发展，给社会各领域带来深刻的变化，也同样给数字电路的教学带来挑战。为了应对这种挑战，教材的内容体系需要进行变革，融入更新的内容，这就是编写这本教材的目的。

考虑到目前数字电路教学的现状，本教材希望通过对这现有体系的归纳整理，理清数字电路设计的发展历程和方向，逐步加入现代设计的一些基础知识。与目前使用的其他同类教材相比，本教材主要具有如下4个特点。

1. 与目前使用的其他同类教材相比，本教材主要以数字电路的设计方法为主线进行讲解。课程的内容主要根据设计的对象、基础和方法进行分类安排。顶层的分类分为三部分。

（1）设计基础部分：包含逻辑运算表达、电路单元性能和信号编码表达三部分。该部分对应教材的第1章至第3章。

（2）组合优化设计：从输入 / 输出的静态对应关系讨论组合运算单元的设计。在该部分中，又根据设计基础分解为片内ASIC设计部分和基于商用集成块的设计两部分，在每个部分中又各自分解为中小规模单元设计方法和大规模系统设计方法进行分别讨论。该部分对应教材的第4章至第7章。

（3）时序控制设计：从信号动态变化的角度讨论时序控制的设计。在该部分中，分为同步系统的控制设计和状态机设计两个层次，分别针对ASIC设计和基于集成块的设计进行讨论，同样可细分为中小型功能单元设计和规模化系统设计进行分别讨论。该部分对应教材的第8章至第10章。

希望通过这样的分解，使读者能够全面了解数字电路设计的主要方法，并通过不同设计方法的对比了解每种方法的特点和局限。

2. 本教材希望读者能够具备对众多的设计方案进行优化选择的能力。为了评价设计的优化程度，需要建立基本的评估模型。针对不同的设计方法，本教材提出了“标准晶体管”“标准门”“标准集成块”“标准可编程单元”等简单物理模型，为器件的成本和延迟时间建立评估标准。同时，在设计方法讨论中，尽可能采用多种设计方案去实现同一功能器件，着眼于对比分析各种设计方案的特点，通过这种对比，得到不同方案的应用方向。

3. 基于FPGA的设计已逐渐成为数字设计的重要方法，但在组合及时序设计方面如何体现这种器件的特点，尚未进入教学体系。本教材从结构设计的角度出发，对设计思路的变动进行了初步的探讨，并联系相关的HDL描述方法进行了介绍。希望这种探讨能够引发对此问题的关注，形成对相关课程教学体系的更新。

4. 本教材突出简明性，强调设计思路的开阔性，弱化物理模型及逻辑推导的严密性。为了表达的简单，主要模型均采用了大幅度的简化，不需要使用复杂的数学推导或较多的物理基础。除了个别知识需要补充外，只需要具备中学物理及数学知识就能够很好地学习本教材的内容。

本教材的编写是为了推动数字电路课程教学体系的改革，其中必有很多的不足之处，期望通过教学的实践逐步去完善。同时，编者殷切期望各方面的读者对本教材能多提宝贵意见，对不足之处能给以批评和指正。

编　者

目录

CONTENTS

第1章 数字系统的标准设计

1.1 数字信号与数字系统

用数字信号完成对数字量进行算术运算和逻辑运算的电路称为数字电路或数字系统。由于它具有逻辑运算和逻辑处理功能，所以又称数字逻辑电路。用于处理数字信号的系统，其输入信号与输出信号都是数字信号。设计数字系统必须先对数字信号的特点有所了解。

1.1.1 数字信号

数字信号指自变量是离散的、因变量也是离散的信号。理想的数字信号是离散时间信号，仅在离散时刻发生变化。通常将相继2个变化时刻之间的信号值称为数字信号的状态，如图1.1.1所示。数字信号的状态具有以下特点。

时间稳定性：在每个变化间隔时间内，信号具有稳定值（稳定的状态）。

取值离散性：信号的稳定值采用有限精度的数字表达，其稳定状态数量有限。

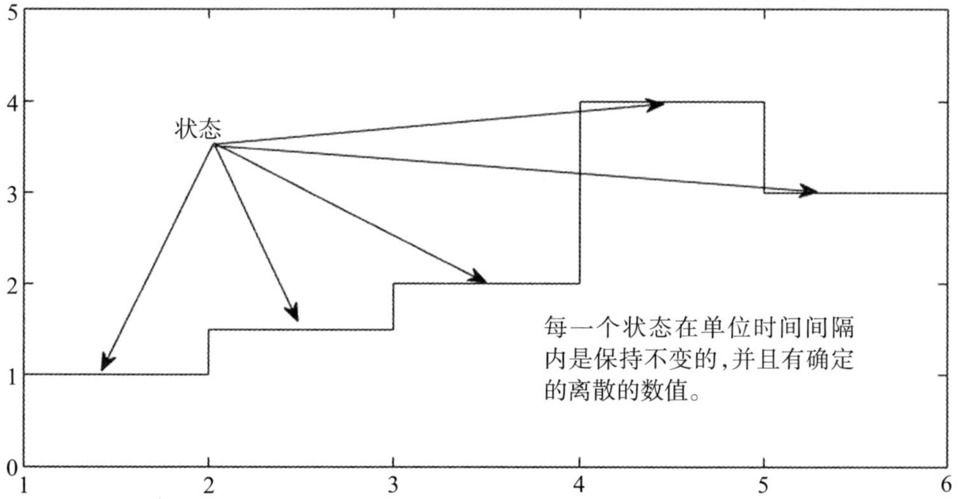

图1.1.1 数字信号的状态

考虑到在数字硬件系统中状态的表达特点，每个数字信号的状态都采用一组二进制数表达。这种表达称为对状态进行编码。一个数字信号状态的二进制表达通常称为一个“字”。每个字包含若干二进制符号，0或者1。每个二进制符号称为“位”。一个字包含位的数量称为字长，也称为字的位数。

如图1.1.2所示，数字信号进行传输时，可以采用并行传输方式，将字的每一位通过独立的传输线同时进行传输（字传输），这种传输成本高，速率快，通常用于数字系统的内部近距离传输；也可以采用串行传输方式，采用单根线分时对字的每一位逐步传输（位传输），这种传输成本低，但传输速率低。随着字长的增加，并行传输的成本或串行传输的时间随之增长。在实际数字系统设计中，需要将字长限制在有限范围内。

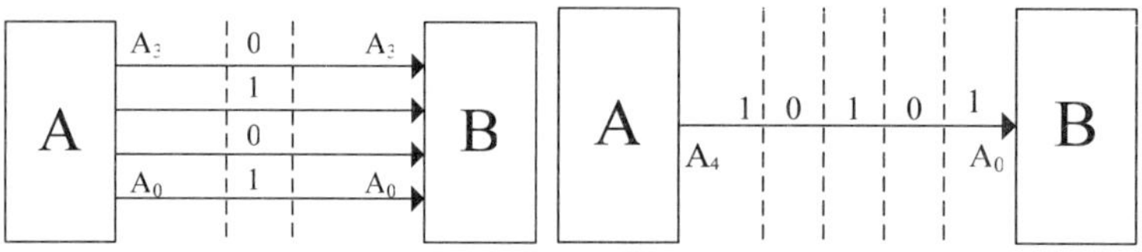

图1.1.2　数字信号的2种传输方式

当数字信号的字长有限时，信号的状态数必然有限。由于每一位二进制数只有0、1两种状态，当数字信号状态采用N位二进制数表达时，最多只能表达2^N种不同状态。既然任何数字信号的状态有限，其状态就可以按照其对应编码的顺序逐一罗列。

1.1.2　数字系统的特点

数字系统输入数字信号，经过处理后产生输出的数字信号。数字系统应该具有因果性：系统的输出由输入决定。这就意味着系统输出的变化必定由输入的变化引发。当系统的输入状态稳定不变时，系统的输出状态也应该稳定不变。每个输入稳定状态决定了一个输出的稳定状态。

数字系统的设计任务体现为：

当状态稳定不变时，对每个输入的稳定状态，如何实现对应的输出稳定状态。这一问题通常称为组合逻辑设计问题，本教材前七章将主要围绕这一问题进行讨论。

当状态发生变化时，如何决定状态变化的时刻和下一时段的状态（通常称为转移状态），如何决定对输出状态的采集时刻。这一问题通常称为时序逻辑设计问题。本教材后三章将针对该问题进行讨论。

1.1.3　数字系统的真值表及其表达要点

为了建立静态条件下数字系统的输入/输出关系，可以根据数字信号有限性的特点，将输入信号按照编码顺序进行列表排列，同时排列出对应的输出状态列表。这样排列出的输入/输出关系称为真值表。表1.1.1是一个简单数字系统（“异或”运算）的真值表，其中a和b是输入信号，f是输出信号。真值表是对数字系统输入/输出关系的完整表达，每个独立的数字系统具有唯一的真值表。

表1.1.1　“异或”运算的真值表

a b	*f*
0 0	0
0 1	1
1 0	1
1 1	0

数字系统真值表的表达要点如下：

1. 逐一列出所有可能的输入状态，对每个状态采用有限位二进制数表达；
2. 根据输入编码的字长，对每一位设置独立的输入变量名称；
3. 将输入编码视为二进制整数，按照数值大小从小到大将全部输入编码排为一列；
4. 在每个输入编码的后面，排列出对应的输出状态编码，同时为输出的每一位设置名称。

1.1.4　数字系统真值表的举例

例1.1.1　写出3位表决器的真值表。3位输入中1为多数时，输出1，否则输出0。

解：3位表决器有三位输入，每位输入有两个状态，即可用二进制整数进行编写，由高位到低位分别命名为*abc*：000~111.输出只有两个状态，就用0和1来表示，命名为*f*。具体真值表见表1.1.2。

例1.1.2　写出4位素数检测器的真值表。假设输入为4位二进制数，当输入为2、3、5、7、11、13时输出1，否则输出0。

解：输入为四位二进制数，命名为*abcd*：0000~1111分别表示0~15。输出表示是否为素数，若为素数则输出1，否则输出0，将输出命名为*f*。具体真值表见表1.1.3。

例1.1.3　写出4位LSB+1加法器的真值表。假设输入为4位二进制数，输出也是四位二进制数，表现为输入加1的结果。特别设置：当输入为1111时，要求输出为0000（遵循后面将要讲到的补码运算规则）。

解：LSB+1加法器的输入是0000~1111的四位二进制数，命名为*abcd*，其输出也是四位二进制数，命名为*wxyz*，表现为输入+1的值。例如：输入为0000，输出为0001。当特别的输入为1111，对应的输出为0000（补码运算法则）。具体真值表见表1.1.4。

表 1.1.2　3 位表决器的真值表

abc	*f*
000	0
001	0
010	0
011	1
100	0
101	1
110	1
111	1

表 1.1.3　4 位素数检测器的真值表

abcd	*f*	*abcd*	*f*
0000	0	1000	0
0001	0	1001	0
0010	1	1010	0
0011	1	1011	1
0100	0	1100	0
0101	1	1101	1
0110	0	1110	0
0111	1	1111	0

表 1.1.4　4 位 LSB+1 加法器的真值表

abcd	*wxyz*	*abcd*	*wxyz*
0000	0001	1000	1001
0001	0010	1001	1010
0010	0011	1010	1011
0011	0100	1011	1100
0100	0101	1100	1101
0101	0110	1101	1110
0110	0111	1110	1111
0111	1000	1111	0000

1.2　数字系统的设计分割——逻辑运算与逻辑单元

真值表是对数字系统输入 / 输出关系的抽象表达。为了将真值表表现的数字系统对应到电路单元设计，需要对真值表表达的系统进行设计分割，从而导出运算基本单元，通过这些基本单元的组合来实现系统的设计。

1.2.1　自顶向下设计

系统设计可以分割为子系统或基本元器件的连接设计。子系统是系统的一部分，其复杂度应该低于系统本身。在抽象的系统表达中，系统的复杂度可以采用输入 / 输出位数进行表达。系统分割的思想体现为：子系统的输入 / 输出位数应该少于系统本身。具体设计步骤如图 1.2.1 所示。

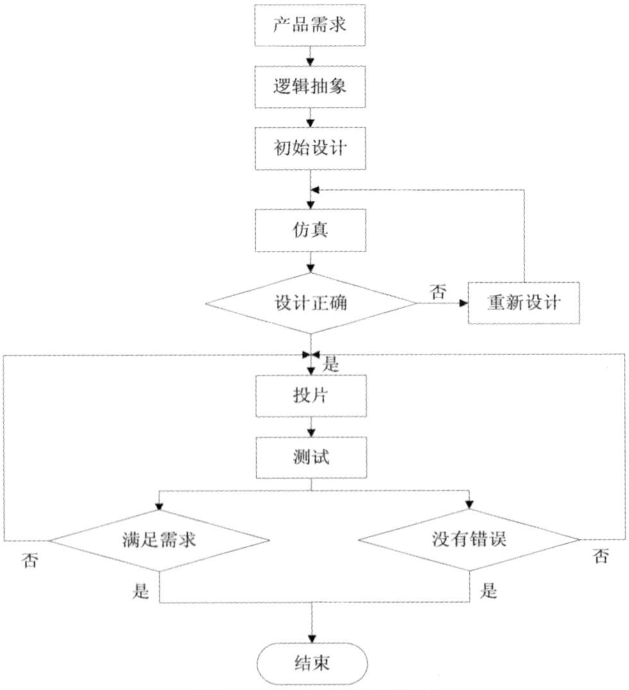

图 1.2.1　自顶向下设计

1.2.2　从输出进行系统分割

系统的输出状态由输入状态决定，可以将输出看作是输入的函数。

系统输出状态由输出中的每一位状态构成，当输出状态表现为输入的函数时，输出中的每一位都可以看作是输入的函数。因此，可以将输出的每一位看作一个独立的子系统对输入运算产生的结果。多输出系统可以被分割为多个单输出系统的并行运算结构。

单输出系统的特点是只有2个输出状态（0或1），其运算作用体现为判断：什么输入导致输出1。可以对所有输入状态进行分类：部分输入状态导致输出1，其余导致输出0。

这种根据输入状态的情况判断输出的取值的运算称为逻辑运算，进行逻辑运算的系统称为逻辑系统。

单输出系统都是逻辑系统。多输出系统可以由逻辑系统组合构成。因此，数字系统也称为数字逻辑系统，数字系统中的运算被称为逻辑运算。

1.2.3　从输入进行系统分割

对于多输入逻辑系统，还可以从输入进行系统分割。逻辑系统内部可能由更简单的逻辑单元连接构成。更简单的逻辑单元的输入端应该更少。最简单的逻辑单元的输入端一定最少。

单输入逻辑系统只有一位输入，一位输出。该系统的输入只有2种状态。对每个输入状态，其输出状态只有2种可能。因此，其输入 / 输出关系可能出现以下4种组合形式，如图1.2.2所示。

输入a	输出y			
0	0	0	1	1
1	0	1	0	1

图1.2.2　单输入单输出系统

考虑到系统的定义，输出应该受到输入变化的影响，不能为恒定常数。所以，单输入逻辑只有2种系统。

反相器：输出与输入相反；$y = a'$。逻辑符号如图1.2.3所示。

缓冲器：输出与输入相同；$y = a$。逻辑符号如图1.2.4所示。

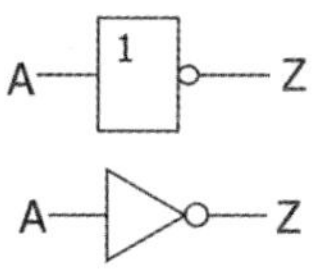

图1.2.3　反相器（INV）

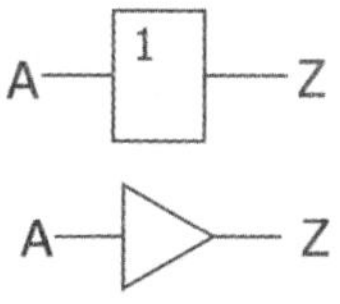

图1.2.4　缓冲器

单输入器件中，缓冲器可以由反相器构成，2级反相就构成缓冲，但反相器不可能由缓冲器构成。所以，只有反相器可以作为基本逻辑运算（基本单元）。

1.2.4 逻辑运算的规范表达方式

逻辑运算可以采用真值表、运算符号、逻辑符号进行表达。在进行表达时，应该满足通用的文档规范标准，简述如下。

1. 真值表

表格左边列举输入状态，右边列举对应输出。输入变量和输出函数名称的排列按照“高位在左、低位在右”的方式进行。状态排列按照输入状态的递增顺序从上到下排列。

2. 运算式

等号左边标记输出函数名（输出），右边为输入变量的运算表达。

3. 逻辑符号图

符号左边为输入端，右边为输出端。基本逻辑采用不同几何图形表达，复杂逻辑统一采用矩形表达。反相器与其他器件连接使用时，可以缩并为反相圈附着于其他逻辑符号的输入端或输出端。

1.2.5 2输入逻辑系统

若单输出系统设计中存在多个单元器件（都是单输出），则需要将这些输出汇总为统一的输出。这种汇总不可能由反相器构成。因此，需要使用2输入器件负责进行这样的汇总。

2个逻辑单元的输出不能通过直接连接汇总，需要进行逻辑判断产生输出。2输入相同时，最简单的判断是将输入的状态直接输出。2输入不同时，应该输出什么状态。对于单输出，只有2种可能的输出，可以设置下列2种不同的判断逻辑。

1. 与（AND）运算

2输入不同时，输出0。或者说：只要输入有0就输出0；输入全1时，输出才为1。逻辑表达式：$y=a\cdot\ b$。逻辑符号如图1.2.5所示。

2. 或（OR）运算

2输入不同时，输出1；或者说：只要输入有1就输出1。输入全0时，输出才为0。逻辑表达式：$y=a+b$。逻辑符号如图1.2.6所示。

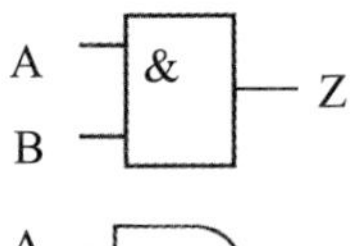

图1.2.5 逻辑与（AND2）

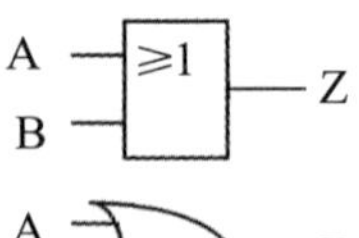

图1.2.6 逻辑或（OR2）

上述2种2输入运算不能相互替换，因此构成基本逻辑运算。

说明：

对基本逻辑的选择可以有很多不同的理由，这里只是从电路设计的思想出发进行自然的推论。以上选择的基本逻辑还具有以下优点：

1. 运算关系与逻辑学中的语言文字表达一致；
2. 运算关系与二进制乘法和加法规则基本一致；
3. 利于扩展到多路信号的汇总；
4. 利于对后续任意逻辑系统的表达。

注意：逻辑运算符号借用了算数运算的乘法符号和加法符号。考虑到运算符号的习惯称呼，在不至于与算数运算混淆的情况下，对逻辑运算中的“与运算”通常也称为相乘，“或运算”称为相加。需要注意“或运算”与二进制数算数相加的区别。

可以证明，任意复杂的逻辑系统，都可以利用已经建立的三种基本单元系统（INV，AND2，OR2）进行设计。因为采用这三种简单系统就可以实现任意逻辑系统，所以这三种系统（运算）可以被称为完全集。

1.2.6　逻辑运算的扩展

1. 与运算和或运算的扩展

可以定义N输入的与运算为：N个输入中只要有0就输出0。定义N输入或运算为：N个输入中只要有1就输出1。因此，可以对逻辑运算进行组合与分解。

N输入与运算可以表达为$y = a_{n-1} \cdot a_{n-2} \cdot \ldots \cdot a_2 \cdot a_1 \cdot a_0$

N输入或运算可以表达为$y = a_{n-1} + a_{n-2} + \ldots + a_2 + a_1 + a_0$

上述这些运算都可以采用N–1个2输入同类运算单元实现。

2. 与或单元与反相器的组合

与运算单元与反相器级联，可以构成“与非（NAND）”运算单元，逻辑表达式为$y=(a\cdot b)'$，逻辑符号如图1.2.7所示。或运算单元与反相器级联，可以构成“或非（NOR）”运算单元，逻辑表达式为$y=(a+b)'$，逻辑符号如图1.2.8所示。

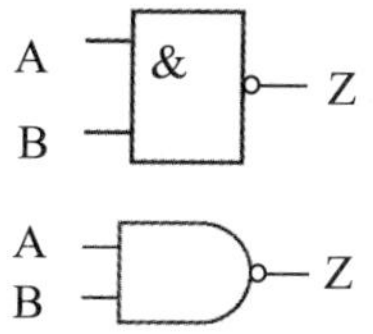

图1.2.7　NAND2

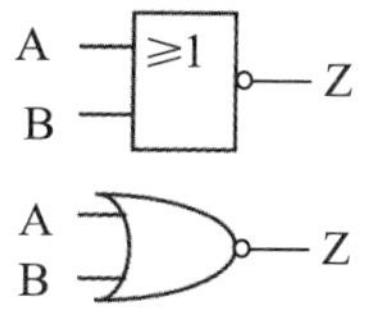

图1.2.8　NOR2

1.3　数字逻辑系统的标准运算表达

1.3.1　展开定理

展开定理的表现形式是$f(a,b) = a \cdot f(1,b) + a' \cdot f(0,b)$

1. 展开定理的证明

列举等式左边和右边在所有条件下的取值，并证明在每种条件下左边都等于右边，从而完成对等式的证明。这种证明方法通常称为完备证明，或通过真值表进行证明，如图1.3.1所示。

a	b	f (a,b)	a · f (1,b)	a' · f (0,b)
0	0	f (0,0)	0 · f (1,0)	1 · f (0,0)
0	1	f (0,1)	0 · f (1,1)	1 · f (0,1)
1	0	f (1,0)	1 · f (1,0)	0 · f (0,0)
1	1	f (1,1)	1 · f (1,1)	0 · f (0,1)

图1.3.1　展开定理的真值表证明

2. 展开定理的推广

从展开定理可以看出，当一个系统函数中含有变量a时，该系统可以将该变量提取出来，分别采用原变量和反变量与提取a之后的函数相乘，再将这两个乘积结果相加。

这种提取简化显然可以针对任何变量进行。例如，对上面分解得到的子系统，里面还含有变量b，针对该变量进行提取分解，则可以得到：

$$f(0,b)=b'\cdot f(0,0)+b\cdot f(0,1)$$

$$f(1,b)=b'\cdot f(1,0)+b\cdot f(1,1)$$

将这2个系统表达式代入原来的表达式，就可以得到：

$$f(a,b)=a'\cdot b'\cdot f(0,0)+a'\cdot b\cdot f(0,1)+a\cdot b'\cdot f(1,0)+a\cdot b\cdot f(1,1)$$

在上式右边，$f(a, b)$已经是常数，系统运算分解为反相运算、与运算、或运算的组合。上述表达方法也适用于对多输入变量函数的分解。

1.3.2　最小项

可以注意到，在如图1.3.1所示真值表的运算表达中，每一个乘积项都表现为真值表的变量与具体输出值的乘积。为了规范而简便地表现这种乘积，以下引入一些简化的符号来表达真值表各行对应的变量的乘积和对应的输出值。

在这种表达中，可以先对真值表每行从上到下进行编号，然后将每一行对应的输出和变量乘积项采用特定的字母和编号表达。其中，对变量乘积项的表达称为最小项，见表1.3.1。

表1.3.1　2变量逻辑函数f的最小项

a	b	f	m
0	0	f_0	$m_0=a'b'$
0	1	f_1	$m_1=a'b$
1	0	f_2	$m_2=ab'$
1	1	f_3	$m_3=ab$

最小项为真值表每一行（每个输入状态）定义的变量乘积项，其构成具有以下特点：

1. 任何最小项都是一个由该真值表的所有变量参与的变量乘积项，乘积中变量的排列顺序应该与该真值表变量原有的排列顺序一致。

2. 各最小项乘积项中的变量可以取原变量或反变量，其选取规则为：当该行某变量取值为1时，该变量在乘积项中取原变量，否则取反变量。

3. 每个最小项表现为一个多输入与门，该与门仅在变量取真值表中该行的值时输出1，否则输出0。

4. 对于真值表的任何输入状态，所有最小项中一定有一个输出1，也只有一个输出1。所以，对于任何输入状态，全部最小项之和一定为1，任意2个最小项之积一定为0。

注意：最小项的变量乘积表达与真值表的变量名称有关，也与变量的排列顺序有关。例如：对于2变量系统 $f(a,b)$，$m_2 = a \cdot b'$；对于3变量系统 $f(a,b,c)$，$m_2 = a' \cdot b \cdot c'$；对于4变量系统 $f(a,b,c,d)$，$m_2 = a' \cdot b' \cdot c \cdot d'$；对于4变量系统 $f(d,c,b,a)$，$m_2 = d' \cdot c' \cdot b \cdot a'$。

1.3.3 逻辑函数的标准和

采用上述简化表达，则真值表的运算表达式可以表达为

$$f(a,b) = m_0 \cdot f_0 + m_1 \cdot f_1 + m_2 \cdot f_2 + m_3 \cdot f_3 = \sum\nolimits_{a,b} m_i \cdot f_i$$

即将真值表每行的最小项与该行的输出相乘（与运算），然后再对所有乘积求和（或运算）。

上述表达方式称为真值表的标准运算表达，也称为标准逻辑运算式。

在实际使用标准表达式进行运算时，需要注意到，对于单输出系统，输出只有1和0两种取值；在标准运算表达中，乘以0的最小项不会出现，所以只是表现为对输出1对应的最小项求和，这种求和通常称为标准和，也可以表现为输出1的最小项列表：1的列表。

例1.3.1 写出异或运算的标准和与最小项列表

解：异或运算是一个2输入系统，其真值表见表1.1.1。它的标准和表达式是 $f(a,b) = a' \cdot b + a \cdot b'$，最小项列表是 $f(a,b) = m_1 + m_2 = \sum\nolimits_{a,b}(1,2)$。

例1.3.2 写出3位表决器的标准和与最小项列表

解：3位表决器是一个3输入系统，其真值表见表1.1.2。它的标准和表达式是 $f(a,b,c) = a' \cdot b \cdot c + a \cdot b' \cdot c + a \cdot b \cdot c' + a \cdot b \cdot c$，最小项列表是 $f = \sum\nolimits_{a,b,c}(3,5,6,7)$。

例1.3.3 写出4位素数检测器的标准和与最小项列表

解：4位素数检测器是一个4输入系统，其真值表见表1.1.3。它的标准和表达式

是 $f(a,b,c,d)=a'b'cd'+a'b'cd+a'bc'd+a'bcd+ab'cd+abc'd$ ，最小项列表是 $f(a,b,c,d)=\sum_{a,b,c,d}(2,3,5,7,11,13)$ 。

注意： 由于最小项的乘积含义与变量的表达及排布顺序相关，在采用最小项列表表达的逻辑函数中，一定要以某种方式将涉及的变量以及排布顺序表达清楚。

1.4 数字逻辑系统的逻辑图表达

逻辑表达式与逻辑图之间具有密切的联系，逻辑表达式是逻辑图的数字表示，逻辑图是数字表达式的图像形象表示，两者相辅相成，加深我们对数字逻辑系统的理解。

在1.2小节中，我们介绍了标准运算式的三种基本运算，这三种基本运算实现了数字系统的运算表达。在标准表达式中，这三种运算被多次使用，进行这种运算时需要注意运算的顺序。

1.4.1 逻辑运算的顺序

在标准逻辑运算表达式中，运算的先后顺序为：

1. 取非（INV）运算；
2. 与（AND2）运算；
3. 或（OR2）运算。

如图1.4.1所示，3种基本运算中的INV运算的优先级最高。在非标准的运算式中，如果需要改变这种运算顺序，可以通过给优先的运算加括号的方式来实现。

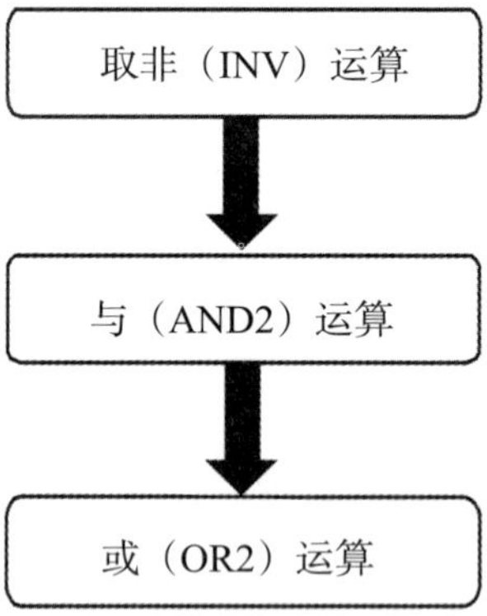

图1.4.1 逻辑运算顺序示意图

例1.4.1 描述3位表决器表达式的逻辑运算顺序

解： 3位表决器的逻辑表达式为 $f(a,b,c)=a'bc+ab'c+abc'+abc$ ，其运算步骤应该为：

1. 进行取非运算，对各原变量进行取非，形成反变量 a'，b'，c'；
2. 进行与运算，由原变量和反变量相乘构成各乘积项 $a'bc$，$ab'c$，abc'，abc；

3. 进行或运算，将各乘积项加起来，得到最后结果。

在进行与（或）运算时，经常遇到需要对多个输入量进行与（或）运算的情况，此时可以按照从左向右的顺序逐步进行，也可以随意选择其中2个输入先进行运算，再将结果与其他变量进行运算。采用这种方式，可以使用2输入的基本系统实现任意多输入的与（或）运算。

例1.4.2　描述4位输入系统 $f(a,b,c,d)=a+b+c+d$ 的运算形式

解： $f(a,b,c,d)=a+b+c+d$ 的运算形式可以采用以下方式进行：

1. 从左向右逐步计算（串行运算）：$a+b+c+d=\left[(a+b)+c\right]+d$

2. 组合进行运算（并行运算）：$a+b+c+d=(a+b)+(c+d)$

考虑到在实际电路中运算需要时间，而并行运算的时间花费较少，通常采用并行运算形式。

1.4.2　多输入逻辑符号表达

尽管多输入与、或可以看作是由2输入与、或逐步实现，但在采用逻辑符号表达时，却可以采用在2输入与、或逻辑符号基础上，通过在输入边添加输入直接表达多输入与、或运算。4输入或运算的逻辑图表达如图1.4.2所示。

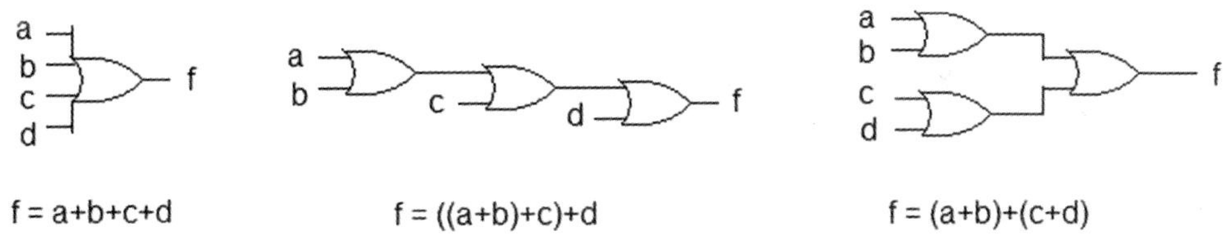

（a）　　（b）　　（c）

图1.4.2　4输入或运算的逻辑图

在画逻辑符号图时，应该注意保持所有与门符号和或门符号尺度的一致性。如果与门符号及或门符号的输入端不足以容纳多个输入时，可以在符号输入边上添加垂直线以扩展输入线的容纳能力。

图1.4.2（a）的符号可以看作是该逻辑的整体简化表达，而图1.4.2（b）和（c）的2个图则表达了该逻辑的不同运算方式。由图1.4.2可以看到，逻辑图的表达与逻辑运算式具有一一对应关系，同一个逻辑系统采用不同的逻辑运算方式表达，其逻辑图就会有所不同，当然，其性能也就可能受到影响。

1.4.3　标准逻辑符号图的表达

根据标准逻辑运算的表达方式，可以画出对应的逻辑符号图。逻辑符号图的画图步骤如下：

1. 排列运算符号

按照运算先后顺序从左向右排列运算符号，整个系统以及其中的所有运算符号

中的信号流向都应该遵循从左向右的规则，输入端一律标注在符号左边，输出端标注在符号右边。（在一些特殊情况下，允许控制性输入端标注在符号的上下端。）

2. 标注输入变量

最先在左边标注所有的输入变量。

3. 构造反变量

在变量的右边添加反相器阵列，构成必要的反变量。

4. 设置变量总线

在反相器右边设置变量总线，将所有变量和反变量接入变量总线。

5. 构造最小（大）项

在变量总线右边设置与门阵列，从变量总线中引出必要的变量线，形成需要的各最小项（变量乘积项），可以将变量乘积项标注于相应与门的输出端附近以表达该与门从变量总线中引出的变量。

6. 连接表达式

最后在与门阵列右边设置或门符号，将各与门输出端连接到该或门输入端，并在或门输出端标注最终的逻辑输出符号。

例 1.4.3 画出 3 位多数表决器的逻辑图

解：3 位多数表决器的标准和是

$$f(a,b,c)=\sum_{a,b,c}(3,5,6,7)=a'bc+ab'c+abc'+abc$$

根据上述步骤画出的逻辑图如图 1.4.3 所示。

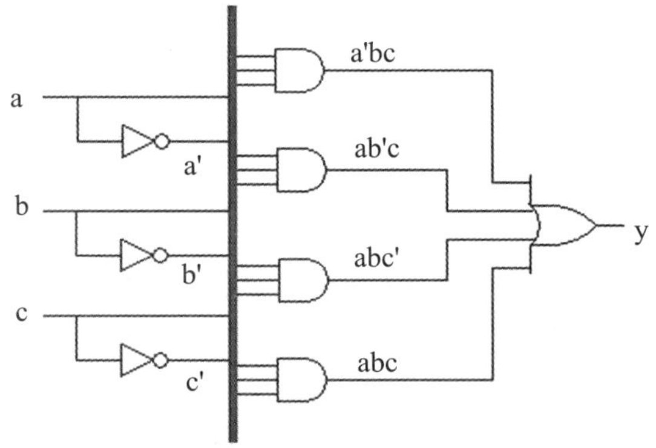

图 1.4.3　3 位多数表决器的逻辑图

1.5　采用计算机工具进行图形输入和仿真

现代数字设计通常采用计算机辅助设计。在采用计算机辅助设计时，可以通过逻辑图方式将设计输入计算机系统，并利用计算机系统对设计进行仿真检验。图形输入及仿真检验的过程简要介绍如下：

1. 选择一种特定的 EDA（Electronic Design Automation）工具平台（例如 Maxplus 2 等），打开图形编辑器；

2. 在图形编辑器中选择所需要的逻辑单元器件；
3. 完成各逻辑单元器件的相互连接；
4. 引入输入 / 输出端口并进行命名；
5. 将已完成输入的逻辑图保存为图形文件；
6. 为该文件建立项目，并选择综合所用的可编程器件单元；
7. 对该设计进行综合；
8. 打开仿真波形编辑器，设置仿真输入波形：对于简单组合设计，通常选择与真值表对应的输入；
9. 保存波形文件后，进行仿真，检查得到的输出波形。

附：Maxplus 2是Altera公司上一代的PLD开发软件，提供的FPGA/CPLD开发集成环境，Altera公司是世界上最大可编程逻辑器件的供应商之一。Maxplus 2界面友好，使用便捷，被誉为业界最易用易学的EDA软件。在Maxplus 2上可以完成设计输入、元件适配、时序仿真和功能仿真、编程下载整个流程，它提供了一种与结构无关的设计环境，使设计者能方便地进行设计输入、快速处理和器件编程。目前，Altera公司已经停止开发Maxplus 2，而转向开发Quartus 2软件平台。

习题①

1.1 若A为2位二进制数a_1a_0，B为2位二进制数b_1b_0，试写出$F_1=A\cdot\ \ B$，$F_2=A<B$的真值表。

1.2 设A和B都是一位二进制数，试采用真值表完备证明下列逻辑定理：

（1）$(A\cdot B)'=A'+B'$

（2）$(A+B)'=A'\cdot B'$

（3）$X\cdot Y+X\cdot Z=X\cdot(Y+Z)$

（4）$X+X\cdot Y=X$

1.3 证明或反证下列命题

（1）令A和B为开关代数变量，那么$A\cdot B=0$且$A+B=1$蕴含$A=B'$

（2）令X和Y为开关代数表达式，那么$X\cdot Y=0$且$X+Y=1$蕴含$X=Y'$

1.4 现已设计了一个含有a、b、c三个变量的数字系统，在所有时刻至少有其中2个变量等于1。在这个系统中，有多少个不同的3变量逻辑函数$F(a,b,c)$？至少对于一个正常输入组合，函数的输出不同，这样才能认为这些函数是不同的。试对每个函数写出其简化的代数表达式。

1.5 若A为2位二进制数a_1a_0，B为2位二进制数b_1b_0，F为3位二进制数$f_2f_1f_0$，$F=A+B$。试写出$f_1(a_1,a_0,b_1,b_0)$的标准和表达、最小项列表，并画出标准逻辑图。

1.6 试写出下面各个逻辑函数的真值表

（1）$F=X'\cdot Y'\cdot Z'+X\cdot Y\cdot Z+X\cdot Y'\cdot Z$

（2）$F = M' \cdot N' + M \cdot P + N' \cdot P$

（3）$F = A \cdot B + A \cdot B' \cdot C' + A' \cdot B \cdot C$

（4）$F = A' \cdot B \cdot (A' \cdot B \cdot C + B \cdot C')$

1.7　试写出下面各个逻辑函数的标准和

（1）$F = \sum_{X,Y,Z}(0,3)$

（2）$F = \sum_{A,B,C,D}(1,2,5,6)$

（3）$F = X' + Y \cdot Z' + Y' \cdot Z$

（4）$F = A' \cdot B + B' \cdot C + A$

第2章 数字电路的结构与性能

2.1 开关电路与开关器件

数字系统的功能是由数字电路实现的，数字电路其实就是一种开关电路，而开关电路则是由开关器件来实现的电路。工作在开关状态下的二极管、三极管或MOS晶体管就是常见的开关器件。

2.1.1 逻辑状态的电路表达与获取

数字系统的特点是任何输出只具有2个状态：逻辑0和逻辑1。构成数字系统的数字电路如何表达这2个状态呢？数字电路中采用电压（电平）表达不同逻辑状态：采用高电平表达逻辑1，低电平表达逻辑0。

在单电源系统中，逻辑1由正电源表达，逻辑0由接地表达。正电源和接地称为供电轨道，如图2.1.1所示。

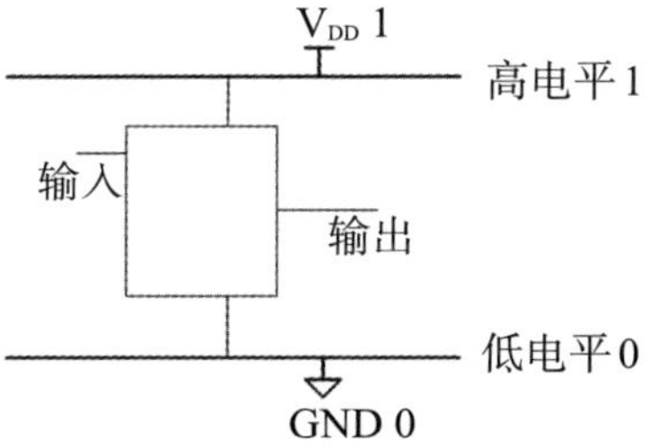

图2.1.1　逻辑状态的电路表达与获取

2.1.2 逻辑单元的简单电路实现

基本的逻辑运算（与、或、非）单元可以采用不同的电路设计方案来实现。例如：二极管或门、二极管与门、三极管反相器，分别如图2.1.2（a）、（b）、（c）所示。

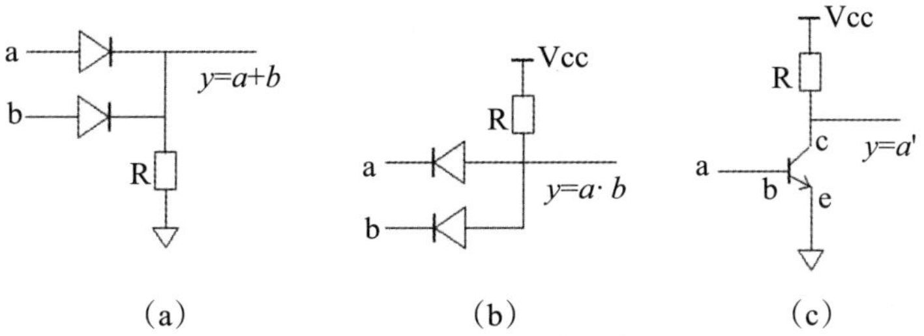

图2.1.2　逻辑单元的简单电路实现

上述设计方法可以方便地实现基本逻辑。但是，在进行复杂系统的集成设计时，这样的设计就会产生2个方面的问题。

第1个问题是上述设计在二极管或三极管导通时，器件上都会存在不可忽略的导通压降，其输出电平不可能趋于理想电平。当很多这类器件级联时，每一级可能存在的导通压降累计起来，可能导致最终的输出电平远离理想电平。

第2个问题是上述设计在二极管或三极管导通时都存在较大的静态电流，这种静态电流通过电阻会产生较大的静态功耗（通常可能达到毫瓦量级）。当将成千上万的这种器件集成到一个小小的芯片上时，这种功耗会使得器件发热而无法工作。

为了有效地解决上述问题，在大规模集成电路的设计中通常采用开关电路的设计思想。

2.1.3　开关电路的设计思想

开关电路的设计思想如下。

（1）除了供电轨道外，电路中任何节点的电平都由某个电路单元的输出提供。

（2）电路单元的输出端通过开关（或开关网络）从供电轨道获取电平。

（3）为了获取高电平输出，输出端应该通过开关网络与正电压连接。

（4）为了获取低电平输出，输出端应该通过开关网络与地连接。

（5）电路单元的输出端需要连接2个开关网络：1个接地、1个接正电源。这2个开关网络不能同时接通，否则导致电源接地时短路，并导致器件或电源损毁。此外，为了保障输出具有确定的逻辑状态，这2个网络也不能同时断开。所以，这2个网络的状态应该是互补的：一定有1个接通，一定有1个断开。

（6）开关的状态通过输入进行控制，每一个输入都需要同时控制接地和接正电源的开关；在相同输入状态下，2个开关状态不同，需要有2种不同开关。

根据上述思路，一个开关电路的结构如图2.1.3所示。

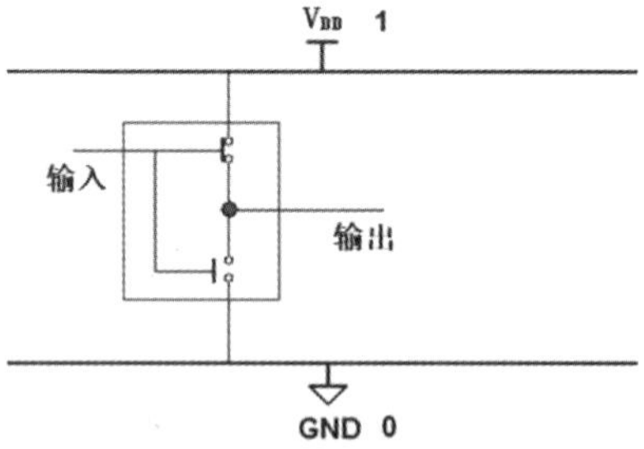

图2.1.3　开关电路的结构

开关连接的优点是：（1）通过开关的连接可以使输出趋于理想电平；（2）开关的互补使得正电源到地不存在直接通道，静态功耗可以忽略不计。

2.1.4　典型的开关器件（MOS晶体管）

目前，大规模集成电路中的开关器件都采用MOS晶体管构成。MOS晶体管可以分为NMOS晶体管和PMOS晶体管两种器件。下面以NMOS晶体管对器件结构和功能进行简要说明。

首先，在一块P型半导体区域中，制作2块分离开的N型区域，如图2.1.4(b)所示。其次在N型区上分别制作D（漏）、S（源）电极，由于P型区和N型区之间存在PN结（耗尽区），当在D和S电极上施加电压时，电流无法通过，对应于开关断开的状态，如图2.1.4(c)所示。然后在2块N型区之间的P型区上制作绝缘隔离层，在该层之上制作G（栅）电极，同时在P型区上制作B（基底）电极，如图2.1.4(d)所示。

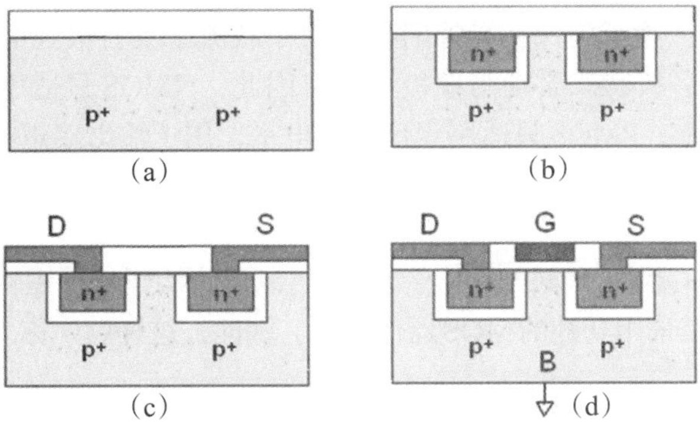

图2.1.4　NMOS晶体管制作的示意图

将B电极固定接地，当G电极上为低电平时，各电极保持相互隔离状态，此时D与S之间保持断开状态，如图2.1.5(a)所示。当G电极上为高电平时，G与B之间形成电场，该电场会吸引电子（N型载流子）到G极之下聚集，导致该区域由P型区域转变为N型区域（N型载流子占多数的区域），从而导致D和S这2块N型半导体被N型区连接起来，表现为导通状态，如图2.1.5(b)所示。这种通过电场效应形成开关作用的器件也称为场效应器件（FET）。

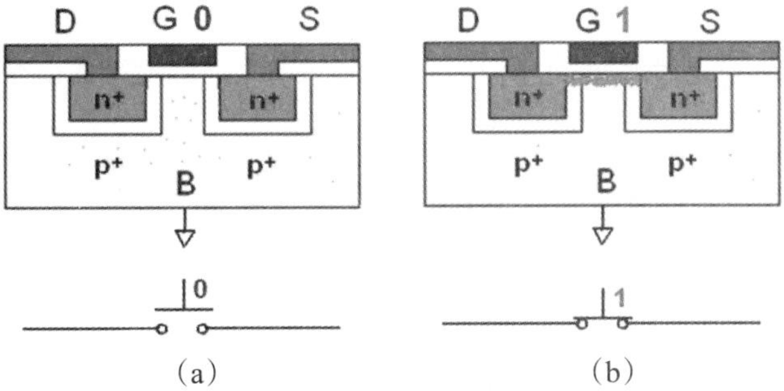

图2.1.5　NMOS晶体管的断开状态与导通状态

如果将上述P型和N型的描述加以互换，则可以得到PMOS晶体管。这种器件在使用时将B极固定接正电源，当G极接高电平时，内部没有电场，各极相互隔离，表现为断开状态；而当G极接低电平时，则在器件中形成电场，建立P型载流子的导电通道，表现为导通状态。

这样就设计出2种互补的开关器件：NMOS（G极为逻辑1时开关导通，否则开关断开），PMOS（G极为逻辑0时开关导通，否则开关断开）。这2种互补开关器件的电路符号如图2.1.6所示，图中的小圆圈表示G极为低电平时开关导通。

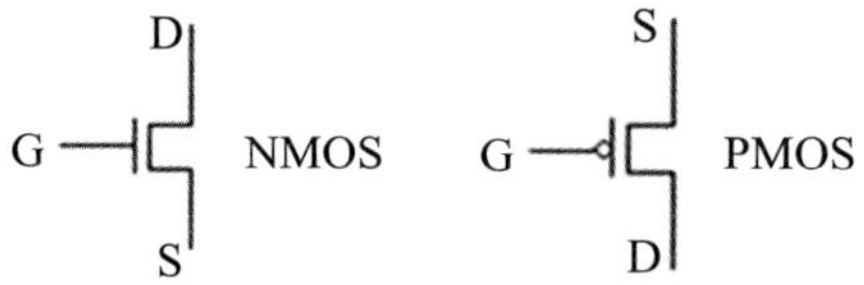

图2.1.6　2种互补的开关器件

需要注意的是，MOS晶体管是利用G极上的电压吸引载流子建立导电沟道，从而实现开关的导通。为了确保在导通时栅极对于载流子具有最强的吸引力，当晶体管导通工作时，其他各极状态必须与栅极不同。因此，NMOS只适用于传递低电平，用于输出接地的路径上；PMOS只适用于传递高电平，用于输出接正电源的路径上。

2.2　CMOS结构

应用相应的开关器件（MOS晶体管），就可以逐步构建各种逻辑运算器件了。由于这些电路的构成都是采用互补的MOS器件设计，因此，这种设计称为CMOS电路结构。

2.2.1　单输入器件

单输入器件只有1个输入，控制2个晶体管（1P和1N），这种连接关系只可能形成一种单输入器件（反相器），如图2.2.1所示。

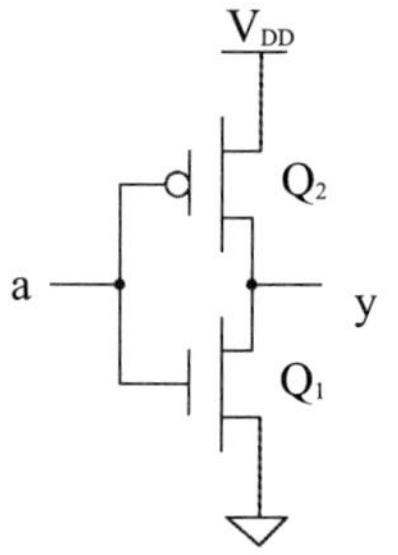

a	y
0	1
1	0

$y=a'$

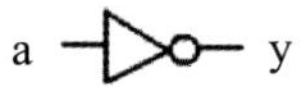

图2.2.1　反相器

注意：由于不能通过将P管（PMOS晶体管）接地、N管（NMOS晶体管）接正电源形成缓冲器，所以单输入器件只有一种，缓冲器只能由反相器级联形成，如图2.2.2所示。

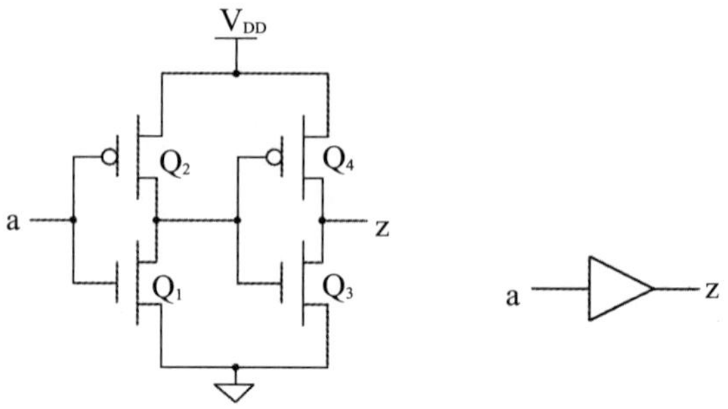

图2.2.2　缓冲器

2.2.2　2输入器件

2输入器件有2个输入，各控制2个晶体管（2P和2N），此时上下各有2个晶体管连接输出到电源的通道，其连接方式可以采用并联或者串联。

如果P型晶体管和N型晶体管都采用并联，则当2个输入状态不同时，必定有1个P管和1个N管同时导通，输出同时联通正电源和地，形成电源到地的短路通道，可能导致电源或器件损毁。所以，这种连接方式不能采用。

如果P型晶体管和N型晶体管都采用串联，则当2个输入状态不同时，必定有1个P管和1个N管同时断开，输出与正电源和地都不连接，其逻辑状态无法实现。这种连接方式也不能采用。

为了确保输出具有确定状态，避免电源与地的短路，2个N管和2个P管各自的连接只能采用互补的形式（串联和并联），所以只有如下2种可实现方案，如图2.2.3所示。

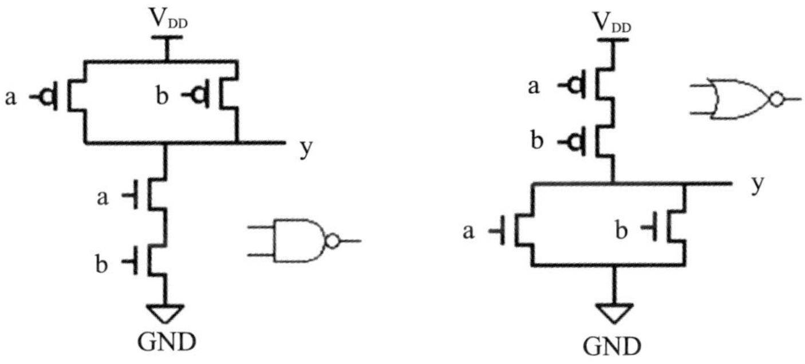

$y=(ab)'$　　　　$y=(a+b)'$

图2.2.3　2输入器件

当N采用串联时，对应的P就必须采用并联，构成NAND2（2输入与非门）。当N采用并联时，对应的P就必须采用串联，构成NOR2（2输入或非门）。

2.2.3　2输入“与门”和“或门”的构成

2输入的电路基本器件只有与非门、或非门，不能直接实现与门、或门。与门、或门可以通过与非、或非器件与反相器级联实现。

从上述电路结构可以看到，设计反相器（INV，inverter）需要2个晶体管，设计NAND2或NOR2需要4个晶体管，而设计AND2、OR2单元需要6个晶体管。如图2.2.4所示是AND2的电路结构。

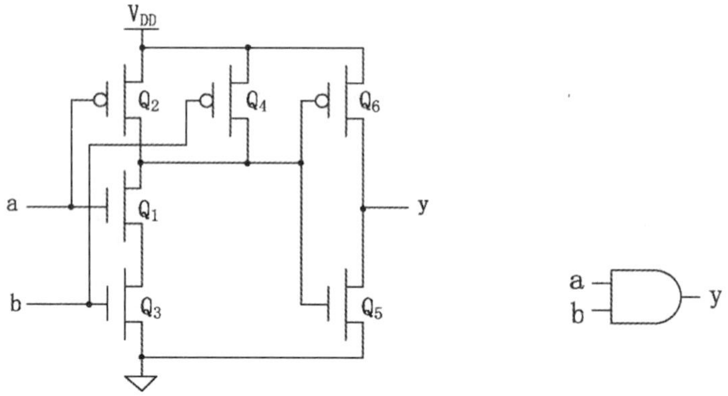

图2.2.4　AND2的电路结构

2.2.4　CMOS结构的特点总结

从2.2.1 ~ 2.2.3对CMOS器件构成的讨论中，可以总结出CMOS结构的特点，具体如下。

（1）开关器件全部由MOS晶体管实现，电路表现为全晶体管电路。

（2）输出通向正电源的通道全部由PMOS器件连接构成。

（3）输出通向地的通道全部由NMOS器件连接构成。

（4）输入全为高电平时，由于所有N型开关导通，所有P型开关断开，输出一定为低电平，输入/输出关系表现出反相性质。因此，这种器件在逻辑表现上一定表现出反相输出，通常称为反相器件（反相门）。

（5）在反相器件之后级联反相器得到同相器件（同相门）。

（6）每个输入控制2个晶体管（1P，1N），当器件具有N个输入时，可以采用2N个晶体管连接构成。N型晶体管的连接方式与P型晶体管的连接方式对偶（当N型晶体管串联时，对应的P型晶体管采用并联）。

（7）当N型晶体管采用串联时，表现出“与运算”逻辑；当N型晶体管采用并联时，表现出“或运算”逻辑。

2.2.5　互补结构的推广

上述讨论了单输入器件和2输入器件，但在实际应用中也常用到多输入器件、漏极开路门、传输门和三态门等，因此有必要进一步讨论上述互补结构的推广。

1. 3输入器件分析

3输入器件由3个P型晶体管构成输出连接正电源的通道，由3个N型晶体管构成输出连接地的通道。考虑到P管的连接和N管的连接方式需要对偶（互补），此类器件可以有下列4种形式：

（1）3个N型晶体管串联，可以构成3输入与非门（NAND3）；

（2）2个N器件串联，再与1个N器件并联，构成与或非门（AOI（2，1））；

（3）2个N器件并联，再与1个N器件串联，构成或与非门（OAI（2，1））；

（4）3个N型晶体管并联，可以构成3输入或非门（NOR3）。

这4种连接形式如图2.2.5所示。

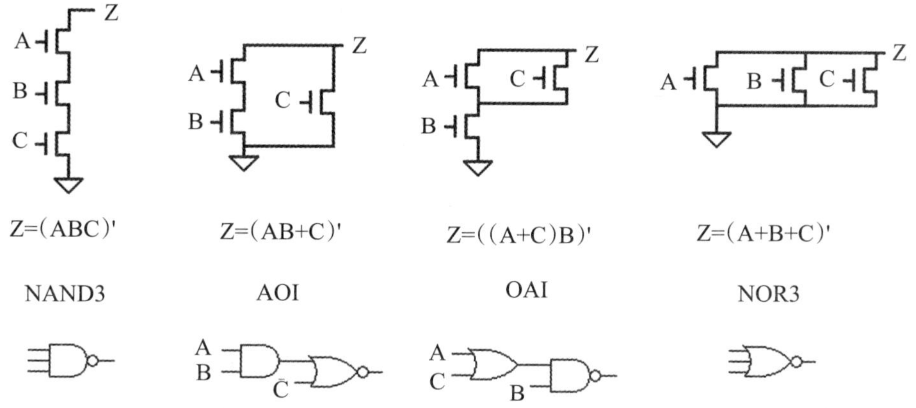

图2.2.5　3输入器件的NMOS连接方式

图2.2.5表现了不同3输入单元的NMOS器件连接方式、逻辑运算表达和逻辑图表达。采用这种方式，还可以建立更多输入端的器件。

例2.2.1　写出如图2.2.6所示的逻辑单元的输出表达式

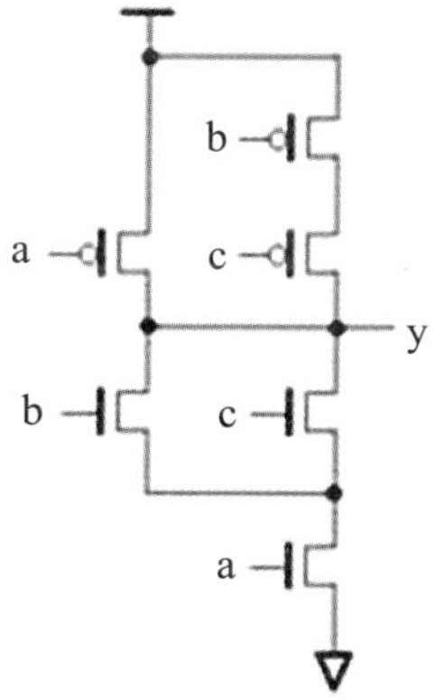

图2.2.6　逻辑单元

解：容易看出，如图2.2.6所示的逻辑单元是一个CMOS结构的单元，可以从NMOS管的连接关系得到其逻辑功能。首先，输入b和c所连接的NMOS管以并联方式连接，得到（b+c）的关系。然后，再与输入a所连接的NMOS管以串联方式级联，得到$a(b+c)$。最后，根据上述CMOS结构的特点，输出表现为反相逻辑。因此，输出的表达式为$y=(a\cdot(b+c))'$。

2. n输入NAND / NOR器件

n输入NAND / NOR器件由$2n$个晶体管构成，其中n个N管串/并联，n个P管并/串联，如图2.2.7所示。

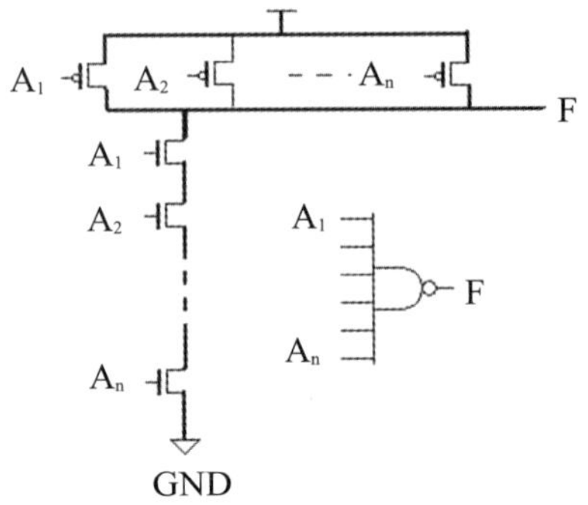

图2.2.7　n输入NAND

3. AOI（2,2）

AOI称为“与或非”门（AND-OR-INVERTER)。AOI（2，2）有2组输入，每组有2个输入。先将2个N管进行串联（与），再将不同串联支路进行并联（或）；然后将相应的P管进行互补连接，如图2.2.8所示。

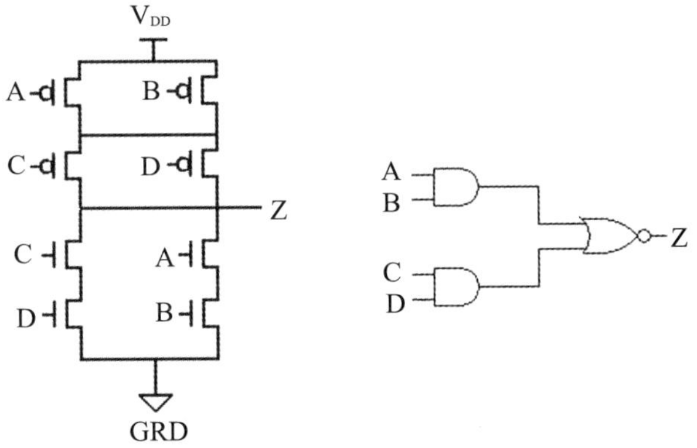

图2.2.8　AOI(2,2)的电路结构

4. OAOI

OAOI称为“或与或非”门（OR-AND-OR-INVERTER)。先将2个N管并联，再与1个N管串联，再与1个N管并联，然后将相应的P管进行互补连接，如图2.2.9所示。

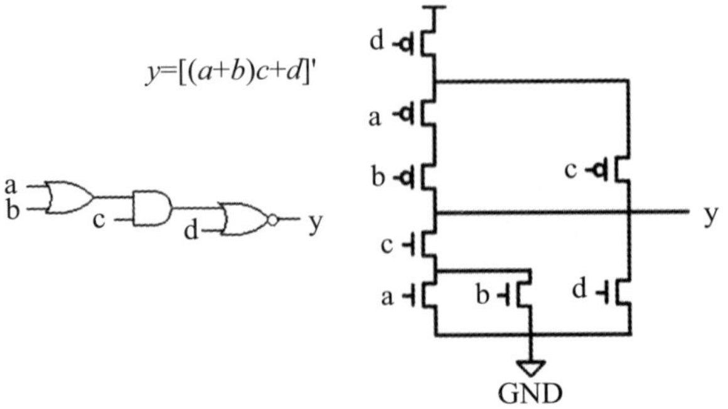

图2.2.9　OAOI的电路结构

在上述例子中可以看到，当我们将这些系统当作整体进行设计时，使用的晶体管数量（成本）为输入数量的2倍。然而如果按照逻辑运算，采用基本逻辑（INV、AND2、OR2）来实现运算时，则需要使用更多的晶体管数量。

例如，在上述AOI（2，2）中，直接实现需要8个晶体管，但如果按照其逻辑图表达，采用AND2和NOR2来实现，则需要16个晶体管。

5. 开路门

如果希望更进一步减少晶体管的数量，还可以考虑这样的思想：

（1）前述逻辑都是采用N开关的连接方式表达的，通过这些开关的导通，可以使输出实现0；如果这些开关不导通，则通过P开关的导通使输出实现1。

（2）如果单独使用N开关网络，去掉P开关网络，则N开关网络接通时使输出实现0，而断开时则输出不是0，这样的器件称为开路门器件。

开路门器件只使用N型晶体管，可以实现原来输出0的功能。但N网络断开时，输出状态无法确定，这样的输出状态通常称为高阻状态Z。在使用时，可以在其输出端上与正电源之间连接一个电阻，以保障N网络断开时，输出可以表现为高电平。这样的电阻称为上拉电阻，如图2.2.10所示，图中（b）和（c）输出中的菱形符号表示该器件是开路门。

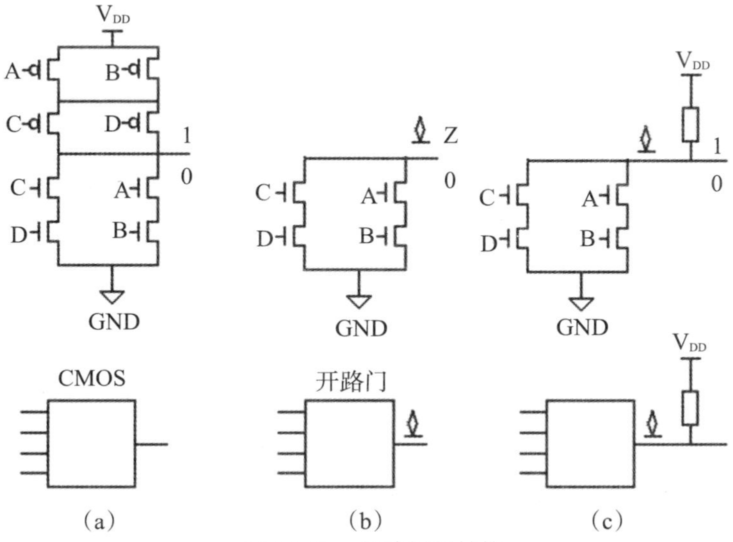

图2.2.10　开路门的结构

开路门使用上拉电阻替代P管网络，与相同逻辑的CMOS结构相比，可以减少一半的晶体管。

在集成电路内部，上拉电阻可以采用漏极和栅极直接接正电源的NMOS管实现，由于该管不能理想导通，而其栅极电平保持恒定，其沟道电阻表现为一个恒定的电阻，起到上拉电阻的作用。由于这种电路完全采用NMOS晶体管构成，也称为全NMOS电路，如图2.2.11所示。

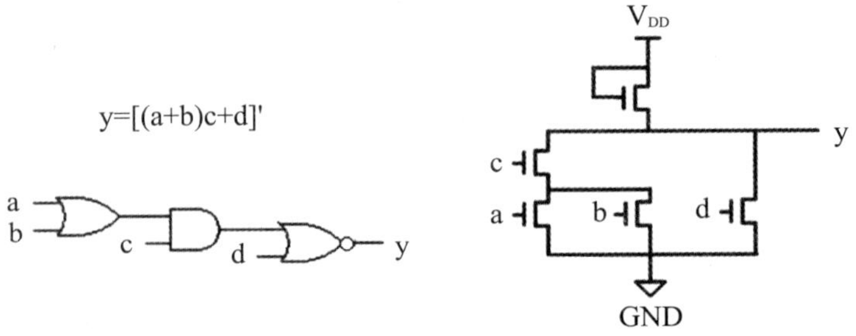

图2.2.11　全NMOS电路

6. 开路门的线连逻辑

对于正常的CMOS电路，其输出端可能联通正电源而输出高电平，也可能联通地而输出低电平，在使用这种器件时，绝不能将2个器件的输出端连接到一起，否则会发生电平冲突，导致器件或电源损毁，如图2.2.12（a）所示。

而对于开路门，由于输出端并没有联通正电源的路径，多个此类器件的输出连接到一起时，不会导致电平冲突：当各连接器件的输出不一致时，连接点一定表现为0（与地之间一定存在联通通道）。在外接上拉电阻后，这一特性表现为与运算特性。这种通过输出间连线构成的逻辑称为“线连逻辑”，由此形成的与运算称为“线与”，如图2.2.12（b）和（c）所示。

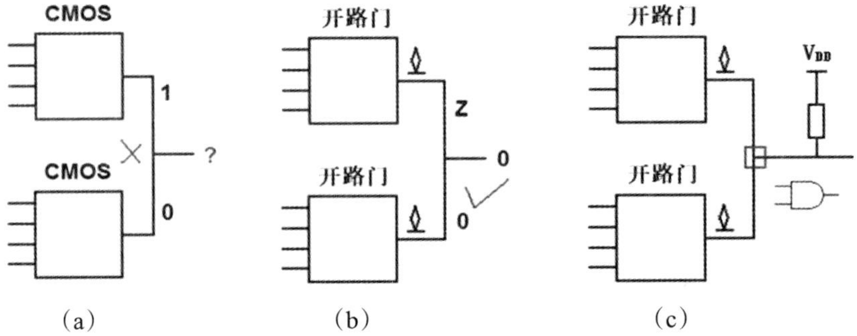

图2.2.12　逻辑门输出端的连接规范

7. 传输门与三态器件

除了上述器件结构外，还有一种电路单元在集成设计中发挥重要作用，这就是传输门以及基于传输门形成的三态开关器件。

传输门由一对反相控制的NMOS和PMOS晶体管构成，两个晶体管的D、S相互并联，实现开关器件功能，如图2.2.13所示。

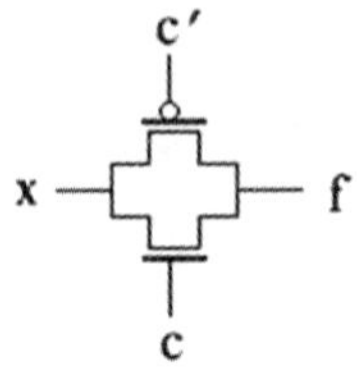

图2.2.13　传输门

当控制端c为高电平时，2个晶体管导通，传输开关导通。而当c为低电平时，2个晶体管同时截止，传输开关断开。

注意： 由于在传输高电平时，NMOS器件不能真正导通，而传输低电平时，PMOS开关不能真正导通，为了任意电平的传输，需要2个互补晶体管的配合。

传输门在导通时既可以传输高电平，也可以传输低电平，因此可以用于对模拟信号的控制，称为“模拟开关”。该器件使用数字信号（控制端c）对模拟信号的传输进行控制，可以实现模拟信号的双向传输。在后续章节中，AD转换中的采样开关和DA转换中的电流选择开关都可以采用传输门实现。

在数字系统中，考虑到器件输出端必须具备必要的驱动能力，通常在传输门的前级连接一个反相器，为传输门提供驱动。这样形成的器件称为“三态反相器”，如图2.2.14所示。如果在三态反相器前端再连接一个反相器，则构成“三态缓冲器”。

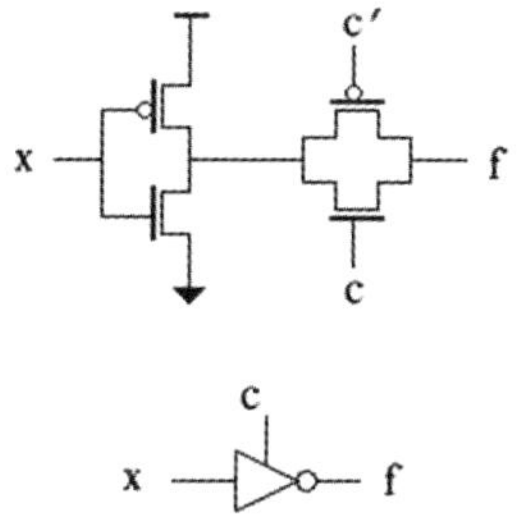

图2.2.14　三态反相器

三态反相器和三态缓冲器通常称为“三态门”。这类器件具有三种不同的输出状态：控制端c=0，开关断开，输出高阻态Z；控制端c=1，传输前端的信号，输出正常逻辑态（0或1）。

在数字电路中，这种器件的使用主要用于构建数据总线控制或构建双向通道。三态开关器件在使用时，不能将单独的三态开关输出直接连接到后续器件的输入端，为后续器件提供输入。因为当三态开关断开时，后续单元输入得不到正常逻辑控制，可能导致逻辑错误或器件损坏。

三态开关器件的使用通常采用阵列方式进行，多个三态开关的输出连接到一起，形成一个输出。这些连接到一起的三态开关必须满足如下条件：在任何时候它们中间一定有一个开关接通，在任何时候它们中间只有一个开关接通。这样就保障了连接起来形成的输出一定为正常逻辑输出：接通的那个三态开关的输出。这样的连接也称为“线或”逻辑。

2.3　静态分析

静态是指电路单元器件处于稳定不变的逻辑状态，此时输入/输出应具有稳定可靠的逻辑电平，稳定的电流输出能力。因此，静态分析主要分析CMOS单元的电压电流容限。

2.3.1 MOS器件的静态模型（电阻模型）

MOS器件的导电特性是由栅极G对载流子的吸引而形成导电沟道实现的，导电沟道的导电能力（或电阻）与栅极对载流子的吸引能力有关。可以将导电沟道看作是受G电压控制的可变电阻，电流流过该电阻时，会产生压降。NMOS管的静态模型如图2.3.1所示。

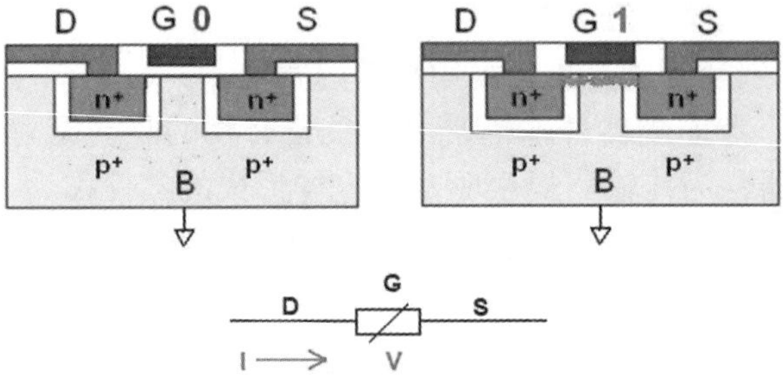

图2.3.1　NMOS管的静态模型

2.3.2 CMOS反相器的电压转移特性

CMOS反相器的静态模型如图2.3.2所示。

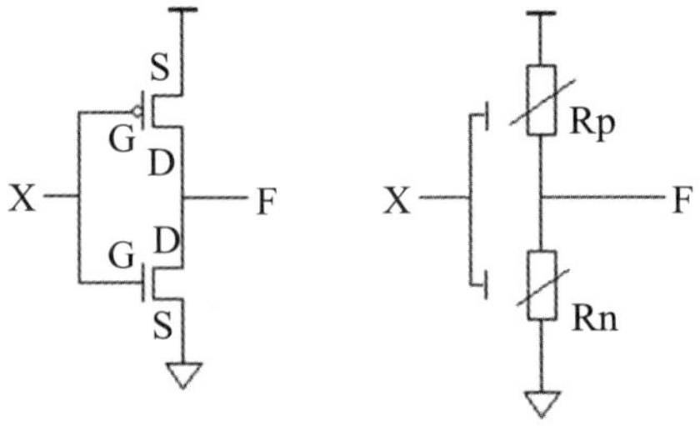

图2.3.2　CMOS反相器的静态模型

当输入电压变化时，P管和N管的栅极对载流子的吸引能力会发生变化，对应的沟道电阻也会发生变化，由此形成CMOS器件输出电压的变化，如图2.3.3所示。

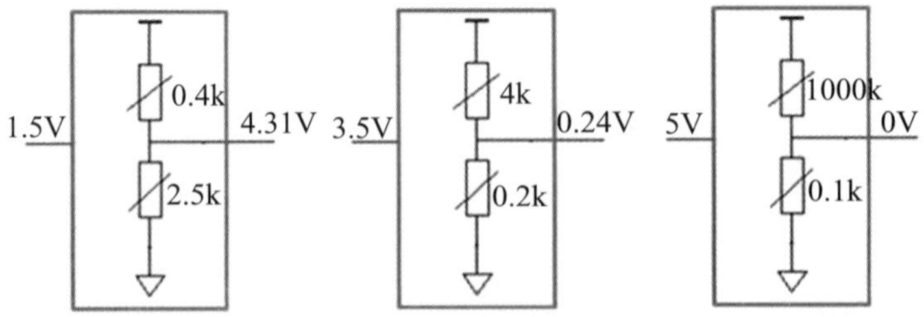

图2.3.3　CMOS反相器的输出电压随输入电压变化而变化

按照上述方式，逐步改变CMOS器件的输入电压，并对其输出电压进行测量，就可以得到该器件的电压转移特性如图2.3.4所示。

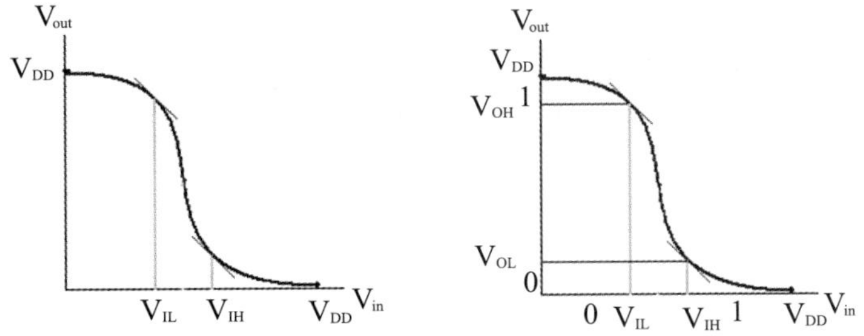

图2.3.4　CMOS反相器的电压转移特性

CMOS器件的电压转移曲线表现为非线性，可以根据该曲线的变化情况，将电压变化区域简单分为斜率绝对值大于1的区域和小于1的区域。图2.3.4中输入电压V_{in}为V_{IL}或V_{IH}时曲线的斜率等于−1。

斜率绝对值大于1的区域称为放大区（图2.3.4中V_{in}处于V_{IL}与V_{IH}之间的区域），可以用于输入信号变化的放大，由于该区域的存在，CMOS器件可以作为模拟电压的放大器件使用，该区域的斜率表现为器件的电压放大倍数。

而斜率绝对值小于1的区域称为衰减区（图2.3.4中V_{in}小于V_{IL}或大于V_{IH}的区域），任何此区域的输入信号变化波动会被衰减，而输出电压值则会趋于理想电平值（正电源或地）。显然，这种区域适合于表达数字逻辑需要的电平状态。

2.3.3　CMOS的逻辑电平范围（逻辑电平容限）

可靠逻辑电平的选取应该避开放大区（避免干扰噪声被放大）。选择低于或高于放大区的电压区域作为逻辑电平区域，该区域的范围称为逻辑电平容限。低于放大区的电压范围称为低电平容限，而高于放大区的电压范围称为高电平容限。

当信号电平保持在逻辑电平范围内时，器件对信号中的噪声干扰具有衰减作用，任何输入电平（容限内或容限外）经过逻辑器件后，其输出电平都会向理想电平趋近，逐步趋于理想化。

由于器件的放大作用，输出电压范围内的放大区远大于输入电压范围的放大区，因此输入电压的电平容限也就远大于输出电压的电平容限。

输入与输出对应电平容限之差称为噪声容限。噪声容限表现了器件在信号传递过程中对噪声干扰的容忍能力。

噪声容限分2种：低电平噪声容限V_{NL}和高电平噪声容限V_{NH}。根据驱动器件和被驱动器件的逻辑电平范围的不同（如图2.3.5所示），噪声容限的计算如下：

$$V_{NL}=V_{IL}-V_{OL}$$

$$V_{NH}=V_{OH}-V_{IH}$$

式中，V_{OL}表示输出低态时的最大输出电压，V_{IL}表示输入低态时的最大输入电压，V_{OH}表示输出高态时的最小输出电压，V_{IH}表示输入高态时的最小输入电压。

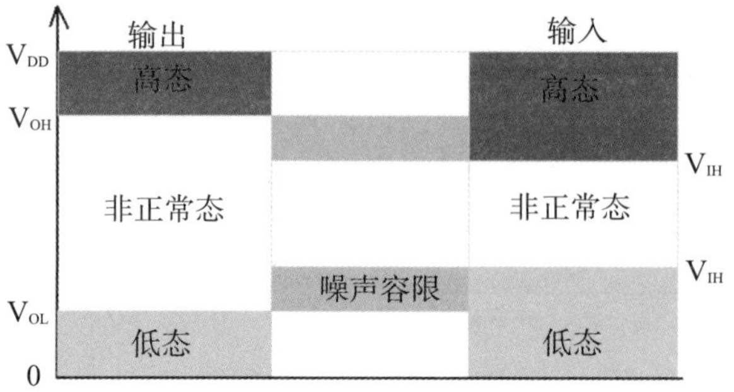

图2.3.5　噪声容限

2.3.4　输出电流与驱动能力

当逻辑单元对外形成输出电流时，该电流流过导通支路，会在导通电阻上产生压降，压降表现为输出电流与导通电阻的乘积。如图2.3.6所示，$\Delta V=R_{ON}\cdot I_{OHmax}$，式中$R_{ON}$为导通电阻，$I_{OHmax}$为最大输出电流。

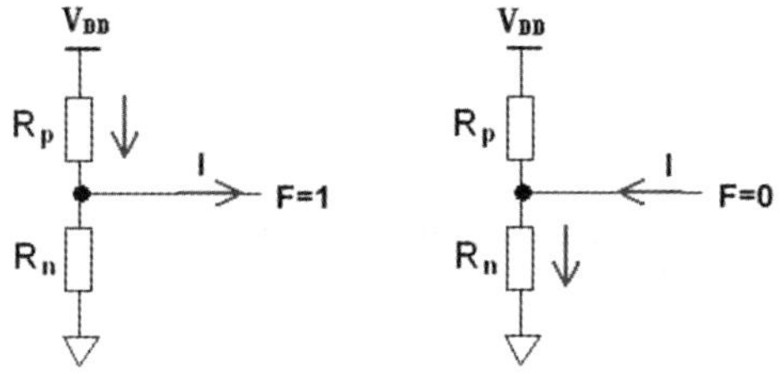

图2.3.6　导通支路上的压降

为了保障输出电压处于电平容限范围内，需要对导通支路上的压降进行限制，因此对器件的输出电流就有了限制，如：最大高态输出电流$I_{OH\max}$和最大低态输出电流$I_{OL\max}$。

器件在保持逻辑电平时，能够提供的最大输出电流称为器件的驱动能力I_M。为了对不同逻辑电平保持相同的输出能力，通常在设计电路时期望将高电平驱动能力和低电平驱动能力设计为相同，因此，后续讨论不再区分这两种情况，而统一采用驱动能力进行描述。

2.3.5　电路性能的对称设置

电路单元的电平容限和驱动能力构成了该单元重要的参数指标。在进行电路单元设计时，应该按照给定的参数指标进行设计。在使用电路单元时，也应该根据给定的参数指标进行连接设计。

在数字集成电路设计的早期，各类集成块在外部性能参数设计时，通常对于高低电平独立设置各自的电平容限和驱动能力。到了大规模集成电路设计中，为了使设计得到简化，希望对于高电平状态（逻辑1）和低电平状态（逻辑0）的性能设置实现对称性。通常要求在电压转移曲线中，使放大区处于电压范围的中心位置，使高电平容限和低电平容限在数值上保持一致，同时要求高电平驱动能力和低电平驱动能力相同。这样，器件的性能参数就可以简单用输入电平容限 ΔV_{I} 、输出电平容限 ΔV_{O} 、噪声容限 ΔV_{N} 、驱动能力 I_{M} 来统一表达，而不用区分高电平与低电平的不同。这样的设置也将简化动态分析中对信号延迟时间的分析。

2.4　最小晶体管模型与最大集成度设计

CMOS集成电路是全晶体管电路，每个MOS晶体管都是采用平面器件形成的，每个器件在芯片上占据一定面积。面积占用的尺度直接影响到器件或系统的成本和集成度。在满足电路参数的条件下，必须尽可能减小单元器件面积成本。

2.4.1　驱动能力与面积尺度的关系

对于任何平面器件，总是占据一定的面积，也总是具有一定的驱动能力。如果希望使用已有的器件去满足更大的驱动能力要求，则最简单的方式就是将同类器件并联。多个器件并联总是能够提供更大的输出电流，如图2.4.1所示。

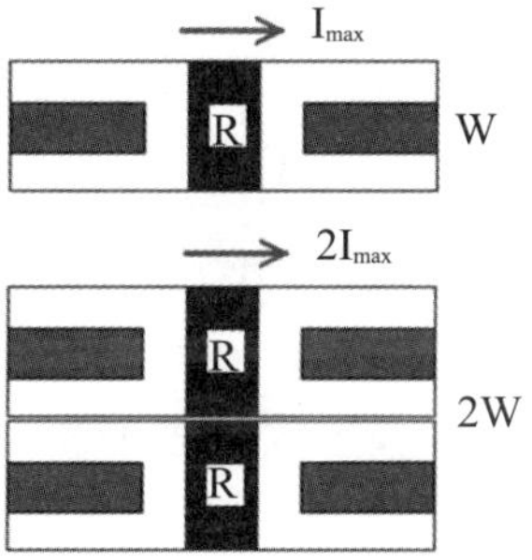

图2.4.1　多个器件并联时能提供更大的输出电流

然而，多个器件并联也就意味着需要占用更多的面积。由此简单分析可以得出：驱动能力与器件面积（成本）成正比。

为了提高电路的集成度，在满足应用要求条件下，应该尽可能设计小驱动能力器件，减小器件尺度成本。

集成芯片上的器件可以简单分为2类：（1）一类器件的输出只提供给芯片内的CMOS器件使用。由于CMOS器件的输入端内部连接MOS晶体管栅极，在静态条件下对电流的需求非常小，所以这类器件只需要具备很小的驱动能力。（2）另一类器件则需要通过集成块端口对外提供输出。由于集成块的输出端口可能需要连接模拟负载，通常需要设计比较大的驱动能力。

因此，在简单分析中，可以将集成芯片上的器件驱动要求分为2类：（1）针对CMOS器件的驱动（片内器件，uA级驱动）；（2）针对模拟器件的驱动（对外输出器件，mA级驱动）。

片内器件设计通常为最小驱动（1X）器件设计，集成块输出端口器件通常为大驱动设计。

2.4.2　最小晶体管模型

为了具体衡量单元器件的成本，需要建立最小晶体管模型。满足以下关系的晶体管称为最小晶体管：当该晶体管导通时，若流过该晶体管的电流等于最小驱动能力 I_{1X}，则该晶体管导电沟道上（S-D之间）的压降正好为器件的电平容限 ΔV。

说明：最小晶体管可以分为最小NMOS晶体管和最小PMOS晶体管两种类型。在对高低电平采用统一的电平容限和驱动能力时，这2种晶体管的面积是不同的。由于P型载流子的迁移率低于N型载流子，最小PMOS晶体管的面积应该大于最小NMOS晶体管。

在本书中，为了分析讨论的简洁方便，将忽略两者之间的面积差别，而统一为一种模型表达。在设计时，将最小晶体管的面积作为标准成本单位。

2.4.3　1X反相器设计

1X反相器是指具有最小驱动能力的反相器，又称最小反相器。最小反相器可以采用2个最小晶体管构成，从而具有1X驱动能力（最低驱动）。以最小晶体管作为面积单位，1X反相器的逻辑面积 $A=2$，如图2.4.2所示。

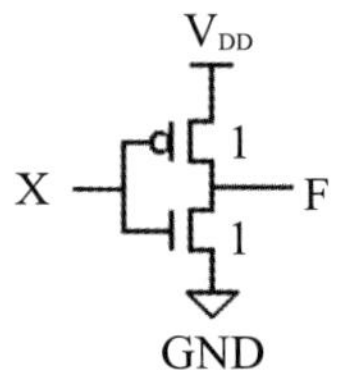

图2.4.2　最小反相器

2.4.4　1X与非门/或非门设计

与非门 / 或非门结构中存在晶体管并联支路和串联支路。并联支路上的晶体管可以采用最小晶体管。在串联支路上，所有晶体管导通电阻形成串联，每个晶体管的电平容限下降为1/N，能够提供的驱动能力也相应下降。

为了保障获得1X驱动能力，当N个晶体管串联时，需要将串联支路上的每个晶体管宽度设计为最小晶体管的N倍（相当于N个最小晶体管并联），才能提供1X驱动能力。因此，当器件具有N个输入端时，逻辑面积为$A=N(N+1)$，如图2.4.3所示。

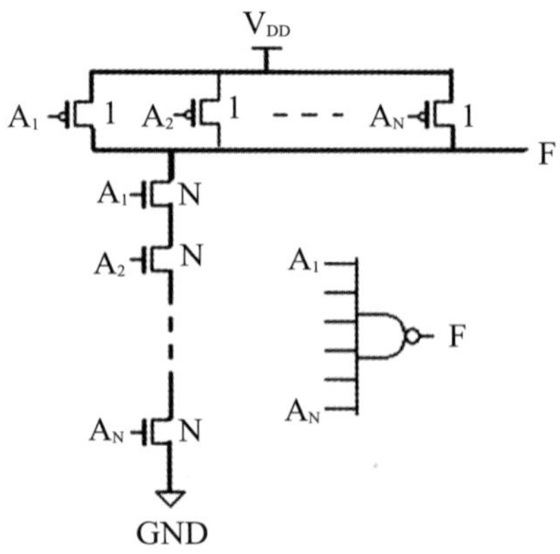

图2.4.3　1X驱动能力的N个输入的与非门

根据后续介绍的逻辑公理和定理，可以把N个输入的与非门转换为由（N−2）个2输入与门和1个2输入与非门来实现（如图2.4.4所示），而1个2输入与门的逻辑面积为8，因为1个2输入与门是由1个2输入与非门和1个反相器级联得到的，因此，实现时所需的逻辑面积是$8(N-2)+6=8N-10$。

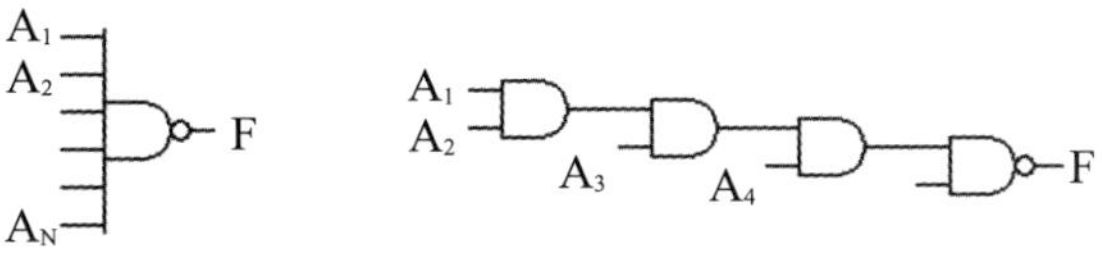

图2.4.4　减少逻辑面积的一种方法

以上分析可以得出，当N输入器件采用整体设计时，逻辑面积（或最小晶体管的使用量）与输入端数量成平方关系。随着输入端数量的增加，逻辑面积增加很快。而如果采用2输入基本单元进行设计时，逻辑面积随输入的增加表现为线性关系，增加较为缓慢。因此，为了实现最大集成，多输入的片内单元器件（1X器件）应该尽量采用少输入的基本单元进行设计。

考虑到大规模集成设计时的规范性，可以将片内设计的基本单元限制为三种：INV、NAND2、NOR2。采用最小晶体管作为成本单位时，INV的成本为2，NAND2和NOR2的成本为6。在进行成本估计时，通常将NAND2和NOR2作为标准单元（标准门），而INV可视为1/3门。

通过标准门的使用量，可以比较一个片内功能单元（IP核）的成本。此成本将成为后续组合优化设计的评估指标。

说明：本书中，将NMOS和PMOS的最小晶体管面积等同，采用这样的最小晶体管模型构建2输入门，必然得出NAND2和NOR2的成本一致。如果对NMOS和PMOS采用不同的最小晶体管模型，认为PMOS最小晶体管大于NMOS，则就会得出两种标准门器件：NOR2的成本高于NAND2。采用不同的模型，对电路性能描述更为客观，但模型的设置不仅对成本分析产生影响，也会影响到后面对电容的建模以及对延迟和功耗的分析。

为了使分析简明，本书采用定性描述方式，采用统一的“最小晶体管”模型和统一的“标准门”模型，可以避免在大量单元连接设计中产生复杂的计算问题，更加突出设计优化的思想。

2.4.5　器件单元的时间延迟与功耗

MOS晶体管每极的状态是相对于基底B形成的。当各极状态与B不同时，就会存在电荷积聚，形成电容效应。MOS器件中的电容可以采用平板电容模型表达，电容的容量与面积成正比关系。

MOS器件中存在的主要电容有：（1）栅极电容，这是沟道形成的主要因素；（2）源极和漏极电容，主要体现为对基底PN结的结电容和连线间的覆盖电容。

在CMOS结构中，栅极电容构成器件的输入电容，源极和漏极电容则构成器件的输出电容。

在本书中，为了分析讨论的简洁方便，将忽略器件的输出电容，只考虑器件的输入电容，并采用最小晶体管栅极电容作为电容基本单位。例如：INV的输入电容为2，标准门的输入电容为3。

2.4.6 时间延迟的动态分析

在信号（状态的变化）传递过程中，MOS管各极状态发生变化，导致各电容的充电放电。而电容状态变化（充电、放电）需要耗费时间，导致信号传递的延迟。在驱动能力一定的条件下，延迟时间与改变状态的电容总量成正比。

在早期集成电路的非对等设计中，器件高低电平状态能够实现的驱动能力不同，就会导致后级输入电容充电和放电时间的差异，这种差异可以在后级器件输出端体现为上升时间和下降时间不同。

而在大规模集成电路时代，由于采用了标准化对称性设计，任何状态下器件的驱动能力一致，输入电容充电和放电时间对等，就不需要区分器件输出端的上升时间和下降时间，而统一采用信号延迟时间描述。

2.4.7 功耗分析

电容充电、放电电流通过导通电阻，形成CMOS电路中主要的功耗来源。功耗与改变状态的电容总量成正比，还与转换频率有关（单位时间内充放电次数）。

逻辑单元的组合设计对于延迟和功耗具有重要影响。只有处于信号传递通道上的器件才发生状态变化，才会产生时间延迟和功耗。因此，在设计中尽量采用并行设计可以获得性能优化。

例2.4.1 多输入器件的设计分析。

解：对于N个输入“与门”器件的设计，可以采用基本器件以级联方式设计，也可以以并联方式设计。以N=4为例，以级联方式设计时，需要3级与门，而以并联方式设计时只需2级与门，如图2.4.5所示。显然，以并联方式设计时所产生的功耗相对较低。

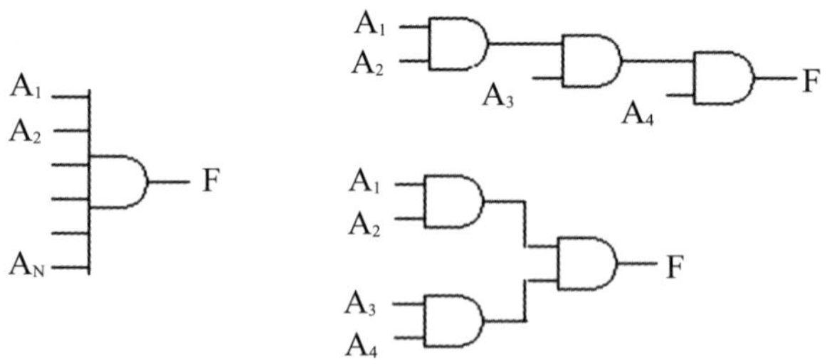

图2.4.5 多输入“与门”器件的设计

在上述采用基本器件设计进行并行设计时，成本与输入数量保持线性关系，而延迟时间与功耗却随输入增加保持对数关系（当输入数量为N时，延迟时间与功耗不大于$\lceil \log_2 N \rceil$个标准单位，因为，此时逻辑门的级数最多为$\lceil \log_2 N \rceil$。

2.4.8　路径延迟分析及树状缓冲设计

在设计分析中，经常需要关注从电路某个输入节点到另一个输出节点的路径延迟。在分析这种延迟时，不仅需要考虑路径通过的各单元器件导致的时间延迟。还需要注意路径节点上连接的其他器件输入电容带来的影响。

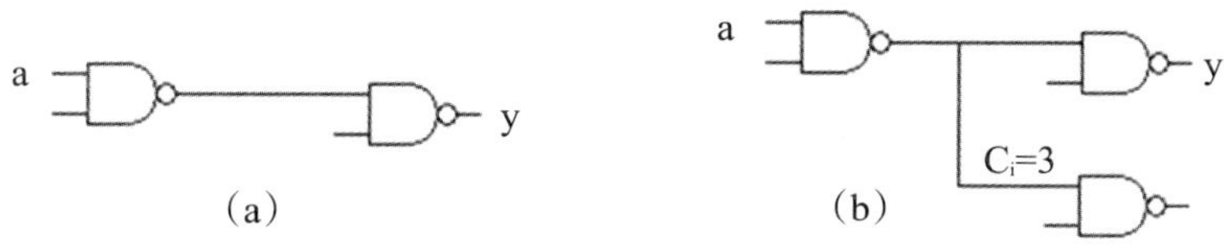

图2.4.6　中间节点对路径延迟的影响

例如在图2.4.6中，分析从a到y的信号延迟。对于图2.4.6(a)，路径延迟时间就是两个标准门延迟之和：$\Delta T=6$。而对于图2.4.6(b)，中间节点上额外连接了另一个器件的输入端。虽然我们并不分析通过下边的门电路的信号，但在考虑中间节点的状态变化时间时，该器件的输入电容的状态也会随之变化，这显然会对充放电时间产生影响。因此，在考虑路径延迟时，需要将该输入电容导致的延迟合并进来，该路径的延迟为$\Delta T=9$。

例2.4.2　假设最小晶体管栅极导致的时间延迟为1个单位，试求图2.4.7所示电路中从a到y的信号传递延迟。

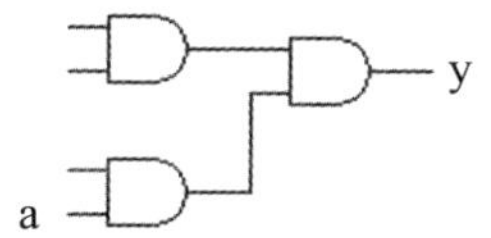

图2.4.7　2级"与"逻辑电路

解：由于CMOS与门是由与非门和反相器级联得到的，因此从a到y的信号传递路径经历了2个与非门和2个反相器。1个与非门的时间延迟为3个单位，1个反相器的时间延迟为2个单位，故从a到y的信号传递延迟是$\Delta T= 2*(3+2)=10$个单位。

在复杂系统设计时，一个器件可能需要对大量后续器件提供驱动，这将会使得路径节点上连接大量的输入电容，路径延迟大幅度增加。为了缓解这种驱动要求，提高电路中信号的传递速度，常常采用树状缓冲设计，具体例子如图2.4.8所示。

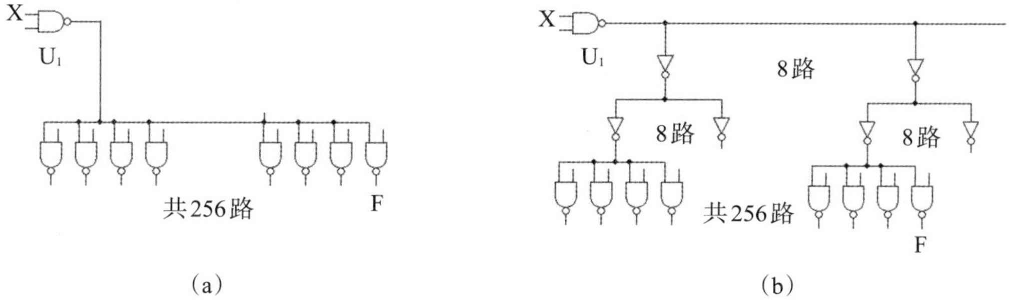

图2.4.8　树状缓冲设计

例2.4.3 如图2.4.8(a) 所示，使用标准门U_1为256个器件提供信号，分析从输入端X到任何一个输出端F的时间延迟。

解：在图2.4.8(a) 的设计中，U_1的输出端直接连接到256个器件输入端，该节点的电容为256×3，从X到F的路径延迟为$\Delta T=3+256\times 3=771$。

而在图2.4.8(b) 的设计中，则利用反相器构建的树状设计分散了各节点的输入电容，此时从X到F，信号需要经过3个节点，分别计算各节点连接的输入电容，可以得到路径总延迟时间为$\Delta T=3+8\times 2+8\times 2+4\times 3=46$。

可以看到，这种树状缓冲设计可以大幅度降低路径的延迟时间。

2.5 数字集成器件的端口单元设计

数字集成电路的端口单元通常采用缓冲设计，可以分为输入缓冲单元和输出缓冲单元。

2.5.1 输入缓冲单元设计

输入缓冲单元可以分为2种类型：简单缓冲和施密特触发器缓冲。

1. 简单缓冲器

简单缓冲器可以采用2个最小反相器级联构成。当所用反相器具有高低电平对称的性能时，这样的级联可以大幅度提高输入 / 输出特性中的放大特性。这将使得输入放大区缩小到极小的区域，可以采用阈值电平V_T来近似表达：当输入低于该电平时，输出基本保持在理想的低电平状态，而一旦输入高于该电平，输出马上变为理想的高电平，如图2.5.1所示。

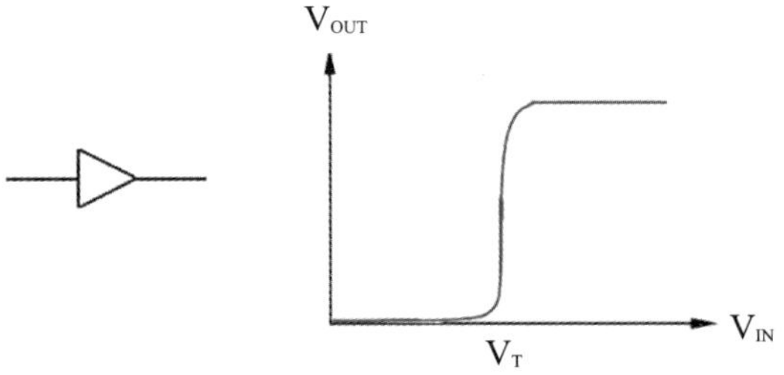

图2.5.1 简单缓冲

该器件具有非常宽的输入电平容限和非常狭窄的输出电平容限，可以将外部输入的不理想的输入电平改变为理想的电平送入集成块内，用于输入端可以起到良好的整形作用。缓冲器具有极高的输入电阻，对前级电路形成的负载小，影响也小。

采用简单缓冲的输入端不允许悬置（或连接高阻状态），否则可能导致器件损坏。这种器件在保存时容易受到静电积累而损坏，需要考虑专门的防静电保护措施。

2. 施密特触发缓冲器

当输入表现为带有高频噪声的缓变信号时，在信号通过缓冲器的放大区时，会导致器件输出发生振荡。这种振荡可能导致逻辑错误，也会使器件功耗急剧增加。

为了避免这种情况，可以为简单缓冲器添加简单的反馈电路，构成施密特触发器（也称为滞回电压比较器），如图2.5.2所示。该器件可以将输入电压上升过程中的放大区（阈值电平 T_{T+}）与输入电压下降过程中的放大区（阈值电平 T_{T-}）分离开，形成滞回电压区间 $\Delta T_T = T_{T+} - T_{T-}$，从而对高频噪声形成隔离，起到波形整形和降低功耗的作用。通过调整反馈系数A可以方便地设置转换阈值的分离幅度。

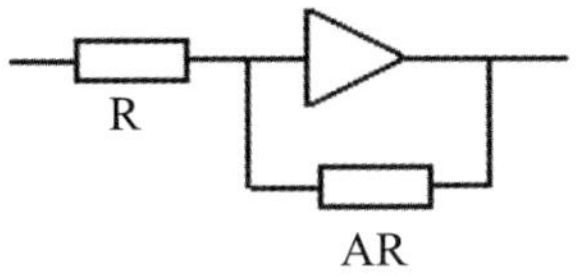

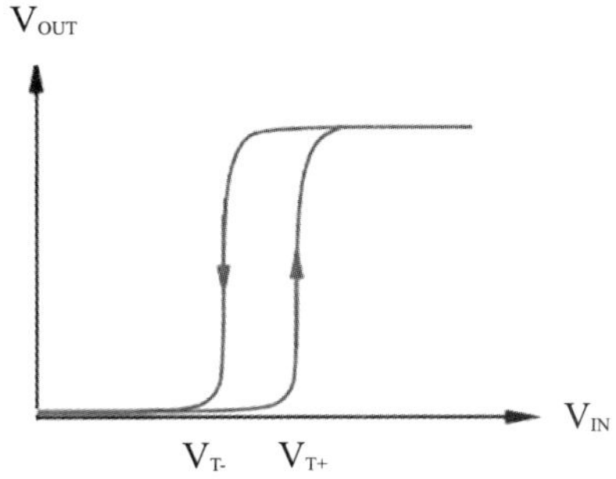

图2.5.2　施密特触发缓冲器

采用这种输入缓冲还可以避免输入悬置导致的问题，不会产生静电积累问题。其缺点主要是输入阻抗下降，静态输入电流增大，就会增加对前级的负载能力要求和影响。

2.5.2　输出缓冲单元设计

集成块的端口输出需要更大的驱动能力，这种具有大驱动的器件可以称为NX器件，表示其驱动能力为1X器件的*N*倍。

1. NX反相器

将1X反相器中的晶体管扩大*N*倍（*N*个并联），就可以提供NX驱动能力。驱动能力扩大*N*倍，逻辑面积（成本）也扩大*N*倍。如图2.5.3所示为4X反相器。

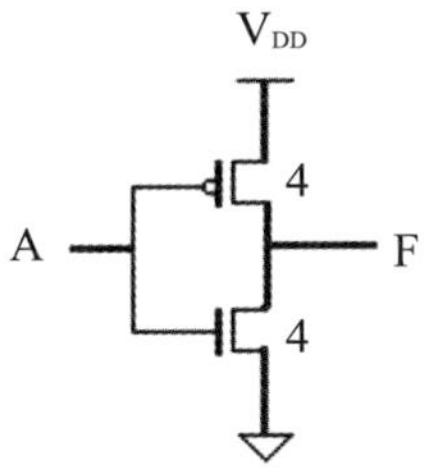

图2.5.3　4X反相器

2. NX与非门、或非门

将1X与非门、或非门整体扩大*N*倍，可以实现驱动能力扩大*N*倍。也可以在1X与非门、或非门后面级联缓冲器，由最后一级反相器提供驱动能力，这样可以使逻辑面积（成本）大幅降低。显然，采用反相器缓冲来提高驱动能力的做法具有明显优势。4X与非门如图2.5.4所示。

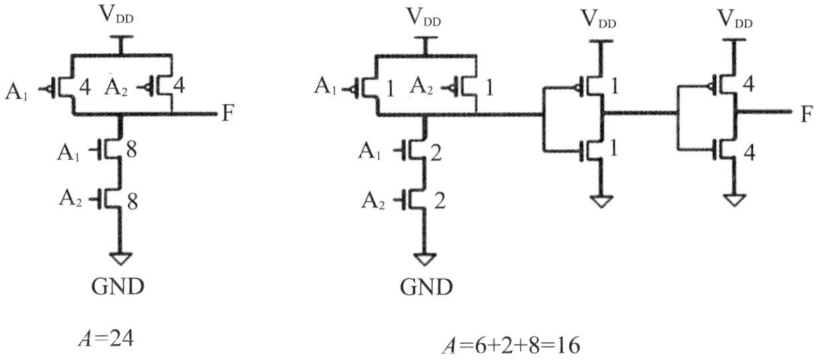

图2.5.4　4X与非门

通过上述分析可以得出结论：

任何大驱动能力均由反相器提供，大驱动器件只有反相器。集成块直接对外输出的器件（最后一级）一定是反相器。

2.5.3　端口输出器件的延迟与缓冲设计

对于NX的大驱动器件（反相器），由于面积扩大N倍，输入电容与输出电容都会扩大N倍。此时输入电容导致的时间延迟会扩大N倍，但输出端的驱动已经扩大了N倍，因此，输出电容导致的时间延迟会与相应的最小器件一样，保持不变。从总体效果看，随着器件驱动能力的增加，延迟时间的增长会小很多。对于功耗也可以做类似的分析。

内部的1X驱动面对端口输出器件庞大的面积，会产生很大的时间延迟；为了提高器件的速度，可以为端口设置缓冲，逐步加大驱动能力，在付出一定面积代价条件下，使延迟时间大大缩短。

例2.5.1　通过多级缓冲缩短输出单元的延迟时间

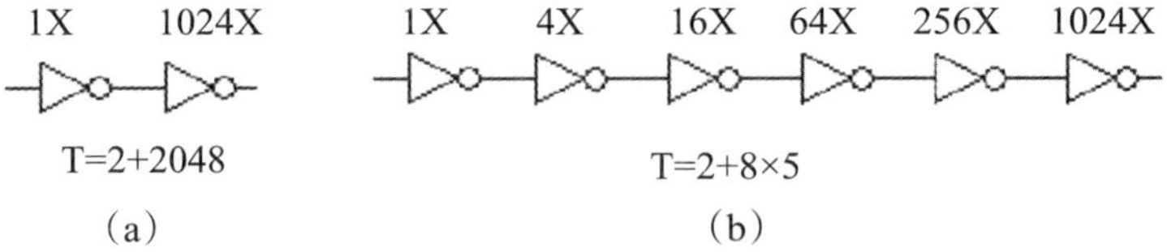

图2.5.5　通过多级缓冲缩短输出单元的延迟时间

解：在图2.5.5（a）的设计中，由1X的反相器直接驱动1024X的反相器，由于1024X反相器面积相对于1X反相器扩大1024倍，其输入电容也增大了1024倍，变成2048，路径延迟时间成为$\Delta T=2+2048=2050$。

而在图2.5.5（b）的设计中，加入了4个反相器进行缓冲，每个反相器的驱动能力逐级增大。此时分析延迟时间时，尽管大驱动反相器具有很大的输入电容，但为这些电容进行充放电的驱动电流也增加了，每个节点的延迟时间与该节点的电容C及该节点的驱动能力I_M相关。第n个节点的延迟时间可以表达为$\Delta T_n=C_n/I_{Mn}$。由此，计算路径总延迟时间，可以得到$\Delta T=2+8+32/4+128/16+512/64+2048/256=42$。

可以看到，这种多级缓冲设计大幅度缩短输出单元的信号延迟时间。

2.5.4 输出大驱动单元对数字集成电路设计的影响

考虑到提高集成块的通用性，使其能够适应于各种应用，通常要求集成块的输出端具有足够大的驱动能力（mA级以上）。

与CMOS集成电路的内部驱动要求（通常为μA级以下）相比，输出反相器的成本远大于片内基本门（可能为数千倍），其延迟时间也远大于内部基本门（数十倍）。同时，封装的成本以及端口焊盘带来的延迟也是成本和性能需要考虑的重要因素。

在实现电路系统设计中，尽量减少输出单元的用量，尽量将外部连接转换为芯片内部的连接，可以使成本和性能得到大幅度优化。这就构成了集成化的动力。

逻辑单元都是由晶体管连接构成的。将这种连接在芯片内实现，形成逻辑单元后再进行封装。这就形成了小规模集成（SSI，Small Scale Integrated）器件。

逻辑单元相互连接组合，可以构成功能器件。将这种连接在芯片内实现，直接封装为功能单元。这就是中规模集成（MSI，Medium Scale Integrated）器件。

复杂的数字系统总是可以由各种功能单元连接构成的。将这些连接都放到芯片内实现，就构成了单芯片系统（SOC，Systems On Chip），也就形成了大规模集成（LSI，Large Scale Integrated）和超大规模集成（VLSI，Very Large Scale Integrated）器件。

2.5.5 中小规模集成设计与大规模集成设计的区分

集成电路设计的共同点是：对外驱动要求为片内的数千倍以上。然而中小规模集成设计与大规模集成设计的侧重点是不一样的。

1. SSI与MSI

小规模集成（SSI）主要用于设计简单多输入门单元及AOI器件等，而中规模集成（MSI）主要用于设计常用功能器件（编码、译码、比较、加法、计数等）。

MSI集成块片内门数量在几百门以内，集成块成本主要与输出驱动相关，片内逻辑优化失去意义，集成块设计关注于提供更多外部功能和使用灵活性。

考虑到成本集中于大驱动输出，集成块价格主要由输出端数量及相应驱动能力大小决定，与内部逻辑功能几乎无关。

采用此类集成块进行系统设计时，成本主要由采用集成块的数量决定。

2. LSI与VLSI

主要用于设计中小型及大型系统，片内门数量大于万门时，片内器件成本成为主要设计要点，此时需要对片内采用的各种功能单元（IP核）进行优化，尽量减少基本门用量。

2.5.6 集成块的外部电路设计

对集成块的端口进行不同的设计，导致集成块形成各类不同的器件类型。

当电路中需要购买集成块进行设计时，需要根据集成块所处的外部环境和对集成块驱动能力的需求，选择不同类型的商用器件。

从输入特性考虑，集成块可以分为简单缓冲输入和施密特缓冲输入两类。当输入信号为变化迅速的数字信号时，通常选用简单缓冲输入器件。而当输入信号体现为缓变带噪声的模拟信号时，则需要采用施密特缓冲输入的器件。

在考虑输出特性时，集成块的外部参数通常在数据表中给出：给定逻辑电平容限和驱动能力。而外部电路的接口设计要点是满足集成块端口的电平容限及驱动能力。

在具体设计中，可以将集成块输出端等效为与端口参数一致的电压源，而外部接口电路可以转化为戴维南电路模型进行设计，设计的约束条件表现为集成块的输出电流受到驱动能力的限制。

例2.5.2　高电平输出，分析外接负载电阻的最小值

解：如图2.5.6所示，1个2输入与非门（NAND2）外接一个电阻性负载。从NAND2的数据表可以查到，当输出高电平的最小电压V_{OHmin}= 3.84V时，最大输出电流I_{OHmax}=4mA。因此，负载电阻R_L≥3.84V/4mA=960Ω，即外接电阻的最小值是960Ω。

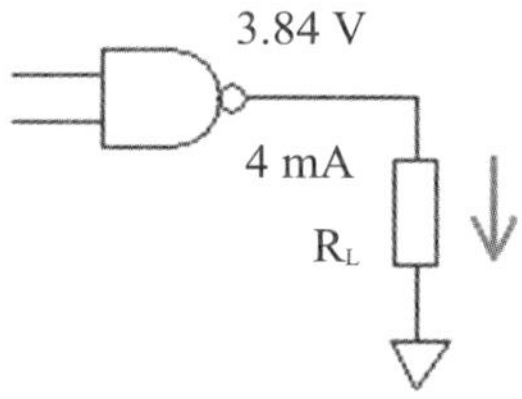

图2.5.6　NAND2驱动电阻性负载

若在器件输出端接上可变电阻，通过调节该电阻可以实现对器件驱动能力的测量。

例2.5.3　低电平输出，驱动LED（压降1.6V），确定限流电阻的大小。

解：如图2.5.7所示，1个2输入与非门（NAND2）驱动一个LED（压降1.6V）负载。从NAND2的数据表可以查到，输出低电平的最大电压V_{OLmax}=0.37V。LED的正常工作电流为10mA，电源电压为5V，因此，限流电阻R≥(5−1.6−0.37)V/10mA=303Ω。

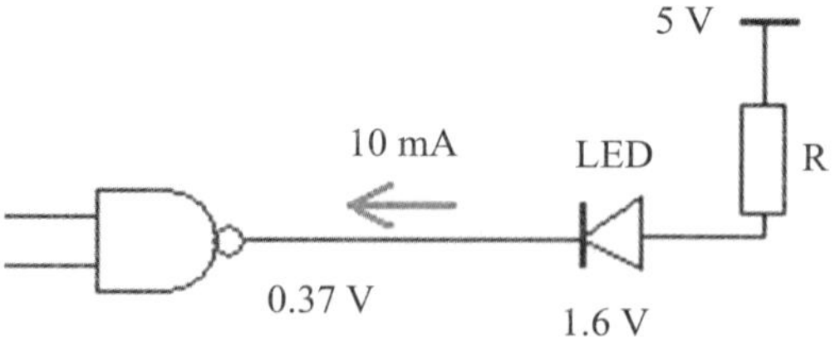

图2.5.7　NAND2驱动LED

习题2

2.1　请用晶体管符号连接画出 $f=a\cdot b+c$ 的CMOS结构电路图。

2.2　对4输入与非进行设计：分别采用分解设计、整体设计、开路门设计，分析晶体管使用数量。

2.3　题图2.1所示电路是CMOS与或非门的一种类型，请写出该电路输出的逻辑表达式。

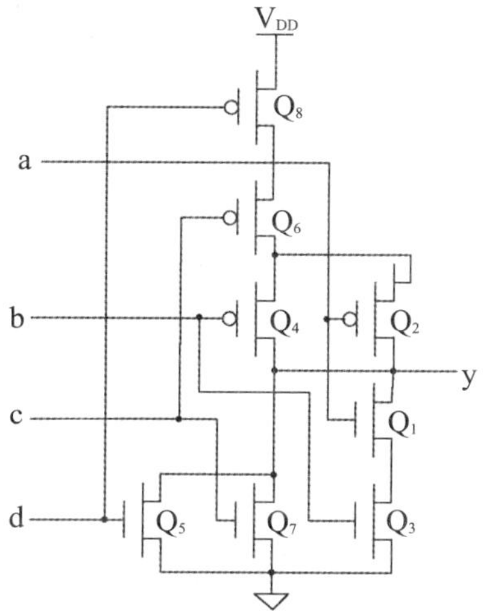

题图2.1

2.4　设计一个功能如题图2.2所示的电路。（提示：只需8个MOS晶体管。）

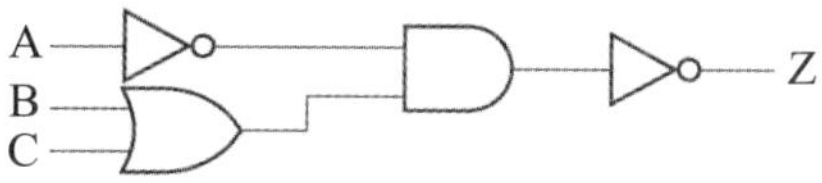

题图2.2

2.5　只用与门和或非门，画出题图2.3电路实现的逻辑功能的逻辑原理图。

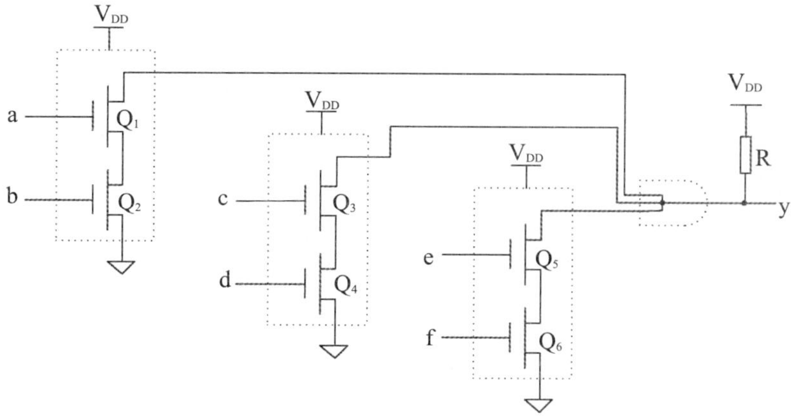

题图2.3

2.6 讨论逻辑缓冲放大器与音频放大器有什么不同。

2.7 缓冲放大器等效于1输入与门或1输入或门吗?

2.8 已知某集成电路的参数如下：$V_{OL\,max}=0.33V$，$V_{OH\,min}=3.84V$，$V_{IL\,max}=1.35V$，$V_{IH\,min}=3.15V$，试求其在最坏情况下的低态和高态直流噪声容限。

2.9 采用片内基本单元完成对下列逻辑表达的设计：$f=\sum_{a,b,c}(1,3,4)$

2.10 再继续题2.9的问题，利用最小晶体管为基本单元，分析实现该电路的成本（最小晶体管数量）和最长时间延迟。

2.11 解释：为什么将所有的去耦电容器都放在印制板的同一角落不是好主意?

2.12 在5V电源时，对采用对等性设计的CMOS单元，若输入高电平最小值为2.8V，则输入低电平最大值为多少V?

2.13 片内设计时使用题图2.4所示的CMOS结构，试问需要使用多少个最小晶体管?

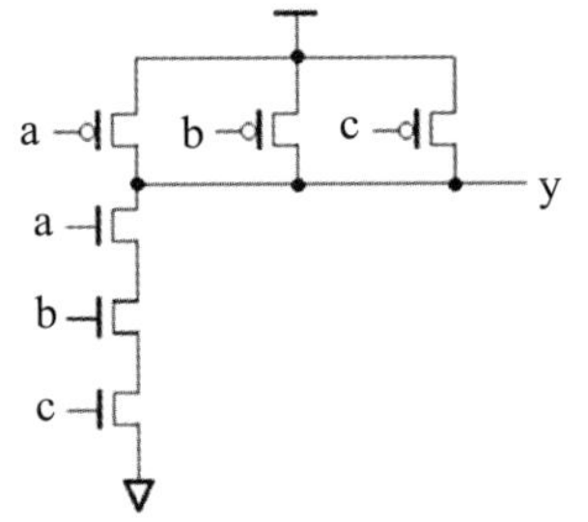

题图2.4

2.14 假设最小晶体管栅极导致的时间延迟为1个单位，试求题图2.5所示电路中从a到y的信号传递延迟。

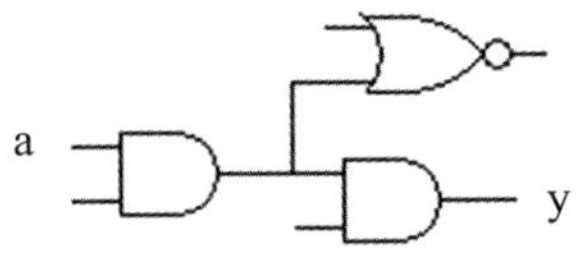

题图2.5

2.15 若集成块内部为驱动单元提供的驱动能力为1X，最小反相器（1X）延迟时间为2，对于题图2.6所示的输出缓冲设计（图中反相器上面标注了相应的驱动能力），试求该输出单元的延迟时间（从a到y）。

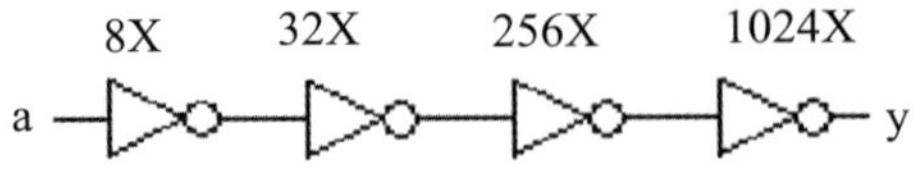

题图2.6

2.16 下列说法中哪些是正确的？

（1）当集成块接收较远距离单元的信号时，通常采用简单缓冲输入的器件。

（2）当集成块输出驱动有源模拟电路时，应该选用较大功率集成器件。

（3）当集成块接收临近单元的信号时，通常采用具有施密特缓冲输入的器件。

（4）当集成块输出驱动CMOS数字电路时，应该选用小功率集成器件。

2.17 判断正误，在题前的括号内，正确的画上“√”，错误的画上“×”。

（ ）（1）CMOS单元的输入低电平最大值一定低于输出低电平最小值。

（ ）（2）集成块输入缓冲设计可能延长状态变化的过渡时间。

（ ）（3）集成块输入缓冲设计主要分为简单缓冲和施密特缓冲两种形式。

（ ）（4）集成块输出需要的驱动能力远大于内部单元的驱动能力。

（ ）（5）集成块的成本和延迟时间主要取决于输出单元。

（ ）（6）当集成块输出驱动无源模拟电路时，该电路等效电阻不能过高。

（ ）（7）当集成块输出驱动无源模拟电路时，主要考虑高电平输出的匹配设计。

（ ）（8）对CMOS结构的NAND3，若每个MOS器件的导通电阻完全相同，当高电平容限与低电平容限相同时，高电平驱动能力与低电平驱动能力相同。

2.18 一个施密特触发反相器，其$V_{IL\,max}$=0.8V，$V_{IH\,min}$=2.0V，V_{T+}=1.7V，V_{T-}=1.2V，那么它的滞后电压是多少？

2.19 一个发光二极管导通时的电压降约为2.0V，正常发光时需要约5mA的电流，当发光二极管如图2.5.7那样连接时，请确定上拉电阻的一个适当的值。

第3章 数字系统中的信号编码

3.1 数字信号的编码

在数字技术中，将所有获取的信息都采用数字表达。为了便于在电路中表达和传输，这些数字都采用二进制数据串的方式进行表达。采用这种二进制数据串方式表达的信号就称为数字信号。例如：各种物理量的测量值都可以采用数值表达，这些数值可以转化为二进制表达。此外，每个人可以根据身份证号进行识别，身份证号也可以转化为二进制表达。另外，向计算机输入任何信号都可以通过键盘实现，而每个键盘符号也都可以采用二进制表达。

在数字信号表达中，将每个特定的信号对象（状态）采用特定的一组二进制串进行表达，这种表达称为对信号的编码。在对信号的编码表达中，对应一个信号对象的一组二进制串称为一个字（word）。一个字通常由多个二进制符号0或1构成，每个符号称为该字中的一位（bit）。字中所含有的位的个数称为该字的位数，也称为该字的长度（字长）。一个字中最左边的位通常称为最高位（MSB），而最右边的位称为最低位（LSB）。

采用N位二进制符号进行编码时，只能得到2^N个不同的字，最多能够表达2^N个不同的状态。当需要表达M个不同状态时，至少需要$\lceil \log_2 M \rceil$位，其中符号$\lceil\ \rceil$代表向上取整数。因此在进行数字信号的编码时，需要根据不同的具体情况采用不同的编码方式。

数字系统中的信号通常可以分为两类：一类是对外部物理量进行采样量化进入数字系统（例如：音频、视频、各类传感器信号），通过系统的运算处理（算数运算、滤波等），最后转换为存储数据或通过DA转换输出。这类信号可以称为数值信号，在进行编码时通常需要考虑其测量精度以及运算规则的限制。

另一类则是通过键盘（或各种开关器件）输入系统的信号，通过编码后进行存储或传输，最后通过各类显示器件进行输出。这类信号通常可以称为符号信号，进行编码时考虑编码对象的数量限制。

不同的信息以及对信息的不同处理导致对信息的编码方式各有不同。本章将介绍一些典型的信息种类以及典型的信息编码方式的特点。

3.2　定点数制的表达和转换

3.2.1　定点数制概念

对于数值类信号，通常采用定点数制进行表达。定点数制采用若干数字符号和小数点进行排列，进而对数值大小进行表达。典型表达方式如下式所示：

$$D = d_2 d_1 d_0 \, . \, d_{-1} d_{-2} = d_2 \cdot r^2 + d_1 \cdot r^1 + d_0 \cdot r^0 + d_{-1} \cdot r^{-1} + d_{-2} \cdot r^{-2}$$

在上述表达中，r称为基数。基数不会在具体表达中出现，但对于数值表达的意义发挥重要影响。根据基数的选择不同，也称为数的进制关系不同。例如：当选择r为10时，表达的数称为十进制数，而当选择r为2时，表达的数称为二进制数。

基数对表达的影响主要体现在以下方面：

（1）基数只能为大于1的正整数，当基数选定为正整数N时，数字符号只能选用N个小于N的正整数（包含0）。十进制数采用从0到9十种不同的数字符号，而二进制数则只能采用0和1两种数字符号。

（2）每个数字符号根据在排列中相对小数点的距离，与基数的不同乘方进行相乘或相除，因此具有不同的数值意义，基数的这种乘方或其倒数称为数字符号的权重。每个数字符号的权重与该符号到小数点的距离和方向相关，也与基数的大小相关。

例如：数字符号1，当其出现在小数点左边第3位时，在十进制中表达100，在二进制中表达4，而出现在小数点右边第2位时，在十进制中表达1/100，而在二进制中表达1/4。

（3）基数r在r进制中总是表现为10，由2个数字符号表达。任何r进制数乘以基数表现为数据相对于小数点向左移动，除以基数则表现为数据相对于小数点向右移动。

（4）排列在小数点左边的数称为整数，排列在小数点右边的数称为小数（小于1的正数）。整数在任何进制中都一定处于小数点左边，而小数在任何进制中都一定处于小数点的右边。

3.2.2　十进制与二进制的相互转换

在日常生活中，人们表达数值时通常使用十进制数，而数字技术中考虑到电路硬件的性质，使用二进制数。利用定点数制的上述性质，可以建立起这2种进制之间的转换规则。以下采用十进制方式对转换规则进行介绍。

1. 二进制数转换为十进制数

由于二进制数只有0和1两种数字符号，可以直接采用定点数制的定义，将二进制表达中出现的每个1乘以对应的权重，然后进行相加，就可以得到对应的十进制数了。

然而，如果二进制数中小数部分的1很多时，这种计算会涉及大量的除法运算和多位小数的加法运算，运算过程较为烦琐。

一种简化运算的方法是先将需要转换的二进制数左移m位，使其完全处于小数点左边，表现为整数，然后乘以对应权重进行相加，得到十进制整数结果后再除以2^m。这种运算过程只在最后一步的除法运算中涉及小数，其他运算都可以表现为整数运算。

例3.2.1 求$(0010.1101)_2=(?)_{10}$

解：直接计算：$(0010.1101)_2=\left(2^1+2^{-1}+2^{-2}+2^{-4}\right)_{10}$

简化计算：$(0010.1101)_2=\left(\left(2^5+2^3+2^2+2^0\right)\cdot 2^{-4}\right)_{10}$

由此可见，二进制数转换为十进制数时，可以先考虑整数转换，然后再进行比例调整。转换步骤可以细分如下：

（1）生成二进制整数的所有权重值；

（2）利用二进制数中的1对权重进行选择；

（3）将所有选择的权重值汇总；

（4）最后乘以比例系数。

2. 十进制数转为二进制数

二进制的权重在十进制中能够简单方便地表达，乘以二进制符号1不会发生变化，所以采用权重选择相加方式进行转换。但十进制的各种权重在二进制中表现复杂，乘以十进制不同符号的运算也很复杂，不适合采用上述方式进行转换。

根据二进制中基数乘 / 除的特点，将十进制数转换为二进制数时，可以利用整数与小数分离的方式进行；

设十进制数与二进制数的整数与小数部分分别表达为

$$D=\left(D_1\ .D_2\right)_{10}=\left(d_2d_1d_0\ .\ d_{-1}d_{-2}\right)_2$$

对于整数部分：$D_1=d_2d_1d_0$

将十进制数除以2，则相当于对于二进制数除以“10”，二进制数向右推移1位，则d_0就会出现在小数部分中，对比$D_1/2$的小数部分，就可以确定d_0的取值。

十进制整数除以2时，若为偶数，其小数部分为0。若为奇数，其小数部分为0.5，该值相当于二进制中的0.1，即小数点后面第1位取1。由于在整数除法中，可以将不能整除的数分为商和余数，而除以2能够产生的余数也为1，所以这种转换方法称为“除2取余”。

在对十进制整数采用“除2取余”进行转换时，应采用如下步骤进行：

1. 分析十进制整数的奇偶性，提取其余数0或1，排列于小数点左边；

2. 提取余数之后的十进制整数一定能被2整除，得出整除后的商；

3. 再对得到的商分析奇偶性，提取其余数0或1，排列于之前提取余数的左边；

4. 再对提取余数之后的十进制整数除以2，得出整除后的商。

重复上述步骤，直到整数部分只剩下1，将其排列在之前提取余数的左边。由此完成全部数据的转换。在此转换过程中，最先提取的余数处于最低位（最靠近小数点），最后提取的余数处于最高位（最远离小数点）。

对于小数部分：$D_2=d_{-1}d_{-2}d_{-3}$

将十进制数乘以2，则相当于对应二进制数乘以“10”，即向左推移1位，则d_{-1}

就会出现在整数部分中，对比 $D_2\times 2$ 的整数部分，就可以确定 d_{-1} 的取值。而对于十进制小数乘以2，其整数部分只可能出现1或0两种情况（对应于进位或不进位的情况），这两种情况正好可以用二进制符号进行表达。此方法称为“乘2取整”。

对十进制小数用“乘2取整”进行转换时，应采用如下步骤进行：

1. 对十进制小数乘以2，将产生的整数部分（1或0）提取出来，排列于小数点右边；

2. 对提取整数部分后剩下的小数再乘以2，将产生的整数部分（1或0）提取出来，排列于先前提取的整数的右边。

重复进行上述过程，直到十进制小数部分消失（全部变为整数），或者提取的二进制小数位数足够多，满足精度要求为止。先提取出的整数处于左边靠近小数点（权重比较大），后提取出的整数处于右边远离小数点（权重比较小）。

在十进制数转换为二进制数时，通常需要根据十进制数的位数决定对应二进制数的位数设置，常用的方法为：

二进制整数部分的位数根据可能出现的十进制数最大值进行设置，二进制小数部分的位数通常根据对应十进制数的表达精度进行设置（保持数据精度不变）。

例如：对于3位整数2位小数的十进制数，对应二进制整数部分需要设置10位（1024），而小数部分需要设置7位（1/128）。

对小数部分转换时，为了减少截断所导致的误差，通常采用比要求的位数多转换1位，然后将该位转换结果与要求位数的最低位相加。此操作可以消除截断误差的平均值，并使最大截断误差降低一半。

3. 二进制的缩写表达

在设计中书写长串的二进制数字时，容易出错，因此常常采用缩写符号表达。常用的二进制缩写符号有八进制和十六进制。这些符号在设计文件中使用，但不会在硬件电路中表达。

基本缩写规则如下。

八进制：采用8种不同数字符号，每个数字符号表达3位二进制数。

十六进制：采用16种不同的数字符号，每个数字符号表达4位二进制数。

在进行缩写转换时，必须从小数点开始分段表达：从小数点开始向左分段，每段用缩写符号表达对应整数部分。从小数点开始向右分段，每段用缩写符号表达对应小数部分。

转换缩写符号时，若分段到最后位数不够时，整数部分在左边补0，小数部分在右边补0，通过补足位数进行转换。

3.3　数模转换（DAC）和模数转换（ADC）

数字系统的输入信号和输出信号都是数字信号，而实际生活中遇到的信号是模拟信号（时间和幅度都连续的物理量，如：温度、湿度、电压、电流等），因此，需要相关器件来完成数字信号和模拟信号的互换。实现数字信号到模拟信号转换的器件称为数模转换器（DAC，Digital to Analog Converter），而实现模拟信号到数字信号转换的器件称为模数转换器（ADC，Analog to Digital Converter）。

3.3.1 DA转换电路的实现

数模转换器（DAC）的功能由DA转换电路来实现，该电路设计的起点是选择权重值的表达。由于数字电路中的电压只区分高低电平（1或0），不方便用于表达权重，而模拟电路中的不同电压相加困难，所以采用不同的电流作为权重。这些电流在被数字开关选择后，只需要连接到一起就可以实现相加，电路实现简单。电路的原理实现方式如图3.3.1所示。

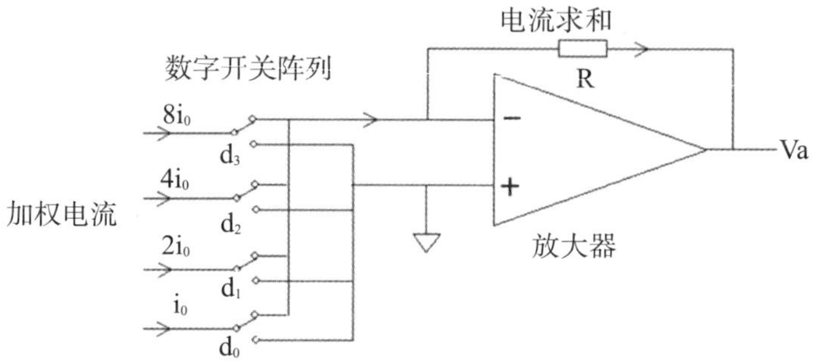

图3.3.1　DA转换电路实现方式

该电路中利用数字信号控制的双选开关对权电流进行选择：当数字信号为1时，开关接通上方，相应电流流向运放上边输入端，继而流向输出端；当数字信号为0时，开关接通下方，相应电流流向接地端。

运放输入/输出间的电阻为转换电阻，被数字开关选择的电流汇总后流过该电阻（运放输入电流趋于0），转换为电压。调整该电阻的阻值可以改变放大倍数，运放的采用为转换电阻提供了标准电平点，使得转换电阻上的电压能够体现为输出电压。

3.3.2 典型的DA转换电路

采用不同的方式形成权电流，可以得到不同的DA转换电路，以下简要介绍几种形式。

1. 权电流型

权电流型DA转换电路采用独立的电流源形成权电流，如图3.3.2所示。这种方式可以实现精度很高的权电流，但成本比较高。

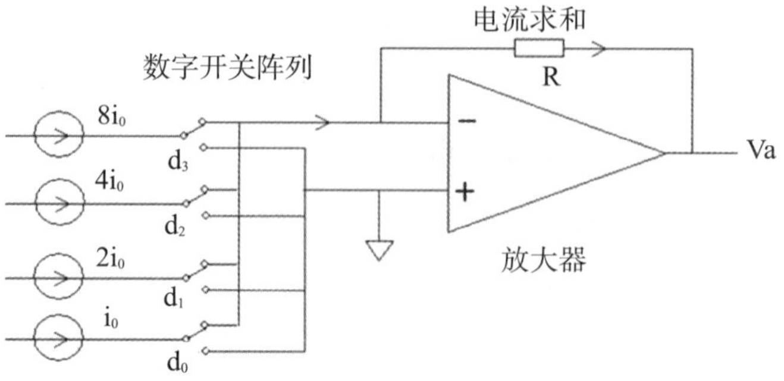

图3.3.2　权电流型DA转换电路

2. 权电阻型

权电阻型DA转换电路将不同阻值的电阻形成并联，得到不同的电流，如图3.3.3所示。当数字位数较少时，这种方式实现起来比较简单，成本低廉。但当数字位数增加时，这种方式需要的不同电阻阻值急剧增加，阻值间的差别也急剧扩大，给电路制造增加很多困难。

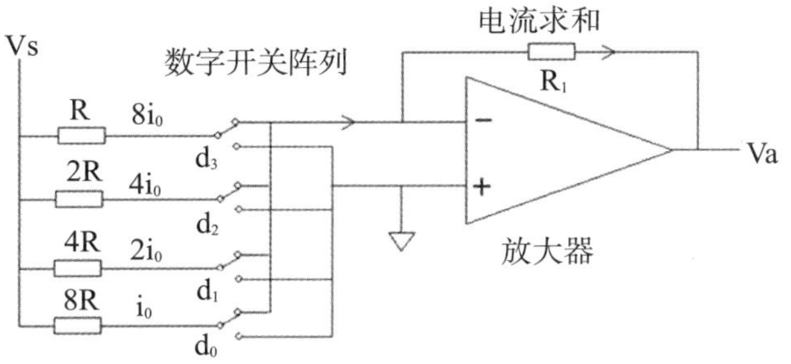

图3.3.3 权电阻型DA转换电路

3. R–2R型（倒T型）

R-2R型DA转换电路利用R和$2R$两种电阻构成串并联网络，得到不同电流，如图3.3.4所示。这种方法可以只使用一种阻值的电阻构成，电阻的用量也不多，电路制造容易，是目前采用最广泛的一种设计方法。

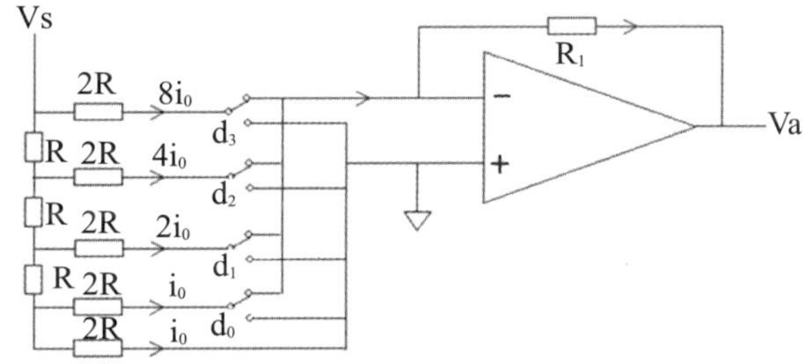

图3.3.4 R-2R型DA转换电路

注意： 上述DA转换电路只是将数字系统中的离散数字量转换成了模拟系统中的阶梯状信号，这种阶梯状信号只在离散时刻变化，与离散时间信号并没有本质区分。如果要将这种信号转化为真正连续变化的模拟信号，则需要对该信号进行抗镜像滤波（理想插值）。对这一概念的理解可以参考“信号与系统”课程中关于采样的相关章节内容得到。

例3.3.1 对于一个8位的单极性DAC，输出最大电压是5V。若输入是0110 0100时，则对应的输出电压是多少V?

解： DAC的功能是把一个数字量成正比地转换为对应的模拟量，8位数字量的最大表示是1111 1111，即$2^8-1=(255)_{10}$，对应的模拟量为5V。数字量0110 0100对应的十进制数100，对应的输出电压为$5\times100/255$ V或1.96V。

3.3.3 AD转换

模数转换器（ADC）的功能主要是将连续变化的模拟信号（如：电压信号）转

换为数字信号，要点是对信号进行等时间间隔测量（采样），并使用有限位二进制数表达测量值（量化），可以说ADC就是完成对测量数据的编码。电压采样可以通过脉冲控制的模拟开关实现，将采集的电压保存在电容中等待量化转换，如图3.3.5所示。关于采样时间间隔的设置可以由采样定理决定，具体讨论可以参见“信号与系统”课程相关章节。本课程主要讨论有关量化编码的问题。

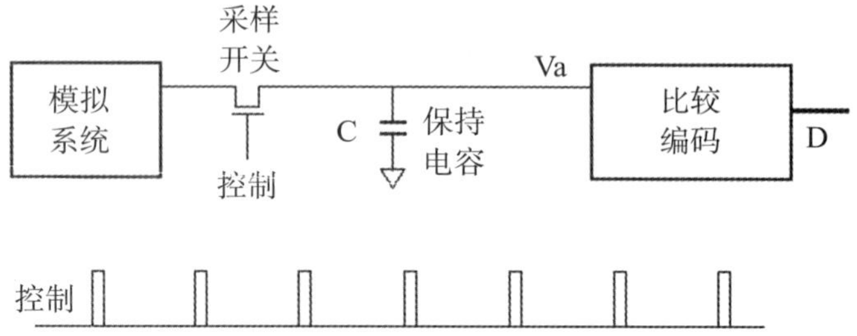

图3.3.5　AD转换的原理

对于AD转换，容易产生的误解是，测量值是十进制表达的，我们需要将十进制测量值转换为二进制。实际上，量化过程不是一个精确的测量过程，只是比较判断和编码的过程，在此过程中，是不会涉及十进制数的。

3.3.4　AD转换的数据格式

AD转换（量化）的要点是将物理测量值与有限精度的二进制数建立对应关系。物理测量值（模拟电压）在电源到地之间变化，其具体数值与模拟电源大小及表达单位有关。而采用N位二进制数进行表达时，其表达只能局限于全1（最大值）到全0（最小值）之间表达，与测量范围大小及物理单位没有关系。

为了消除模拟量范围及单位变化对量化的影响，需要先对模拟表达范围进行归一化表达，通常采用以下关系表达模拟量与数字量的关系：

$$A = D \cdot V_S$$

在此表达方式中，模拟电压A表现为一个纯数字量D与物理单位V_S的乘积表达，如图3.3.6所示。模拟量范围的变化和单位的影响全部由V_S体现，数字量D只需要对$(0,1)$之内的归一化模拟量进行表达，成为一种抽象数字。

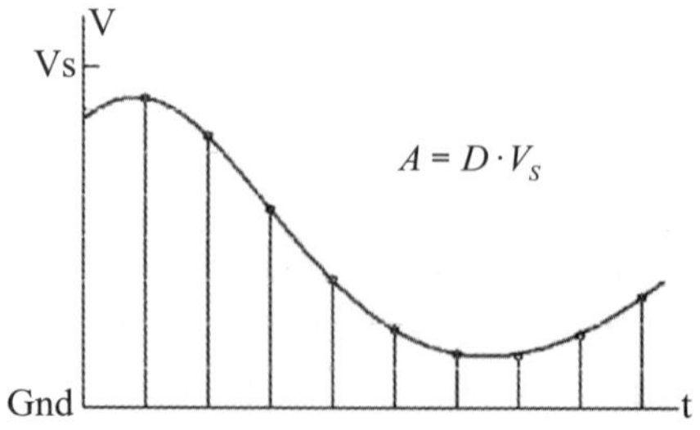

图3.3.6　模拟量与数字量的关系

采用这种表达格式具有如下特点。

(1) 表达测量值的二进制数永远为小数，小数点默认在最高位左边，不用进行表达。

(2) 二进制表达可以保持权重关系，每一位权重从最高位起分别为：2^{-1} 2^{-2} 2^{-3} ...，由于这种表达的数字量保持了权重关系，可以方便于DA转换。而从数字量回到模拟量时需要乘的比例系数V_S也可以通过DA转换电路中的比例放大器实现。

(3) 数据格式统一，相加时可以自动实现小数点对准，最高位进位将自动形成溢出错误标记，数据相乘可以保证不发生溢出错误。

(4) 选定的位数自然形成数据精度的体现，位数越多则量化精度越高。运算过程中只需要保持数据位数不变，就可以保障相应精度不变。

上述这些特点将对后续的运算器件设计（加法器、乘法器）产生影响。

3.3.5 AD转换中的量化编码

即使对模拟测量范围进行了归一化，也并不意味着每个不同的模拟测量值可以对应于一个不同的数字量。对于模拟信号，即使限定在（0，1）范围之内，不同测量值有无限多可能，但N位二进制数的不同表达值一定是有限的，只有2^N种不同的状态。例如，如果采用1位二进制来表达测量值，则只能采用0、1两个值表达测量值。

为了用这两个不同的数字表达测量值，可以对模拟电压变化范围进行分割，分为2个区域：将大于$V_S/2$区域中的测量值都用1表达，而小于$V_S/2$区域中的测量值都用0表达；采用这样的方法，就可以通过二进制编码1或0表达实际模拟测量值的相对大小了，如图3.3.7所示。

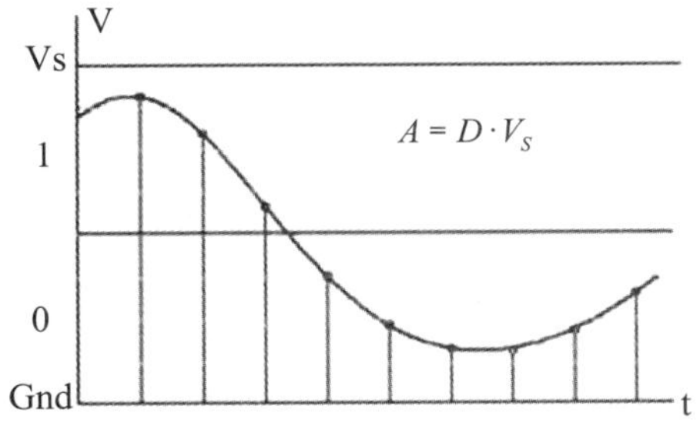

图3.3.7 1位二进制量化

根据上述说明可以看到，在量化过程中，使用1或者0并不是表达具体的模拟测量值，只是表达该测量值处于什么样的变化区间中。这样的量化结果可以通过简单的判断电路实现，如图3.3.8所示。

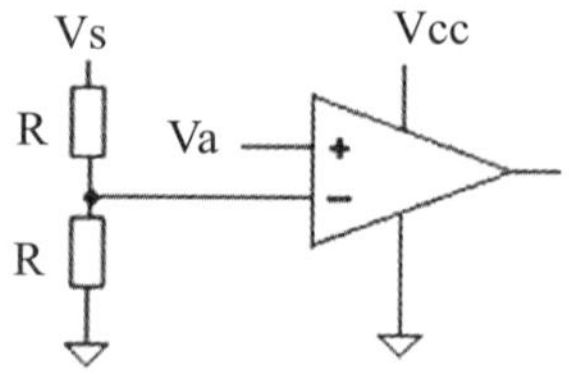

图3.3.8　1位二进制量化的电路原理

在图3.3.8中，左边两个电阻构成分压电路，中间节点产生比较电平$V_s/2$。将该电平与采样保持电容中的电压V_a送入由开环运算放大器构成的比较器中进行比较，当$V_a > V_s/2$时，比较器输出高电平（1），否则输出低电平（0），这样就自动完成了对模拟测量值的量化。

类似的设计可以推广到多位量化的场合。如图3.3.9所示表达了采用3位量化的设计方案。通过电阻分压网络可以形成不同的电压比较刻度，对模拟电压变化范围进行分割。将每个刻度电压送入一个独立的比较器中，与保持电容中的模拟测量电压进行比较，使比较器输出1或者0。

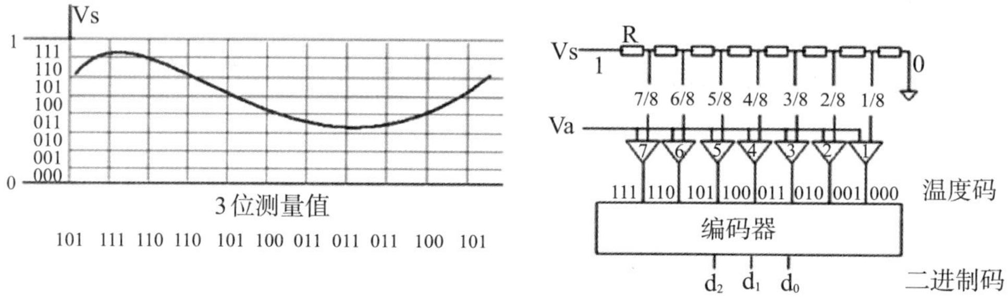

图3.3.9　3位量化的设计方案

在上述电路中，比较器阵列输出的0和1排列起来可以构成一组二进制数据串，这组二进制数据串可以看作是对模拟测量值的一种初步编码结果。这种编码通常称为“温度码”，其具有的特点是：在这组二进制数据串中，0总是处于数据串的左边部分，1总是处于数据串的右边部分，两部分之间具有明确的分界。根据该分界的位置，就可以判断模拟测量值处于什么变化范围中。

对于3位量化，可以将模拟电压变化范围分割为8个区域，每个区域采用一组特定的二进制编码表达，只需要8组编码就可以表达全部测量结果。如果采用温度码表达，每组编码具有7位，显然表达效率不高。

为了提高编码效率，可以设计转换电路，将8组温度码转换为8种3位二进制编码，如图3.3.10中所示，这样的转换电路称为编码电路。

温度码							二进制码		
C_7	C_6	C_5	C_4	C_3	C_2	C_1	d_2	d_1	d_0
0	0	0	0	0	1	1	0	1	0
0	0	0	0	1	1	1	0	1	1
	…	…	…					…	

图3.3.10　温度码转换二进制编码

3.3.6　量化编码的精度与误差

通过上述对量化编码过程的原理分析可以看到，量化编码是将一个模拟电压变化范围中的测量值都对应为同一个二进制编码。如果将得到的二进制编码作为数值看待，则该数值对应为该模拟电压变化范围的下边界。因此，这种表达与实际的模拟测量值之间存在误差。误差的大小与分割的模拟电压变化区域大小相关。

采用N位二进制数进行量化时，可以将整个模拟电压变化范围等分为2^N个区间，每个区间的宽度为$V_s \cdot 2^{-N}$，这就是量化时可能产生的最大误差，该值也称为量化步长、量化间距、分辨率。而该区间中测量值的平均误差为$V_s \cdot 2^{-(N+1)}$，为最大误差的一半。显然，量化位数越多，量化间距就会越小，数据精度就越高。

3.4　数值运算及符号数编码

3.4.1　无符号数的运算

经过上述AD转换进入数字系统中的数称为无符号数。无符号数格式采用定点二进制数制中的正小数。小数点默认处于最高位右边，数据的位数表达了数据的精度。在同一数字系统中，所有无符号数应该满足统一的格式和精度。在运算中，应该保持数据的格式与精度。

在上述格式条件下，不需要表达小数点。没有小数点的数也可以看作是整数。

在对无符号数进行运算时，基本运算规则与整数运算规则相同，实际上是定点数运算的普遍规则。但在涉及位数变化问题时，一定要根据纯小数的格式进行规范。

1. 加法运算

将2个N位二进制数进行相加，得到1个N位二进制数的结果。

基本规则：

（1）从低位向高位逐位进位相加；

（2）基本的二进制数相加定义：0+0=0　0+1=1　1+1=10；

（3）在表达加法运算时，通常需要使用0和1表达进位，因此额外设置进位数据进行表达，如下式所示。

```
  1 1111 000   C
    0111 1010  A
  + 1101 1100  B
  -----------
    0101 0110  S
```

特点：

（1）无符号数为纯小数，在高位前的小数点自动对准；

（2）相加数及结果的位数相同，表达其精度一致；

（3）最高位产生进位可能导致整数超出数据规范的表达范围，对应于其模拟值超出电源范围，导致失真，这种失真称为数据溢出（overflow）；

（3）在无符号数的加法运算中，可以将最高位进位作为溢出标志（不能当作数值，只是表达出错）；

（4）如果在运算时出现溢出，唯一的解决方案是修改系统设计以消除错误。通常的修改方式是对输入数据进行预处理，将数据除以2（在最高位前加0），然后再进行加法运算；

（5）正确设计的系统不应该有溢出现象。

在正常设计的系统中，N位加法器的设计不用考虑最高位的进位。

2. 乘法运算

将2个N位二进制数进行相乘，得到1个N位二进制结果。

基本规则：

（1）一位乘法运算：运算规则同与运算规则一致。

（2）多位乘法运算：可以采用与运算与多位加法结合设计，如下式所示。

```
      1001
   x  0110
  --------
      0000
     1001
    1001
   0000
  --------
  00110110
```

特点：

（1）由于无符号数为纯小数，相乘运算绝不会产生数据溢出；

（2）2个N位二进制数相乘，结果会表现为$2N$位的数据，名义精度增加，超出数据规范；

（3）为了保持运算精度的一致，需要将$2N$位的结果进行截断：只取高N位数据表达；

（4）为了减少截断误差，可以采用舍入截断方式，将第N+1位加到前N位的最低位，这样可以使最大误差减小一半，平均误差为0。

3. 减法运算与符号数

减法运算：存在与加法不同的运算规则，需要引入符号数（带有正负符号的数）。

一旦引入符号数后，则可以用加法规则完成减法（代数和）——不再需要减法规则！因此，硬件设计中，只需要设计加法器就可以完成加减运算，但是需要建立符号数的表达规则和运算规则。

3.4.2 符号的添加与原码表达

无符号数默认为正数。在无符号数前面添加一个符号，就可以得到符号数。

在数字系统中，符号也需要采用二进制方式表达。存在两种不同的符号，可以采用1位二进制数进行表达。

在无符号数的前面（左边）添加0，用于表示正数。如果从整数运算的角度考虑，前面添加0不会使数据发生改变。无符号数本为正数，用0表达正符号，隐含该数仍为正数，没有发生变化。

在无符号数的前面（左边）添加1，用于表示负数。如果从整数运算的角度考虑，前面添加1会使数据发生改变。无符号数本为正数，用1表达负符号，隐含该数产生了变化，变成了负数。

以上符号数的表达方式称为原码表达，也称为符号-数值码表达。

在这种表达中，最高位（MSB）为符号位，不具有数值权重概念，后面的所有位数仍然可以看作是无符号数，保持原有的格式和权重。

例3.4.1 无符号数A=1001的符号数表达。

解：该数具有4位，添加符号后的符号数应该具有5位。正数表达：+A=0 1001。负数表达：-A=1 1001。

符号数的原码表达适合于乘法运算。进行乘法运算时，将其数值位作为无符号数进行相乘，而对其符号位，则可以通过异或运算得到乘积的符号。

但原码表达不适合用于加法运算。同一个无符号数的正数和负数相加（代数和）应该恒等于0。然而根据上例表达，(+A)+(-A) = 0 1001+1 1001= 0 0010，不等于0。

3.4.3 符号数的补码表达

上例表明，符号数的原码表达不能用于代数和的加法。这与创建符号数的目的冲突：希望用符号数的代数和取代减法。为了能够容纳代数和，需要根据代数和的条件重新对符号数进行编码。

保持符号数的正数定义不变（来自于无符号数），重新考虑如何为该数的负数编码。

基本思路为：首先，该数的负数与正数相加应该等于0，每1位都表现为0。需要寻找一个数，与该正数相加，可以实现每1位都表现为0。

然后可以先找到这样的数：与该正数相加，可以实现每1位都表现为1。该数可以通过将原来的正数每位取反就可以得到。这种数据编码称为反码表达，因为它与对应整数相加的结果与我们所需要结果相反。

在反码表达的基础上，如果在最低位加1，忽略最高位的进位，得到的数称为补码表达。补码表达的负数与对应的正数相加，忽略最高位的进位，可以实现每1位都表现为0，满足代数和的要求。

3.4.4 符号数的特点及相互转换规则

通过上述分析，建立了3种符号数的编码方式。现将编码规则总结如下。

为无符号数添加符号，需要在其左边增加符号位。符号数比对应的无符号数多1位，其最高位固定为符号位，只用于表达符号（正负），不具有数值概念。

给一个数添加正号，不会改变该数，其编码不应该发生变化。对于正数，无论原码、反码、补码，其编码表达方式完全相同。

给一个数添加负号，该数就会改变，其编码也会发生改变。不同的编码方式表现出不同的改变方法。

添加负号时，不同的编码方式就构成了不同的符号数表达。

原码：只改变符号位。

反码：每一位都发生改变。

补码：先改变每一位，然后在最低位加1。

将一个给定编码的符号数改变为其他编码方式，应该遵循以下规则：

首先判断该数是否为正（最高位是否为0），对于正数，编码方式的改变不会导致编码的改变。

如果给定编码是负数（最高位为1），则转换时保持符号位不变，只考虑后面位数的改变。

原码转换到反码：每1位改变。

反码转换到原码：每1位改变。

反码转换到补码：在最低位加1，忽略向符号位的进位。

补码转换到反码：在最低位减1，忽略向符号位的借位。

下列为了描述方便，把符号数A的原码、反码和补码分别用$A_{原}$、$A_{反}$和$A_{补}$来表示。

例3.4.2 已知$A_{原}$=0110 1001，$B_{反}$=1010 1001，$C_{补}$=1100 1010，求$A_{补}$、$B_{原}$和$C_{反}$。

解：$A_{原}$的符号位为0，表示A为正数，而正数的原码、反码和补码的编码表达方式完全相同，因此，$A_{补}=A_{反}=A_{原}$=0110 1001。

$B_{反}$的符号位为1，表示B为负数，因此，$B_{原}$=1101 0110，还可以得到$B_{补}$=1010 1010。

$C_{补}$的符号位为1，表示C为负数，因此，$C_{反}$=1100 1001，还可以得到$C_{原}$=1011 0110。

3.4.5 符号数的代数和加法

在上述符号数的建立过程中，符号位（最高位）不具有数值含义，负数的反码表达和补码表达也不再是权重数值的表达，仅仅是抽象的编码。

但在进行各种加法运算时，对于这些符号和编码，在规则上仍然按照无符号数的规则进行运算。符号数相加过程中的数值与编码的相加、数值向符号位的进位、符号位的相加等都采用这种方式处理。

根据前面讨论，代数和加法只能采用补码进行。

在补码相加中，符号位的进位应该忽略，不予考虑，这是包含在补码编码规则中的。这种进位不应视为数据溢出。补码不具有通常意义的数值位（没有权重意义），所以向符号位的进位可以进行，但同样不具有数据溢出的含义。数据溢出的含义是结果数值超出格式表达限制。

补码相加时，若2个加数具有不同符号，则结果的数值必定小于加数中最大的数值，一定不会产生溢出。

若2个加数具有相同符号，则结果的数值必定大于加数中最大的数值，可能会产生溢出。补码加法中的数据溢出表现为输出结果与输入数据符号不同。

检测方法：先检测2个加数的符号是否相同，然后比较结果与加数符号是否不同。

消除方法：先对输入数据进行衰减（除2），然后再进行加法运算。

还可以用下列方法判断2个补码数相加的结果是否溢出。相加的2个补码数的位数要相同，把符号位称为最高位，其右边的1位称为次高位，定义“次高位”相加时向符号位的进位为C_{in}，而“最高位”相加时的进位为C_{out}，若$C_{in}=C_{out}$，则运算结果正确，没有溢出；否则结果溢出，运算结果不正确。

例3.4.3 判断2个补码数相加的结果是否溢出。

（1）0101+1001

（2）1101+1010

解：（1）写出如下运算式：

$$\begin{array}{r} 0\,1\,0\,1 \\ +\,1\,0\,0\,1 \\ \hline \uparrow\ \ \\ C_{out}\,C_{in} \end{array}$$

显然，$C_{in}=0$，$C_{out}=0$，$C_{in}=C_{out}$，因此运算结果没有溢出，相加的结果为1110。

（2）按同样方法，1101+1010的$C_{in}=0$，$C_{out}=1$，$C_{in}\neq C_{out}$，因此运算结果溢出。参与运算的两个数都为4位，相加的结果也为4位，故运算结果为0111，表示+7，而参与运算的两数的十进制数分别为−3和−6，相加结果为−9，显然补码运算结果不正确，原因是十进制数−9用补码表示时至少需5位，运算结果超出了4位数所能表达的范围。

3.4.6 格雷码

针对数值信号的编码还有一种常用的方式称为格雷码（gray）。这种编码方式通常用于进行相邻量化区间的变化数据中，3位格雷码见表3.4.1。

表3.4.1 3位格雷码

十进制数	格雷码
0	000
1	001
2	011
3	010
4	110
5	111
6	101

7	100

在对连续变化的信号进行测量时，很多的信号测量值都是在相邻的量化区间之间进行变化，类似于逐步在最低位加1或减1导致的数据变化。

对于二进制编码，相邻量化区间编码数据的变化常常导致多位数据进行变化。例如：对于4位量化区间来说，0101与0100相邻，也与0110相邻。从0101变化到0100只有1位发生变化，而从0101变化到0110则有2位发生变化。

2个不同码字之间不同的位数通常称为码字间的距离。如果两个码字只有1位不同，则这2个码字距离为1，称为相邻码字。

当码字不相邻时，则码字间的变化通常会经过一系列的相邻过程转换，由此会导致一系列的中间状态的出现。这是由于码字中的不同位经由电路中的不同器件进行传输变化，而不同器件的延迟时间难以做到精确一致。

例如：从0101变化到0110，可能经由以下途径转换：

0101——0100——0110　或者　0101——0111——0110

码字转换过程的中间状态可能导致数据错误，也会导致功耗增加。

如果能够让相邻量化数据的编码也能够相邻，就可以避免上述情况的发生。格雷码就是为了适应这种数据而建立的。

对于位数为4位以下的格雷码可以采用“添加镜像，然后上半部分左边添0，下半部分左边添1”的方法来构造。

对于1位格雷码，只有0和1。在此基础上添加其镜像，如图3.4.1（a）所示，下半部分是上半部分的镜像。然后在图3.4.1（a）“上半部分左边添0，下半部分左边添1”，从而得到2位的格雷码，如图3.4.1（b）所示。

(a)	(b)
0	0 0
1	0 1
1	1 1
0	1 0

（a）　　（b）

图3.4.1　2位格雷码的构成方法

类似地，在2位格雷码的基础上继续运用上述方法，从而得到3位的格雷码，如表3.4.1所示。在3位的格雷码的基础上使用上述方法可以得到4位的格雷码。然而用上述方法构造5位及5位以上的格雷码时就不可行了。

表3.4.1表明每一个十进制数可以用1个格雷码来表示，而每一个十进制数对应于1个二进制数，因此，二进制码与格雷码之间就有着一一对应关系，如：十进制数4对应的3位格雷码是110，而十进制数4对应的二进制码是100，因此$(100)_2$对应于$(110)_{gray}$。4位的二进制码和4位的格雷码之间也有相应的关系，我们可以利用上述方法构造一个4位的格雷码表，从而得到所需的结果。但对于$N(N\geq5)$位的二进制码转换为相应的格雷码时需用到下列介绍的方法来实现。

格雷码是对量化形成的二进制编码的重新编码，其目标是使相邻量化区间的码字只有1位不同。从N位二进制码转化为N位格雷码，其编码规则如下：

（1）保持位数不变、MSB不变；

（2）将二进制编码中的第m位与其左边位（高位）进行比较，以决定对应格雷码中第m位的编码值：相同则编码为0，不同则编码为1。

例3.4.4 把二进制编码（1001 0010）$_2$和（0110 0011）$_2$转换为格雷码

解：根据上述转换规则有：

二进制编码：1001 0010　　0110 0011

格 雷 码：　1101 1011　　0101 0010

注意：格雷码主要是解决顺序变化的量化编码在传输和存储中的可靠性及功耗问题。由于格雷码不是权重数值码，不能将这种编码直接应用于算术运算或DA转换中。

在实际电路中，对于具有相邻变化特性的二进制数值输入，如果不需要进行算术运算，只是进行传输或存储，之后又通过DA转换输出，则可以在AD转换后立即转换为格雷码，等到信号需要进行DA转换前，再将其转换回二进制编码，如图3.4.2所示。

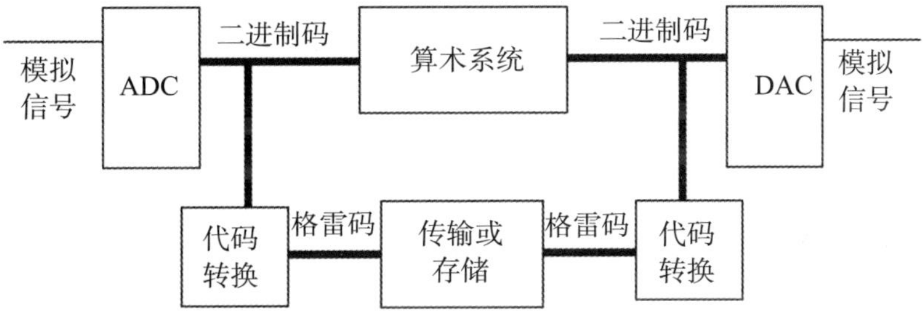

图3.4.2 格雷码的一种应用

从格雷码转换回到二进制编码的方法如下：

（1）位数不变，MSB不变；

（2）根据格雷码第m位的取值，由二进制编码的第m+1位（高位）决定第m位（低位）的编码，基本规则为：格雷码为1时，对高位反相；格雷码为0时，对高位复制。

例3.4.5 把格雷码（1101 1011）$_2$和(0101 0010)$_2$转换为二进制编码

解：根据上述转换规则有：

格 雷 码：　1101 1011　　0101 0010

二进制编码：1001 0010　　0110 0011

3.4.7 数值类信号的编码小结

从前面的讨论中可以看出，对于进入数字系统中的信号，当面临不同的环境和应用时，需要采用不同的编码方式，例如：

（1）温度码：AD转换时从并行比较器阵列得到的编码，其特点是高位0与低位1之间具有明确的分界。

（2）无符号数编码：系统中表达数值的编码，将N位的纯小数采用整数形式表达，这是采用二进制表达数量的最自然的编码。在AD转换时，每个不同的码字对应于不同的测量值变化范围；而在DA转换时，用于控制数字开关阵列，实现一个特定的模拟值。

（3）符号数编码：在对数值进行算术运算时采用的编码，其中补码用于加法运算，而原码用于乘法运算。

（4）格雷码：用于信号存储和传递过程，特点是相邻取值状态采用相邻的编码（只有1位变化），可以消除状态变化的中间态，减小功耗。

3.5 键盘输入编码设计

除了直接进行数据测量外，通过键盘输入信号也是数字系统获取信号的重要手段。本节以最简单的数字小键盘编码为例，简要介绍键盘编码的不同形式。

3.5.1 数字键盘的直接编码

数字键盘是一种简单的键盘设置方式，采用10个键表达十个不同的十进制符号的输入。一种典型的键盘的电路设计原理如图3.5.1所示，每个按键控制一个独立的输出，键盘每个按键按下时，可以输出一个高电平1，未按下的键则输出低电平0。

考虑每次按下单键进行输入，则键盘的十个输出中最多只有1个高电平，这种输出编码通常称为独热码（one-hot code）。

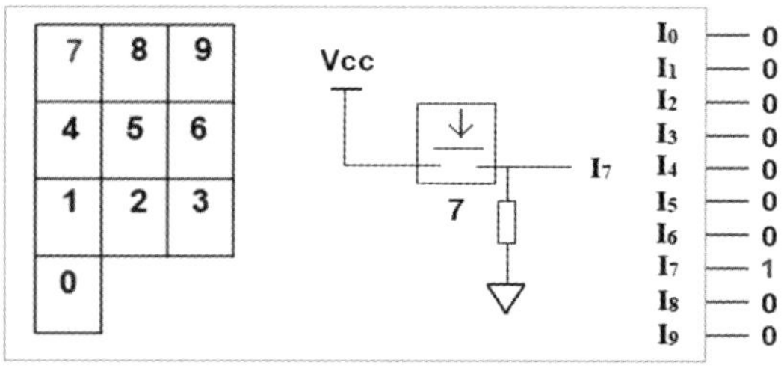

图3.5.1　独热码输出的键盘电路设计原理

对于数字键盘，也可以将键盘采用阵列方式设置，每行每列均产生独立输出。当每个按键按下时，该键所在行和列都输出高电平，其他行和列则输出低电平。

此设计使用7位输出就可以表达10个按键数据，效率较高。

此设计中，每个键按下时，会有2个输出表现为高电平，其输出编码通常称为双热码（two hot code 或 biquinary code），如图3.5.2所示。

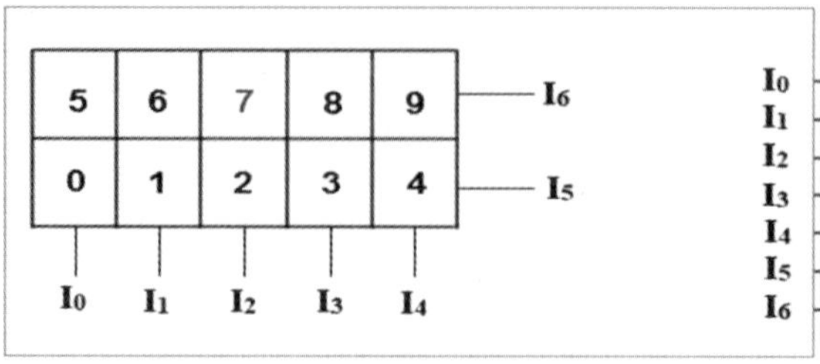

图3.5.2 双热码输出的键盘电路设计原理

3.5.2 BCD码

直接由键盘排布产生的输出编码通常位数较多，编码效率低。可以设计编码器将键盘产生的编码转换为位数更少的二进制编码，这样可以简化系统设计，节约系统成本。

数字键盘输入时，需要为10个不同按键状态进行编码。表达这些状态至少需要采用4位二进制编码。这种对于不同的十进制符号进行的编码称为BCD码，见表3.5.1。

表3.5.1 BCD码

十进制数字	8421码	2421码	余3码	二五混合码	10中取1码
0	0000	0000	0011	0100001	1000000000
1	0001	0001	0100	0100010	0100000000
2	0010	0010	0101	0100100	0010000000
3	0011	0011	0110	0101000	0001000000
4	0100	0100	0111	0110000	0000100000
5	0101	1011	1000	1000001	0000010000
6	0110	1100	1001	1000010	0000001000
7	0111	1101	1010	1000100	0000000100
8	1000	1110	1011	1001000	0000000010
9	1001	1111	1100	1010000	0000000001
未用码					
	1010	0101	0000	0000000	0000000000
	1011	0110	0001	0000001	0000000011
	1100	0111	0010	0000010	0000000101
	1101	1000	1101	0000011	0000000110
	1110	1001	1110	0000101	0000000111
	1111	1010	1111	……	……

采用4位二进制编码，可以表达16个不同状态。用以表达10个不同的十进制符号时，可以采用多种不同方式实现，以下介绍常用的几种。

3.5.3 8421码

使用16个4位二进制数中的前10个进行编码。这种编码直接采用二进制数值形成，每位具有固定的权重，按照整数权重的含义而得名。这种编码形成的对应表达最为自然直观，通常也称为自然码，见表3.5.2。

表3.5.2　8421码

十进制数字	8421码
0	0000
1	0001
2	0010
3	0011
4	0100
5	0101
6	0110
7	0111
8	1000
9	1001

3.5.4　2421码

这也是一种权重码，最高位权重为2，后三位权重与8421码相同。这种编码采用16个4位二进制数中的前5个和后5个进行编码。其低5位码字与8421码完全相同，而高5位码字与低5位码字形成全1（1111）的互补关系。由于这种互补关系，这种码也称为自补码，见表3.5.3。

表3.5.3　2421码

十进制数字	2421码
0	0000
1	0001
2	0010
3	0011
4	0100
5	1011
6	1100
7	1101
8	1110
9	1111

3.5.5　余3码

这是一种非权重码，使用4位编码的中间10个编码构成。其所有码字都可以看作是8421码加3（0011）后形成，这也是这种编码名称的来源。这种编码也是一种自补码，其高5位码字与低5位码字形成全1（1111）的互补关系，见表3.5.4。

表3.5.4　余3码

十进制数字	余3码
0	0011
1	0100
2	0101
3	0110
4	0111
5	1000
6	1001
7	1010
8	1011
9	1100

使用BCD码表达十进制符号时需要注意，这只是一种符号编码，通常不具有数值含义。每个符号等同于1次按键输入，在系统中产生一个4位二进制数据。表达N个十进制符号相当于进行N次按键，会需要$4N$位二进制表达。

例3.5.1　已知某十进制A=1946，试分别写出其对应的8421码、2421码和余3码表示。

解：每个十进制数用一组4位二进制码表示，因此对应的BCD码表示如下。

8421码：0001 1001 0100 0110

2421码：0001 1111 0100 1100

余3码：0100 1100 0111 1001

3.5.6　独热码——BCD8421编码器设计

将10位独热码输入，输出对应的8421码，如图3.5.3所示。

注意：尽管输入变量有10个，但输入状态也只有10个。只需要列出全部的输入状态以及对应的输出，就可以得到完备的真值表，从而进行标准设计。

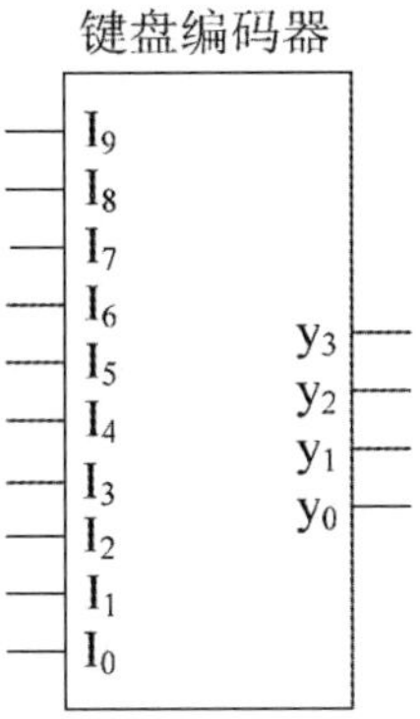

输入（独热码） $I_9\ I_8\ I_7\ I_6\ I_5\ I_4\ I_3\ I_2\ I_1\ I_0$	输出（8421码） $y_3\ y_2\ y_1\ y_0$
0 0 0 0 0 0 0 0 0 1	0 0 0 0
0 0 0 0 0 0 0 0 1 0	0 0 0 1
……	……
0 1 0 0 0 0 0 0 0 0	1 0 0 0
1 0 0 0 0 0 0 0 0 0	1 0 0 1

图3.5.3　独热码——BCD8421编码器设计

注意：上述系统可以利用“无关项”进行化简，从而消除各最小项对应的乘积项，相关内容可以在后面无关项化简中进行对应说明。

3.5.7　复杂信号的编码和显示

为了向数字系统输入更复杂的信号（表达更多种类的符号），键盘会变得更为复杂，输入方式也不限于单键输入（可能需要多键同时按下表达特定符号）。

目前，计算机系统的标准键盘符号编码主要采用7位的ASCII码，而表达汉字则采用更为复杂的16位国标码（例如GB2312-80）。

1. ASCII码

7位编码，表达128种不同的键盘输入符号，见表3.5.5。

表3.5.5　ASCII码表

低位＼高位	000	001	010	011	100	101	110	111
0000	NUL	DLE	SP	0	@	P	、	P
0001	SOH	DC1	!	1	A	Q	a	q
0010	STX	DC2	“	2	B	R	b	r
0011	ETX	DC3	#	3	C	S	c	s
0100	EOT	DC4	$	4	D	T	d	t
0101	ENQ	NAK	%	5	E	U	e	u
0110	ACK	SYN	&	6	F	V	f	v
0111	BEL	ETB	‘	7	G	W	g	w
1000	BS	CAN	(	8	H	X	h	x
1001	HT	EM	)	9	I	Y	i	y
1010	LF	SUB	*	:	J	Z	j	z
1011	VT	ESC	+	;	K	[	k	{
1100	FF	FS	,	<	L	\	l	|
1101	CR	GS	-	=	M	]	m	}
1110	SO	RS	.	>	N	^	n	~
1111	SI	US	/	?	O	_	o	DEL

2. 汉字国标码GB2312-80

汉字国标码采用16位编码方式，可以为6763个常用汉字及符号进行二进制编码表达。

3.6　数据显示控制与译码

键盘信号进入系统，经过编码后，或许需要进行传输、存储、处理，但最终的结果一定需要在显示器件上进行表现，如图3.6.1所示。

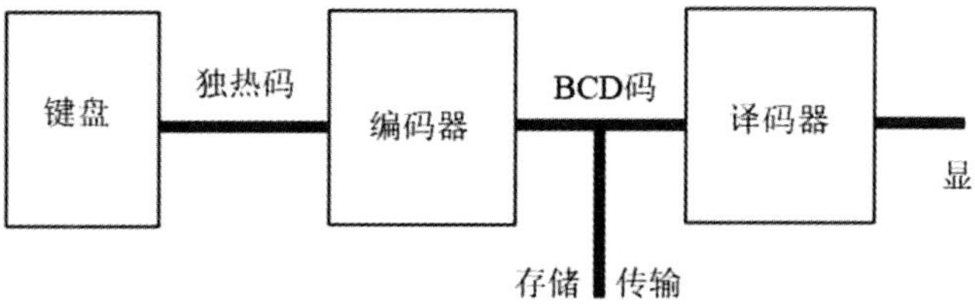

图3.6.1　一种系统的示意图

将编码信号转化为控制信号，实现对器件的控制（包括显示控制），这种数字系统称为译码器。

3.6.1　7段译码器设计

将BCD8421译码为7位输出，利用高电平点亮对应数码发光管，实现十进制符号的直观显示，如图3.6.2所示。

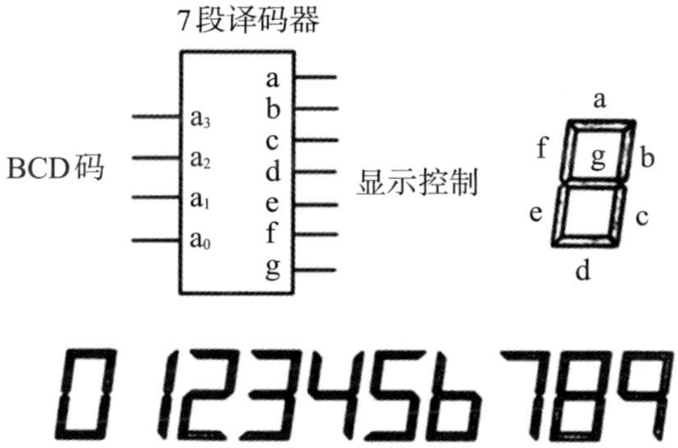

a_3	a_2	a_1	a_0	a	b	c	d	e	f	g
0	0	0	0	1	1	1	1	1	1	0
0	0	0	1	0	1	1	0	0	0	0

图3.6.2　7段译码器

注意：尽管有4个输入端，但输入状态只有10个状态，可以根据显示方案安排每种输入状态的输出，从而建立完备的真值表，实现标准设计。

3.6.2　复杂符号显示

复杂符号通常通过点阵图案进行显示，可以将不同符号的不同显示方案存放于不同的存储器中，然后将相关显示信息的编码通过译码器转换为相应的控制信号，从对应存储器中提取显示方案进行显示，如图3.6.3所示。

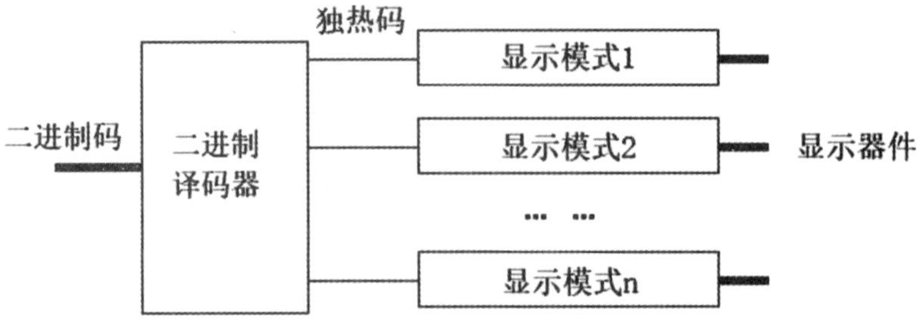

图3.6.3　复杂符号显示的一种方案

存储器的地址通常采用二进制编码表达，而对地址进行译码的器件通常称为二进制译码器，该器件将二进制编码转换为独热码，实现对存储器的控制。

3.6.3　二进制译码器

二进制译码器的作用是将输入的二进制编码转换为独热码输出，用于对后续器件进行控制。当输入为N位二进制编码时，该译码器具有2^N个输出。每个输出都表现为输入变量的一个最小项（所有变量参与的乘积项），每个输出端的输出方程可以表现为 $y_i = m_i$ 。

该器件由与门阵列构成，也称为最小项发生器。

例3.6.1　2位二进制译码器设计

解：首先，根据设计要求确定输入端数量和输出端输出，2位二进制译码器有2个输入端和4个输出端，如图3.6.4（a）所示；其次，根据译码器的功能写出相应的真值表，在输出变量的组合中只有1位为1，其余位为0，如图3.6.4（b）所示；然后写出每个输出变量的表达式；最后根据输出表达式画出译码器内部的逻辑电路图。

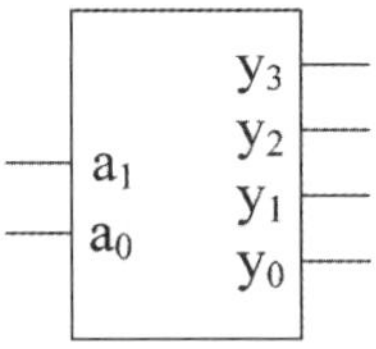

（a）

a_1 a_0	y_3 y_2 y_1 y_0
0 0	0 0 0 1
0 1	0 0 1 0
1 0	0 1 0 0
1 1	1 0 0 0

（b）

图3.6.4　2位二进制译码器

3.7　奇偶校验编码

编码数据信号在长期存储或长距离传输时，容易受外界干扰出现错误。为了防止错误的出现，需要对信号进行检查或纠正。

最简单的检错及纠错的方式是在信号存储或传输前为信号附加校验码，而在接收信号或从存储器取出信号时，对信号进行检错和纠错，如图3.7.1所示。

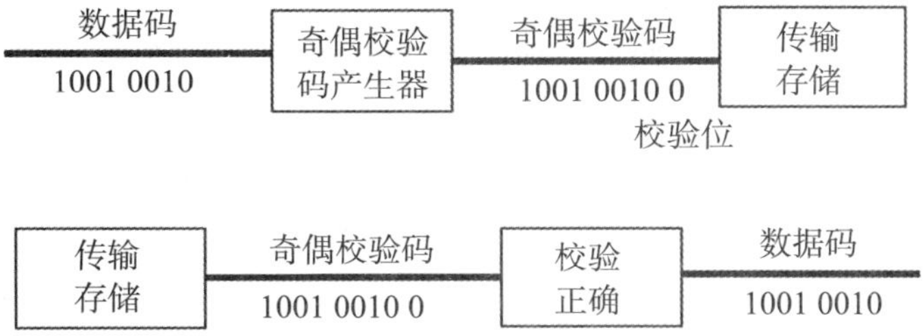

图3.7.1　奇偶校验编码的应用

3.7.1　校验码编码规则

在信号存储或传输前，先对信号字进行检测，根据检测结果在信号字后面附加1位校验位，见表3.7.1。

表3.7.1　**奇偶校验码**

信息位	偶校验码	奇校验码
000	0000	0001
001	0011	0010
010	0101	0100
011	0110	0111
100	1001	1000
101	1010	1011
110	1100	1101
111	1111	1110

3.7.2　奇/偶校验

奇/偶校验要求在附加校验位后，在存储或传输的字中，1的个数为奇/偶数。

奇校验编码过程是，先检测信号字中1的个数，如果信号字中1的个数为奇数，则附加校验位0；如果信号字中1的个数为偶数，则附加校验位1。信号字附加校验位后，称为传输字或存储字。传输字或存储字中，1的个数一定是奇数。

偶校验编码过程则与上述的奇校验编码过程对应，先检测信号字中1的个数，如果信号字中1的个数为奇数，则附加校验位1；如果信号字中1的个数为偶数，则附加校验位0。传输字或存储字中，1的个数一定是偶数。

例3.7.1　信号存储或传输前的信息码是1001 0101，试分别确定其在奇校验和偶校验下的校验码。

解：由于信息码1001 0101中1的个数是4，因此，该信息码在奇校验情况下的校验码是1，偶校验情况下的校验码是0。

3.7.3　错误的校验检测

在接收数据或从存储器取出数据时，对每个传输字或存储字进行检测（检查其中1的个数是否为奇数或偶数)：

（1）在奇校验的情况下，如果发现检查结果是偶数，则发出出错信号；

（2）在偶校验的情况下，如果发现检查结果是奇数，则发出出错信号。

利用上述规则，可以设计校验检错系统，对接收或取出的数据进行检测并自动给出出错信号，如图3.7.2所示。

需要注意，这种检错系统正常工作的前提条件是：对任何一个传输字或存储字，最多出现1位错误。

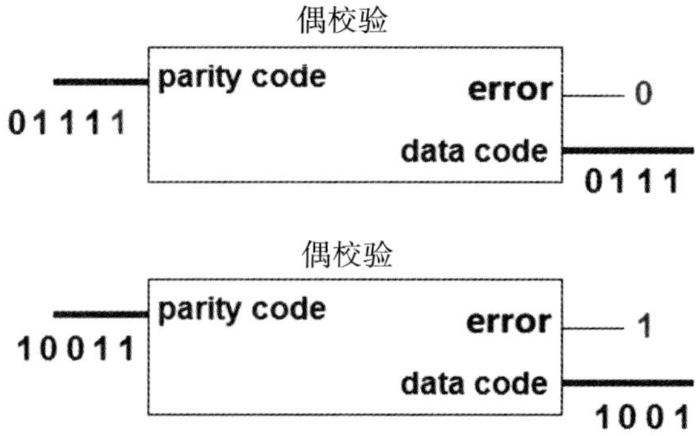

图3.7.2　校验检测的原理

3.7.4　纠错系统的设计

上述校验系统只能用于发现错误，并不能确定错误存在于错误字中的哪一位。如果在数据存放或传递前，先将若干字排成阵列（数据块），为每行每列附加校验位。

对收到或取出数据块检测时，若发现某行某列数据错误，则将出错行列交叉点数据改变，就恢复正确结果，如图3.7.3所示。

这种纠错系统正常工作的前提是每个数据块最多出现1位错误。

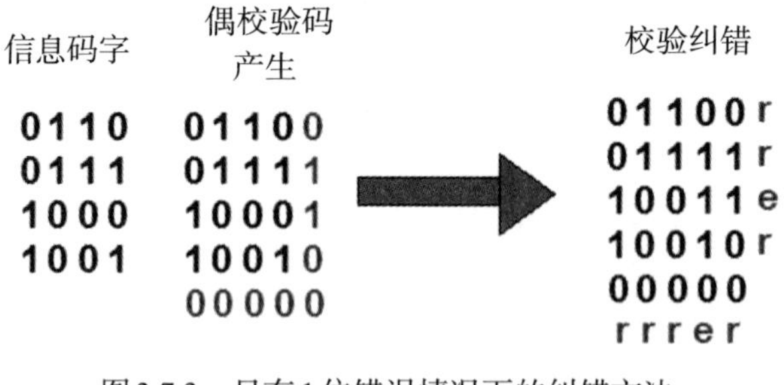

图3.7.3　只有1位错误情况下的纠错方法

注意：上述检错和纠错的前提是每个字节或每块数据中至多只发生1位错误，这一前提条件需要通过物理环境和器件制作来保障。目前，对于数字系统中使用的存储器或短程有线传输，器件工艺制造和系统屏蔽措施的采用可以保障物理误码率达到万分之一以下，该前提条件得以保障。至于无线传输中可能存在的误码风险，则需要采用更为复杂的检错纠错方案进行规避。

习题3

3.1 对于一个8位的单极性DAC，当输入是二进制数10000000时对应的输出电压是2.048V。若输入是01000000时，则对应的输出电压是多少V？

3.2 完成下列数制转换：

将十进制数7.8转换为8位二进制数，要求整数和小数部分各为4位。

3.3 再继续题3.2的问题，将题3.2的二进制数转换为八进制、十六进制表达。

3.4 若单极性AD转换得到的8位二进制数0010 0100对应模拟电压2.4V，采用的模拟电源为多少V？

3.5 完成下面的数制转换：

（a）$67.24_8=?_2$

（b）$10100.1101_2=?_{16}$

（c）$101111.0111_2=?_8$

（d）$15C.38_{16}=?_2$

3.6 将下面的数转换成十进制：

（a）$67.24_8=?_{10}$

（b）$10100.1101_2=?_{10}$

（c）$12010_3=?_{10}$

（d）$15C.38_{16}=?_{10}$

3.7 完成下面的数制转换：

（a）$209_{10}=?_2$

（b）$727_{10}=?_5$

（c）$1435_{10}=?_8$

（d）$65113_{10}=?_{16}$

3.8 下面每个算术运算至少在某一种计数制中是正确的。试确定每个运算中操作数的基数可能是多少？

（a）41/3=13

（b）23+44+14+32=223

（c）302/20=12.1

（d）$\sqrt{41}=5$

3.9 对于无符号数A=0110 1011

（a）写出A，−A的符号数的三种编码方式表达；

（b）写出A对应的格雷码表达形式。

3.10 写出下面每个十进制数的8位符号−数值、二进制补码、二进制反码：

+23、+129、+85、−45、−3、−102

3.11　指出下面8位二进制补码数相加时是否发生溢出：

(a)
```
  11010100
+ 11101011
```

(b)
```
  10111111
+ 11011111
```

(c)
```
  01011101
+ 00110001
```

(d)
```
  01100001
+ 00011111
```

3.12　设$A_{补}$=(1*******)，$B_{补}$=(0*******)，$C_{补}$=(1*******)，在下列8位补码符号数的运算中，可能产生溢出的是哪一个？（注：*代表任意的0或1）

A.（A+B）　B.（A−C）　C.（B+C）　D.（B−C）

3.13　写出格雷码10011010对应的二进制数。

3.14　写出十进制数2638对应的三种BCD码：8421、余3、2421。

3.15　为二进制串 1011 0110 添加奇校验码和偶校验码。

第4章 基于逻辑单元的组合优化设计

4.1 组合优化设计与逻辑定理

集成芯片内部电路的基本单元只有反相器INV、2输入与非门NAND2和2输入或非门NOR2三种类型。任何数字系统均采用这三种逻辑单元组合实现。组合优化设计的目标为：采用尽可能少的逻辑单元实现所要求的功能。

为了使用上述3种基本逻辑单元实现组合优化设计，需要对这些逻辑单元的运算功能有所了解。对这些基本逻辑的运算功能总结及其推论就构成了各种常用的逻辑定理。

与逻辑定理：$X \cdot 0 = 0$　　$X \cdot 1 = X$　　推论：$X \cdot X \cdot \cdots \cdot X = X$

或逻辑定理：$X + 0 = X$　　$X + 1 = 1$　　推论：$X + X + \cdots + X = X$

反相定理：$(X')' = X$

互补定理：$X + X' = 1$　　$X \cdot X' = 0$

交换律：$X \cdot Y = Y \cdot X$　　$X + Y = Y + X$

结合律：$X \cdot Y \cdot Z = (X \cdot Y) \cdot Z = X \cdot (Y \cdot Z)$

$$X + Y + Z = (X + Y) + Z = X + (Y + Z)$$

分配律：$X \cdot (Y + Z) = X \cdot Y + X \cdot Z$　　$X + (Y \cdot Z) = (X + Y) \cdot (X + Z)$

上述所有定理都可以根据第1章引入的3种基本逻辑的运算规则，采用真值表方法进行证明。

4.2 对偶概念与对偶定理

4.2.1 电路系统的对偶性

正负逻辑表达的合理性：高 / 低电平的逻辑表达可以采用不同方式。

正逻辑表达：高电平表达逻辑1，低电平表达逻辑 0。

负逻辑表达：高电平表达逻辑0，低电平表达逻辑 1。

任何一个数字电路系统，一定存在一种正逻辑表达的系统关系，也一定存在一种负逻辑表达的系统关系，如图4.2.1所示。

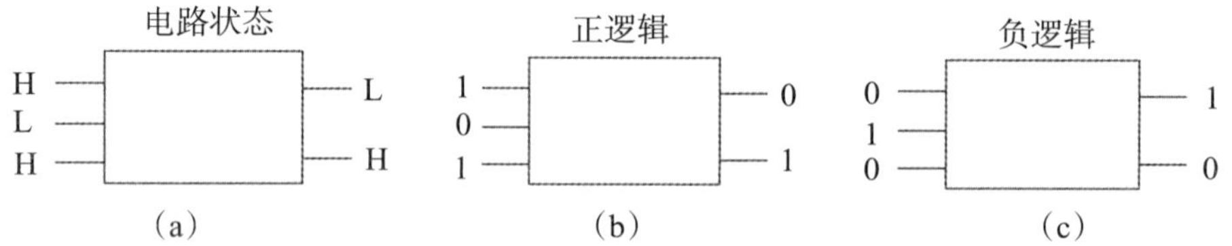

图4.2.1　电路系统及其对偶系统

图4.2.1（a）是某个具有3个输入、2个输出的数字电路系统示意图，该图表示了电路系统在某个时刻的输入和输出的电平状态关系。图4.2.1（b）是图4.2.1（a）在正逻辑下的表达，而图4.2.1（c）则是图4.2.1（a）在负逻辑下的表达。

同一电路系统采用不同逻辑表达形成不同的逻辑系统，这两种逻辑系统相互对偶，称为对偶系统。任何一个逻辑系统一定存在其对偶系统。

4.2.2　对偶系统的实现

如何从一个逻辑系统得到其对偶系统呢?

1. 从外部状态考虑，对偶意味着端口状态表达的改变：对输入和输出都取非，如图4.2.2所示。

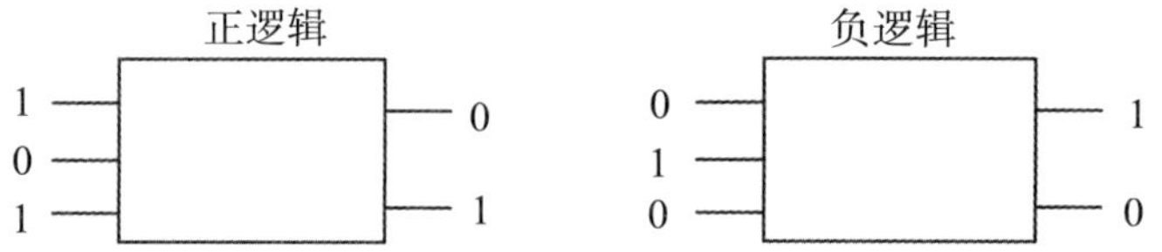

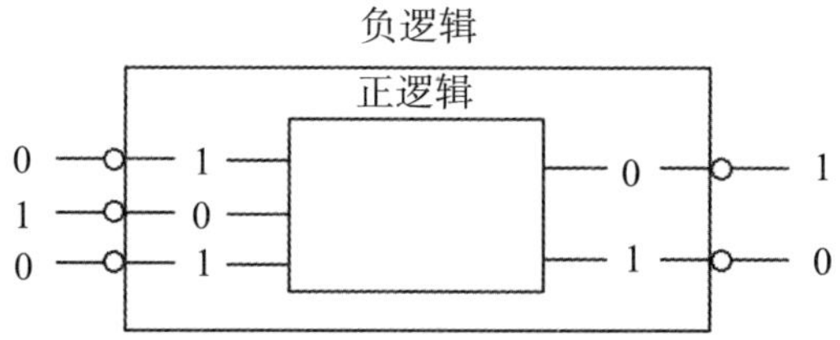

图4.2.2　对偶系统的实现

将上述规则采用变量和函数关系进行表达，则对于逻辑函数 $f(a,b,c)$，其对偶函数可以表达为 $f^{D}(a,b,c)=f'(a',b',c')$

当采用逻辑图形式表达逻辑时，只需要对所有外部输入端和输出端加圈，就可以得到该逻辑的对偶。

2. 电路内部可以分解为单元器件，在对其对偶表达进行考虑时，可以看到，对偶系统由对偶的单元器件按照同样的连接方式构成，如图4.2.3所示。

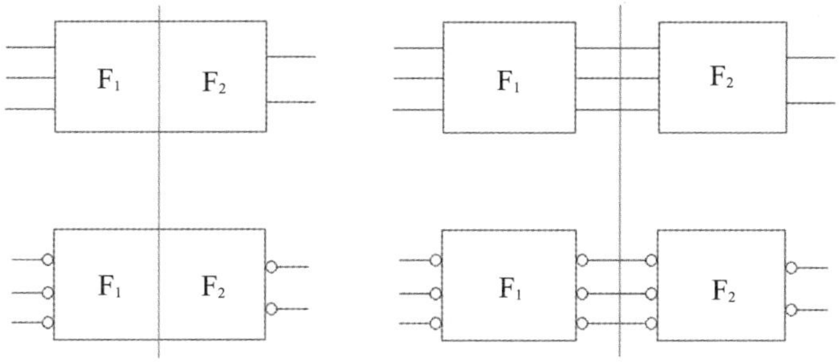

（a）　　　　　　（b）

图4.2.3　对偶系统的分解

图4.2.3(a) 是电路内部分解前的对偶关系，图4.2.3(b) 是电路内部分解后的对偶关系。 因此，只需要将逻辑图中每个单元器件更换为其对偶的单元器件，按照同样的连接方式，就构成了对偶系统。

电路中的单元器件只有3种。容易证明，反相器的对偶仍然为反相器（自对偶），而与运算和或运算相互对偶。

对一个逻辑系统，保持电路连接方式（运算顺序）和反相器不变，将所有的与运算更换为或运算，所有的或运算更换为与运算，就得到其对偶系统。

对于逻辑函数 $f(+,\cdot)$，其对偶函数可以表达为 $f^{D}(+,\cdot)=f(\cdot,+)$。

同一个逻辑系统只有一个对偶系统，因此，上述2种方式得到的对偶系统一定相等。图4.2.4(a) 是逻辑表达式 $f(a,b,c,+,\cdot)$ 对应逻辑电路图的示意图；图4.2.4(b) 是利用第1种方式得到 $f(a,b,c,+,\cdot)$ 的对偶逻辑图，即，在图4.2.4(a) 的输入端和输出端都取非；图4.2.4(c) 是利用第2种方式得到 $f(a,b,c,+,\cdot)$ 的对偶逻辑图，即，将逻辑图中每个单元器件更换为其对偶的单元器件，连接方式不变；图4.2.4(b) 和图4.2.4(c) 都表示了图4.2.4(a) 的对偶逻辑电路图，因此，图4.2.4(b) 和图4.2.4 (c) 的逻辑功能是等价的。

$f(a,b,c,.,+)$

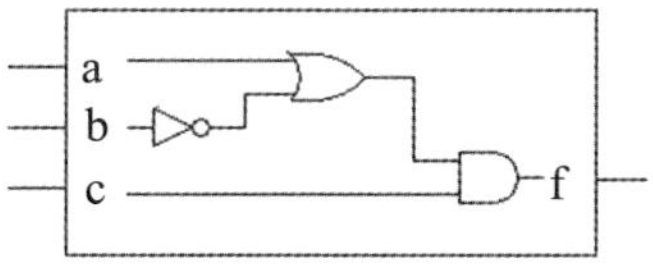

（a）

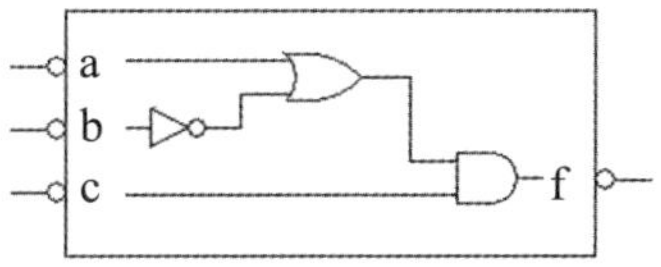

$f^{D}(a,b,c,.,+)=f'(a',b',c',.,+)$

（b）

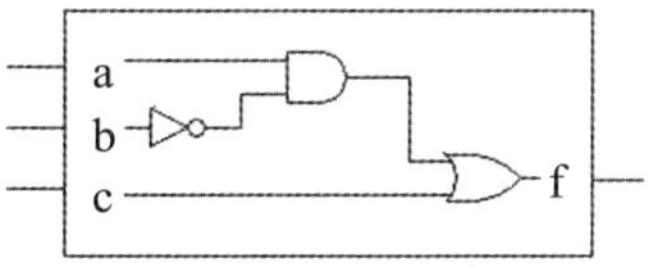

$f^{D}(a,b,c,.,+)=f(a,b,c,+,.)$

（c）

图4.2.4　两种方式下得到 $f(a,b,c,+,\cdot)$ 的对偶逻辑图

这就是对偶定理。具体表现如下：

$$f(a,b,c,+,\cdot)=f'(a',b',c',\cdot,+)$$

其意义可以表达为，对一个逻辑系统所有输入/输出端口加圈（取反相），并且将内部所有与运算改为或运算，或运算改为与运算，该逻辑系统不变。

4.2.3 德摩根定理

将对偶定理等式双边的函数同时取非，就得到德摩根定理（也称为反函数定理），表达如下。

$$f'(a,b,c,+,\cdot)=f(a',b',c',\cdot,+)$$

德摩根定理对组合优化设计具有重要意义，简述如下。

（1）运算意义

德摩根定理表达了取非运算的提取与分配规则。

将一个逻辑表达取非，可以表现为对逻辑运算中的每个参与量取非，同时将其中的与运算和或运算互换（注意保持运算顺序不变），例如：$(a\cdot b)'=a'+b'$。

（2）反相圈推移

从逻辑图形考虑，德摩根定理意味着系统输出端的反相圈可以从输入端推移到输出端，或者相反推移。推移过程中，通过的与、或运算符号需要互换。需要注意的是：当反相圈由输出端移到输入端时，系统的所有输入端都要加反相圈，如图4.2.5所示。

图4.2.5　反相圈的推移

（3）电路优化设计的意义

图4.2.6　电路的优化

在图4.2.6中，左边为电路基本器件，成本为6，延迟为3。右边为反相器和或非门构成的电路，成本为12，延迟时间为7（需要用到3个反相器）。

而由于德摩根定理，两边电路可以采用同一种实现方案，由此，意味着可以减少大量的反相器。

4.2.4 圈到圈设计（加圈设计）

在标准设计中，运算结构形式上采用与-或二级结构形成，可能需要使用大量多输入与门及多输入或门。将这些多输入门分解为2输入门实现时，每个N输入门需要用到（$N-1$）个2输入门，而根据CMOS结构的特点，每个2输入门都是由2输入的反相门级联1个反相器形成的，这就意味着电路实现时需要用到大量的反相器。

如果在这些2输入门的相互连线上成对加入反相圈，使这些2输入门的输出端或者输入端带上反相圈，则可以在不改变逻辑运算结果的前提下，将大量同相门（与门、或门）改变为反相门（与非门，或非门），从而使反相器的用量大大减少。

例4.2.1 4输入与门的实现

解：直接将4输入与门采用3个2输入与门实现，需要3个2输入与非门和3个反相器，如图4.2.7（b）所示。通过加圈设计，可以采用2个2输入与非门和1个2输入或非门实现，不需要任何反相器，成本降低，速度提高，如图4.2.7（c）所示。

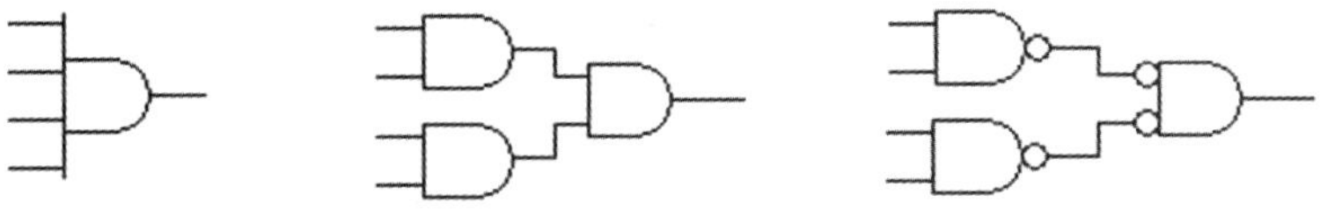

（a）（b）（c）

图4.2.7 4输入与门的实现

在没有使用对偶定理之前，标准设计中的一个N输入门需要（N−1）个反相器，容易证明，采用加圈设计后，N输入门的实现至多需要1～2个反相器。（留给读者自行证明：要求证明到N<16为止）

同样的做法也可以用到与-或结构上：与或结构可以通过加圈变成与非-与非结构，如图4.2.8所示。

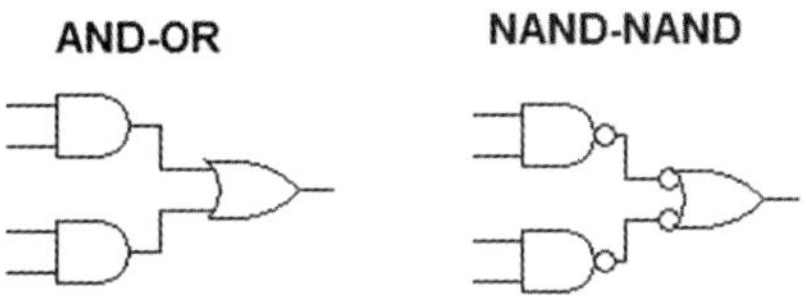

图4.2.8 与非-与非结构

由以上的分析可以看出，在将逻辑运算式采用电路实现时，与运算可能用到或非门，而或运算也可能采用与非实现，逻辑运算式中任何一个与、或运算符号必定需要一个基本门，但整个电路中用到的反相器总是很少的。

如果忽略反相器对成本和延迟的影响，忽略“与非门”与“或非门”之间的差异，将其统称为“标准门”，则可以将标准门的用量与逻辑运算式中与、或符号的使用量直接对应起来，成为以后衡量电路成本的一种简单方法。

在后续的分析中，将直接采用标准门数量作为成本的估算，而以标准门延迟作为延迟时间的估算标准。

4.2.5 对偶概念对逻辑定理的影响

根据对偶的意义，任意逻辑定理都存在其对偶表达。在前面的逻辑定理表达中，可以看到这种影响。

从组合优化设计的角度考虑，这种影响主要体现为提供了逻辑表达的不同标准表达和不同成本的表达。以下首先分析对标准表达的影响，然后分析对成本优化的设计。

1. 展开定理的对偶和标准逻辑运算表达

在第1章，曾经介绍了展开定理，并由此得到了标准逻辑运算表达式：标准和形式。而作为对偶应用，可以得到展开定理的另一种表现形式：

$$f(a,b)=\left[a'+f(1,b)\right]\cdot\left[a+f(0,b)\right]$$

该表达式可以将变量以加和的形式从函数中提取出来。运用该表达式，将所有变量都从函数中提取出来，则可以得到标准运算式的另一种形式：逻辑运算的标准积表达：

$$f(a,b)=\left[a+b+f(0,0)\right]\cdot\left[a+b'+f(0,1)\right]\cdot\left[a'+b+f(1,0)\right]\cdot\left[a'+b'+f(1,1)\right]$$

上式可以引入简化符号表达如下：

$$f(a,b)=[M_0+f_0]\cdot[M_1+f_1]\cdot[M_2+f_2]\cdot[M_3+f_3]=\prod\nolimits_{a,b}(M_i+f_i)$$

2. 最小项与最大项

上面引入的 M_i 称为最大项，为所有变量参与的求和项，也是针对输入状态建立的运算项，如：$M_0=a+b$ 是针对于输入 $ab=00$ 的最大项。

真值表的每行可以定义最小项：所有变量参与的乘积项，用 m_i 表示；也可以定义最大项：所有变量参与的求和项。（注意原变量和反变量的选择，最小项和最大项不同）。

同一输入状态（相同标号）的最小项与最大项互补，即 $m_i=(M_i)'$ 。

对于任意输入组合，只有1个最小项为1，只有1个最大项为0。

说明：所谓最大与最小的名称，来自于对于逻辑运算项取1的概率：通常对于1个变量A，取1的概率为1/2，而当2个变量相乘时，取1的概率就下降为1/4，N个变量相乘时，取1的概率为 $1/2^N$，显然，相乘的变量越多，取1的概率就越小，因此，所有变量参与的乘积项取1的概率为最小，所以称为最小项。类似的，当2个变量相加时，取1的概率上升为3/4，而当3个变量相加时，取1的概率为7/8，参与相加的变量越多，取1的概率越大，所有变量参与的加和项取1的概率为最大，所以称为最大项。

3. 最小项列表（1的列表）与最大项列表（0的列表）

对于给定的真值表，输出值只能为1、0。采用标准和表达时，只有输出为1对应的最小项会保留，形成1的列表。采用标准积表达时，只有输出为0对应的最大项会保留，形成0的列表。表达同一函数时，列表中数字一定不同（对真值表所有标号互补），如例4.2.2所示。

例4.2.2　对同一真值表的不同标准表达

解：以4位素数检测器为例，讨论同一真值表的不同标准表达。对于4位素数检测器，各种标准运算表达如下。

（1）标准和表达：

$$f(a,b,c,d)=a'b'cd'+a'b'cd+a'bc'd+a'bcd+ab'cd+abc'd$$

（2）1的列表：

$$f(a,b,c,d)=\sum\nolimits_{a,b,c,d}(2,3,5,7,11,13)$$

（3）标准积表达：

$$\begin{aligned}f(a,b,c,d)=&(a+b+c+d)(a+b+c+d')(a+b'+c+d)(a+b'+c'+d)\\&(a'+b+c+d)(a'+b+c+d')(a'+b+c'+d)(a'+b'+c+d)\\&(a'+b'+c'+d)(a'+b'+c'+d')\end{aligned}$$

（4）0的列表：

$$f(a,b,c,d)=\prod\nolimits_{a,b,c,d}(0,1,4,6,8,9,10,12,14,15)$$

由上例可以看出，对于同一个真值表，可以采用不同标准运算方式实现，实现的成本也有差异：采用标准和实现时，需要使用23个标准门。而采用标准积实现时，则需要采用39个标准门。

一般来说，当真值表输出函数中1占多数时，标准和的成本大于标准积的成本，而1占少数时，标准和的成本小于标准积的成本。不同的标准运算表达为我们选择更低成本的设计提供了方便。

4.3　卡诺图化简（最小和与最小积）

对于标准和或标准积的运算，还可以通过其他逻辑定理进行简化，进一步减少运算成本。例如，从下列逻辑等式可以看出，等式左端的成本（使用的运算量）都超出右边。既然逻辑功能等同，将左边的逻辑运算简化为右边的逻辑运算，可以使运算得到优化。

$$X+X\cdot Y=X$$
$$X\cdot Y+X\cdot Y'=X$$
$$X\cdot Y+X'\cdot Z+Y\cdot Z=X\cdot Y+X'\cdot Z$$

在上面这些等式中可以看出，运算的化简是通过消除部分变量或消除部分乘积项实现的。对于一个给定的逻辑运算，如何能够判断哪些变量或乘积项是可以消除的呢？采用卡诺图对逻辑进行表达，能够建立一种规范的判断方式帮助我们实现这种优化。

4.3.1　卡诺图表达

卡诺图可以看作是真值表的二维表达方式：采用横坐标和纵坐标表达变量，函数值添入方格中。

为了使用卡诺图对逻辑函数进行规范的表达，对卡诺图变量的排放位置和变量值的排放顺序规定如下。

1. 卡诺图的变量名称应该与对应真值表或逻辑运算式一致。

2. 将变量按原有顺序分割为横坐标和纵坐标排放。

当变量数为偶数时，横坐标按顺序排放高位的一半变量，纵坐标按顺序排放低位的一半变量。当变量数为奇数时，则横坐标变量数比纵坐标变量数多1个。

3. 无论横坐标还是纵坐标，变量的取值按格雷码顺序排列。

采用上述表达规范，卡诺图中每个方格可以对应于真值表的一行，而任何方格与其相邻方格之间只有一位变量不同。

例4.3.1 2变量、3变量、4变量卡诺图的表达形式

解：图4.3.1（a）是关于2变量X和Y的卡诺图，横坐标X取值0和1，纵坐标Y取值0和1，X和Y的取值组合共4种情况，对应于标号为0、1、2、3的方格，这与由X和Y构成的真值表的4行的序号具有一一对应关系。从X和Y的取值可以找到对应标号的方格，反之亦然。

图4.3.1（b）和（c）分别是3变量和4变量的卡诺图。值得一提的是：部分序号方格是不相邻的，如：3号方格和4号方格，5号方格和6号方格……，原因是变量的坐标采用格雷码编码。

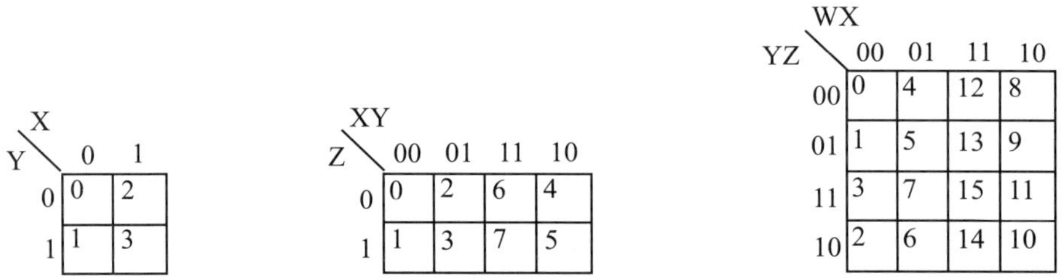

（a）（b）（c）

图4.3.1 卡诺图的表达形式

注意：图4.3.1中方格内的标号表达对应真值表的行编号，在使用卡诺图时应去掉这些标号，方格内应该填写对应行的输出。

4.3.2 将函数式写入卡诺图

逻辑函数都可以采用卡诺图表达，根据逻辑函数原有的表达方式不同，填写卡诺图时通常采用不同的方式。

1. 标准表达式

对于“最小项和”表达式，对应编号位置写1，表达输出1。对于“最大项积”表达式，对应编号位置写0，表达输出0。

例4.3.2 把下列函数式写入卡诺图：

（1） $F(A,B,C)=A'\cdot B'\cdot C+A'\cdot B\cdot C'+A'\cdot B\cdot C+A\cdot B\cdot C'$

（2） $F(A,B,C)=(A+B+C)\cdot(A'+B+C)\cdot(A'+B+C')\cdot(A'+B'+C')$

解：根据最小项的性质，表达式（1）中的4个最小项对应的编号依次是1、2、3、6，因此，在卡诺图的对应编号位置写1，如图4.3.2（a）所示。

根据最大项的性质，表达式（2）中的4个最大项对应的编号依次是0、4、5、7，因此，在卡诺图的对应编号位置写0，如图4.3.2（b）所示。

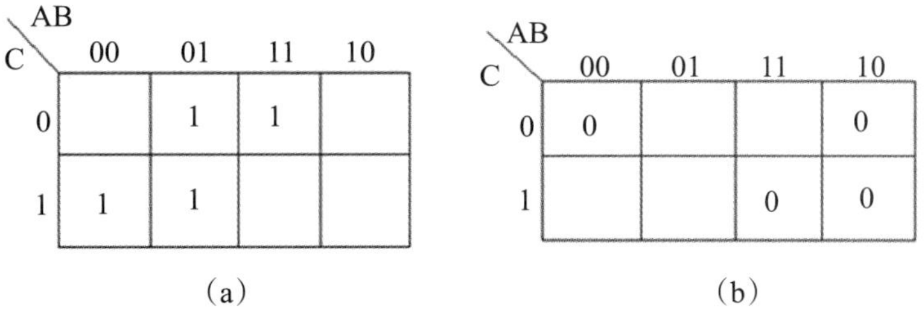

图4.3.2　将函数式写入卡诺图

2. “与或表达式”和“或与表达式”

对于“与或表达式”，逐一分析使每个乘积项为1的变量取值条件，根据该条件在卡诺图对应区域写1（正变量的对应坐标值为1，反变量的对应坐标值为0）；

对于“或与表达式”，逐一分析使每个加和项为0的变量取值条件，根据该条件在卡诺图对应区域写0（正变量的对应坐标值为0，反变量的对应坐标值为1）。

例4.3.3　把下列函数式写入卡诺图：

（1）$F(A,B,C) = A' \cdot C + B \cdot C'$

（2）$F(A,B,C) = (A' + C') \cdot (B + C)$

解：式（1）第1项取1的变量取值条件是AC=01，在卡诺图中A为0、C为1的对应区域写1；类似的，式（1）第2项取1的变量取值条件是BC=10，在卡诺图中B为1、C为0的对应区域写1。式（1）对应的卡诺图如图4.3.2（a）所示。

式（2）第1项取0的变量取值条件是AC=11，在卡诺图中A为1、C为1的对应区域写0；类似的，式（2）第2项取0的变量取值条件是BC=00，在卡诺图中B为0、C为0的对应区域写0。式（2）对应的卡诺图如图4.3.2（b）所示。

在上述卡诺图表达中，只填写了1或0。在填写1的卡诺图中，没有填写的方格默认填0。而在填写0的卡诺图中，没有填写的方格默认填1。

4.3.3　最小和（最简与或式）

利用卡诺图进行逻辑优化时，可以针对填写的1进行，得到的优化逻辑表达称为最小和（最简与或逻辑）。也可以针对填写的0进行，得到的优化逻辑表达称为最小积（最简或与逻辑）。以下通过针对1的优化进行分析说明。

1. 卡诺图优化原理

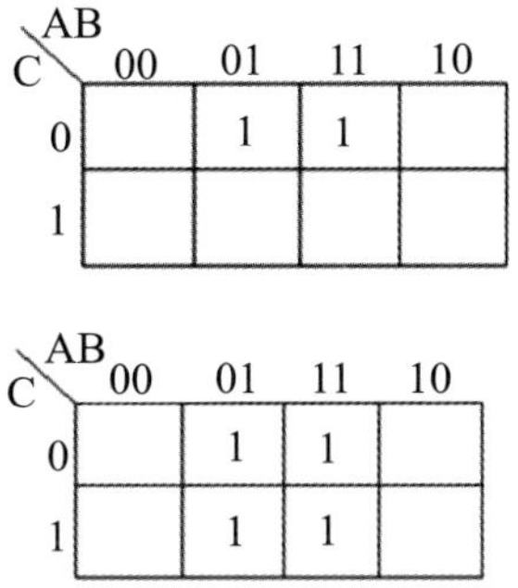

$$F = m_2 + m_6 = A' \cdot B \cdot C' + A \cdot B \cdot C' = B \cdot C'$$

$$F = m_2 + m_6 + m_3 + m_7 = B \cdot C' + B \cdot C = B$$

图4.3.3　卡诺图优化原理

如图4.3.3所示表达了利用卡诺图进行优化的原理。卡诺图中每个1都对应逻辑表达中的一个最小项，这是由所有变量参与的一个乘积项。当卡诺图中存在多个1时，逻辑函数中就存在多个最小项，逻辑函数就由这些最小项加和构成。

如果卡诺图中有2个1是相邻的，这2个最小项就只有1个变量不同，其他变量都相同。对这2个最小项加和时，根据分配律，相同的变量可以提取出来，而不同的变量通过加和变为1，就从最后的表达中消失了。这样一来，一方面乘积项的数量减少（2个乘积项变成了1个），同时剩下的这个乘积项中变量也减少了，这就大幅度减少了与运算量；另一方面随着乘积项的减少，后面的加和运算中的或运算量也可以减少。因此，利用卡诺图将多个1进行合并，每个合并采用一个简化的乘积项写出，就可以使逻辑得到优化。

综上所述，卡诺图优化原理是：

（1）若卡诺图中1单元相邻，则写出的2个对应的最小项必然只有一个变量不同，通过提取公共因子，可以将变动的变量消除，得到运算的简化；

（2）对于一个覆盖，只需要保留未发生变化的变量，消除变化过的变量；

（3）相邻覆盖的单元越多，发生过变化的变量就会越多，保留下的变量就越少，优化效果也就越好。

2. 卡诺图优化步骤

第一步：用若干矩形圈对卡诺图中的1进行覆盖，每个圈覆盖的1的个数只能为2^n个，希望用最少的圈实现对所有1的覆盖，每个1可以被多个圈覆盖。

具体过程如下：

从每个1出发，通过对相邻1的合并，建立起满足上述规则的包含最多1的覆盖，这种覆盖称为最大覆盖。对每个1，至少可以建立1个最大覆盖，也可能同时存在多个最大覆盖（包含1的个数相同）。

在进行相邻合并时，需要考虑到卡诺图各边线和角的相邻关系：同一行最左边的1和最右边的1是相邻的，同一列最上边的1和最下边的1是相邻的，4个角的1是相邻的。

如果某个1只属于1个最大覆盖，则这个1称为奇异1单元，这个覆盖称为关键覆盖。

在考虑用最少的覆盖保障实现对所有1的覆盖时，应该优先建立关键覆盖。将所有关键覆盖建立后，再考虑对尚未覆盖的1建立最大覆盖，通常对非奇异1单元的覆盖可以有多种选择，最后表达式有所不同，但不会影响优化成本。

第二步：对上述保留的每个覆盖（矩形圈）写出一个乘积项。对每个覆盖写乘积项时，只写该覆盖中取值不变的变量：如果取值为1，采用正变量形式；如果取值为0，则采用反变量形式。然后将这些变量乘积起来构成乘积项。

第三步：将所有写出来的乘积项加起来，就得到逻辑函数的优化表达。这种优化表达称为最小和（最简与或逻辑）。

例4.3.4　对于图4.3.4所示的卡诺图，求3变量、4变量函数的最小和。

解：对于图4.3.4（a）上方的卡诺图，需用2个覆盖，位于上方覆盖的取值不变的变量是B和C，分别取值1和0，因此该覆盖对应的乘积项是BC'。类似地，写出另一覆盖的乘积项为$A'C$。因此，该卡诺图对应的最小和是$BC'+A'C$。

如图4.3.4（a）所示下方的卡诺图对应的最小和是$AC'+B'C$，图4.3.4（b）的卡诺图对应的最小和是$B'D'+AD+B'C$。

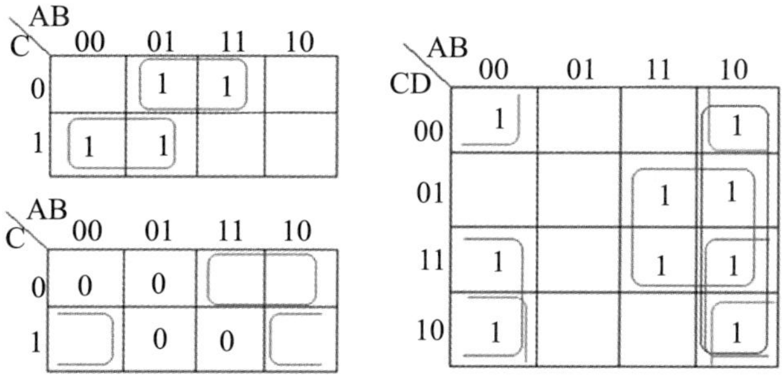

（a）　　　　　　（b）

图4.3.4　圈1得到最小和

注意：卡诺图边角的相邻关系，以及多余覆盖的检查与取消：若一个覆盖中没有其独有的1单元，则该覆盖就被取消，如图4.3.4（b）最右边纵向的4个1所形成的覆盖就是一个多余的覆盖。

例4.3.5　化简结果的不唯一性

解：图4.3.5（a）和（b）是同一个逻辑表达式对应2种不同的卡诺图覆盖，化简的结果也就不一样，因此化简结果不唯一。

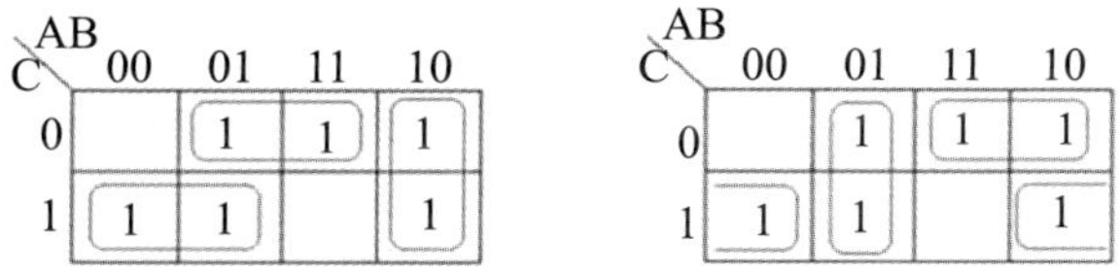

$F=A'\cdot C+B\cdot C'+A\cdot B'$　　　　$F=B'\cdot C+A\cdot B'+A\cdot C'$

（a）　　　　　　（b）

图4.3.5　化简结果的不唯一性

从上述2个例子可以看到，例4.3.4化简的结果具有唯一性，而例4.3.5化简的结果不唯一，原因是例4.3.5对应的卡诺图没有奇异1单元，而例4.3.4对应的卡诺图有奇异1单元。

4.3.4　最小积（最简或与式）

采用与最小和优化类似的方法，可以针对卡诺图中的0进行覆盖优化，简述如下。

（1）采用前面的规则，对卡诺图中的0进行覆盖；

（2）对每个覆盖写出加和表达式：此时变量值为0写正变量，变量值为1写反变量；

（3）将所有写出的加和项相乘。

例如，对图4.3.6所示卡诺图中的0进行覆盖，得到最小积表达式。

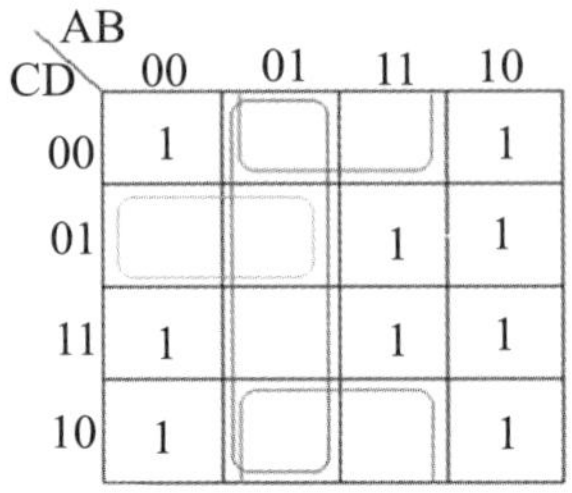

$F=(A+B')\cdot(B'+D)\cdot(A+C+D')$

图4.3.6　圈0得到最小积

4.3.5　利用无关项的化简

前面提到，卡诺图可以看作是真值表的二维表达形式：将真值表的变量分别置于横坐标和纵坐标，而每个坐标位置（小方格）可以表达真值表中一行。

然而，使用卡诺图来表现真值表关系时，可能存在不对应的情况：

卡诺图的结构决定了对于N变量的卡诺图，会含有2^N个方格位置。但对于N变量的真值表，常常并不具有2^N个不同的输入状态。

例如：在简单数字键盘的编码器中，经常采用10位独热码或7位双独热码作为输入，但其不同的输入状态只有10个。

由此，卡诺图中部分的方格可能失去与真值表的对应，成为没有意义的状态，这种状态通常称为无关项（失去与实际状态的关联）。

卡诺图方格中的内容表达对应输入状态的输出。当输入状态失去定义，其输出内容也就失去了实际的意义，这种输出，在卡诺图中对应方格通常采用“d”进行表达。

由于有了无关项，逻辑的表达除了可以用最小项和（1的列表）表达1，用最大项积（0的列表）表达0之外，还需要使用无关项的列表以表达所有的无关项。

例4.3.6　对于BCD8421码输入的无关性表达

解：BCD8421码使用4位二进制符号表达10个不同的十进制符号，4位二进制符号共有16个不同符号，而BCD8421码只使用10种状态，必然会有6个状态成为无关项。对应的无关项可以采用列表形式表达为：$d(10,11,12,13,14,15)$。

无关项本身体现了输入变量所受到的一种约束：某些输入状态不能出现。这种对输入变量的约束也可以采用输入变量的特定运算表达体现出来，通常称为约束条件。由于这一影响，有时候也将无关项称为约束项。

根据无关项在卡诺图中的位置，对无关项进行覆盖，可以得到相关的约束条件，具体方法如下：

采用对1覆盖的方式写出积之和表达，令该表达式为0：$b_3\cdot b_2+b_3\cdot b_1=0$。或者采用对0覆盖的方式写出和之积表达，令该表达式为1：$(b_3'+b_2')\cdot(b_3'+b_1')=1$。

4.3.6　无关项在设计优化中的应用

由于无关项对应的输入组合不会在实际中出现，对应输出可以任意设定，不对真实输出产生影响。利用这一特点，可以在化简中使用无关项进行对应设置，可能使覆盖圈更大，实现最小成本设计。

使用无关项进行化简的设计通常称为最小成本设计。对于同一个卡诺图，采用最小成本设计与不利用无关项设计时覆盖圈的大小会有所不同，这会影响到对奇异单元和关键覆盖的确定。

例4.3.7　普通编码器设计：独热码到二进制码

解：设计一个4位独热码到2位二进制码的编码器，如图4.3.7（a）所示。该编码器有4个输入，但只有4个有效状态，其余都是无关态。

输入的约束条件可以表现为：任何2个变量不能同时为1，并且4个变量不能同时为0，因此，约束条件的表达式如下：

$$d_3 \cdot d_2 + d_3 \cdot d_1 + d_3 \cdot d_0 + d_2 \cdot d_1 + d_2 \cdot d_0 + d_1 \cdot d_0 + d_3' \cdot d_2' \cdot d_1' \cdot d_0' = 0$$

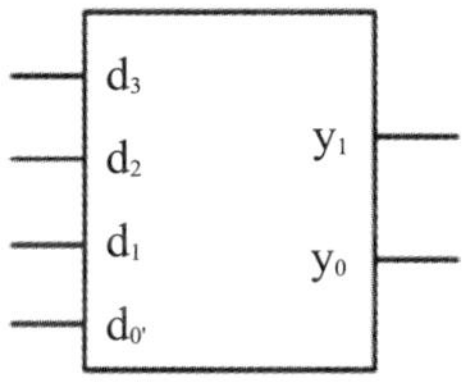

（a）

d_1d_0 \ d_3d_2	00	01	11	10
00	d	10	d	11
01	00	d	d	d
11	d	d	d	d
10	01	d	d	d

y_1y_0

（b）

图4.3.7　独热码到二进制码的编码器设计

利用无关项进行化简，可以得到最小和（最小积）表达如下：

$$y_1 = d_3 + d_2 \qquad y_0 = d_3 + d_1$$

4.3.7　真值表中的变量无关性

在很多情况下，卡诺图中表现的这种无关项可以在真值表中表现为变量的无关性；例如，从例4.3.7的独热码输入分析，尽管输入有很多变量，但对于独热码，为1的变量才是描述的关键，而描述那些变量取0是没有意义的（无关的），如图4.3.8（a）所示。对于每个输入状态，只要确定了1所在的位置，其余的0就可以被视为无关项（可以忽略），因此在写出真值表时，可以不写被忽略的变量项，如图4.3.8（b）所示。

d_3	d_2	d_1	d_0	y_1	y_0
0	0	0	1	0	0
0	0	1	0	0	1
0	1	0	0	1	0
1	0	0	0	1	1

（a）

d	y_1	y_0
d_0	0	0
d_1	0	1
d_2	1	0
d_3	1	1

（b）

图4.3.8　真值表中的变量无关性

例4.3.8 温度码到二进制码的编码器设计。

解：设计一个4位温度码到3位二进制码的编码器，如图4.3.9（a）所示。该编码器有4个输入，但只有5个输入状态，其余为无关态。

其约束条件可以表达为：高位变量为1时，低位变量不能为0。因此，约束条件的表达式如下：

$$d_3 \cdot d_2' + d_2 \cdot d_1' + d_1 \cdot d_0' = 0$$

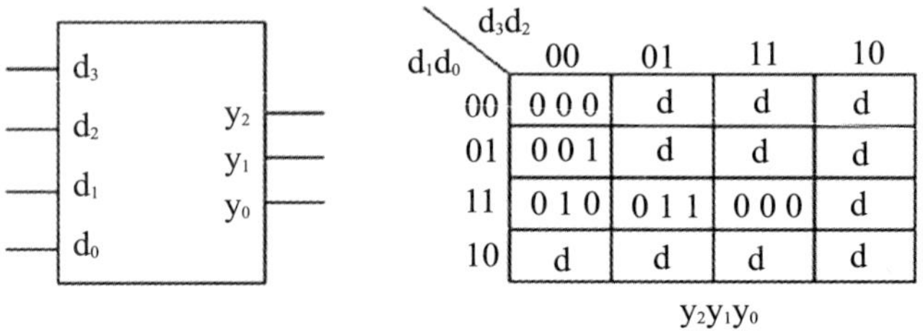

（a）　　　　（b）

图4.3.9　温度码到二进制码的编码器设计

利用无关项进行化简，可以得到以下结果：

$$y_2 = d_3 \qquad y_1 = d_3'd_1 \qquad y_0 = d_3'd_2 + d_1'd_0$$

直接对真值表进行分析，如图4.3.10（a）所示，输入温度码的特点如下：

（1）0的左边一定为0，0左边的那些变量可以作为无关项；

（2）1的右边一定为1，1右边的那些变量可以作为无关项。

从输入描述来看，重要的是描述0和1的分界线两边的变量，其余变量都可以不进行描述，如图4.3.10（b）所示。

d_3	d_2	d_1	d_0	y_2	y_1	y_0
0	0	0	0	0	0	0
0	0	0	1	0	0	1
0	0	1	1	0	1	0
0	1	1	1	0	1	1
1	1	1	1	1	0	0

（a）

d	y_2	y_1	y_0
d_0'	0	0	0
$d_1'd_0$	0	0	1
$d_2'd_1$	0	1	0
$d_3'd_2$	0	1	1
d_3	1	0	0

（b）

图4.3.10　编码器的真值表

注意：此时直接由真值表写出的表达式不如经过卡诺图化简的小。

例4.3.9 BCD8421码译码器。

解：将输入的BCD8421码转换为独热码输出，如图4.3.11（a）所示。该译码器有4个输入，但只有10个输出状态。

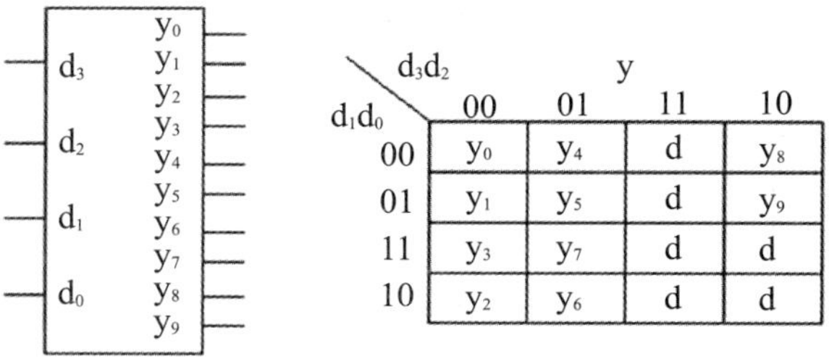

（a）　　　　　　　　（b）

图4.3.11　BCD8421码译码器

利用无关项进行化简，可以得到最小和（最小积）表达如下：

$y_0 = d_3'd_2'd_1'd_0'$　　$y_1 = d_3'd_2'd_1'd_0$　　$y_2 = d_2'd_1d_0'$

$y_3 = d_2'd_1d_0$　　$y_4 = d_2d_1'd_0'$　　$y_5 = d_2d_1'd_0$

$y_6 = d_2d_1d_0'$　　$y_7 = d_2d_1d_0$　　$y_8 = d_3d_0'$　　$y_9 = d_3d_0$

不利用无关项化简时，由于每个输出均为4变量最小项（成本为3），整个器件的成本为30门；利用无关项进行化简后，成本下降为20门，有效地减少了电路设计成本。

注意：使用卡诺图进行化简时，无关项只是提供覆盖选择，不需要对无关项进行完全覆盖。

4.4　卡诺图的逻辑运算与多输入函数的表达

4.4.1　卡诺图的逻辑运算

当逻辑函数采用卡诺图表达时，对逻辑函数的运算可以直接对卡诺图进行：对卡诺图的每个方格中的函数值进行相应的运算。

例4.4.1　取反、乘以变量、取对偶的运算。

解：图4.4.1（a）是逻辑函数F对应的卡诺图，分别画出F'、$X\cdot F$和F^D的卡诺图，其中X是变量。

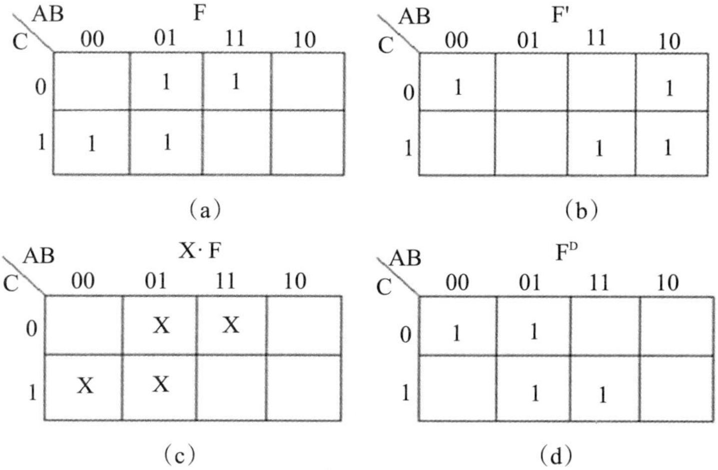

图4.4.1　用卡诺图表示取反、乘以变量、取对偶的运算

图4.4.1（b）是F'的卡诺图，它是通过把图4.4.1（a）中每个方格的1变为0，0变为1而得到。

图4.4.1（c）是$X\cdot F$的卡诺图，它是通过把图4.4.1（a）中每个方格的1变为X而得到。

图4.4.1（d）是F^D的卡诺图，它是通过把图4.4.1（a）中每个方格的1变为0，0变为1；同时把横坐标和纵坐标的1变为0，0变为1；然后把坐标按格雷码顺序排列后而得到。

注意：取对偶运算的方法：原函数中每个1应该对应于对偶函数中的0；原函数中1的坐标与对偶函数中对应0的坐标一定互补。

例4.4.2　两个函数的与、或运算

解：图4.4.2（a）和（b）分别是逻辑函数F_1和F_2对应的卡诺图，分别画出$F_1\cdot F_2$、F_1+F_2的卡诺图。

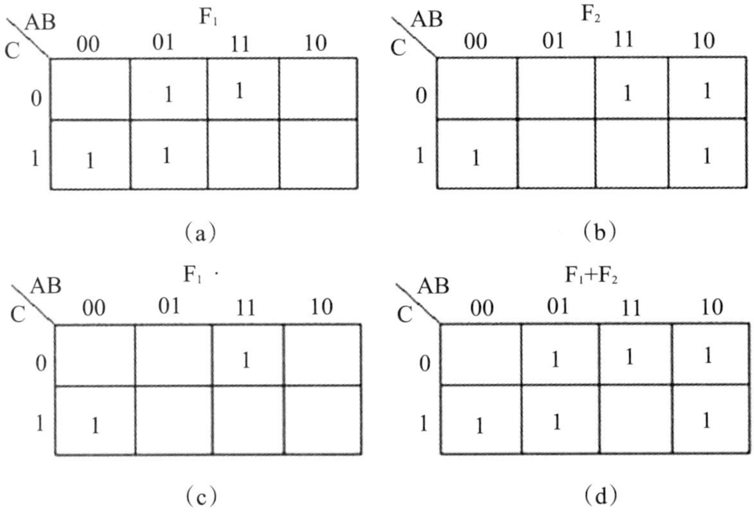

图4.4.2　卡诺图的逻辑运算

图4.4.2（c）是$F_1\cdot F_2$的卡诺图，它是通过把图4.4.2（a）和（b）对应方格中的逻辑值进行与运算而得到。

图4.4.2（d）是F_1+F_2的卡诺图，它是通过把图4.4.2（a）和（b）对应方格中的逻辑值进行或运算而得到。

注意：参与运算的2个函数应该具有相同变量，变量排序相同；对应方格中的数字参与运算。

当函数中含有无关项时，可以将无关项看作不定的数字，其运算规则可以参考本章4.1节的逻辑定理。

4.4.2　多变量函数表达与化简

随着变量数量的增加，卡诺图的规模急剧增大，其各方格之间的相邻关系也不再直观；采用对相邻项进行覆盖合并的方式显得比较困难。因此，希望将多变量的

复杂系统转换为相对较少变量的简单系统的组合，再使用卡诺图进行化简。

例4.4.3　对下列5变量逻辑函数F进行化简：

$$F=\sum_{V,W,X,Y,Z}(5,7,13,15,16,20,25,29,31)$$

解：化简步骤：

1. 先将最高变量作为公因子提取出来，将函数表达为最高变量与4变量函数的乘积和，如下式所示，对应的卡诺图如图4.4.3所示。

$$F=V'\cdot\sum_{W,X,Y,Z}(5,7,13,15)+V\cdot\sum_{W,X,Y,Z}(0,4,9,13,15)$$

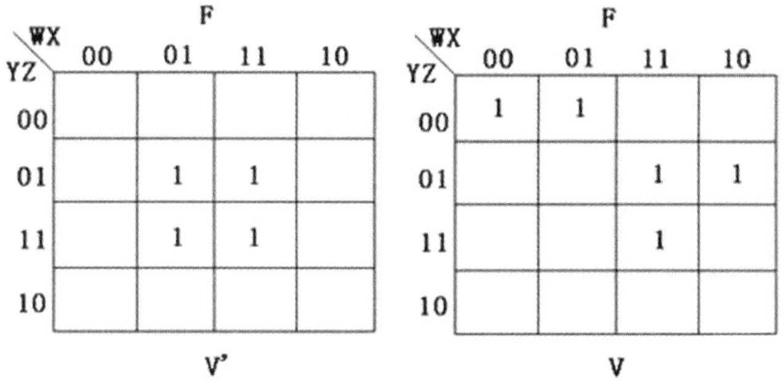

图4.4.3　变量最小项和的表达

2. 利用卡诺图运算，将提取的变量表现到4变量卡诺图中。

3. 先对卡诺图中各方格进行化简，得出各方格中的最简表达形式，如图4.4.4(a)所示。

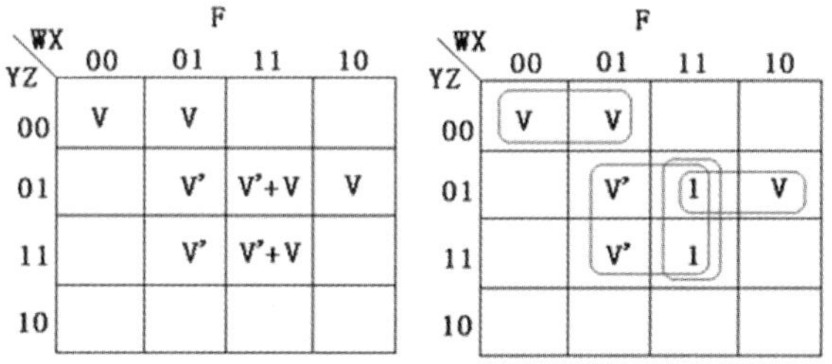

(a)　(b)

图4.4.4　多输入函数的卡诺图表示

4. 再对卡诺图中的内容进行覆盖，如图4.4.4（b）所示，写出各覆盖对应的乘积项，最后加和，F的最小和如下式所示：

$$F=W\cdot X\cdot Z+V'\cdot X\cdot Z+V\cdot W'\cdot Y'\cdot Z'+V\cdot W\cdot Y'\cdot Z$$

覆盖优先顺序是：1单元、单变量单元、多变量单元。顺序在后的覆盖可以利用先前已使用的单元（只要包含有相应因子）。

例4.4.4　对下列6变量逻辑函数F进行化简：

$$F=\sum_{U,V,W,X,Y,Z}(1,5,9,13,21,23,29,31,37,45,53,61)$$

解：化简步骤：

1. 先将最高变量作为公因子提取出来，将函数表达为最高变量与4变量函数的乘积和，如下式所示：

$$F=U'\cdot V'\cdot\sum_{W,X,Y,Z}(1,5,9,13)+U'\cdot V\cdot\sum_{W,X,Y,Z}(5,7,13,15)$$

$$+U\cdot V'\cdot\sum_{W,X,Y,Z}(5,13)+U\cdot V\cdot\sum_{W,X,Y,Z}(5,13)$$

2. 利用卡诺图运算，将提取的变量表现到4变量卡诺图中，如图4.4.5（a）所示。

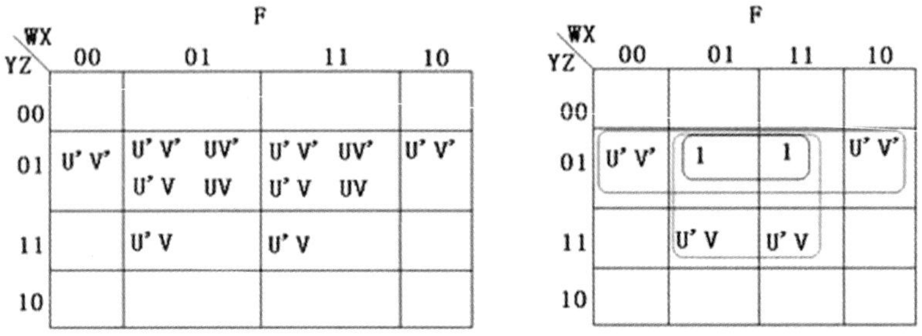

（a）　　（b）

图4.4.5　变量最小项和的表达

3. 先对卡诺图中各方格进行化简，得出各方格中的最简表达形式，如图4.4.5(b)所示。

4. 再对卡诺图中的内容进行覆盖，如图4.4.5（b）所示，写出各覆盖对应的乘积项，最后加和，F的最小和如下式所示：

$$F=X\cdot Y'\cdot Z+U'\cdot V'\cdot Y'\cdot Z+U'\cdot V\cdot X\cdot Z$$

上述方法可以推广到更多变量的最小和设计，其实质是将变量从高位到低位分段切割，高位变量进入低位变量的卡诺图中（每个小方格中都可能表达一个由高位变量构成的函数）；化简时先对高位变量的函数进行化简（可能有很多个，可以单独提出来建立相应的卡诺图进行化简），在此基础上，再对基于低位变量的卡诺图（只有1个）进行化简。

采用此方法可以使用3、4变量的卡诺图对多位变量的函数进行分步骤化简。

习题4

4.1　利用真值表，证明下列各等式

（1）$WX+X'Y+WY=WX+X'Y$

（2）$W\oplus X'=W'X'+WX$

（3）$W+W'Y+YZ=W+Y$

4.2　根据德摩根定理，$WX+YZ$ 的反函数是 $W'+X'\cdot Y'+Z'$ 。但当 $WXYZ$=1110时，这两个函数都为1。对于同样的输入组合，函数和它的反函数怎么都为1呢？错在哪里？

4.3　写出下列式子的对偶表达式

（1）$F=(A\oplus B\oplus C\oplus D')+(A\oplus B\oplus C)$

（2）$F=A'BC'+AB'C'+AB$

4.4　写出下列各个逻辑函数的标准和及标准积。

（1）$F=\prod_{ABC}(0,2,3,6,7)$

（2）$F=\sum_{WXY}(1,2,4,6)$

（3）$F=C+(AB')'$

（4）$F=A'+BC$

4.5　满足$F=F^{D}$的函数是自对偶逻辑函数。下列哪个函数是自对偶的？

（1）$F=X$

（2）$F=\sum_{XYZ}(1,2,5,7)$

（3）$F=X'YZ'+XY'Z'+XY$

（4）$F=W(X\oplus Y\oplus Z\oplus W')+(X\oplus Y\oplus Z)$

4.6　若一个n输入逻辑函数的标准和也是最小和，则其和式中的每个乘积项有多少个变量？在这种情况下可能有其他的最小和吗？

4.7　用卡诺图求出下列每个逻辑函数的最小和，在每个图中标出奇异“1”单元。

（1）$F=\sum_{ABCD}(1,4,5,6,7,9,14,15)$

（2）$F=\sum_{ABCD}(0,1,6,7,8,9,14,15)$

（3）$F=\prod_{ABCD}(4,5,6,13,15)$

（4）$F=\sum_{ABCD}(4,5,6,11,13,14,15)$

4.8　求出下列各逻辑函数的最小和。

（1）$F=\prod_{ABCD}(1,3,4,5,6,7,9,12,13,14)$

（2）$F=(A'+B+C')(B'+D')$

（3）$F=A'B'C'D'+A'C'D+BC'D'+ABD+AB'C'$

（4）$F=(A+D')(A'+C'+D')(B+C'+D)$

4.9　用卡诺图求出下列每个逻辑函数的最小和，在每个图中标出奇异“1”单元。

（1）$F=\sum_{ABCD}(0,1,3,5,14)+d(8,15)$

（2）$F=\sum_{ABCD}(0,1,2,8,11)+d(3,9,15)$

（3）$F=\sum_{ABCD}(1,5,12,13,14,15)+d(7,9)$

（4）$F=\sum_{ABCD}(4,5,9,13,15)+d(0,1,7,11,12)$

4.10　组合逻辑电路如题图4.1所示，要求：

（1）根据逻辑电路图写出逻辑运算表达式；
（2）画出对应卡诺图，写出最小和及最小积表达；
（3）根据真值表，分析逻辑功能。

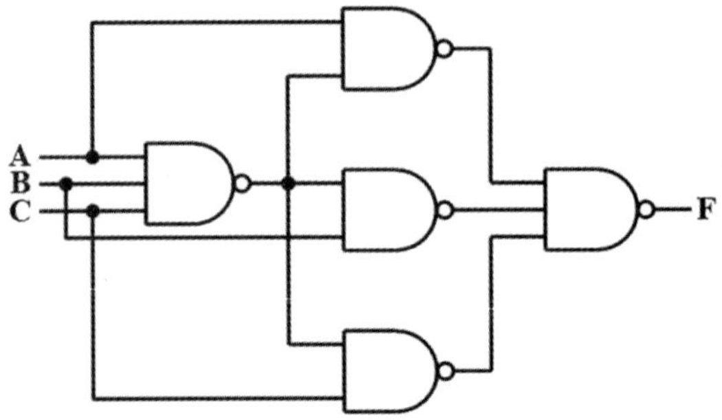

题图 4.1

4.11　组合逻辑电路如题图 4.2 所示，要求：
（1）根据逻辑电路图写出逻辑运算表达式；
（2）画出对应卡诺图，写出最小和及最小积表达；
（3）根据真值表，分析逻辑功能。

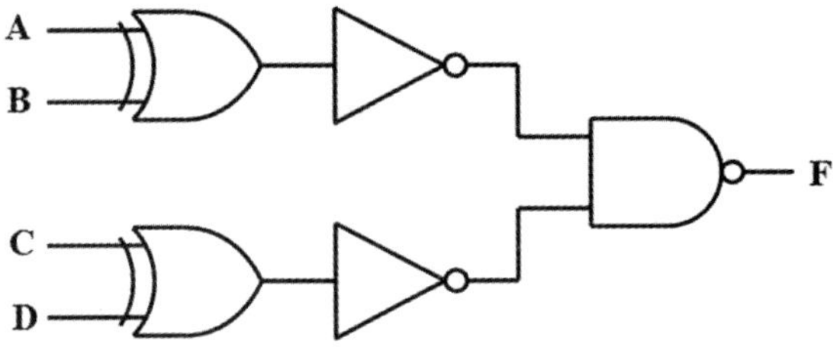

题图 4.2

4.12　组合逻辑电路如题图 4.3 所示，要求：
（1）根据逻辑电路图写出逻辑运算表达式；
（2）画出对应卡诺图，写出最小和及最小积表达；
（3）根据真值表，分析逻辑功能。

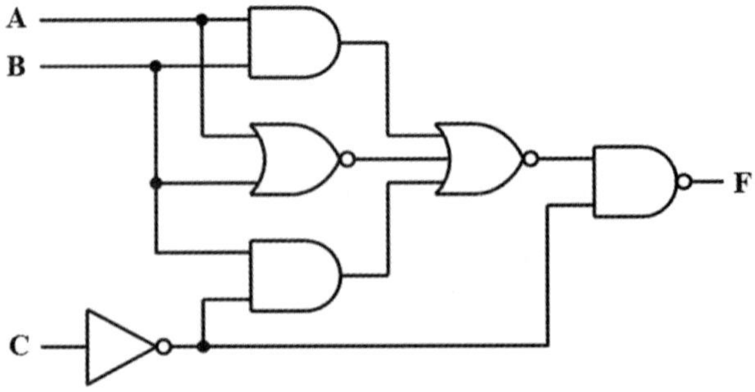

题图 4.3

4.13　设计一个判断 4 位二进制数小于 3 或大于 12 的组合逻辑电路。当 4 位二进制数小于 3 或大于 12 时，电路的输出 F 为高电平，否则为低电平。要求：

（1）分别写出对应的标准和、标准积、最小和、最小积形式。

（2）分析上述每种方式的成本和最长延迟。

4.14　设计一个BCD8421码的判奇组合逻辑电路。当BCD8421码所表示的十进制数为奇数时，电路的输出F为高电平，否则为低电平。要求：

（1）分别写出对应的标准和、标准积、最小和、最小积形式。

（2）分析上述每种方式的成本和最长延迟。

4.15　设计一个实现D=4A+2B+C的组合逻辑电路，其中A、B、C为3位二进制数。当3≤D<6时，电路的输出F为高电平，否则为低电平。要求：

（1）分别写出对应的标准和、标准积、最小和、最小积形式。

（2）分析上述每种方式的成本和最长延迟。

4.16　设计一个BCD2421码的二进制编码器，其中输入和输出都是高电平有效。要求：

（1）分别写出对应的标准和、标准积、最小和、最小积形式。

（2）分析上述每种方式的成本和最长延迟。

4.17　已知F(A,B,C)的对偶表达式是$F^{\mathrm{D}}(A,B,C)=\prod_{(A,B,C)}(0,1,5,7)$，则

$F(A,B,C)=\sum_{(A,B,C)}$（　　　　　），$F'(A,B,C)=\sum_{(A,B,C)}$（　　　　　）。

4.18　用卡诺图求出下列函数的最小和。

（1）$F=\sum_{ABCDE}(0,1,2,3,4,5,10,11,14,20,21,24,25,26,27,28,29,30)$

（2）$F=\sum_{ABCDE}(0,2,4,6,7,8,10,11,12,13,14,16,18,19,29,30)$

（3）$F=\sum_{ABCDE}(4,5,10,12,13,16,17,21,25,26,27,29)$

（4）$F=\sum_{ABCDE}(4,6,7,9,11,12,13,14,15,20,22,25,27,28,30)$

4.19　用卡诺图求出下列函数的最小和。

（1）$F=\sum_{UVWXYZ}(1,5,9,13,21,23,29,31,37,45,53,61)$

（2）$F=\sum_{UVWXYZ}(0,4,8,16,24,32,34,36,37,39,40,48,50,56)$

（3）$F=\sum_{UVWXYZ}(2,4,5,6,12-21,28-31,34,38,50,51,60-63)$

第5章 基于功能单元的规模化设计

本章以前的组合设计都是基于真值表或卡诺图表达的设计，这种设计只适用于输入很少的器件单元设计。

对于真值表或卡诺图，输入变量每增加1位，其行数或方格数就会增加1倍。当数字系统输入数量达到几十个时，卡诺图的方格数会增长到亿万个，不仅无法分析讨论其中的相邻关系，就连表达都成为问题。因此，对于具有很多输入的规模化设计，需要建立更有效的设计方法。

目前，规模化设计都是建立在共享运算基础之上。将提取的共享运算作为设计的基本单元，利用这些基本单元进行连接扩展，形成更大规模的系统。

5.1 共享运算提取优化

通过卡诺图化简可以得到最小和、最小积，但这样的结果不一定是最小成本的结果。通过利用分配律或寻找共享运算，能把从卡诺图得到的最小和、最小积进一步简化。

5.1.1 3位多数表决器的优化

根据3位多数表决器的工作原理，若3个输入（A、B、C）中有2个及以上取1者，则表决器输出F为1。得到对应的卡诺图如图5.1.1所示。

C \ AB	00	01	11	10
0			1	
1		1	1	1

图5.1.1 3位多数表决器的卡诺图

由图5.1.1可以得到最小和表达为

$$F = A \cdot B + A \cdot C + B \cdot C$$

实现上述最小和需要5个标准门。

如果利用分配律对最小和前2项进行合并，可以得到

$$F = A \cdot (B + C) + B \cdot C$$

该式只需要4个标准门即可实现。

另外，由图5.1.1可以得到最小积表达为

$$F=(A+B)\cdot(A+C)\cdot(B+C)$$

同样需要5个标准门。

如果利用分配律对最小积前2项进行合并，可以得到

$$F=(A+(B\cdot C))\cdot(B+C)$$

也只需要4个标准门即可实现。在本例中，从卡诺图得到的最小和、最小积都存在进一步简化的可能。

在以上例子中可以看出，这种优化与卡诺图优化具有不同特点。不是通过减少变量或乘积项、加和项实现优化，而是利用分配律，将乘法运算或加法运算进行合并实现的优化。

这种优化方式特别适合于多输出系统。多输出系统表达了对相同逻辑变量的不同逻辑运算函数。我们不仅可以在每个输出运算表达中寻找共享运算，还可以在不同输出间寻找共享运算，进一步提高优化效果。

5.1.2 4位LSB+1器件的优化

4位LSB+1器件的功能是，器件的输出（$D_3D_2D_1D_0$）等于4位输入（$Q_3Q_2Q_1Q_0$）所代表的数加1。得到对应的卡诺图如图5.1.2所示。

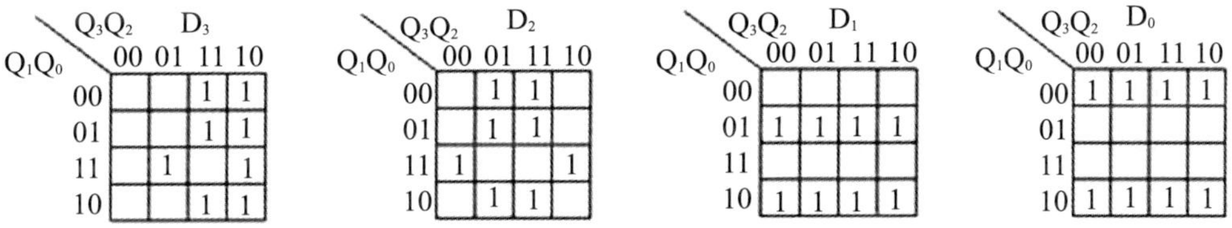

图5.1.2 4位LSB+1器件的卡诺图

1. 先通过卡诺图得到最小和，如下式所示：

$$D_3=Q_3Q_2'+Q_3Q_1'+Q_3Q_0'+Q_3'Q_2Q_1Q_0$$

$$D_2=Q_2Q_1'+Q_2Q_0'+Q_2'Q_1Q_0$$

$$D_1=Q_1Q_0'+Q_1'Q_0$$

$$D_0=Q_0'$$

实现上述D_3、D_2、D_1、D_0表达式需要标准门的数量分别是9、6、3、0，此时系统成本为18门。

2. 对每个输出寻找共享运算，利用分配律进行优化。例如D_3中的Q_3、D_2中的Q_2，通过优化，结果如下式所示，成本降低为15门。

$$D_3=Q_3(Q_2'+Q_1'+Q_0')+Q_3'Q_2Q_1Q_0$$

$$D_2=Q_2(Q_1'+Q_0')+Q_2'Q_1Q_0 \qquad D_3\text{：}7 \qquad D_2\text{：}5$$

$$D_1=Q_1Q_0'+Q_1'Q_0 \qquad D_0=Q_0' \qquad D_1\text{：}3 \qquad D_0\text{：}0$$

3. 考虑不同输出之间存在的共享运算，以及德摩根关系的使用，将共享运算先提取出来构成基本单元，然后再将其用于输出表达式中，结果如下式所示，可以将系统成本进一步降低到11门。

$Y_1 = Q_1' + Q_0' = (Q_1Q_0)'$　　　$D_3 = Q_3Y_2 + Q_3'Y_2'$

$Y_2 = Q_2' + Y_1 = (Q_2Y_1')'$　　　$D_2 = Q_2Y_1 + Q_2Y_1'$

$D_1 = Q_1Q_0' + Q_1'Q_0$

$D_0 = Q_0'$

$\cos t$：$2+9$

在上述例题中，通过提取，设置了2个新的单元器件Y_1和Y_2。将这2个单元器件的输出同时用于多个逻辑表达中，就使得设计成本得到优化。

5.2　译码器设计

5.2.1　二进制译码器设计

将共享运算单元作为基本单元设计，再利用这些基本单元构成输出方程，这就是规模化设计的基础。本节将采用这种方法对二进制译码器进行设计。

二进制译码器是控制电路中的重要组成部分。该器件将输入的二进制编码转化为独热码输出，对后续各种器件进行控制。

二进制译码器的输出体现为输入的最小项，可以表达为由所有输入变量通过乘积构成。所以二进制译码器可以由与门阵列构成。

当输入变量数为N时，直接实现一个最小项需要一个N输入与门，这需要使用N−1个标准门。由于每个输出对应的最小项不同，每个输出需要一个独立的与门，因此，每个输出都需要使用N−1个标准门。当N值很大时，成本非常高。

然而，不同的最小项中可以存在部分相同的运算，对这些运算进行提取，形成基本单元，就可能形成更优化的设计。下面由2位译码器开始进行分析。

1. 2位二进制译码器设计

2位二进制译码器具有2个输入a_1和a_0，4个输出方程表现为输入的最小项，表达如下：

$y_0 = a_1' \cdot a_0'$　　$y_1 = a_1' \cdot a_0$　　$y_2 = a_1 \cdot a_0'$　　$y_3 = a_1 \cdot a_0$

每个输出方程均可由2输入与门直接实现，整个器件需要4个标准门。

2. 4位二进制译码器设计

4位二进制译码器具有4个输入：a_3、a_2、a_1、a_0；16个输出方程表现为输入的最小项。如果这些最小项直接实现，则每个输出需要3个标准门，整个器件需要48个标准门，成本较高。

为了提取共享运算，先对输出的前4项进行分析：

$y_0 = a_3' \cdot a_2' \cdot a_1' \cdot a_0'$　　$y_1 = a_3' \cdot a_2' \cdot a_1' \cdot a_0$

$y_2 = a_3' \cdot a_2' \cdot a_1 \cdot a_0'$　　$y_3 = a_3' \cdot a_2' \cdot a_1 \cdot a_0$

这4项需要标准门的数量为12。通过观察可以发现，这4个输出中都含有共同项 $a_3'\cdot a_2'$。设立单元 $x_0 = a_3'\cdot a_2'$，则4个输出方程可以改写为

$$y_0 = x_0 \cdot a_1'\cdot a_0' \qquad y_1 = x_0 \cdot a_1'\cdot a_0 \qquad y_2 = x_0 \cdot a_1 \cdot a_0' \qquad y_3 = x_0 \cdot a_1 \cdot a_0$$

同理，若设立单元 $x_1 = a_3'\cdot a_2$，则 y_4 到 y_7 这4个单元也可以写为

$$y_4 = x_1 \cdot a_1'\cdot a_0' \qquad y_5 = x_1 \cdot a_1'\cdot a_0 \qquad y_6 = x_1 \cdot a_1 \cdot a_0' \qquad y_7 = x_1 \cdot a_1 \cdot a_0$$

在这样的输出表达中，每个输出由一个3输入与门实现，只需要2个标准门。当然，还需要分摊公共项的成本。

在上面的表达中，还可以从后2个变量的乘积中发现公共项，例如，y_0 和 y_4 中都含有公共项 $a_1'\cdot a_0'$，若设立单元 $z_0 = a_1'\cdot a_0'$，则 y_0 和 y_4 可以采用更简单的方式表达为

$$y_0 = x_0 \cdot z_0 \qquad y_4 = x_1 \cdot z_0$$

综合上述分析，可以得到优化的设计方案如下：

首先形成共享单元：

$$x_0 = a_3'\cdot a_2' \qquad x_1 = a_3'\cdot a_2 \qquad x_2 = a_3 \cdot a_2' \qquad x_3 = a_3 \cdot a_2$$

$$z_0 = a_1'\cdot a_0' \qquad z_1 = a_1'\cdot a_0 \qquad z_2 = a_1 \cdot a_0' \qquad z_3 = a_1 \cdot a_0$$

然后每个输出方程可以表达为 $y_n = x_m \cdot z_l$，都是从2输入与门输出，只需要1个标准门，再加上公共单元的成本分摊。

在上述设计中，各个 x_m 实际上是由 a_3 和 a_2 构成的最小项，可以通过2位二进制译码器对 a_3 和 a_2 译码产生；各个 z_l 实际上是由 a_1 和 a_0 构成的最小项，可以通过2位二进制译码器对 a_1 和 a_0 译码产生。4位二进制译码器的运算架构可以采用如图5.2.1所示方式表达。

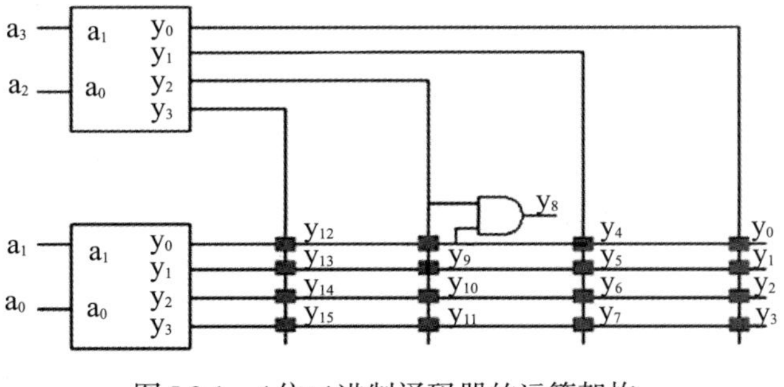

图5.2.1　4位二进制译码器的运算架构

图5.2.1中，将高2位译码器称为列译码器，其输出形成列线；低2位译码器称为行译码器，其输出形成行线。在列线与行线的每个交叉点上设置2输入与门，将高位译码结果（高位乘积项）与低位译码结果（低位乘积项）进行相乘，形成4变量乘积项的输出。

每个输出直接由2输入与门产生，需要1个标准门；2个2位二进制译码器作为公

共单元，其成本（8个标准门）为所有输出分摊，系统总成本为24门，平均每个最小项输出成本为1.5门。

3. 多位译码器的设计

上述设计思想可以归结为：N位二进制译码器可以由2个$N/2$位二进制译码器和一个与门阵列构成，$N/2$位二进制译码器作为列译码器和行译码器，分别对N位输入的高位和低位进行译码，其输出交叉排列后形成与门阵列。N位译码器每个输出都由与门阵列中一个2输入与门产生，直接成本为1个门，而2个$N/2$位二进制译码器的成本则作为公共成本进行分摊。随着N值的增加，每个输出的分摊成本趋于0，则每个输出的平均成本趋于1个门。

例如，8位译码器的公共成本为2个4位译码器，利用上述4位二进制译码器的优化设计结果（总成本为24门），则8位译码器的公共成本为48门。分摊到256个输出上，每个输出的分摊成本只有0.1875门。

这种设计思想可以推广到大规模的二进制译码器的设计中，通过小规模单元的组合形成大规模设计。

二进制译码器也称为最小项发生器。其输出成本的减少也就意味着可以使最小项的成本下降，这就给某些设计中直接采用最小项设计带来了机会，为设计提供了更多的可能性。

5.2.2 BCD8421译码器的优化设计

要求该器件将输入的BCD8421码转化为10位独热码输出。以下采用不同设计方式进行比较。

方案1：直接采用卡诺图设计，利用无关项进行优化设计。

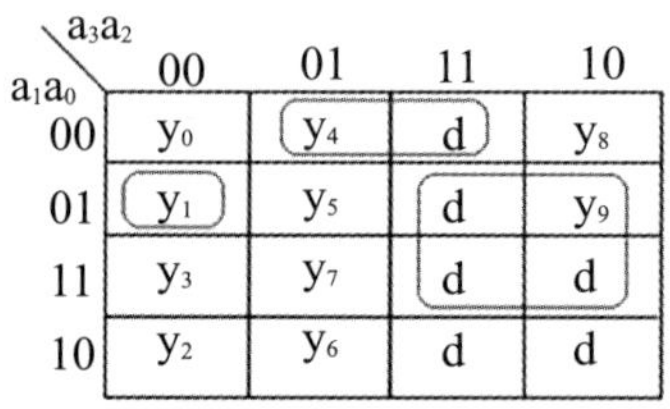

y_0,y_1: 3　y_2-y_7: 2　y_8-y_9: 1

图5.2.2　BCD8421译码器的卡诺图

图5.2.2是BCD8421译码器的卡诺图，由于存在无关项，可以使部分输出得到优化。

从图5.2.2可以看到，y_0和y_1都不能利用无关项进行化简，都表现为4个输入的最小项，设计成本都是3个门；y_2至y_7都能利用相邻的1个无关项进行化简，都表现为3个输入变量的乘积项，设计成本都是2个门；y_8和y_9都能与相邻的3个无关项化简，都表现为2个输入变量的乘积项，设计成本都是1个门。因此，方案1的总成本为20门。

方案2：对4位二进制译码器进行修改，去掉本设计中不需要的门（如图5.2.3中黑色所示），以及列译码器（图5.2.3左上角）输出中的y_3，可以减少7个标准门，因此，方案2的总成本为17门（因为图5.2.3所示系统的总成本是24门）。

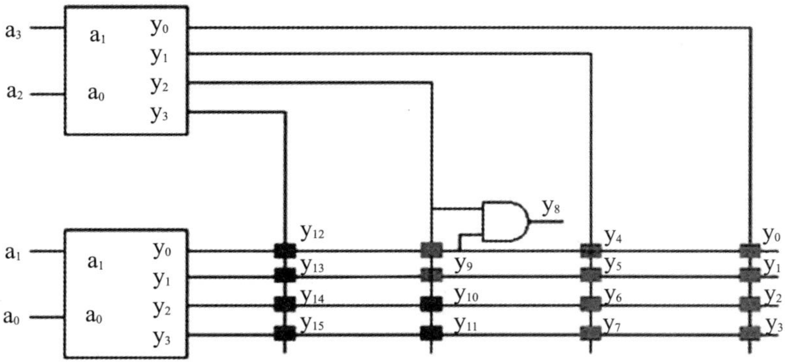

图5.2.3　BCD8421译码器的设计方案2

方案3：将上述2个方案进行对比，可以发现，y_8和y_9在方案1中成本很低，但在方案2中成本相对较高。

将两者结合设计：采用卡诺图化简实现y_8和y_9，采用阵列方案实现其他输出，可以去掉图5.2.3左上角的列译码器输出中的y_2，再减少1个门，则总成本可以下降到16门。

因此，综合利用各方案的优势，可以使系统的设计成本达到最小。

5.3　门控单元与数据选择器

二进制译码器的输出（独热码）通常用于对器件进行控制，从而形成对信号传递的控制。数字电路中，典型的控制器件为门控器件，通常由2输入与门、2输入或门实现。它们都能对信号（状态的变化）的传递发挥控制作用。

5.3.1　门控开关

在数据通道上设置2输入与门，使用与门的1个输入端向输出端传递信号；而另一个输入端则连接输入控制信号，对数据传输实现控制：

当控制量为1时，数据通道打开，数据可以传递；

当控制量为0时，数据通道关闭，输出恒定为0，数据信号无法传递。

类似可以设置或门开关：控制量为0时数据通道开启，控制量为1时数据通道关闭（输出恒定为1）。

5.3.2　数据选择器与数据分配器

若干门控开关形成开关阵列，利用二进制译码器输出（独热码）进行控制，就可以对若干数据通道进行选择，形成数据选择器和数据分配器。由于这类器件常用于总线复用设计中，所以也称为多路复用器（多路器）。在图5.3.1中表现了总线复用的设计。

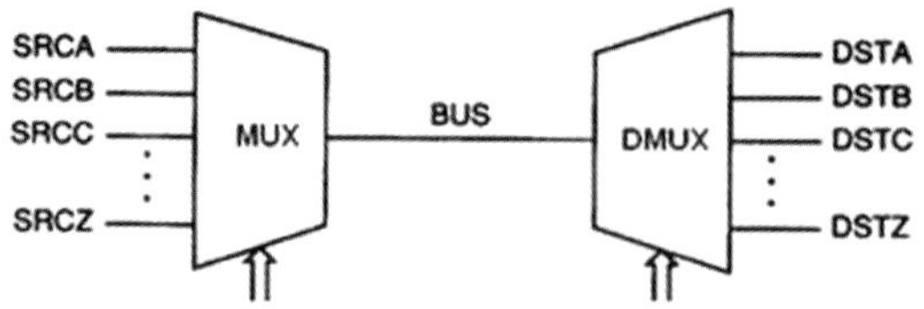

图 5.3.1　总线复用的示意图

数据选择器和数据分配器的工作原理分别如图 5.3.2(a)和(b)所示。

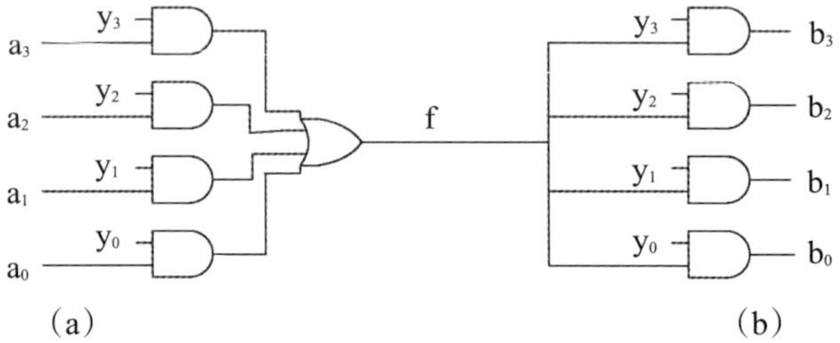

图 5.3.2　数据选择器和数据分配器的工作原理

其结构主要为二进制译码器（提供控制信号对数据途径进行选择）和与门阵列(实施数据传递的控制)。

图 5.3.2（a）是数据选择器，为多输入单输出器件，还需要一个多输入或门将信号汇总为单输出。其输出方程表现为 $f=\sum m_{\mathrm{i}}\cdot a_{\mathrm{i}}$。其中 m_i 表达由二进制译码器产生的最小项。

图 5.3.2（b）是数据分配器，为单输入多输出器件，根据译码器的控制，将输入分配到不同的输出端，其输出方程为 $b_{\mathrm{i}}=m_{\mathrm{i}}\cdot f$。

5.3.3　对存储阵列的读写管理设计

数据选择器和数据分配器也常用于对大规模存储阵列进行读写管理。在写入时，利用数据分配器，将输入数据分配到指定存储单元；在读出时，则利用数据选择器，选择指定存储单元的内容输出，如图 5.3.3 所示。此时，数据分配和数据选择都受地址译码器的控制。

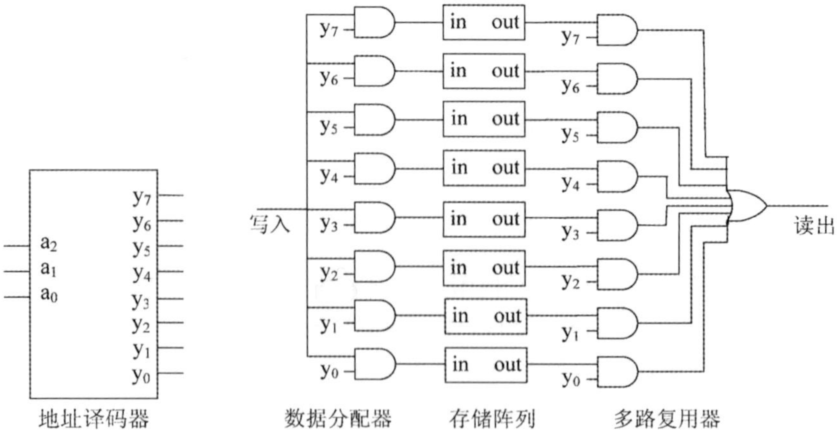

图 5.3.3　对存储阵列的读写管理

除了与门外，在小规模的数据选择器中有时也使用三态门作为门控器件。

5.4　异或运算及相关设计

异或运算是一种特殊的2输入逻辑运算。该运算在数字技术的很多方面发挥重要作用。

5.4.1　异或运算的定义及表达

异或运算定义为：2输入状态不同时，输出1；相同时，输出0。

可以采用真值表表达，如图5.4.1所示。

a	b	f
0	0	0
0	1	1
1	0	1
1	1	0

图5.4.1　异或运算的真值表

根据展开定理，可以将异或通过与、或、非表达为复合运算：

$$f = a' \cdot b + a \cdot b'$$

可以看出，实现该逻辑需要3门。

考虑到异或运算的常用性，为异或运算设置了专门的运算符号和逻辑符号（如图5.4.2所示）如下：

$$f = a \oplus b$$

图5.4.2　异或运算的逻辑符号

5.4.2　异或的运算特点

异或的运算具有下列特点：

（1）异或运算满足交换律，其2个输入端口等价。

（2）在多个变量进行相互异或时，异或运算满足结合律，可以先将任意2个变量进行异或，再将其结果与其他变量进行异或。N个变量的异或可以通过$N-1$次异或实现。

（3）异或运算和与运算之间，满足分配关系。

多输入异或在卡诺图中表现为不相邻关系，利用异或可以实现不相邻关系的成本优化。

例5.4.1　4变量的异或运算

解：现有一个4变量的异或运算表达式：$F = A \oplus B \oplus C \oplus D$，其对应的卡诺图如图5.4.3所示。

CD \ AB	00	01	11	10
00		1		1
01	1		1	
11		1		1
10	1		1	

图5.4.3　4变量的异或运算

在图5.4.3所示的卡诺图中，F表现为8个不相邻的最小项，实现成本为31门；而直接采用异或运算，则只需要3个异或门，折合9个标准门。

对异或运算取非，可以等效为对其任意输入端上加圈，其综合运算称为“异或非”，也称为“同或运算”。

反相圈可以在异或符号的任何端口间转移。异或任何输入端的反相圈都可以转移到其输出端。考虑到反相圈成对合并的逻辑概念，可以得到以下结论：

（1）对异或运算加奇数个圈得到“异或非”，对异或运算加偶数个圈则保持运算不变。

（2）异或运算的对偶为异或非，等效为异或取非。

5.4.3　校验电路设计

利用异或运算的加圈性能，可以用多输入异或运算构成校验电路。该电路能够检测输入中1的个数是否为奇数：为奇数时输出1，为偶数时输出0。

图5.4.4表现了多输入异或的运算结构，图5.4.4（a）为串行结构，图5.4.4（b）为并行结构。两种结构的成本相同，但并行结构的最长延迟路径较短。这种设计能够非常方便地扩展到多位输入的规模化设计中。

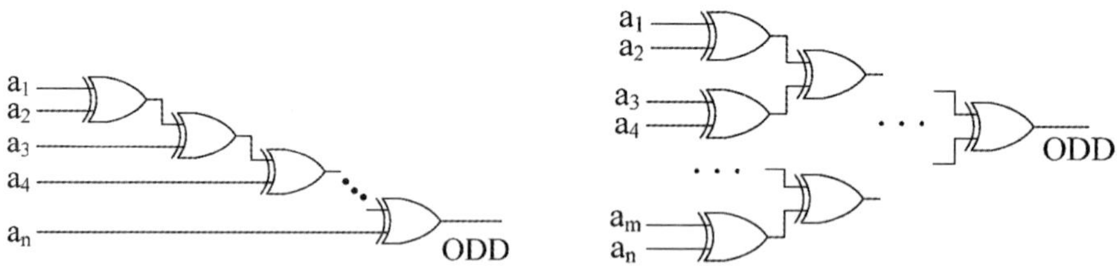

（a）　　　　（b）

图5.4.4　多输入异或的运算结构

5.4.4　编码转换电路设计

作为2输入器件，异或并不能作为门控单元，实现对数据传输的控制。但异或也能放置于数据传输通道上，通过控制端的状态对传输信号产生一定影响，具体表现为对数据进行缓冲或取非：

$$a \oplus 1 = a' \qquad a \oplus 0 = a$$

利用该性质可以应用于符号数的原码与反码转换电路设计。

例5.4.2　符号数中原码与反码的转换器设计

解：根据符号数表达及编码转换规则，最高位（符号位）在转换中保持不变。

根据最高位状态，决定其余位数的转换：

当最高位为0时（正数），转换中应该保持其余位数不变；

当最高位为1时（负数），转换中应该使其余位数反相。

采用异或的控制性能，可以非常简单地实现上述转换规则，图5.4.5是符号数的4位原码与4位反码的互换电路，这种电路可以扩展到多位转换的应用中。

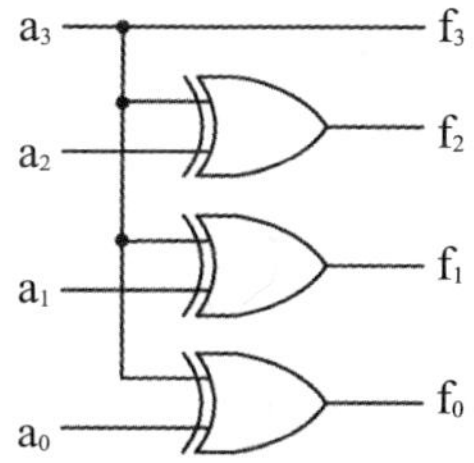

图5.4.5　符号数中原码与反码的转换器设计

例5.4.3　二进制编码与格雷码之间的转换器设计

解：根据二进制编码与格雷码之间的转换关系，得到两者互换的逻辑电路图，如图5.4.6所示。其中图5.4.6(a) 是4位二进制编码到4位格雷码的转换逻辑图，图5.4.6（b）是4位格雷码到4位二进制编码的转换逻辑图。

在这种编码的转换中，除了最高位保持不变，后续位数的输出都是通过对应位输入与高位比较产生的控制关系得到，因此也能采用异或运算进行简单设计，并推广到规模化设计中。

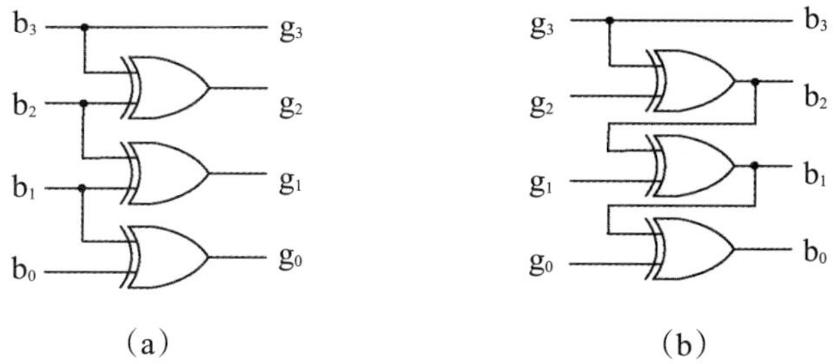

图5.4.6　二进制编码与格雷码之间的转换器设计

5.5　比较电路设计

异或运算可以看作是对2个输入的状态进行比较，不同就输出1，否则就输出0。利用这种结果，可以将异或运算作为比较器的基本单元，用于比较器的规模化设计中。

5.5.1 相等比较器设计

两个多位数据进行相等比较时，可以采用1位比较作为基本单元，对两个数据的每个对应位进行比较，最后将各位比较结果使用或非门汇总输出。两个4位数据进行相等比较的电路实现如图5.5.1所示，类似地，可以把其扩展成两个n位数据的相等比较。

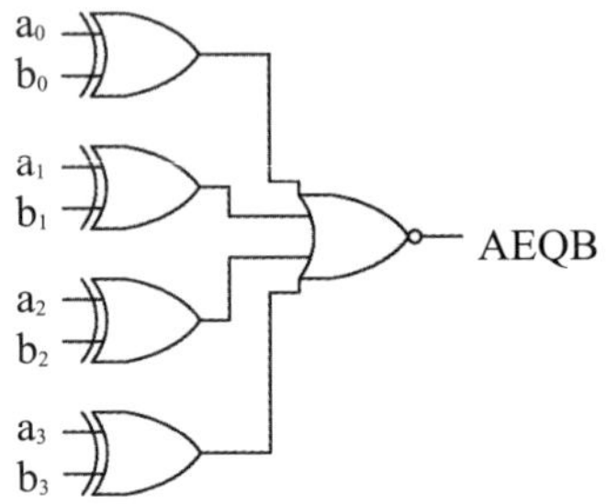

图5.5.1 两个4位数据进行相等比较

该电路中，任何一对输入不同都会使对应的异或输出1，从而使最终输出为0。若将后面的或非门改为或门，则该电路在数据不同时输出1，表现为不等比较器。

5.5.2 数值比较器设计

对于权重数值表达的数据，可以进行数值大小的比较，这种运算称为数值比较器。

2个多位数进行大小比较时，应该从最高位开始：如果最高位不等，则直接得出比较结果，如果最高位相等，则以其余数据的比较结果为准。

根据上述规则，可以对n位数据建立运算表达如下：

$$ALB_{n+1} = a_n \cdot b_n' + (a_n \oplus b_n') \cdot ALB_n$$

上述运算式中，ALB_{n+1}表达2个n+1位的数据比较，A大于B的结果，而ALB_n则表达去除最高位后，2个n位的数据比较，A大于B的结果。

对该运算表达进行优化可以得到：

$$ALB_{n+1} = a_n \cdot b_n' + (a_n + b_n') \cdot ALB_n$$

该运算单元成本为4个标准门，可以采用逻辑符号表达为如图5.5.2所示。

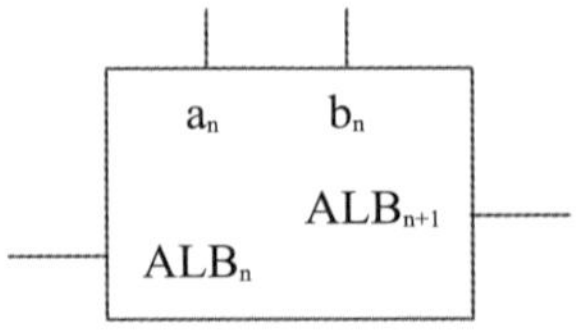

图5.5.2 两个1位数值比较的逻辑单元

使用图5.5.2所示的单元进行级联，可以实现数值比较器的规模化设计。例如，图5.5.3的级联设计可以实现两个4位数据的比较，当A大于B时输出高电平。

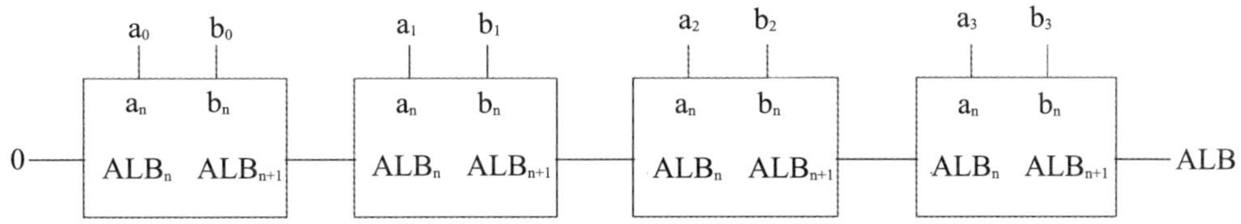

图5.5.3　两个4位数值的比较

5.5.3　常数比较器设计

前面的相等比较器和数值比较器都是针对2个多位变量数进行比较。当1个多位变量数与常数进行比较时，基本比较单元可以得到简化，电路可以变得更简单。

对于相等比较器，其基本比较单元为异或单元。当异或单元的一个输入端固定为常数时，该单元等效为对另一输入变量进行缓冲或反相。

随着基本单元的简化，整个比较器也得到简化。例如，将4位数据A与常数“0110”进行相等比较，电路如图5.5.4所示。首先把图5.5.1的4位数B置换为“0110”，则得到图5.5.4（a）；其次利用异或门的特点，则得到等效电路图5.5.4（b）；然后根据德摩根定理，则得到等效电路图5.5.4（c），该电路的设计成本是3个标准门。

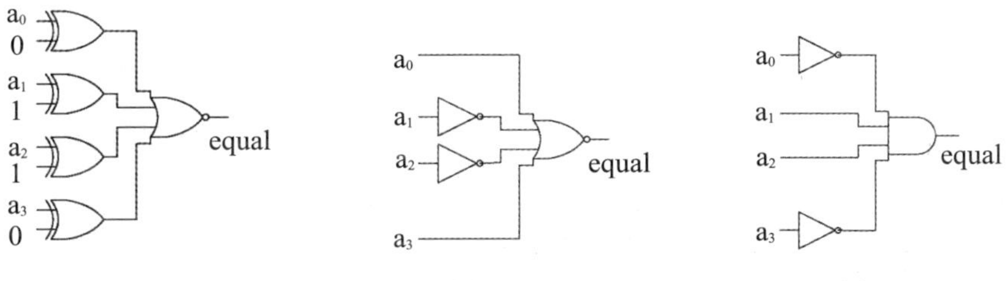

（a）　　（b）　　（c）

图5.5.4　4位数据A与常数“0110”比较的一种设计

此外，对于数值比较器，其基本单元运算发生如下变化：

$$ALB_{n+1} = a_n \cdot b_n' + (a_n + b_n') \cdot ALB_n$$

式中，当 $b_n = 0$ 时，$ALB_{n+1} = a_n + ALB_n$，表现为单门的或运算；当 $b_n = 1$ 时，$ALB_{n+1} = a_n \cdot ALB_n$，表现为单门的与运算，其中$ALB_0$=0。

按照上述规则，将4位数据A与“0110”比较，得到A大于该常数的电路可以设计如图5.5.5所示，该电路的设计成本也是3个标准门。

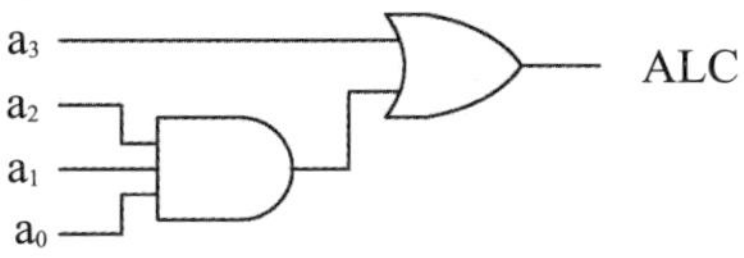

图5.5.5　4位数据A与常数“0110”比较的另一种设计

上述规则很容易应用到规模化设计中。

采用变量比较器输入常数，当然也能进行变量与常数的比较。但是，针对常数比较特点进行专门的设计，可以大幅度降低成本，缩短器件的运算延迟时间。这是在集成芯片上进行ASIC设计的常用方法。

5.6 加法器设计

*N*位加法器实现2个*N*位数的相加，得到*N*位结果。该器件可以用于对无符号数进行相加，也可以用于对补码符号数进行相加，可以利用“代数和”实现减法运算的效果。

根据多位数相加的运算特点，运算过程应该从低位相加扩展到高位相加。对应位进行相加时，需要考虑将来自低位的进位一并相加。

根据加法运算时是否考虑来自低位的进位，加法器单元可以分为半加器和全加器。

5.6.1 半加器

半加器的特点是直接将2个对应位进行相加，不考虑低位的进位，通常对应为最低位相加的情况。该器件产生本位和输出s和进位输出co。

半加器的输出函数可以通过直接分析得到：

本位和s：只要2个输入不同，本位和就为1，表现为异或运算。

进位输出co：只有2个输入都为1时，才会产生进位1，表现为与运算。

可以将该器件逻辑符号表达如图5.6.1（a）所示，内部逻辑电路如图5.6.1（b）所示，其成本为4个标准门。

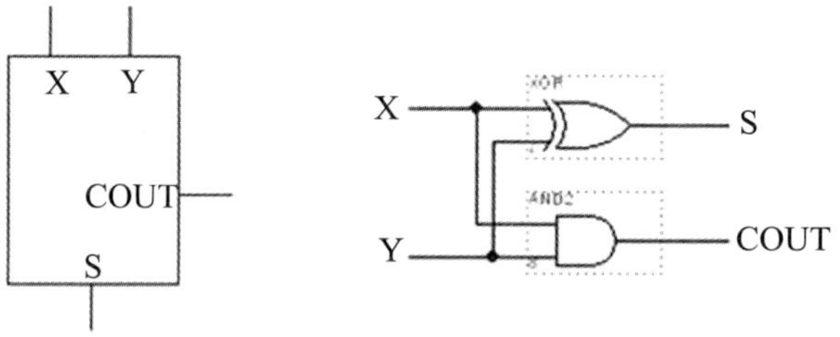

（a）　　（b）

图5.6.1　半加器的逻辑符号和内部逻辑电路

5.6.2 全加器

全加器需要将对应位和低位的进位进行相加，实际上是将3个输入进行相加，产生2个输出结果。

仿照半加器的思路，可以直接对全加的输出单元进行运算分析：

本位和s：只要输入中1的个数为奇数，本位和就为1，表现为奇校验运算。

进位输出co：只要任何2个输入为1，输出就会为1，表现为3输入表决运算。

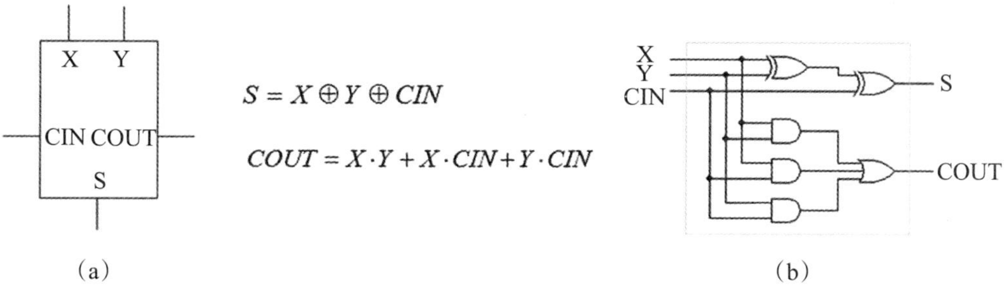

$$S = X \oplus Y \oplus CIN$$

$$COUT = X \cdot Y + X \cdot CIN + Y \cdot CIN$$

图 5.6.2　全加器的逻辑符号和内部逻辑电路

该器件的逻辑符号表达如图 5.6.2（a）所示，内部逻辑电路如图 5.6.2（b）所示，成本为11个标准门。

改变全加器的设计思路，从基本运算考虑：先对2个输入进行半加，然后再用得到的低位结果与第3个输入进行半加；2次半加的进位不可能同时为1，只需要判断是否存在进位就可以了。采用这样的设计思想，可以用2个半加器和一个2输入或门实现全加器设计，形成的电路如图 5.6.3 所示。

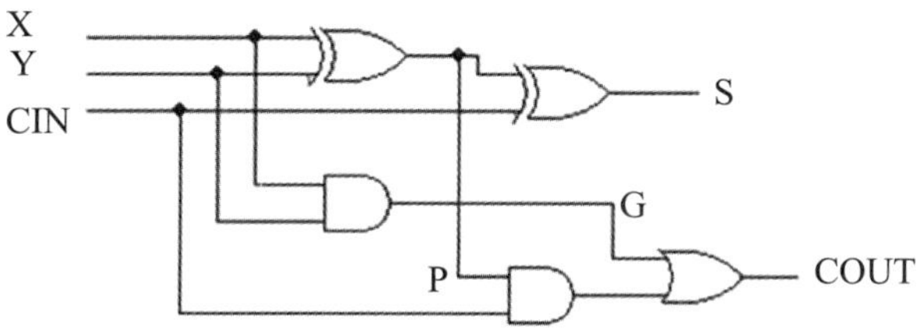

图 5.6.3　用两个半加器实现全加器

该设计成本为9个标准门，比前述设计更优化。

采用该设计的最大优点是减小了进位延迟路径，可以有效地提高串行加法器速度。

该单元也称为超前进位加法单元：G为进位产生信号，可以由本位输入直接决定进位的产生；P为进位传递信号，控制与门开关，传递来自低位的进位。

5.6.3　串行加法器

利用半加器和全加器进行级联，可以实现加法器的规模化设计。

图 5.6.4 表现了一个可扩展的8位加法器的设计。该设计最低位单元使用半加器，后续单元都使用全加器。该器件最高位保留了进位输出c8，该输出可以用于后续级联更多的全加器形成更大规模的设计，也可以作为8位加法器溢出错误的提示输出。在芯片上进行8位加法器的ASIC设计中，通常会将最后单元的进位输出取消以降低成本。

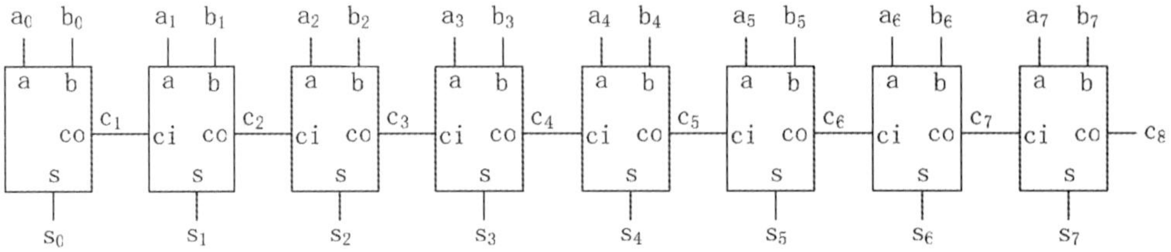

图5.6.4　8位串行加法器

5.6.4　常数加法器设计

与常数比较器类似，当设计变量与固定常数进行相加的加法器时，加法器单元会得到简化，由此使加法器成本降低，延迟时间缩短。

例如，半加器输出方程为 $s = a \oplus b \quad co = a \cdot b$

当 $b = 0$ 时，输出方程成为 $s = a \quad co = 0$

当 $b = 1$ 时，输出方程成为 $s = a' \quad co = a$

由此可见，当与常数相加时，半加器的成本至多相当于反相器。

此外，前述全加器输出方程为 $s = a \oplus b \oplus ci \quad co = a \cdot b + (a \oplus b) \cdot ci$

当 $b = 0$ 时，输出方程成为 $s = a \oplus ci \quad co = a \cdot ci$

当 $b = 1$ 时，输出方程成为 $s = a' \oplus ci \quad co = a + ci$

由此可见，当与常数相加时，全加器的成本相当于半加器的成本。

例5.6.1　8位变量A与8位常数“01100100”的加法器设计。

解：根据变量与固定常数相加时，加法器可以得到简化的方法，8位变量A与8位常数“01100100”的加法器原理图如图5.6.5所示。

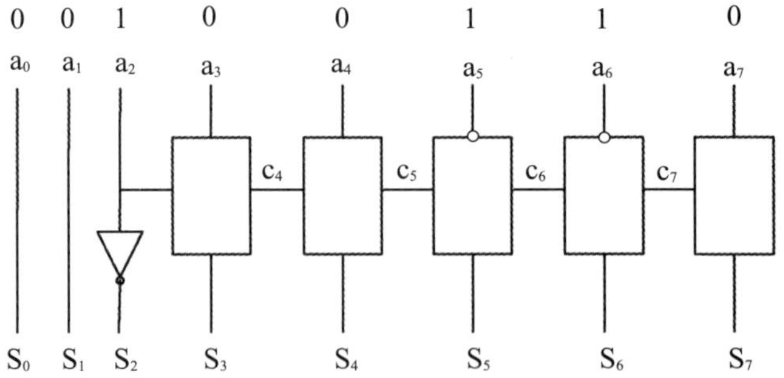

图5.6.5　常数加法器

在如图5.6.5所示中，不带反相输入端的模块是半加器，而带反相输入端的模块是成本与半加器等价的模块，因此，图5.6.5的8位加法器仅使用了5个半加器和几个反相器。

例5.6.2　仅在最低位相加的8位加法器

解：可以认为该器件除了最低位，都是与常数0进行相加，电路设计如图5.6.6所示。

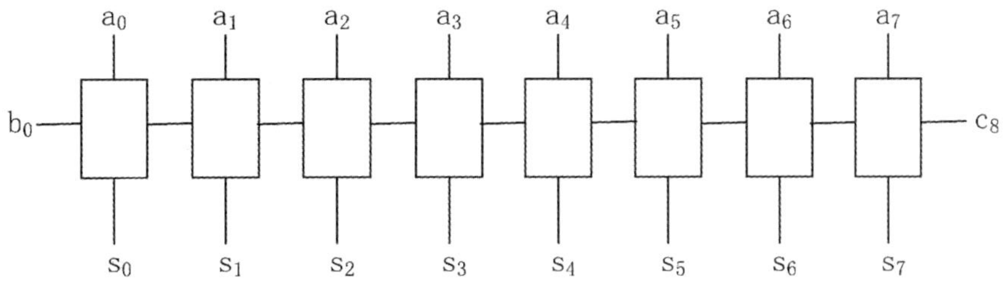

图5.6.6　仅在最低位相加的8位加法器

该设计采用8个半加器级联实现，用于乘法器中实现舍入截断。

5.7　算术逻辑单元（ALU）

在前面的讨论中可以知道，加法器可以实现2个数据相加，也可以实现2个数据相减。

在进行减法时，需要将减数按照补码规则添加负号：除了符号位外，对每位取反，然后在最低位加1（或者是加符号位）。

利用图5.7.1的电路，将异或阵列与加法带有最低位进位的加法器组合，可以设计出同时具有加法功能和减法功能的器件。

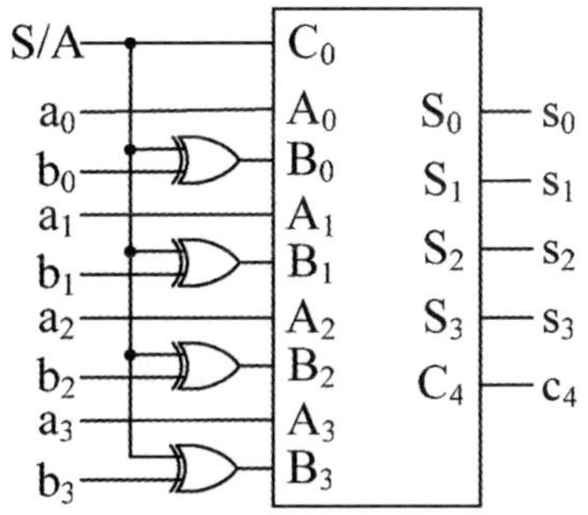

图5.7.1　同时具有加法功能和减法功能的器件

该器件利用*S/A*输入进行控制，该输入为1时，实现$A-B$的运算，该输入为0时，实现$A+B$的运算。

上述设计也可以看作是对加法器中每个全加器的*b*输入端进行了选择控制，输入不同的数据，就可以实现不同的算术运算。

将这种思想推广，在全加器的每个输入端都插入数据选择器，对输入进行不同的选择控制，则可以形成各类不同的算术运算。

例如，对每个全加器的*a*、*b*输入端插入如图5.7.2所示的选择控制，实际上，该图中的器件是二选一的数据选择器。当S_0=0时，$A=a$；当S_0=1时，$A=a'$。

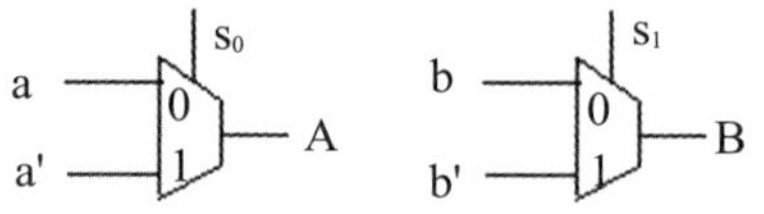

图5.7.2 利用控制端选择全加器的a、b输入端

则当选择输入S_1S_0取不同的值时，可以实现不同的运算：

$S_1S_0 = 00$： $S = A + B$

$S_1S_0 = 01$: $S = -A + B - 1$

$S_1S_0 = 10$: $S = A - B - 1$

同样，在对进位输入进行选择控制的情况下，全加器中不同节点可以产生输入的不同逻辑运算的结果，如图5.7.3所示。

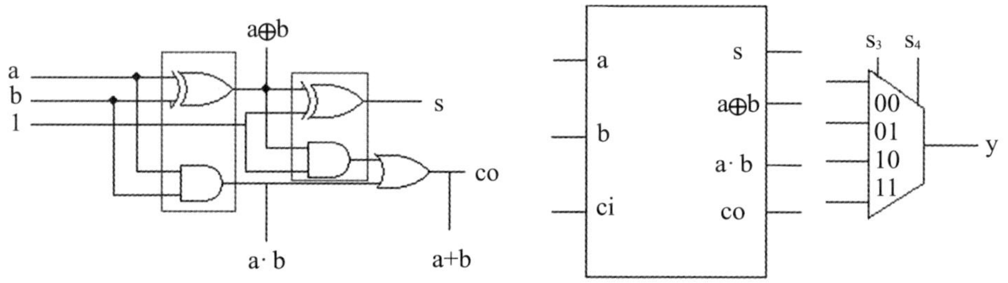

(a) (b)

图5.7.3 产生输入的不同逻辑运算的结果

如果在输出端插入数据选择器，如图5.7.3（b）所示，可以选择该器件的算术运算结果或逻辑运算结果进行输出。

以上分析可见，为全加器的输入 / 输出配置数据选择器进行选择控制，则可以进行多种算术运算和逻辑运算。这种器件称为算术逻辑单元（ALU）。

算术逻辑单元的输入可以分为两类：一类是待运算的数据，称为数据输入；另一类是各数据选择器的选择控制，这类输入决定对数据进行什么运算，称为指令输入。ALU可以根据所收到的不同指令，对输入数据进行各类不同的算术运算和逻辑运算。

指令的形成取决于数据选择器的配置方法。数据选择器的配置方法越多，能够形成的指令种类就越多，ALU就可以完成越来越复杂的运算操作。这样的发展导致复杂指令系统的形成。

然而，随着数据选择器配置的增加和结构复杂化，ALU的运算延迟时间随之延长，运算效率显著降低。

为了保障ALU的高效运算，现代设计通常采用较简洁的数据选择器配置，由此形成精简指令系统。这种系统对每条指令的运算延迟较短，运算效率高。但对于复杂的运算，就需要拆分为多次简单运算，通过多条指令的执行来完成。

将运算指令进行合理的组织，以便高效率实现复杂的运算，就成了软件编程设计的任务。

ALU可以完成对数字信号的任何基本运算。围绕ALU建立起的运算系统可以称为中央处理单元（CPU）。CPU与数据总线、存储器、输入/输出控制单元可以组合成简单的计算机系统。在这种系统中，所有运算都拆分为简单运算，在ALU中顺序实现。这种系统架构通常称为冯·诺伊曼架构。

这种运算的特点是可以通过对指令的软件编程实现，运算过程的设计简单方便。但顺序运算需要排队等待，运算时间通常较长。

为了发挥硬件设计在并行运算中的优势，现代设计将常用的运算步骤如较多的加法运算、乘法运算和累加运算单独分离出来，采用并行架构单独设计，并安排多总线系统进行并行数据传输，这样就可以大幅度提高系统的运算效率。这种架构也称为哈佛架构。常用的数字信号处理器就采用这样的架构实现。在这种架构中，CPU不承担繁重的算术运算，而是用于对数据运算过程进行协调控制。收集系统中各运算单元的信息，根据这些信息发布对各运算单元的控制，这种CPU就是在后面时序控制设计中将要介绍的有限状态机。

习题5

5.1　现有一个两位二进制乘法器，输入A和B均是2位二进制数，输出F是一个4位二进制数。要求：

（1）对比分析共享运算提取优化之前和之后的成本；

（2）计算上述每种情况下最长延迟路径的延迟时间。

5.2　利用共享运算提取优化法，写出$Y_0=\sum_{XYZ}(0,1,2)$，$Y_1=\sum_{XYZ}(1,4,6)$，$Y_2=\sum_{XYZ}(0,1,2,4,6)$的最小多输出“积之和”表达式。

5.3　现有一个BCD-七段译码器，输入A是一个4位二进制数，输出F是一个7位二进制数，所驱动的数码管采用共阴结构。当输入是十进制数0～9时，对应的数码管显示数字0～9，否则不显示。试用共享运算提取优化的方法设计上述译码器，要求设计成本达到最低。

5.4　假设要求设计一种新的组件：优化的十进制译码器，它只有十进制输入组合。与取消6个输出的4～16译码器相比，怎样使这样的译码器成本降到最低？写出成本最低译码器的全部10个输出的逻辑表达式，并比较优化设计前后的成本。假设输入和输出高电平有效且没有使能输入。

5.5　对于题图5.1所示CMOS电路所实现的逻辑功能，写出真值表并画出逻辑图。

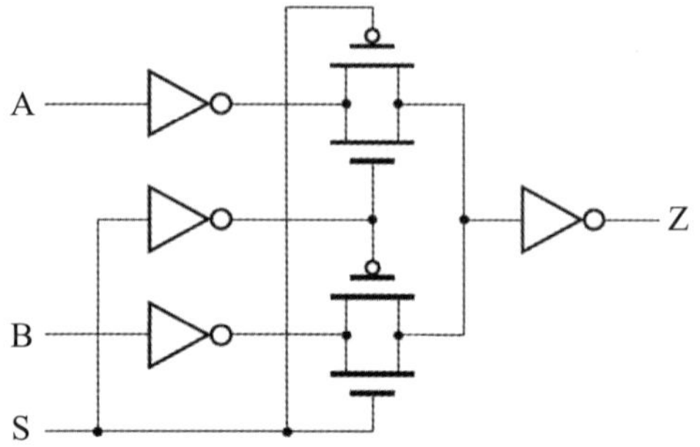

题图5.1

5.6　从开关代数的观点看，将输入端连在一起的2输入XNOR门表示了什么函数？它跟真实XNOR门的输出情况会有什么不同？

5.7　2输入XNOR门能构成一个逻辑门的完全集吗？证明你的答案。

5.8　对于题图5.2所示的CMOS电路所实现的逻辑功能，写出真值表并画出逻辑图。

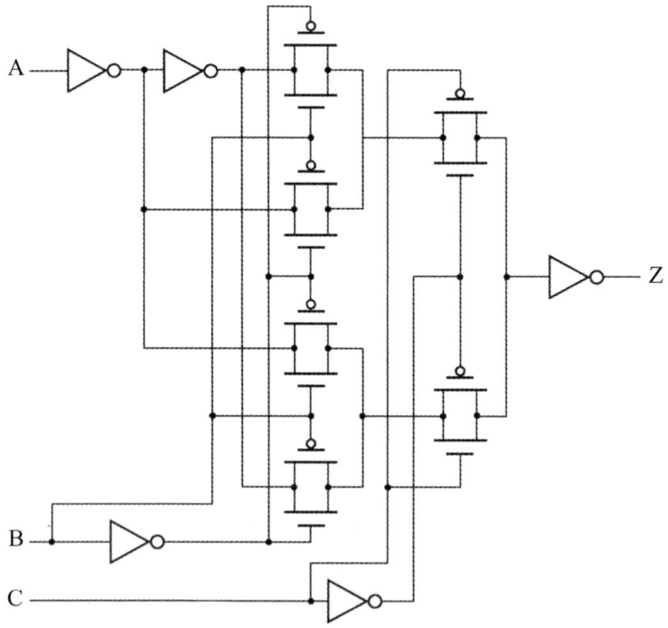

题图5.2

5.9　二进制加法器的和的第4个数位S_3为输入X_0、X_1、X_2、Y_0、Y_1和Y_2的函数，试写出它的代数表达式。假设C_0=0，不要试图“乘开”或最小化表达式。

第6章 基于集成块的组合设计

6.1 中小规模集成块的特点

在前面章节中讨论的数字电路设计方法，主要是针对集成块内部芯片上的设计。设计的基本单元是反相器和标准门。

然而对于不从事集成电路设计和制造的大多数用户，最常用的设计方法是直接购买商用的集成块，然后利用这些集成块实现所需要数字系统的设计。

基于集成块的设计可以分为2种类型：一类是使用多块中小规模集成块进行连线设计，另一类则是使用可编程集成块进行单片编程设计。

本章着重讨论基于中小规模集成块的设计。

6.1.1 中小规模集成器件

中小规模集成器件通常指百门以下的电路形成的封装集成块。小规模集成块主要指14引脚封装的逻辑单元类集成块。中规模集成块则主要指具有特定运算功能的集成块，引脚数量通常在20以内。

这些集成块基本采用双列直插式封装，设定角上2个固定引脚作为电源和接地，其余引脚用于输入端口和输出端口。

为了加强这些集成块的通用性和适应范围，集成块输出通常具备模拟驱动能力。

由于输出缓冲的设计占据了集成块内芯片的绝大多数面积和延迟时间，加上封装的成本和延迟，对于相同驱动能力的中小规模集成器件，其价格与时间延迟基本相同，与功能逻辑基本没有关系，这可以从表6.1.1中看出。

表6.1.1 部分5V CMOS和TTL SSI组件的传播延迟（ns）

型号	74HCT		74AHCT				74LS			
	典型值	最大值	典型值		最大值		典型值		最大值	
	t_{pLH},t_{pHL}	t_{pLH},t_{pHL}	t_{pLH}	t_{pHL}	t_{pLH}	t_{pHL}	t_{pLH}	t_{pHL}	t_{pLH}	t_{pHL}
'00,'10	11	35	5.5	5.5	9.0	9.0	9	10	15	15
'04	11	35	5.5	5.5	8.5	8.5	9	10	15	15
'08,'11	11	35	5.5	5.5	9.0	9.0	8	10	15	20
'20	11	35					9	10	15	15
'21	11	35					8	10	15	20
'32	9	30	5.3	5.3	8.5	8.5	14	14	22	22

因此，采用此类器件进行组合优化设计时，可以将每个集成块（不论逻辑功能）当作标准集成块看待，具有相同的成本（块成本）和相同的延迟时间（块延迟时间）。优化设计的目标就是希望以最小的成本和最小的路径延迟实现系统功能。

6.1.2　中小规模集成块命名规则

商用的中小规模器件主要为74系列集成器件。与之对应，还有军用的54系列集成器件，该系列性能标准严于商用系列，单位价格远高于商用系列。

74系列集成器件的典型命名方式为：74 xxx nnn。

xxx部分采用大写字母表达该器件的形成工艺和性能指标系列；nnn部分采用数字表达该器件输入/输出逻辑关系，或该器件具备的运算功能。

在本教材后续章节的描述中，只关注集成器件的逻辑功能，因此，在表达时将忽略xxx字段。

6.2　基于小规模集成器件（SSI）的设计

SSI设计通常指采用简单逻辑门集成块实现组合设计，常用小规模集成块的型号及引脚如图6.2.1所示。

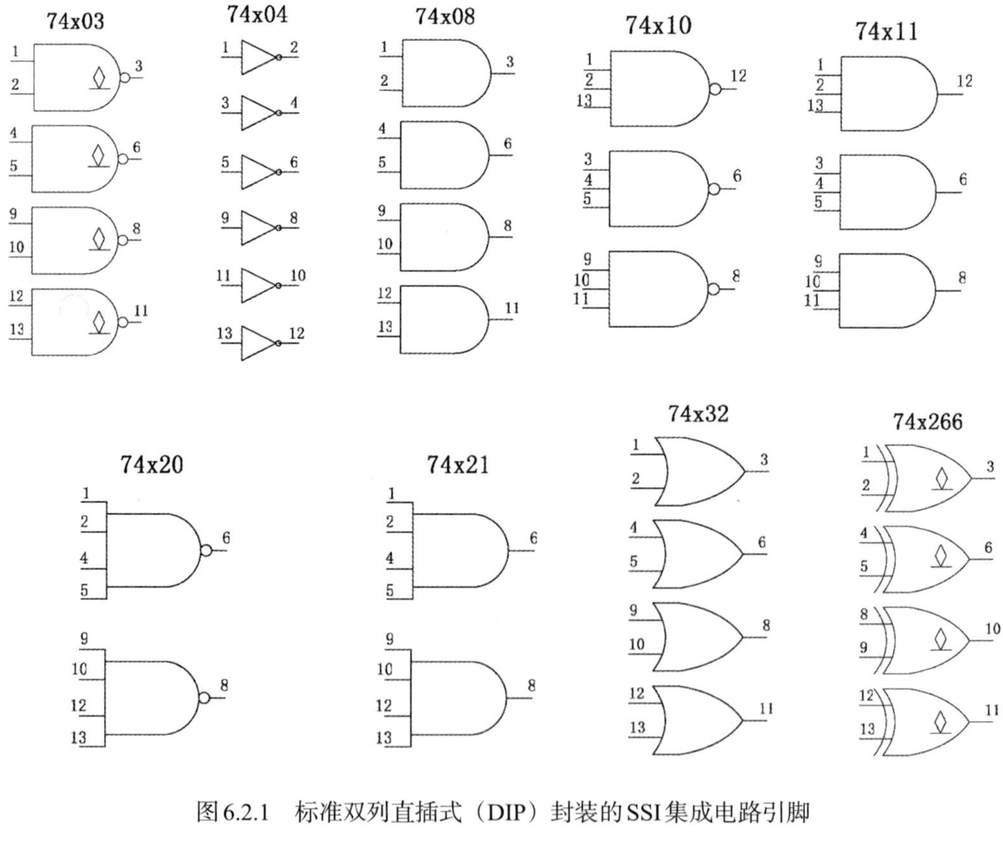

图6.2.1　标准双列直插式（DIP）封装的SSI集成电路引脚

6.2.1 基于小规模集成块设计的特点

小规模集成块都是双列直插式14引脚器件，其中引脚7和引脚14固定用于连接地和电源。其余12个引脚可用于输入/输出端口的设置。

一个小规模器件中通常可能含有多个同类器件：可以包含6个单输入的反相器（7404），或4个2输入器件，或3个3输入器件，或2个4输入器件，或1个8输入器件。

由于1块集成块中含有多个同类器件，当设计中使用1个2输入门时，需要使用1块集成块；而使用4个相同的2输入门时，也只需要使用1块集成块；成本相同。

而不同类器件一定存在于不同的集成块中，设计中使用2个不同的2输入单元时，一定需要使用2块集成块，成本较高。

因此，基于小规模集成块的设计希望将设计尽量表现为同类逻辑的设计，以减少集成块的使用量。

集成块中可以含有多输入单元，这种多输入单元作为整体使用，在设计中不必拆分为更小单元，相对于标准门设计，可以缩减成本和延迟时间。例如1个8输入单元，基于标准门设计时需要采用7个标准门（7个2输入单元），至少体现为3级运算；但采用集成块则只使用1块集成块，只是1级运算。

多输入单元可以用作更少输入的同类单元，例如将1个NAND4的部分输入端接高电平，该单元可以作为NAND3、NAND2、INV使用。在设计中，需要优先考虑多输入器件所需要的集成块，该类集成块中多余的单元可以用于较少输入的同类器件，从而有可能减少较少输入单元的集成块使用量，达到成本优化的效果。

由于每个集成块能够提供的逻辑运算数量有限，为了采用更少的集成块完成系统设计，通常采用各种方法预先减少逻辑运算量。例如采用卡诺图进行预先化简可以有效减少端口的总体数量，从而实现成本优化的目的。由于在SSI集成块中，与门和与非门资源远多于或门和或非门。卡诺图化简时，通常采用最小和形式表达，不采用最小积形式表达。基于分配律的提取共享运算的优化通常不用于SSI设计，因为这种优化可能导致多级集成块运算，时间延迟较长。

小规模集成块中含有的都是逻辑单元，这种设计可以借鉴基于逻辑单元设计的方法，例如加圈设计、对偶性设计等。通常在设计数字系统时，可以采用不同方案进行设计，最后对多种方案进行比较，选择采用集成块最少，延迟时间最短的优化设计方案。

6.2.2 设计示例

例6.2.1 要求设计一个判断运算系统，其输入X、输出Y均为BCD8421码。

解：系统的输入/输出关系表现如下：

若$X<5$，$Y=X+1$；若$X>4$，$Y=X-2$。

设计可以采用卡诺图表达如图6.2.2所示。

X_1X_0 \ X_3X_2 ($Y_3Y_2Y_1Y_0$)	00	01	11	10
00	0001	0101	d	0110
01	0010	0011	d	0111
11	0100	0101	d	d
10	0011	0100	d	d

图6.2.2　一个判断运算系统的卡诺图

由卡诺图可以看出，最高位输出 $Y_3=0$，不需要进行逻辑设计。将其余输出卡诺图分别表达如图6.2.3所示。

利用无关项进行化简，可以得到各输出方程。

Y_2:

X_1X_0 \ X_3X_2	00	01	11	10
00		1	d	1
01			d	1
11	1	1	d	d
10		1	d	d

Y_1:

X_1X_0 \ X_3X_2	00	01	11	10
00			d	1
01	1	1	d	1
11			d	d
10	1		d	d

Y_0:

X_1X_0 \ X_3X_2	00	01	11	10
00	1	1	d	
01		1	d	1
11		1	d	d
10	1		d	d

图6.2.3　判断运算系统中各输出的卡诺图

方案1：最小和直接实现：AND-OR设计

直接由卡诺图进行最小成本设计，借助无关项化简，可以得到各输出函数的最小和如下：

$$y_2 = x_3 + x_1 \cdot x_0 + x_2 \cdot x_0'$$

$$y_1 = x_3 + x_1' \cdot x_0 + x_2' \cdot x_1 \cdot x_0'$$

$$y_0 = x_3' + x_2' \cdot x_0' + x_2 \cdot x_1' + x_2 \cdot x_0 + x_3 \cdot x_0$$

上述方程可以采用标准逻辑图表现如图6.2.4所示。

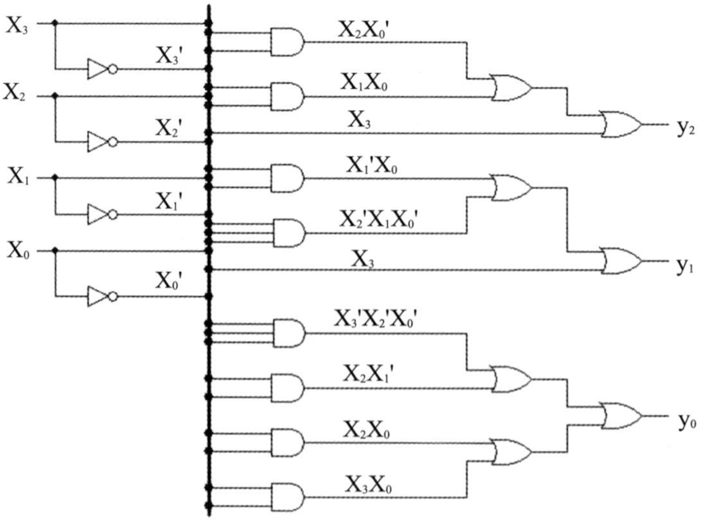

图6.2.4　使用AND-OR设计

以下分析采用SSI设计实现上述逻辑运算的不同设计方案。

实现4个反相器，采用1片7404即可；

实现2个AND3，需要1片7411；

实现6个AND2，需要2片7408；

由于74系列没有OR3和OR4，需要将其分解为OR2实现。

实现7个OR2，需要2片7432。

上述设计共需要6块集成块，需要4级集成块延迟。此方案最大的缺陷在于或门的分解，因为或运算就需要2级运算，所以导致了时间延迟增加。

方案2：NAND-NAND设计

在最小和的与-或表达中，采用加圈设计，则可以将与门和或门都转化为与非门，实现与非-与非设计，其逻辑图表现如图6.2.5所示。

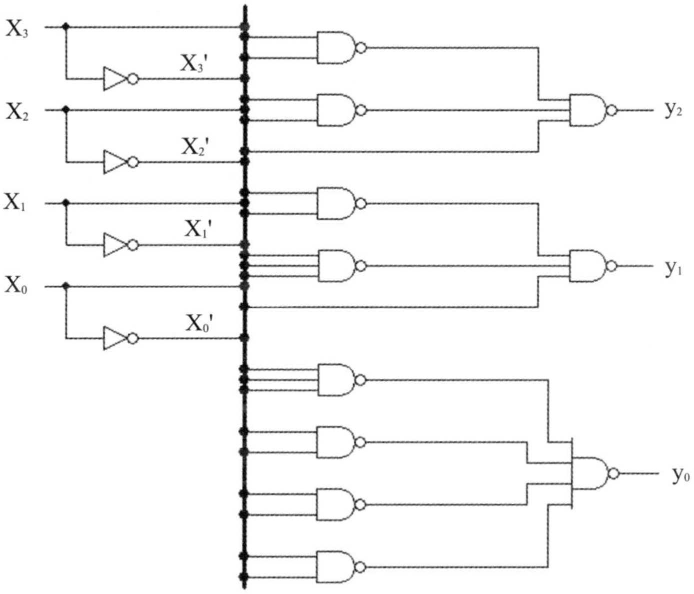

图6.2.5 使用NAND-NAND设计

在这一设计中，4个反相器采用1片7404；

实现1个NAND4，需要1片7420；

实现4个NAND3，可以使用1片7410实现3个NAND3，再用7420实现1个NAND3；

实现6个NAND2，需要2片7400。

上述分析需要使用5片集成块，需要3级集成块延迟。无论是成本还是延迟时间，本方案都优于方案1。

采用NAND-NAND设计，既可以避免或门运算拆分导致的延迟时间增加，也可以通过同类器件的补偿使成本降低，由此成为SSI设计的主要实现方式。

方案3：AOI设计

不考虑反相器时，NAND-NAND设计本身还是2级设计，时间延迟比较长，如果能够将与-或2级运算都包括在同一集成块中，则可以有效减少端口数量，也使得延迟时间缩短。

以下采用7454这种AOI（2，3，3，2）集成块来实现上述设计。

AOI（2，3，3，2）集成块的逻辑功能如图6.2.6所示。

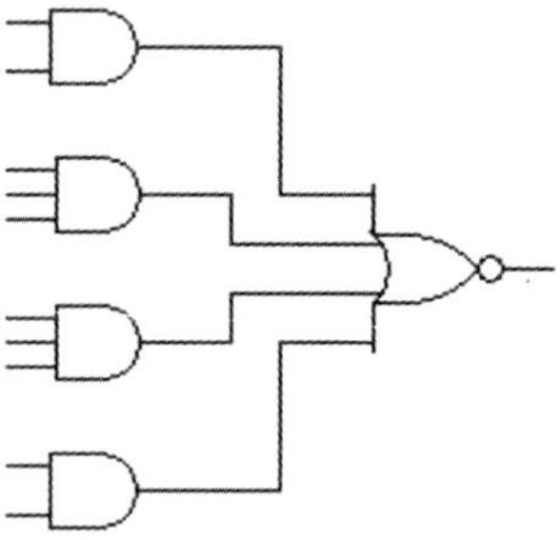

图6.2.6　AOI(2,3,3,2)的逻辑图

该器件内部含有2个AND2和2个AND3，通过1个NOR4将与门输出相加，再反相输出。该器件最大的优势是可以将原本的与-或2级运算合并在一个集成块中，通过一级集成块运算就可以产生结果。此外，该器件中合并的逻辑单元数量也较多。

使用该器件进行设计时，需要注意到其输出端的反相。如果直接实现最小和的与-或运算，则输出的是反函数。为了得到原函数，还需要在输出后面级联反相器，这就抵消了采用这种器件的优势。

为了有效发挥这种器件的优势，通常先对反函数求最小和，得到与-或表达，再选用AOI实现，则可以直接产生原函数的输出。

对于本例题，反函数的卡诺图如图6.2.7所示。

X_1X_0 \ X_3X_2	00	01	11	10
00	1		d	
01	1	1	d	
11			d	d
10	1		d	d

Y_2'

X_1X_0 \ X_3X_2	00	01	11	10
00	1	1	d	
01			d	
11	1	1	d	d
10		1	d	d

Y_1'

X_1X_0 \ X_3X_2	00	01	11	10
00			d	1
01	1		d	
11	1		d	d
10		1	d	d

Y_0'

图6.2.7　反函数的卡诺图

根据图6.2.7得到反函数的最小和表达如下：

$$y_2' = x_3' \cdot x_2' \cdot x_0' + x_3' \cdot x_1' \cdot x_0'$$

$$y_1' = x_3' \cdot x_1' \cdot x_0' + x_1 \cdot x_0 + x_2 \cdot x_1$$

$$y_0' = x_3' \cdot x_2' \cdot x_0 + x_2 \cdot x_1 \cdot x_0' + x_3 \cdot x_0'$$

利用AOI（2，3，3，2）实现设计的逻辑图表达如图6.2.8所示。

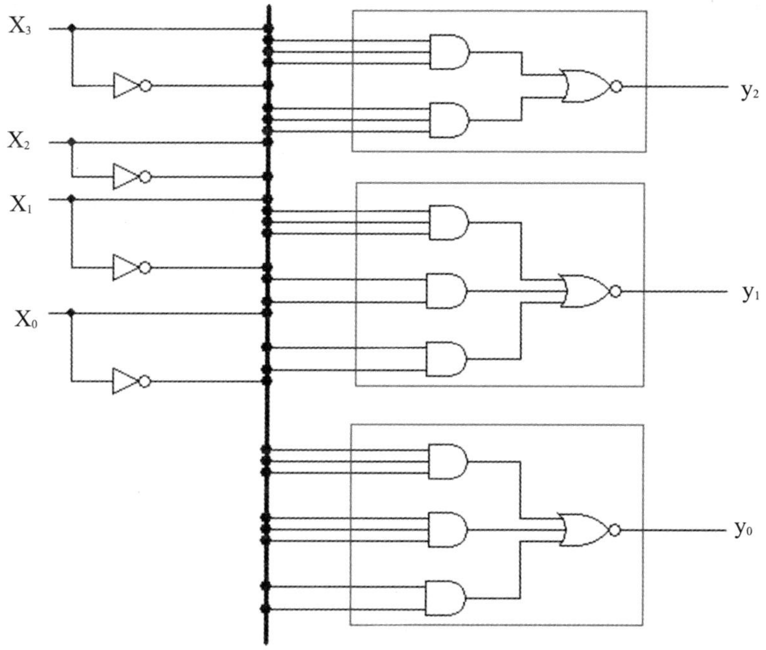

图6.2.8　使用AOI设计

采用本方案，设计总成本降低到4片集成块，延迟时间只需要2级集成块运算，相对前2个方案又有明显改善。

需要说明：由于AOI种类在集成块中资源也很少，因此，这种设计方案只能在一些特定设计中使用，难以推广到普遍情况。

6.2.3　未使用输入端的处理

在使用中小规模集成块进行设计时，经常会出现集成块输入及内部器件不能充分利用的问题。

当CMOS集成块的某些输入或输出端口没有使用时，未使用的输出端口可以不加连接，但未使用的输入端口则必须连接到确定的电平或信号，绝对不能悬置不接。

不带施密特输入缓冲的CMOS的输入端内部直接连接MOS晶体管的栅极，与内部电路处于绝缘状态。如果悬置不接，则其上可能导致静电积累，这种静电积累可能导致栅极击穿器件损坏。更严重的问题是，静电积累可以导致其连接的NMOS和PMOS晶体管同时处于半导通状态，从而形成静态的直流通道；这种直流通道可能导致器件静态功耗大增，持续发热，以致导致整个集成块烧毁。

即使带有施密特输入缓冲的CMOS器件，输入端悬置也会导致其自动锁定到某个稳定状态。由于该状态随机锁定，可能会在器件的输出端产生错误输出。

对于未使用的输入端进行什么电平设置需要进行具体分析。对于未使用的反相器，通常将其输入端接地。

对于多输入与门（与非门）及或门（或非门），则需要分2种情况进行分析。

（1）若某个门的部分输入端未使用，则未使用端应该采用开通该门的设置：

与门（与非门）未用的输入端接1（高电平）；

或门(或非门)未用的输入端接0(低电平)。

当然，这种情况也可以采用输入端缩并的方法，将未用输入端与使用的输入端连接。但这种连接方式会对延迟时间产生一定影响（输入电容增加导致延迟增加）。

（2）若某个门所有输入端都未使用，则应该将其所有输入端都采用关闭该门的电平设置：

与门（与非门）所有的输入端接0（低电平）；

或门（或非门）所有的输入端接1（高电平）。

这样的设置可以防止因输入接触不良导致器件状态变化，产生无效的功耗。

6.3 基于集成二进制译码器的设计

6.3.1 基于中规模集成块设计的特点

中规模集成块多数为双列直插式16引脚集成块。这些集成块内部通常含有更多的逻辑单元，这些逻辑单元在集成块内部相互连接，在其外部通常表现为具有指定运算功能的集成块。

中规模器件的种类多达数百种，主要包含各类编码器、各类译码器、各类编码转换电路、各类数据选择器、各类总线控制器、各类比较器和加法器等。

为了在设计中具有更为广泛的通用性，多数MSI在其基本的输入/输出端口的设置之外，还增添了一些用于控制的输入端口和用于表达不同状态的输出端口。在这些端口的帮助下，可以将这些MSI器件作为基本单元，通过同类集成块的相互连接，形成更大规模的功能器件。

在基于中规模集成块的连线设计中，多数MSI器件只是为数字系统提供特定功能，例如数据总线的连接控制，比较和算术运算的实现等。只有二进制译码器和数据选择器能够在其基本功能外，为一般的组合系统设计提供支持。本书将只针对这2类器件进行分析。

二进制译码器和数据选择器在其输出中或内部能够产生其译码输入端变量的全部最小项。通过对这些最小项的选择组合，就可以实现数字系统的标准设计。这是基于这种器件进行设计的基础。

对二进制译码器和数据选择器的了解需要掌握3个要点。

1. 基本应用方法：了解这类集成器件基本的输入/输出关系（输出方程的表达），了解其各类端口的特点和作用方式。

2. 规模化设计方法：掌握利用这类器件进行扩展，形成更大规模同类器件的基本方法。

3. 一般组合设计方法：掌握使用这类器件，在其他SSI器件的支持下，实现组合优化设计的基本方法。

以下先分别对典型的集成二进制译码器进行介绍，分析其基本应用方法和规模化设计方法，然后再统一介绍采用此类器件实现组合优化设计的方法。

6.3.2 集成二进制译码器

集成二进制译码器的典型代表为74139和74138。先对这两种器件的基本应用和规模化设计方法进行介绍。

1. 74139——双2位二进制译码器

74139为双2位二进制译码器，其逻辑符号如图6.3.1所示。

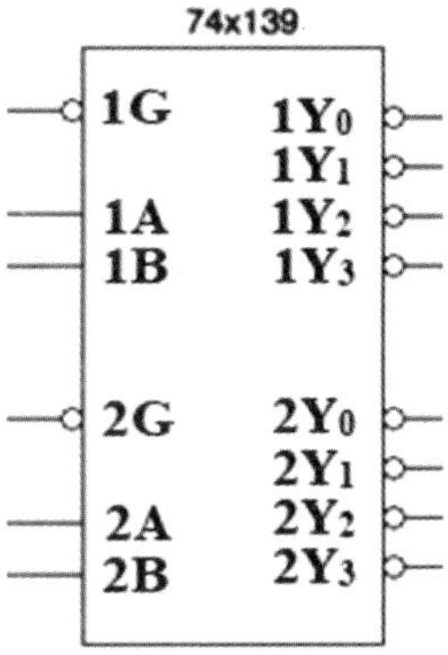

图6.3.1 74139逻辑符号

该器件内含2个独立的2位译码器。译码器对2位二进制输入译码，产生4位独热码输出。

输入数据的编码顺序为BA，B为高位，A为低位；输出数据采用低电平有效输出。

除了译码输入外，器件还设有控制端G，以低电平有效方式对输出进行控制；基本输出方程可以表现为$Y_i = m_i \cdot G'$；当G=0时，$Y_i = m_i$，产生全部最小项。

注意：由于采用低电平有效输出，集成块外部看到的是全部最大项输出。

例6.3.1 2位二进制译码器

解：如图6.3.2所示，作为译码器使用时，在G端口输入0，译码输入$BA = 10$

译码为独热码$Y_3Y_2Y_1Y_0$=0100，在输出端外部表现为1011。

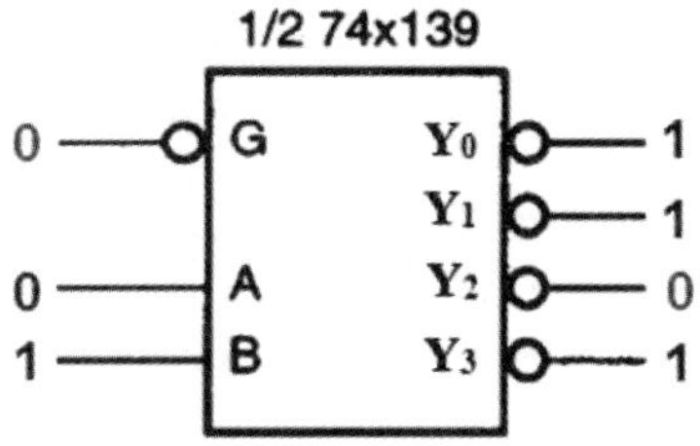

图6.3.2 2位二进制译码器

规模化设计：利用控制端进行数据输入，可以实现对译码器的扩展设计。

图6.3.3（a）表现了利用译码输入的最高位C对2位译码器的控制端进行互补控制，形成3位译码器的设计；图6.3.3（b）表现了在分别输入010和110时，形成的不

同输出的效果。

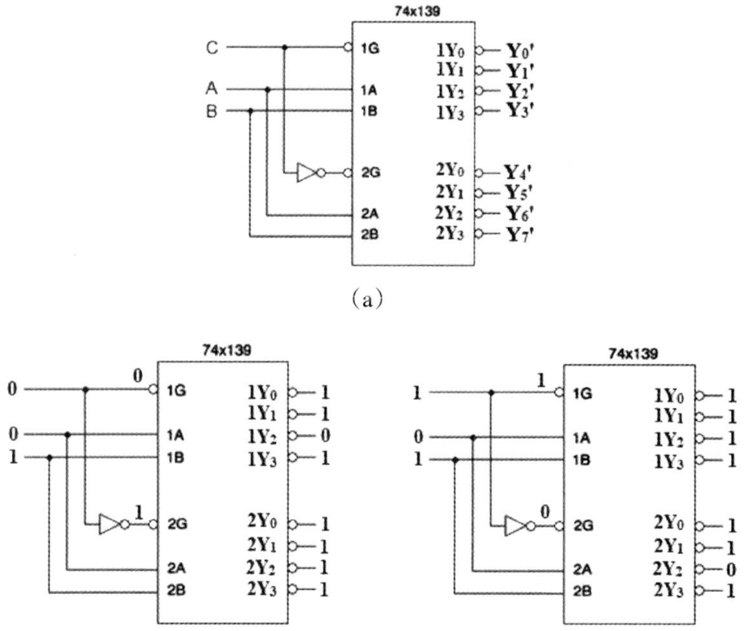

(a)

(b)　　(c)

图6.3.3　74139的规模化设计

采用上述方式将2位译码器扩展为3位译码器需要使用2片集成块，信号延迟也需要2个标准集成块的延迟时间，成本和速度都不能令人满意。在能够购买到3位集成二进制译码器时，通常不用74139进行扩展设计。

2. 74138——3位二进制译码器

74138为3位二进制译码器，其逻辑符号如6.3.4所示。

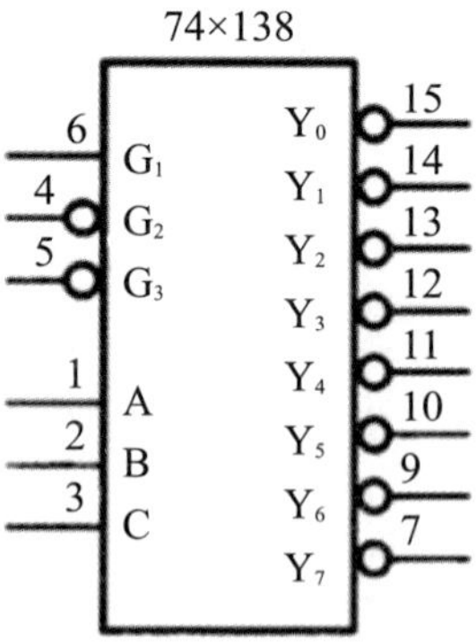

图6.3.4　74138的逻辑符号

该器件对3位二进制数据译码，产生8位独热码输出。输入数据的编码顺序为*CBA*，*C*为高位，*A*为低位；输出数据采用低电平有效输出。

除了译码输入外，器件还设有控制端G_1、G_2、G_2，这3个控制端口分别以高电平有效和低电平有效方式对输出进行控制，它们在内部通过与运算形成统一控制信号：$G = G_1 \cdot G_2' \cdot G_3'$，输出方程：$Y_i = m_i \cdot G_1 \cdot G_2' \cdot G_3'$。

在正常工作时，控制端设置为$G_1 \cdot G_2' \cdot G_3'=100$，此时$Y_i = m_i$，表现为输入数据的最小项，从集成块外部看到的则是最大项输出。

例6.3.2　对输入数据110进行译码

解： 首先设置74138的控制端有效，然后让74138对输入数据110进行译码，输出结果如图6.3.5所示。

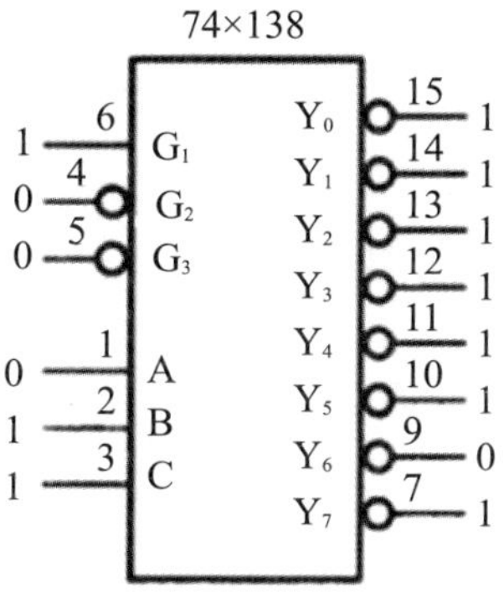

图6.3.5　对输入数据110进行译码

6.3.3　规模化设计

与74139类似，通过由控制端输入数据，可以实现译码器的扩展设计。

图6.3.6表现了利用译码输入的最高位X_3分别送入2块74138的互补控制端，实现4位译码器的设计。

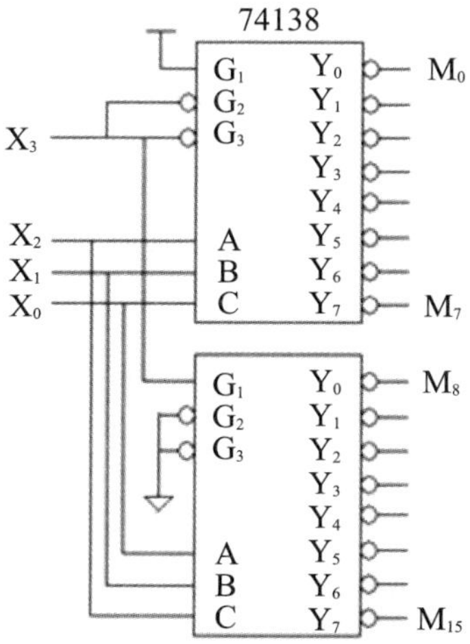

图6.3.6　74138的规模化设计

与74139的扩展设计对比，可以看到74138将使能端分解为高电平有效和低电平有效的不同使能端口的意义：扩展时对使能的互补控制不需要添加反相器就可以实现，而且成本和性能都能得到优化。

6.3.4　基于集成二进制译码器的组合优化设计

高电平有效输出的二进制译码器也可以称为最小项发生器，其输出包含了输入变量的全部最小项，而低电平有效输出的二进制译码器可以称为最大项发生器，其输出包含了输入变量的全部最大项。

使用SSI器件对这些最小项（最大项）进行选择组合，就可以构成组合逻辑的标准表达式。

考虑到或门资源短缺，在集成二进制译码器的设计时，采用了低电平有效输出的方式，将内部的最小项预先变为了NAND结构，于是外面的或门功能也就可以采用资源最多的NAND来实现，通过这种方式可以实现最小项和表达。

从集成块外部看，输出也可以看作是最大项，因此也可以采用AND器件对其进行选择组合，实现最大项积表达。

在使用集成二进制译码器进行组合设计时，逻辑变量通常从译码输入端输入，在输出端形成这些变量的最小项（最大项）。控制端通常连接固定电平以保障器件的正常工作。

由于二进制译码器的输出表达特点，在表达设计输出函数时通常采用最小项列表或最大项列表的方式进行表达。

以下通过设计示例对一些典型的设计方法进行说明。

例6.3.3　采用74138来实现例6.2.1的判断运算系统中需要的3个输出函数，对应的卡诺图如6.3.7所示。

X_1X_0 \ X_3X_2	00	01	11	10
00		1	d	1
01			d	1
11	1	1	d	d
10		1	d	d

Y_2

X_1X_0 \ X_3X_2	00	01	11	10
00			d	1
01	1	1	d	1
11			d	d
10	1		d	d

Y_1

X_1X_0 \ X_3X_2	00	01	11	10
00	1	1	d	
01		1	d	1
11		1	d	d
10	1		d	d

Y_0

图6.3.7　判断运算系统的卡诺图

方案1：采用最小项和表达

由于设计的输出函数具有4个输入变量，所以需要先用2片74138进行扩展连接，实现4位译码器；然后将3个输出函数表达为标准和的形式如下。

$$y_2 = \sum\nolimits_{X_3,X_2,X_1,X_0}(3,4,6,7,8,9)$$

$$y_1 = \sum\nolimits_{X_3,X_2,X_1,X_0}(1,2,5,8,9)$$

$$y_0 = \sum\nolimits_{X_3,X_2,X_1,X_0}(0,2,4,5,7,9)$$

选用相应的NAND集成块，对需要的最小项进行选取，电路设计如图6.3.8所示。

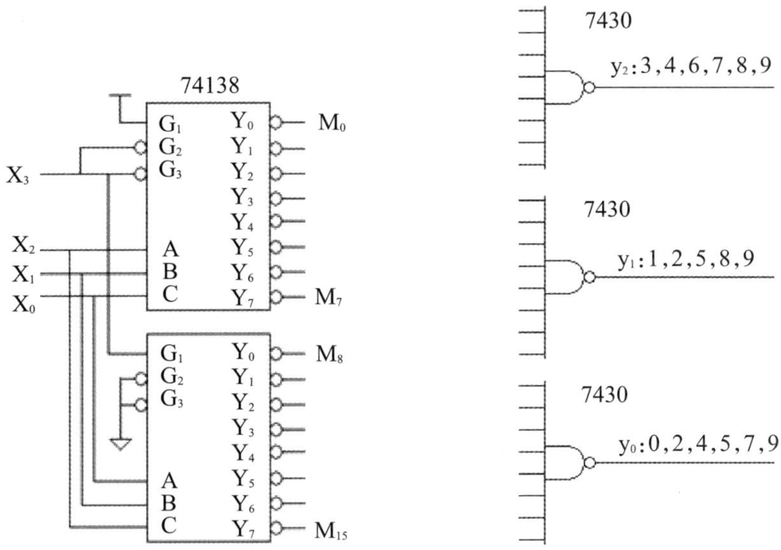

图6.3.8 方案1的逻辑电路图

在上述设计中，需要使用5片集成块，延迟时间为2。

方案2：采用最大项积表达

本例各输出函数的最大项积表达如下。

$$y_2 = \prod_{X_3,X_2,X_1,X_0}(0,1,2,5)$$

$$y_1 = \prod_{X_3,X_2,X_1,X_0}(0,3,4,6,7)$$

$$y_0 = \prod_{X_3,X_2,X_1,X_0}(1,3,6,8)$$

选用相应的AND集成块，对需要的最大项进行选取，电路设计如图6.3.9所示。

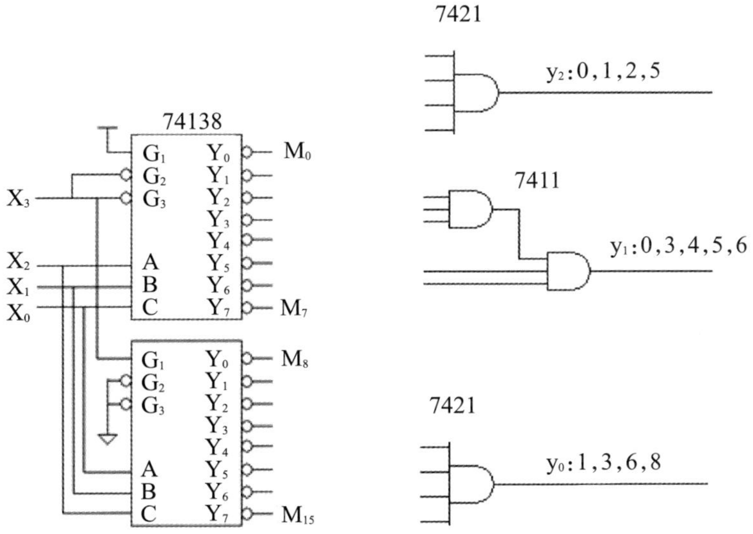

图6.3.9 方案2的逻辑电路图

在此设计中，y_2和y_0的输出可以使用1块7421，成本有所降低，但由于没有5输入以上的AND器件资源，y_1所需要的5输入AND只能采用1块7411中的2个AND3级联构成，表现为2级运算，延迟时间增加。

方案3：灵活采用最小项和最大项表达

对于y_2和y_0，采用最大项表达，利用AND器件进行选取；而对于y_1则采用最小项表达，利用NAND器件进行选取。电路设计如图6.3.10所示。

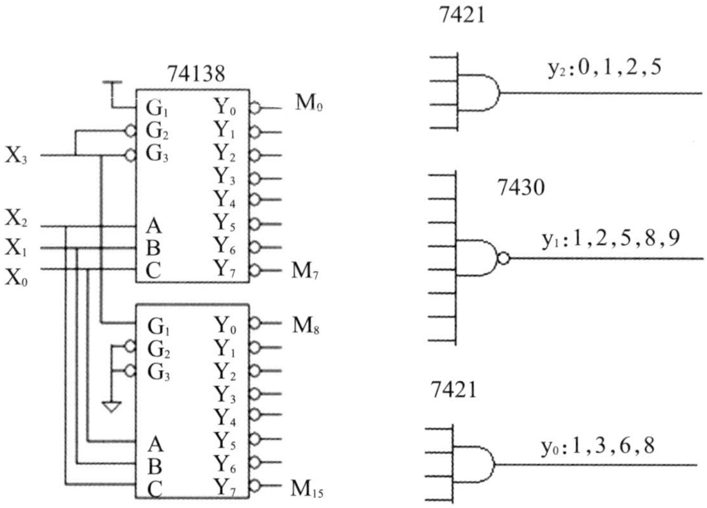

图6.3.10　方案3的逻辑电路图

本方案采用4块集成块，通过2级运算就可以实现输出，成本和延迟都得到了优化。

在采用集成译码器进行设计时，原则上有多少个独立变量就需要使用多少位的译码器；然而，若设计的组合逻辑中可以提取公共变量时，则可以将该公共变量作为使能控制量，从译码器使能端输入，这样就可以减小所需译码器的输入位数，使成本降低。

例6.3.4　给定5变量函数如下，采用集成译码器和最少集成块实现。

$$y=\sum\nolimits_{abcde}(4,5,12,13,20,28)$$

解：如果直接考虑5变量函数的实现，则需要使用5位译码器，5位译码器的实现需要使用5片集成块，形成2级运算；再考虑输出端SSI器件的需要，整个设计需要使用6块集成块，形成3级运算。

然而通过对各最小项进行分析，可以发现该函数中c和d'可以作为公共项提取；提取后表达式可以写为

$$y=c\cdot d'\cdot\sum\nolimits_{abe}(0,1,2,3,4,6)$$

将c和d分别通过不同使能端输入，则该设计可以利用2块集成块，通过2级运算实现，如图6.3.11所示。

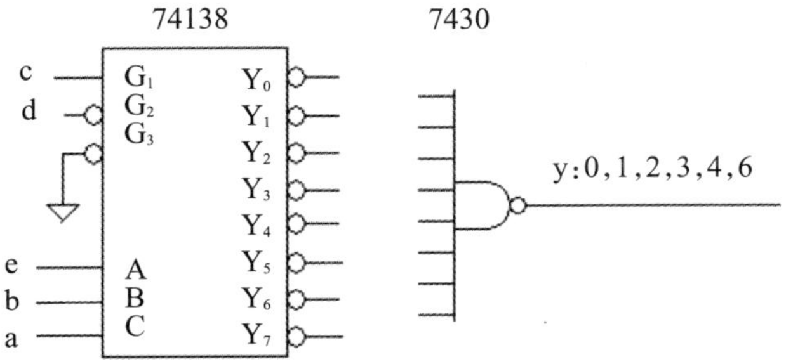

图6.3.11　5变量函数的实现

6.4　基于集成数据选择器的设计

6.4.1　数据选择器

数据选择器是采用译码器控制与门阵列形成的一种器件，在数字系统中经常使用这种器件对数据传输进行总线复用设计。典型的数据选择器电路如图6.4.1所示。

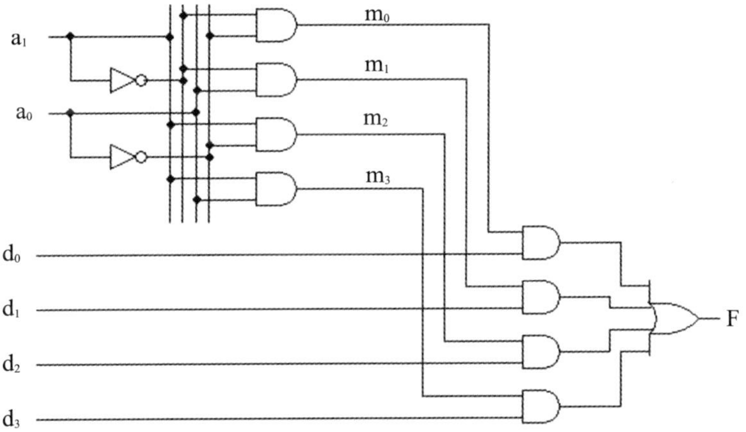

图6.4.1　数据选择器的逻辑电路

在上述电路中，多路数据直接送入受译码器控制的与门阵列，每个与门控制1路数据，选择结果通过或门汇总进行输出。该电路的输出方程可以表达为

$$F=\sum m_{\mathrm{i}}\cdot d_{\mathrm{i}}$$

数据选择器从多路数据中选择1路，实现总线复用，所以又常称为“多路器”“复用器”。这种器件的逻辑符号通常有2种表达形式：一种是标准的矩形表达，输入在左，输出在右；而另一种则采用旋转90°的梯形表达，其长边在左，接纳数据输入，短边在右，进行输出，而选择地址的输入则从上下的斜边进入。如图6.4.2所示为数据选择器的2种表达形式。

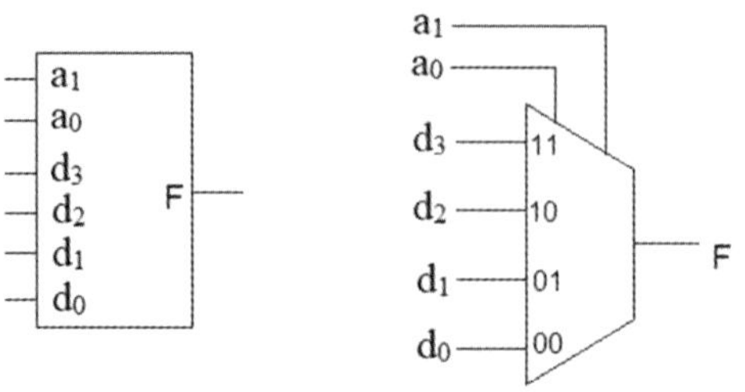

图6.4.2　数据选择器的2种表达形式

从输出方程考虑，利用数据选择器进行数据选择时，是利用选择输入的最小项与输入数据相乘，由于任何时刻最小项中只有1项为1，其余都为0，所以输出可以表现为选中的输入数据。

然而，在输出方程中，毕竟其含义是选择输入的全部最小项，如果换一个理解思路，采用数据端口输入1和0，就会在方程中形成对最小项的选择，将部分最小项选择出来，形成最小项和的逻辑表达式。由于组合逻辑总可以采用最小项和表达，也就一定可以采用数据选择器实现。

6.4.2　集成数据选择器

典型的集成数据选择器有74151和74153，其逻辑符号如图6.4.3所示。

集成数据选择器的输入端可以分为3种类型。

（1）使能控制端：对输出进行总体控制，在输出方程中以公共变量形式出现。

（2）选择地址端：对输入数据进行选择，在输出方程中以最小项形式出现。

前2种输入都可以看作是针对内部译码器的输入。

（3）数据输入端：这种输入直接连接到与门阵列，被最小项选择，或者对最小项选择。

74151为8选1数据选择器，具有低电平有效的使能端，可以同时提供原函数输出和反函数输出。

74153为2位4选1数据选择器，可以对输入的4个2位数据进行选择，形成2位输出。也可以将其看作2个使能端独立的1位4选1器件，受到公共的选择输入控制。

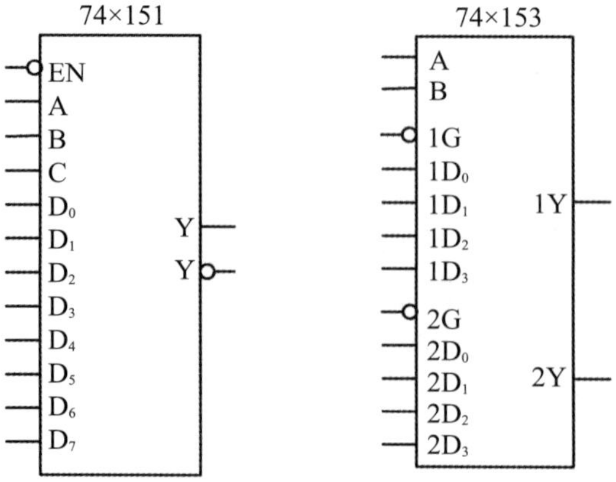

图6.4.3　74151和74153的逻辑符号

数据选择器也可以采用在其控制端输入选择变量进行扩展，得到更大规模的选择器，例如由8选1扩展到16选1，如图6.4.4所示。

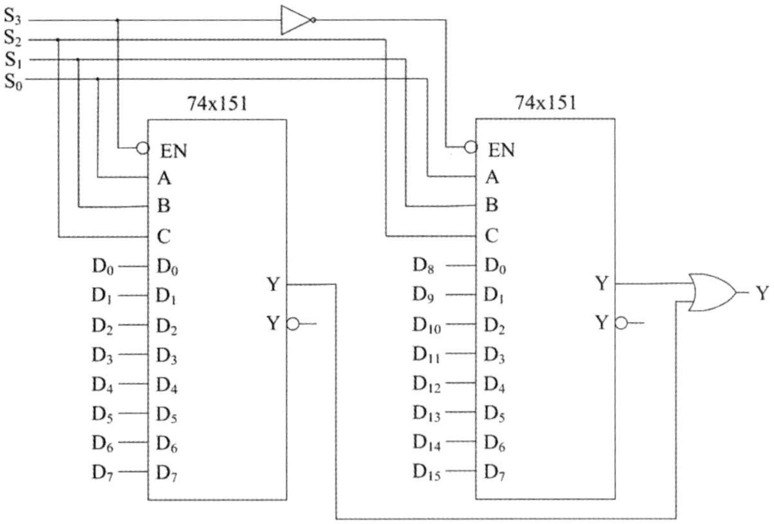

图6.4.4　74151的规模化设计

在扩展时，输入使用最高位反相控制高段数据和低段数据的选择器，而输出则采用或门进行汇总。

然而，这种扩展付出的代价是很大的：集成块数量（成本）大幅度增加（4片集成块），而延迟时间也大幅度增加（3个标准延迟）。因此，在使用数据选择器进行设计时，应该尽量避免这种扩展设计。

6.4.3　基于集成数据选择器的组合设计

使用集成数据选择器进行组合逻辑设计时，通常先将集成器件的输出方程转化为标准卡诺图的形式，如图6.4.5所示。

$$74153：Y=\sum_{B,A} m_i \cdot D_i \cdot G' \qquad 74151：Y=\sum_{C,B,A} m_i \cdot D_i \cdot EN'$$

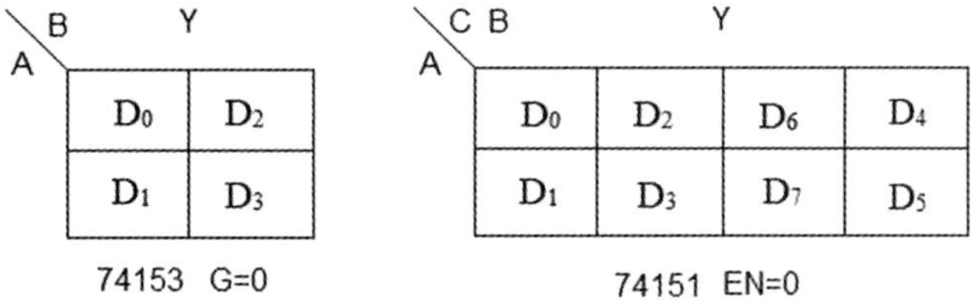

图6.4.5　数据选择器的标准卡诺图

在标准卡诺图中，每个符号表达集成块的一个输入/输出端口。其次，再将自行设计的组合逻辑表达为同样变量数的卡诺图，该卡诺图的每个符号表达输入/输出的变量及状态。然后，将自行设计的逻辑卡诺图与标准卡诺图对比，就可以得到集成块每个端口应该连接的信号或设置的状态了。

以下通过设计实例表现常用的设计方法。

例6.4.1 使用74151完成3位多数表决器设计

$$F=\sum\nolimits_{X,Y,Z}(3,5,6,7)$$

解：对应卡诺图对比和器件连接图如图6.4.6所示。

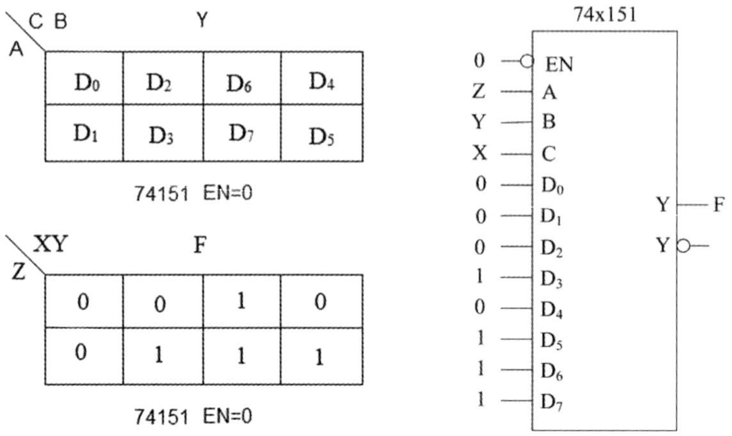

图6.4.6 3位多数表决器设计

例6.4.2 使用74151实现例6.2.1的判断运算系统中的y_2输出

先将y_2采用最小项和表达

$$y_2=\sum\nolimits_{X_3,X_2,X_1,X_0}(3,4,6,7,8,9)$$

该函数为4变量函数，可以将74151扩展到16选1，然后进行设计，但这样设计的效果很差：使用集成块数量多，延迟时间长。

为了将设计限制在1片74151范围内，可以采用多种方式进行设计，设计方案如下。

方案1：通过提取变量对表达式进行分解：

$$y_2=X_3'\cdot\sum\nolimits_{X_2,X_1,X_0}(3,4,6,7)+X_3\cdot\sum\nolimits_{X_2,X_1,X_0}(0,1)$$

由此可以得到如图6.4.7所示的卡诺图表达和器件连接方式。

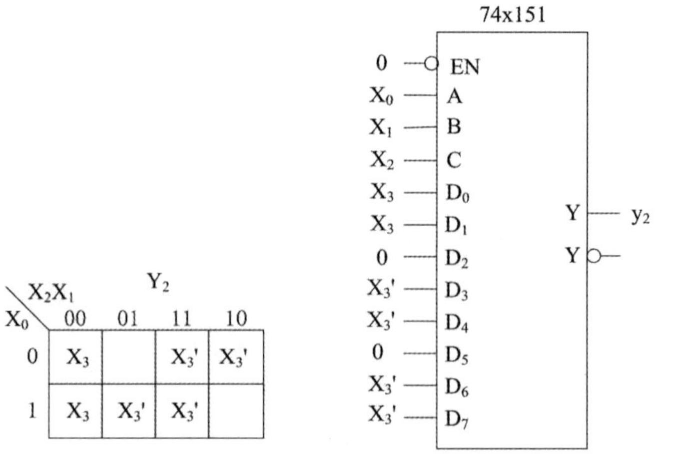

图6.4.7 方案1的卡诺图和逻辑图

在该方案中，由于需要连接反变量，而反变量的形成需要使用一个反相器，所以总成本为2，延迟时间为2。

方案2：将无关项加入，消除反变量

在原始设计中，输入为BCD8421码，因此存在无关项：

$$y_2 = \sum\nolimits_{X_3,X_2,X_1,X_0}(3,4,6,7,8,9) + d(10,11,12,13,14,15)$$

将无关项添加进来，并进行同样的变量提取，可以得到以下结果：

$$y_2 = X_3' \cdot \sum\nolimits_{X_2,X_1,X_0}(3,4,6,7) + X_3 \cdot \sum\nolimits_{X_2,X_1,X_0}(0,1) + X_3 \cdot d(2,3,4,5,6,7)$$

上述表达式表明，在卡诺图中2，3，4，5，6，7等位置可以任意加入变量x_3。

利用这一性质，在方案1的基础上，对原来反变量存在的位置加入正变量，就可以消除反变量的使用，从而在设计中使用单片74151完成设计，成本和速度都明显改善，如图6.4.8所示。

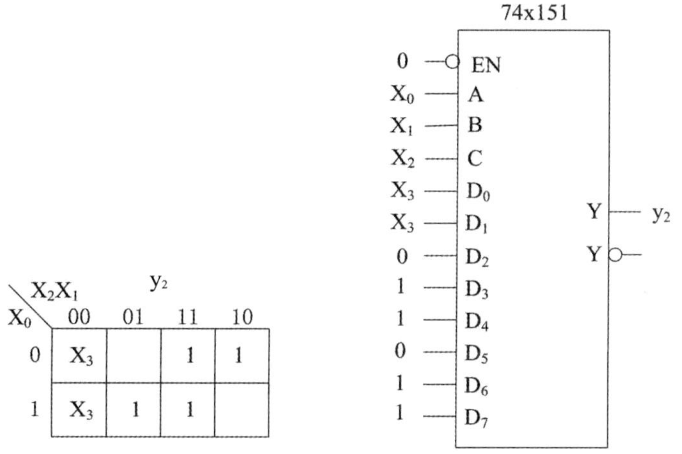

图6.4.8　方案2的卡诺图和逻辑图

方案3：先利用卡诺图进行化简，然后再进行变量提取，使每个输出都实现单片设计。方案2的设计的关键在于能够消除反变量；然而在具体设计中，这种条件并不一定对每个变量都能成立的，因此，选择什么变量进行提取往往成为设计的关键。

为了能够方便地分辨什么变量提取能够避免反变量的出现，可以先利用卡诺图对逻辑进行化简，写出最小和或者最小积的形式，然后从中寻找只出现正变量的变量进行提取，以其余变量构成卡诺图，则可以方便地避免反变量的出现。

对于本题，可以列出各输出的最小和如下：

$$y_2 = x_3 + x_1 \cdot x_0 + x_2 \cdot x_0'$$

$$y_1 = x_3 + x_1' \cdot x_0 + x_2' \cdot x_1 \cdot x_0'$$

$$y_0 = x_3' \cdot x_2' \cdot x_0' + x_2 \cdot x_1' + x_2 \cdot x_0 + x_3 \cdot x_0$$

从这些最小和表达可以看出，对于y_2，提取变量x_3、x_2、x_1都可以；对于y_1，则只能提取变量x_3；对于y_0，无论提取哪个变量都无法避免反变量的出现。

考虑到74151还可以采用反函数输出，可以通过卡诺图对y_0反函数化简，得到最小和形式表达如下：

$$y_0' = x_3' \cdot x_2' \cdot x_0 + x_2 \cdot x_1 \cdot x_0' + x_3 \cdot x_0'$$

由该表达式可以看到，提取变量x_1可以避免反变量的出现。

通过变量提取，可以建立相应的卡诺图如图6.4.9所示，从而对每个输出都实现单片设计。

Y_2

X_0 \ X_2X_1	00	01	11	10
0	X_3	X_3	1	1
1	X_3	1	1	X_3

Y_1

X_0 \ X_2X_1	00	01	11	10
0	X_3	1	X_3	X_3
1	1	X_3	X_3	1

Y_0'

X_0 \ X_3X_2	00	01	11	10
0		X_1	1	1
1	1			

图6.4.9　方案3的卡诺图

该设计中，y_2和y_1从相应集成块的高电平有效输出端输出，而y_0从相应集成块的低电平有效输出端输出。

方案4：提取作为公共项的反变量，从使能端输入

由于上述y_2表达式没有公共反变量，因此考虑利用卡诺图对y_2的反函数写出最小和，可以得到：

$$y_2' = x_3' \cdot x_2' \cdot x_0' + x_3' \cdot x_1' \cdot x_0' = x_3' \cdot \sum\nolimits_{x_2,x_1,x_0}(0,2,4)$$

该表达式中，x_3'可以作为公共反变量提取，由控制端输入，实现的设计如图6.4.10所示。

y_2'

X_0 \ X_2X_1	00	01	11	10
0	1	1		
1	1			1

X_3'

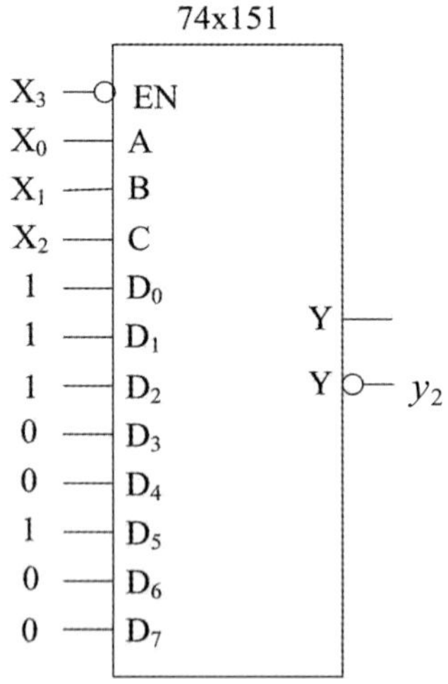

图6.4.10　方案4的卡诺图和逻辑图

通过上面的讨论，可以看出采用集成数据选择器的设计特点。在设计中，应根据具体设计的逻辑函数特点，通过对原函数或者反函数的最小和、最小积的分析，实现正变量的提取或公共反变量的提取，从而实现单片设计。

与使用集成二进制译码器进行组合设计相比，使用集成数据选择器进行组合设计时，不需要额外添加集成块就能完成设计；在进行单输出的设计中，这种方法具有优势，可以实现单级运算。但进行多输出的设计时，集成数据选择器的内部单元无法共享。

而采用集成译码器设计时，即使单输出设计也至少需要2片集成块，无法实现单片设计，一定表现为多级运算。但进行多输出设计时，译码器产生的最小项可以共享，而与非门的集成块也可以提供多个输出，其总体集成块用量可能少于采用集成数据选择器。所以，在实际应用中，应该根据对成本和速度的要求进行不同设计方案的分析选择。

6.5 其他功能集成器件简介

1. 74148（8位—3位优先编码器）

74148的特点是输入/输出均为低电平有效，对输入的最高有效位进行编码输出，具有低电平有效的使能控制。

74148的简化真值表见表6.5.1，下面对其输入/输出的状态进行分析。

表6.5.1 74148的简化真值表

Inputs									Outputs				
$/EI$	$/I_0$	$/I_1$	$/I_2$	$/I_3$	$/I_4$	$/I_5$	$/I_6$	$/I_7$	$/A_2$	$/A_1$	$/A_0$	$/GS$	$/EO$
1	x	x	x	x	x	x	x	x	1	1	1	1	1
0	x	x	x	x	x	x	x	0	0	0	0	0	1
0	x	x	x	x	x	x	0	1	0	0	1	0	1
0	x	x	x	x	x	0	1	1	0	1	0	0	1
0	x	x	x	x	0	1	1	1	0	1	1	0	1
0	x	x	x	0	1	1	1	1	1	0	0	0	1
0	x	x	0	1	1	1	1	1	1	0	1	0	1
0	x	0	1	1	1	1	1	1	1	1	0	0	1
0	0	1	1	1	1	1	1	1	1	1	1	0	1
0	1	1	1	1	1	1	1	1	1	1	1	1	0

编码输出：根据最高的0出现位置进行低电平有效的编码。

例如：当I_7出现0时，编码000；

当I_7为1，而I_6为0时，编码001；

对最高位0以下的变量位，都可以视为无关项。

状态输出：EO/GS当使能无效时，二者都无效；

当使能有效时，二者输出相反；

有效条件：GS为有有效输入，EO为没有有效输入。

如图6.5.1所示，74148可进行规模扩展：

数字电路设计简明教程 SHUZI DIANLU SHEJI JIANMING JIAOCHENG

高位使能有效，低位使能由高位*EO*控制。高位*GS*提供最高位编码输出，其余输出位由低位汇总构成。采用与非门汇总形成高电平有效的输出，也可以采用与门汇总形成低电平有效的输出。

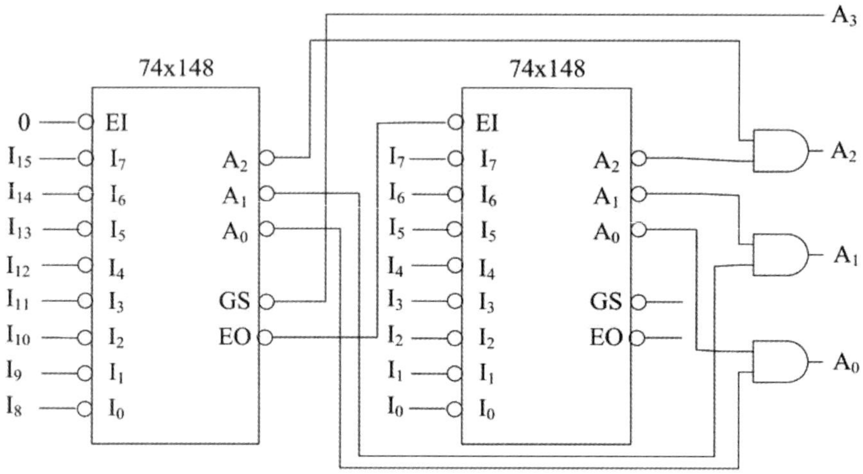

图6.5.1　74148的规模化设计

2. 7449（7段译码器）

7段译码器如图6.5.2（a）所示，输入编码顺序是$A_3A_2A_1A_0$，采用低电平使能，不需要进行扩展设计，专门用于驱动7段发光数码管，数码管如图6.5.2（b）所示。

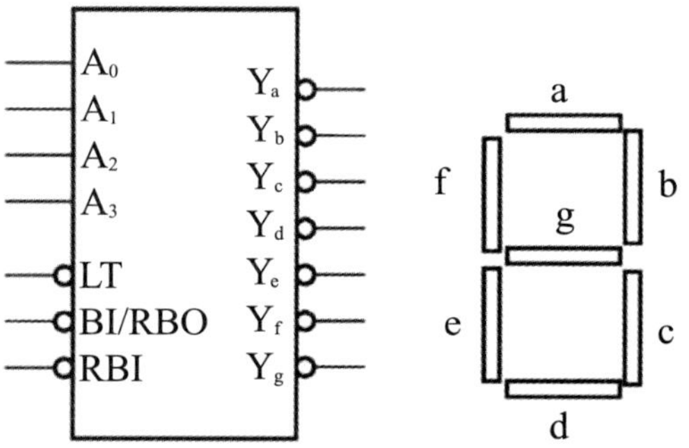

（a）　　（b）

图6.5.2　7段译码器和数码管

3. 74541、74245（单、双向8位总线控制器）

74541是单向8位总线控制器，如图6.5.3（a）所示；74245是双向8位总线控制器，如图6.5.3（b）所示。

这些总线控制器的特点是：

（1）带有施密特输入处理：抗干扰、整形；

（2）利用三态器件，控制信号的单向或双向传输；

（3）可以进行并行扩展，不允许串接使用。

并行扩展时需要注意：

（1）在实际使用时，此类器件的输出端上，一定连接有多个同类器件；

（2）在任意时刻，所有输出连接到一根总线上的这类器件中，一定有一个器件保持接通状态，以保障该总线具有确定状态，也只能有一个器件保持接通状态，以避免多重驱动导致的电平冲突。

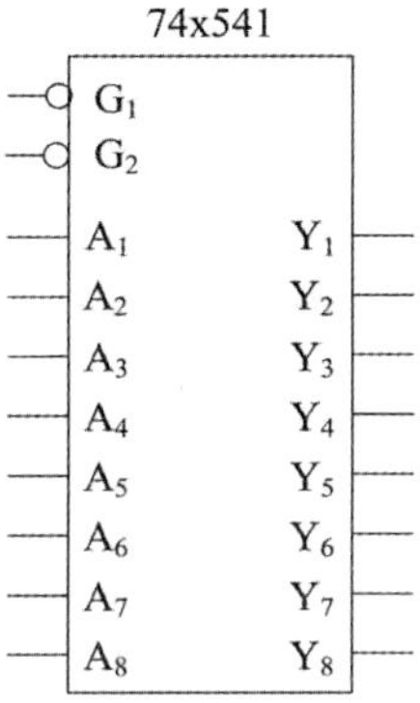

（a）

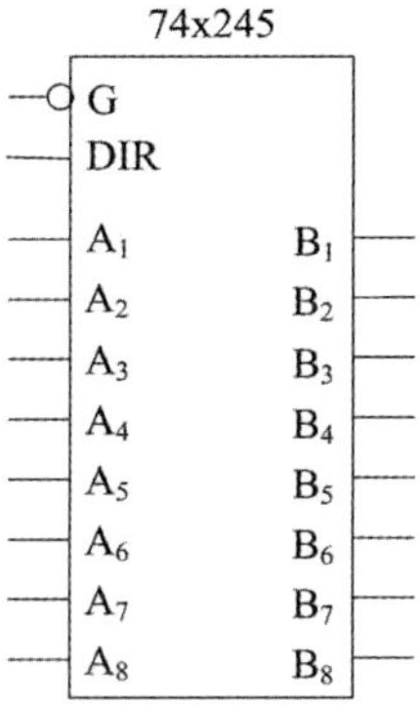

（b）

图6.5.3　8位总线控制器

4. 74280（9位奇偶校验器）

74280的逻辑符号如图6.5.4所示，该器件的功能是检验9个输入中1的个数是否为奇数或偶数，具有2个输出，该2个输出互为反相。

该器件可以进行多位扩展，只需要将其*ODD*输出接入下一级的输入端即可（不可以通过*EVEN*输出进行级联）。

当其存在未使用输入端时，一定要接0。

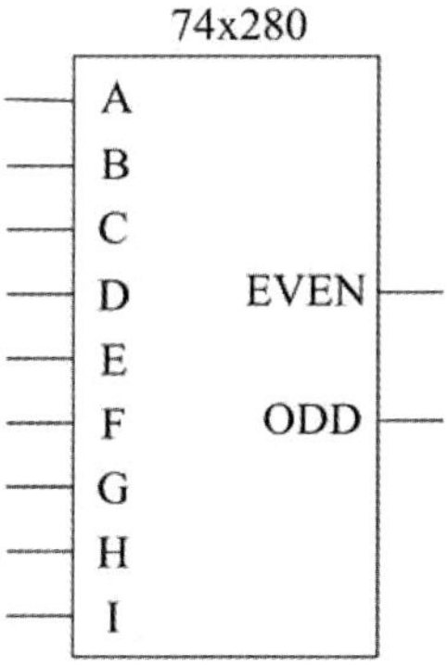

图6.5.4　9位奇偶校验器

5. 7485（4位可扩展数值比较器）

如图6.5.5所示是4位数值比较器的逻辑符号，7485的功能是将2个4位二进制数进行比较，具有低位比较结果的输入接收端，可以通过级联扩展；当2个数不等时，直接给出大于或小于的结果；当2个数相等时，则直接转用低位比较的结果。

需要注意：若多个7485级联使用时，则最低块的低位输入应该设置为相等；不完全使用时，应该将未使用的输入置0：保持低位相等。

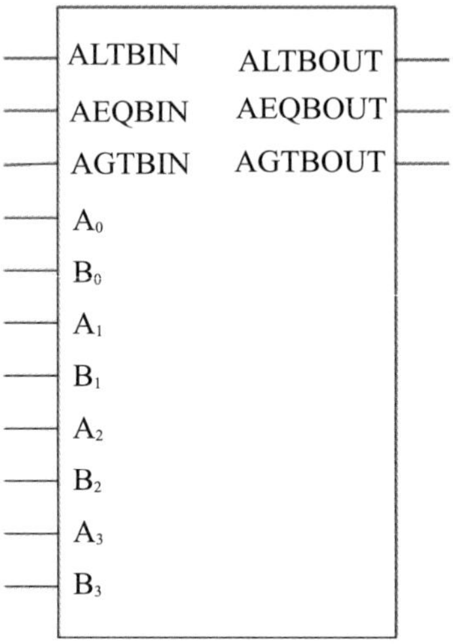

图6.5.5　4位数值比较器

6. 74283（4位可扩展串行加法器）

如图6.5.6所示是4位加法器的逻辑符号图，该器件具有最低位进位输入端和最高位进位输出端，可以进行扩展应用。

其主要用途是：

（1）应用于各种采用无符号数加法或补码加法的场合；

（2）配合原码-反码转换电路进行无符号数加法 / 减法运算；

（3）通过加上常数“0011”实现BCD8421码—余3码的转换。

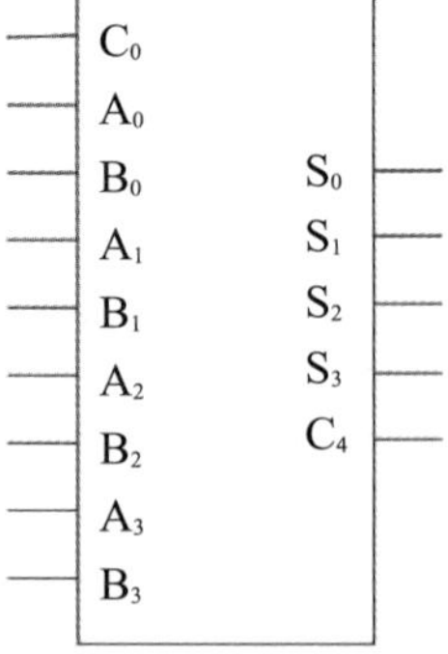

图6.5.6　4位加法器

除了集成二进制译码器和集成数据选择器外，大多数其余的功能性集成块用途都相对比较专一化，难以用于一般组合逻辑的设计，但其特点通常也是译码器或数据选择器难以替代的：例如这些集成块大多数都是多输入多输出器件，而译码器输入有限，数据选择器输出太少，无法使用单片集成块取代其他集成块的功能。所以，在采用中小规模集成块设计时，应该尽可能根据设计的特点，采用功能相近的集成块进行设计，才可能得到成本和速度上的优势。

6.6　基于集成半导体存储器的设计

通过前面的分析可以看到，采用译码器或者数据选择器的集成块可以帮助实现一般的组合设计。但是由于其输入或输出的数量有限，在完成多输入多输出设计时，采用的集成块数量就会大大增加，降低了其成本和速度方面的设计优势。

采用二进制存储器或数据选择器进行组合设计，其设计基础是最小项的产生和利用。集成二进制译码器直接将所有最小项进行输出，通过外部SSI器件进行选择。组合函数的变量从数据输入端进入。输入端数量与输出端数量保持指数关系，输入每增加1位，输出端数量就需要增加1倍。外部的SSI器件也需要随之增加。这使得规模化设计中，更大规模译码器的设计和应用出现困难。

集成数据选择器则是将二进制译码器以及对最小项进行选择的后端部件都集成到了一起，形成同一输出，解决了变量增加输出增加的问题。但对最小项的选择则是通过其数据输入端的状态来完成。对每个最小项都需要从外部输入选择状态。用作组合设计时，逻辑变量从选择端口进入。选择端口每增加1位，数据输入端口增加1倍。这样的器件同样面临规模化设计的困难。

组合设计时，数据输入端发挥的作用无非是1或0的设置，如果将这些输入端口表达的控制量设置集中到集成块内部，则可以将庞大的最小项生成和选择问题通过芯片内部集成解决，而外部只保留真正的变量输入端口和函数输出端口，实现更大规模的设计。

采用集成块内部的存储单元来实现上述控制量设置，就成为大规模集成设计（LSI设计）的一种自然想法。

6.6.1　半导体存储器基本结构

半导体存储器的基本结构示意图如图6.6.1所示。从电路结构分析，半导体存储器主要由三部分构成：

（1）地址译码器：接收地址输入，产生对于存储单元的控制（字线）。

（2）存储阵列：由基本存储单元构成阵列，实现对二进制信息（状态）的存储。

（3）数据端口控制：通常由三态门进行总线控制，控制数据的存入或读出。

考虑到存储器地址输入端数量n、数据端数量m和内部存储容量的关系，存储器容量通常表达为$2^n \times m$。例如：具有12个地址输入和8位数据端口的存储器，其容量为$4k \times 8$。

在分析存储器的内部控制机制时，经常使用字线和位线的概念。

字线：译码器的输出，实现存储单元与进出通道的连接控制。

位线：存储单元的信号连接通道，对经过同一个端口的存储单元信号进行汇总。

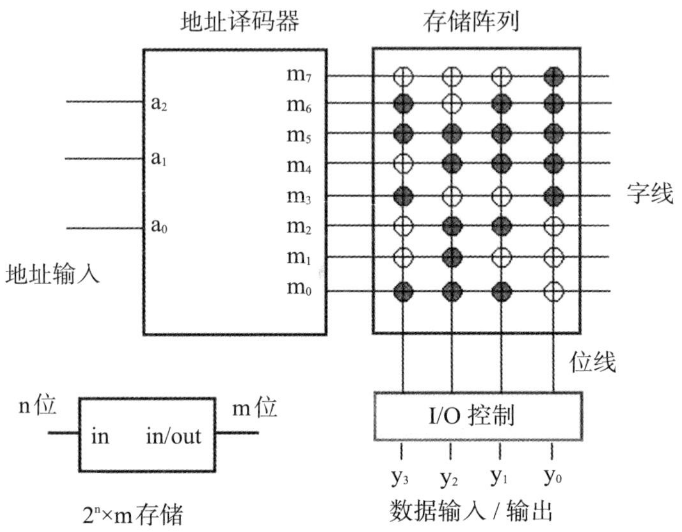

图6.6.1　半导体存储器的基本结构示意图

在存储阵列的表达中，可以将字线表达为行，位线表达为列。字线与位线的每个交叉点就是一个存储单元，存放1位二进制信息（状态）。

6.6.2　存储机理的基本分类特点

根据存储单元形成结构和存储原理的不同，可以将半导体存储器分为只读存储器ROM和随机访问存储器RAM两类，如图6.6.2所示。

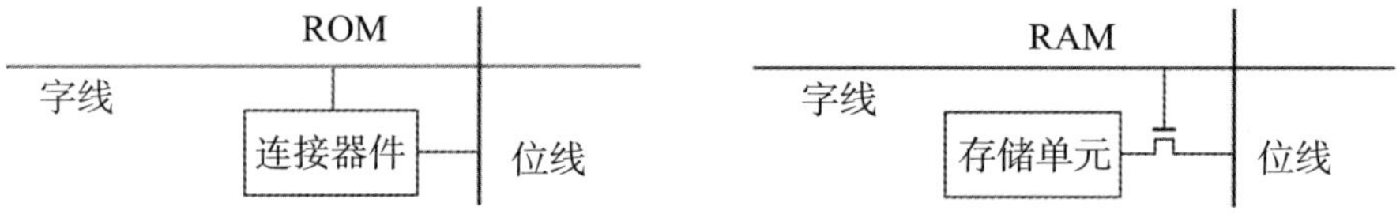

图6.6.2　半导体存储器的分类

1. 只读存储器ROM

ROM的存储机理是利用字线和位线交叉点的电路连接结构表现存储关系，使用这种电路连接结构可以通过字线电平影响位线电平。

ROM的具体存储方式表现为：如果字线信息能够传递到位线，则表达存储1，否则就是存储0。

一旦电路连接结构建立，存储内容就固定下来，即使断电也不会影响存储内容的保存。

如果需要改变存储内容，就意味着需要改变电路连接结构。

2. 随机访问存储器RAM

RAM在每个交叉点设置电平存储器（锁存器、电容），这些存储器本身能够独立存储电平状态1或0。

每个存储器具有连接位线的通道，可以通过这种通道进行存储数据的读写。这种通道的通断状态受字线状态的控制。

信息稳定存在于各存储器中，存储内容改变与电路结构没有关系。存储信息不能断电保存。

6.6.3　ROM的分类结构

1. 掩膜ROM

如图6.6.3所示是掩膜ROM的存储结构示意图，它通过二极管或三极管建立字线到位线的信息连接。交叉点设置器件连接表达存储1，没有器件连接的交叉点则是存储0。

由于存储单元结构简单，可以实现高度集成。器件在生产时其存储内容已经固定，使用过程中存储内容不可改写。

掩膜ROM采用输出驱动非对称的开路门结构进行各存储单元的输出连接。输出端口需要设置缓冲以便使输出电平理想化。

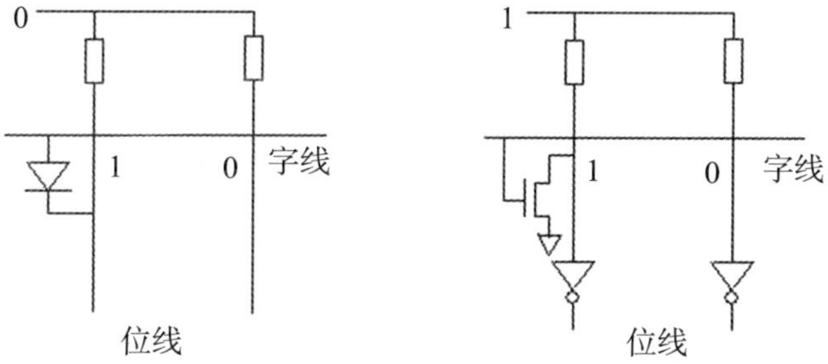

图6.6.3　掩膜ROM的存储结构示意图

2. 可编程ROM（PROM）

如图6.6.4所示是可编程ROM（PROM）的存储结构示意图，此类器件在每个交叉点设置带熔丝的连接器件。

商用器件在未使用时，每个存储点上全部存储1。用户可以通过特殊的编程器，熔断存储单元器件上的熔丝，使该单元存储信息变为0。这种信息改变的操作称为编程，此类器件也被称为可编程器件。

编写过程不可逆，一旦写错，该单元就只能废止。

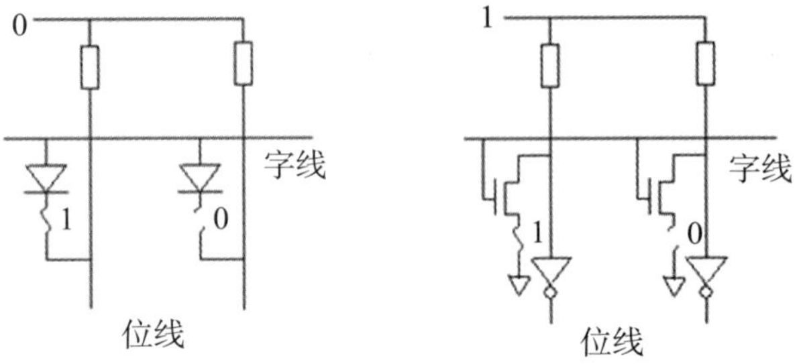

图6.6.4　可编程ROM（PROM）的存储结构示意图

3. 可擦写PROM（EPROM）

如图6.6.5所示是可擦写PROM（EPROM）的存储结构示意图，此类器件在每个交叉点设置带有浮栅结构的连接器件。

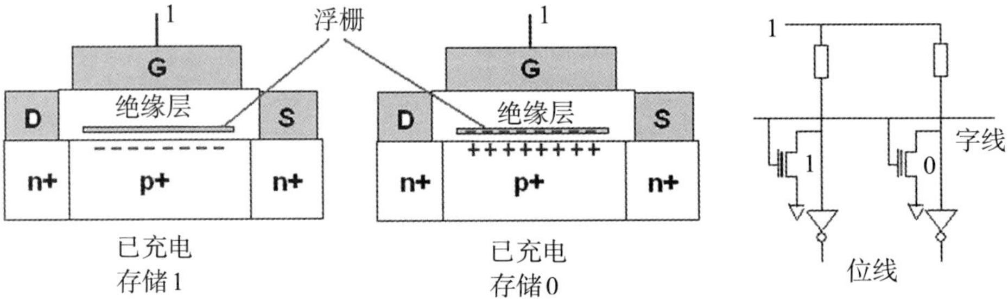

图6.6.5　可擦写PROM（EPROM）的存储结构示意图

如图6.6.6所示是浮栅结构示意图，它是在MOS晶体管栅极下面的绝缘层中，制作非常薄的一层导电层。浮栅封闭于绝缘层中，非常靠近下面的半导体层。

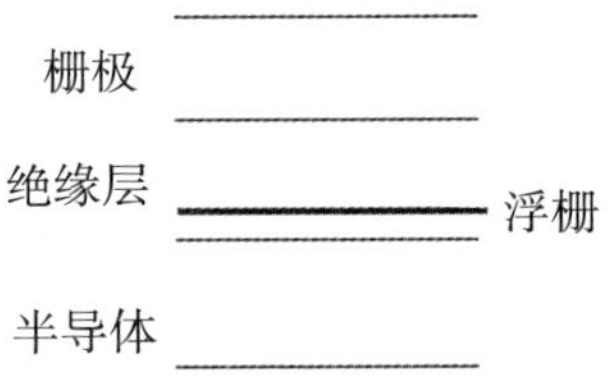

图6.6.6　浮栅的结构示意图

商用器件未使用时，浮栅上不带电荷，不影响连接器件的使用。此时每个存储单元上全部存储1。

在用户编程时，可以在栅极和半导体之间加上强电场。由于浮栅与半导体间的绝缘层非常薄，这种强电场可以使该层发生电击穿，导致与栅电荷相反的电荷到达浮栅上积累。

强电场取消后，这些电荷滞留于浮栅上，阻隔栅极对半导体的影响，使器件失去连接功能。由此实现在该存储点写0，该过程通常称为写入。

对于写入0的浮栅单元，可以通过施加反向强电场使其上的电荷回到半导体中，恢复初始状态，从而在该单元恢复1。此过程称为擦除。这种器件由此被称为可擦写ROM。

6.6.4 RAM的分类结构

1. 静态RAM（SRAM）

如图6.6.7所示是静态RAM（SRAM）的存储结构示意图，此类器件在每个存储点采用各类锁存器存储信息。这些锁存器利用电路中的反馈环进行信息存储。存储的信息标准可靠，信息读写速度快。但其存储单元结构较复杂，成本较高。通常用于小规模的高速缓存器件。

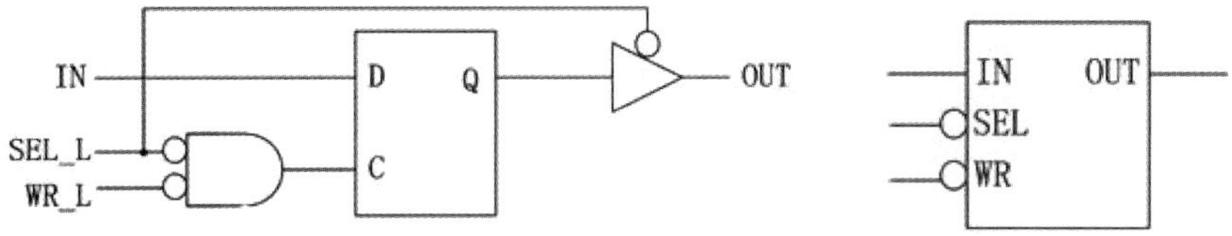

图6.6.7 静态RAM（SRAM）的存储结构示意图

2. 动态RAM（DRAM）

如图6.6.8所示是动态RAM（DRAM）的存储结构示意图，此类器件在每个存储点采用电容存储信息。由于存储单元结构简单，可以实现极高的集成度。但其存储电平信号微弱，随时间衰减，受到读出影响（破坏性读出）。

为了保障存储信息的可靠性，需要设置刷新电路，对存储单元中的信息保持定时刷新：读出重写。此外，对微弱的输出信号，需要设置放大电路，保障对外输出电平的标准化。

由于动态RAM的内部电容总量较大，读写速度较慢，通常用于大规模内存器件。

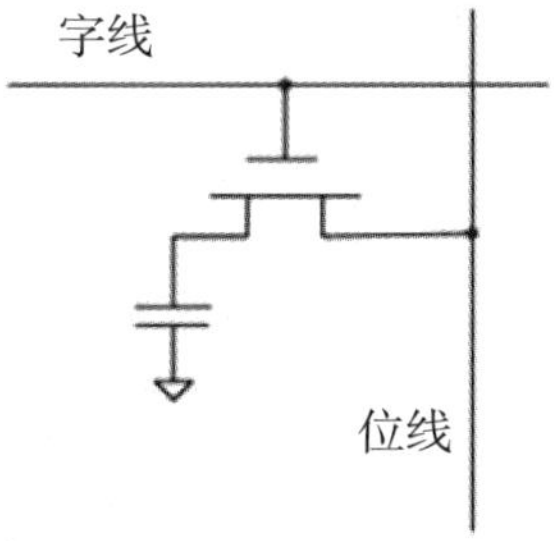

图6.6.8 动态RAM（DRAM）的存储结构示意图

6.6.5 集成ROM和RAM

根据存储容量的不同，半导体存储器的集成块属于大规模集成（LSI）或超大规模集成（VLSI）的范畴。此类集成块具有众多的类型可供选择。如图6.6.9所示是几种集成ROM，如图6.6.10所示是几种集成RAM。

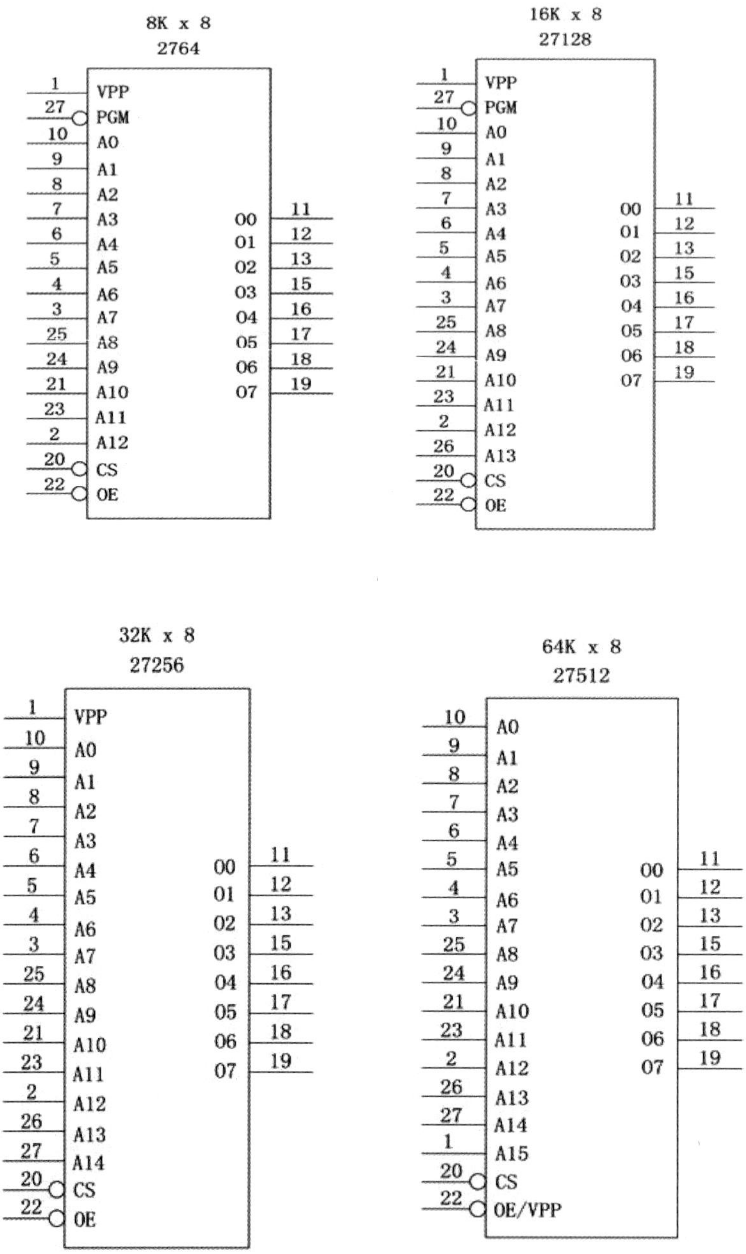

图6.6.9　几种集成ROM

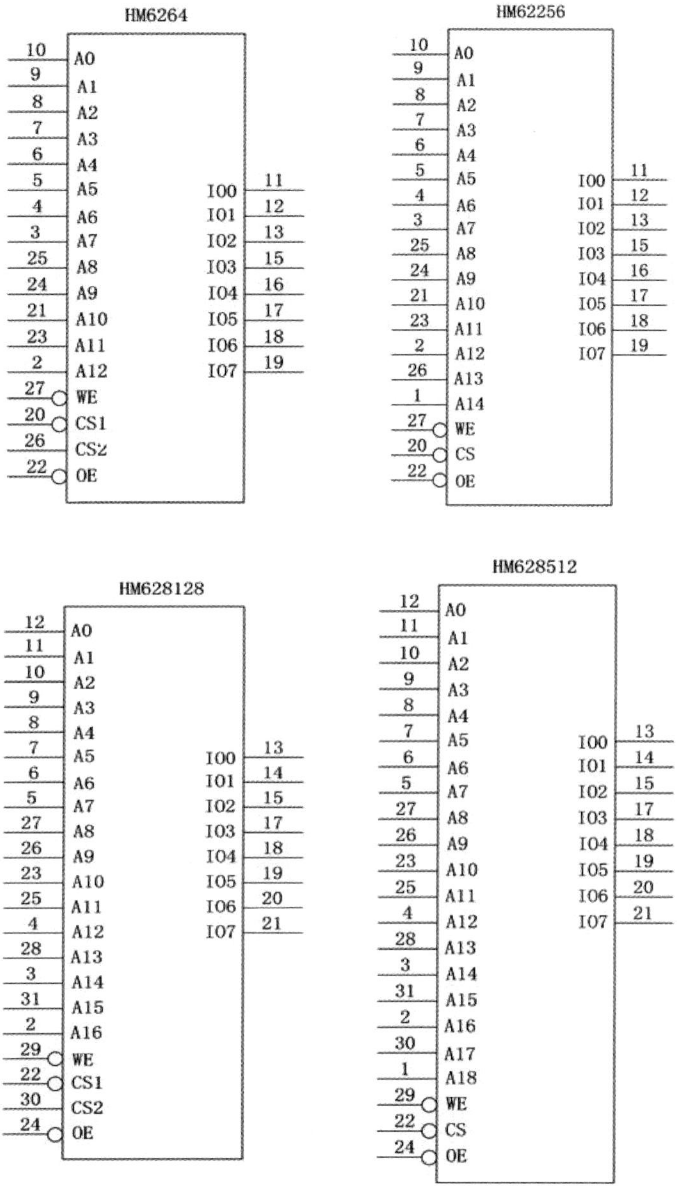

图6.6.10　几种集成RAM

此类集成块的外部端口通常分为以下3类：

（1）数据端口

该类端口为存储数据的进出通道，内部连接存储阵列的位线。在写入时，该类端口表现为输入端口；在读出时，该类端口表现为输出端口。这种端口通常由三态器件进行控制。目前，多数商用集成块的数据端口为8位。

（2）地址输入端口

该输入进入地址译码器，实现对存储单元阵列中字线的控制。该端口的位数决定了存储器的容量（字数）：地址位数每增加1位，存储字增加1倍。

（3）控制输入 / 输出端口

主要有3种控制输入端。

CS：输入地址使能，对地址译码器使能。

OE：输出使能，控制输出的三态器件，隔绝内外通道。

WE：对读写功能进行控制，决定数据端口的数据流向。

6.6.6　存储器基础块的规模扩展

作为功能性集成块，可以将任何集成存储器看作存储器的基本单元。当需要使用更大规模的存储器时，可以利用已有的集成块进行扩展。

扩展的方式可以分为字扩展方式和位扩展方式。

1. 位扩展

将输入同时连接到多块相同的集成存储器输入端（并行连接），将各块的输出按照高低进行定义排布，则可以增加相同地址所对应的每个字的位数；此方法不改变存储器的地址输入数量，而是增加数据端数量。如图6.6.11（a）所示是一个容量为 $2^n \times m$ 的存储器模块，如图6.6.11（b）所示是经过位扩展后的存储器，其容量为 $2^n \times 2m$。

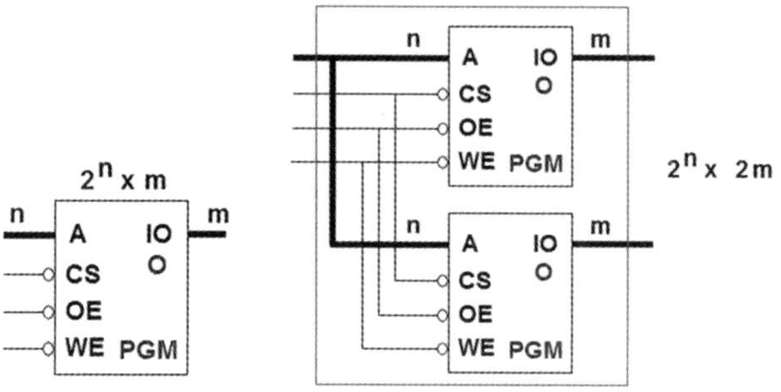

（a）　　（b）

图6.6.11　存储器的位扩展

2. 字扩展

类似于译码器扩展，用高位地址分别控制不同集成存储器的控制使能端，使其分别表达对应较大地址或较小地址的存储；此方法不改变存储器的输出数量，而是增加其地址输入数量。如图6.6.12（a）所示是一个容量为 $2^n \times m$ 的存储器模块，如图6.6.12（b）所示是经过字扩展后的存储器，其容量为 $2^{n+1} \times m$。

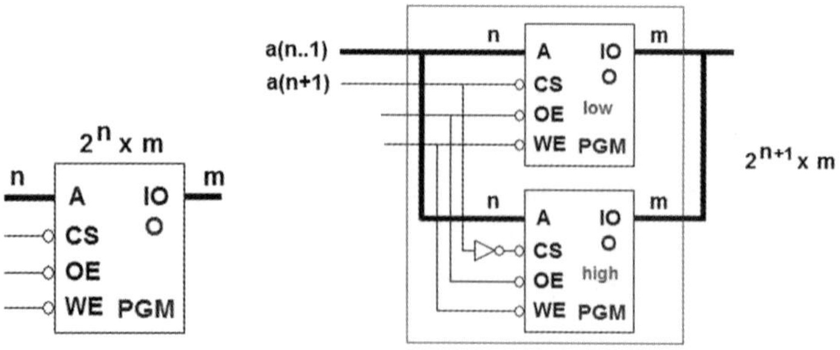

（a）　　（b）

图6.6.12　存储器的字扩展

上述两种方法可以结合起来，同时增加存储器的输入数量和输出数量。

6.6.7　利用存储器实现组合逻辑设计

集成存储器是典型的多输入多输出器件，可以使用这种器件进行通用的组合逻辑设计。

存储器中的地址译码器可以产生地址输入的所有最小项，而存储单元中的信息（0或1）可以实现对于这些最小项的选择。

位线将选中的最小项合并进行输出，由此可以构成标准的组合输出逻辑：

$$y=\sum_{a_n,\cdots,a_0} m_{\mathrm{i}}\cdot f_{\mathrm{i}}$$

集成存储器的每条位线可以表达一个组合逻辑设计，其设计方法如下：

（1）先将需要表达的组合设计采用真值表形式表达；

（2）在实现输出的位线上设定各存储单元中的信息；

（3）对于真值表中输出为1的部分，相应的存储单元存放1，否则存放0。

对于多输出函数，将每个输出独立设计，采用多条位线分别实现。

例6.6.1　利用存储器对例6.2.1的判断运算系统进行设计

解：由前面的例题已经得到各输出函数的最小项列表：

$$y_2=\sum_{X_3,X_2,X_1,X_0}(3,4,6,7,8,9)$$

$$y_1=\sum_{X_3,X_2,X_1,X_0}(1,2,5,8,9)$$

$$y_0=\sum_{X_3,X_2,X_1,X_0}(0,2,4,5,7,9)$$

实现该设计，首先分析需要的存储器的规模：地址输入的位数和数据输出的位数。对于本例，输入变量位数为4，需要选择4位地址输入；输出函数位数为3，需要选择3位数据输出。任何地址输入位数和数据输出位数达到或超过以上要求的存储器都可以满足设计要求。

存储器选定之后，将输入变量连接到地址输入端，则字线上就表达了这些变量的全部最小项。

用每根位线实现一个组合逻辑输出：在该位线与各字线的交叉点处，采用存放1或0的方式。实现对最小项的选择组合：存放1表达选择对应最小项，存放0则代表不选择该最小项。

设计结果如图6.6.13所示。在图6.6.13中，采用字线与位线的交叉点表达存储阵列。交叉点上用黑点表达存储1，没有黑点则表达存储0。

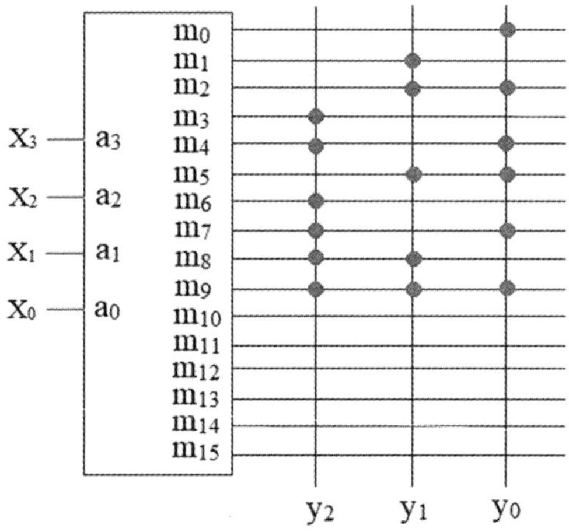

图6.6.13　基于存储器的判断运算系统设计

6.6.8　基于集成存储器的设计特点

采用集成存储器进行设计时，设计过程可以非常简单，不需要进行复杂的设计分解或优化过程。考虑到集成存储器的输入 / 输出规模，集成存储器可以单片实现多输入多输出的复杂函数，大幅度减少设计中集成块的使用量。本课程前面所提到过的多数单独的功能块都可以采用单片集成存储器实现更大规模的设计。

集成存储器在组合设计上的另一优势在于其设计表现为存储的数据，而多数存储器中的存储数据是可以反复修改的，这使得这种设计具备写入容易，修改方便，可以不断更新换代的特点。为了能够在断电时可靠地保存设计结果，目前采用最多的方式是采用EPROM结构的集成块来进行设计。

采用集成存储器设计也存在下列一些缺陷和问题。

首先，基于集成存储器的设计实际上是基于真值表的设计。设计的本质是将完整的真值表存入存储阵列中。真值表的复杂度随着输入变量数量增加，当输入变量多到一定程度，这种工作将涉及海量数据，无法完成。

其次，设计函数输入的增加也会给存储容量带来要求。由于输入变量只能从地址输入端进入，输入每增加1位，存储容量就需要倍增。即使一些简单运算的设计可能也需要庞大的存储量。例如，如果采用这种方法设计16位加法器，输入端数量达到32位，则存储容量需要达到4Gb，集成块中标准门的用量也会达到同样数量级。这将导致设计效率低下。

然后，集成存储器属于大规模集成或超大规模集成器件。相对于中小规模集成块，集成存储器随着存储容量的增加，成本会大幅增加，而从输入到输出的延迟时间也会大幅度增加。将过大规模的这类器件加入数字系统设计中，会影响到整个系统的设计成本和性能。

因此，在使用集成存储器进行设计时，通常只是选择小型存储器（价格便宜，速度快）实现一些输入位数不多的多输出功能器件。对于具有很多输入的功能器件，则需要将其分解为更少输入的单元，由多个存储器实现。这样可以在中小规模集成块的配合下，通过连线设计，更有效地实现数字系统设计。

习题6

6.1 只用4个8输入与非门画出16-4编码器的逻辑图。在你的设计中，输入和输出的有效电平是什么？

6.2 用集成二进制译码器构成一个4-16的二进制译码器。要求：

（1）画出逻辑连接图；

（2）指出所需要的器件名称和数量；

（3）分析所用的集成块总数量（成本）；

（4）分析最长延迟路径的延迟时间。

6.3 用集成二进制译码器构成一个5-32的二进制译码器。要求：

（1）画出逻辑连接图；

（2）指出所需要的器件名称和数量；

（3）分析所用的集成块总数量（成本）；

（4）分析最长延迟路径的延迟时间。

6.4 用SSI器件构成一个5-32的二进制译码器。要求：

（1）画出逻辑连接图；

（2）指出所需要的器件名称和数量；

（3）分析所用的集成块总数量（成本）；

（4）分析最长延迟路径的延迟时间；

（5）比较此题与上一题的结果。

6.5 分别用74138和74139结合必要逻辑门实现下列逻辑函数：

（a）$F=\sum_{W,X,Y,Z}(0,2,4,5,7,10,12)$

（b）$F=\sum_{A,B,C}(2,6)$，$G=\sum_{C,D,E}(0,2,3)$

要求：

（1）画出各自对应的逻辑连接图；

（2）指出所选用的集成块类型和数量；

（3）对比分析所用的集成块总数量（成本）；

（4）计算各自最长延迟路径的延迟时间。

6.6 分别用74138和74139结合必要逻辑门实现下列逻辑函数：

（a）$F=\sum_{W,X,Y,Z}(0,1,2,3,4,5,6,7,8,9)$

（b）$F=\sum_{W,X,Y,Z}(1,3,4,6)+d(8,9,12,15)$

（c）$F=\sum_{V,W,X,Y,Z}(2,3,11,18,26)$

（d）$F=\sum_{W,X,Y}(1,3,5,6)$，$G=\sum_{W,X,Y}(2,3,4,7)$

要求：

（1）画出各自对应的逻辑连接图；

（2）指出所选用的集成块类型和数量；

（3）对比分析所用的集成块总数量（成本）；

（4）计算各自最长延迟路径的延迟时间。

6.7　分别用74138和74139结合必要逻辑门设计一个3位二进制原码到补码的转换电路。

要求：

（1）画出各自对应的逻辑连接图；

（2）指出所选用的集成块类型和数量；

（3）对比分析所用的集成块总数量（成本）；

（4）计算各自最长延迟路径的延迟时间。

6.8　分别用74138和74139结合必要逻辑门设计一个1位的全减器。

要求：

（1）画出各自对应的逻辑连接图；

（2）指出所选用的集成块类型和数量；

（3）对比分析所用的集成块总数量（成本）；

（4）计算各自最长延迟路径的延迟时间。

6.9　分别采用74153、74151或74157结合必要逻辑块设计一个16选1的数据选择器。

要求：

（1）分别画出每种设计的逻辑连接图；

（2）指出选用集成块的类型和数量；

（3）对比分析每个设计采用集成块的总数量（成本）；

（4）计算每种设计的最长延迟路径的延迟时间。

6.10　分别采用74153、74151或74157结合必要逻辑块设计一个32选1的数据选择器。

要求：

（1）分别画出每种设计的逻辑连接图；

（2）指出选用集成块的类型和数量；

（3）对比分析每个设计采用集成块的总数量（成本）；

（4）计算每种设计的最长延迟路径的延迟时间。

6.11　分别采用74153、74151或74157结合必要逻辑块实现下列逻辑函数：

（a）$F=WX+YZ+(X\odot Y)$

（b）$F=\sum_{W,X,Y,Z}(0,1,5,6,7,9,10,13,15)+d(4,8,11,12)$

要求：

（1）分别画出每种实现的逻辑连接图；
（2）指出选用集成块的类型和数量；
（3）对比分析每个实现采用集成块的总数量（成本）；
（4）计算每种实现的最长延迟路径的延迟时间。

6.12　分别采用74153、74151或74157结合必要逻辑块实现下列逻辑函数：

（a）$F=\sum_{W,X,Y,Z}(0,1,3,7,9,13,14)$

（b）$F=\sum_{W,X,Y,Z}(0,1,5,6,7,9,10,13,15)+d(4,8,11,12)$

要求：
（1）分别画出每种实现的逻辑连接图；
（2）指出选用集成块的类型和数量；
（3）对比分析每个实现采用集成块的总数量（成本）；
（4）计算每种实现的最长延迟路径的延迟时间。

6.13　分别采用74153、74151或74157结合必要逻辑块设计一个多功能函数发生器，其功能表如题表6.1所示。

要求：
（1）分别画出每种设计的逻辑连接图；
（2）指出选用集成块的类型和数量；
（3）对比分析每个设计采用集成块的总数量（成本）；
（4）计算每种设计的最长延迟路径的延迟时间。

题表6.1

S_1	S_0	F
0	0	X'
0	1	$X\cdot Y$
1	0	X+Y
1	1	$X\oplus Y$

6.14　分别采用74153、74151或74157结合必要逻辑块设计一个具有5个4位输入总线*A*、*B*、*C*、*D*、*E*和一个4位输出总线T的多路复用器，其功能表如题表6.2所示。

要求：
（1）分别画出每种设计的逻辑连接图；
（2）指出选用集成块的类型和数量；
（3）对比分析每个设计采用集成块的总数量（成本）；
（4）计算每种设计的最长延迟路径的延迟时间。

题表6.2

S_2	S_1	S_0	选择的输入
0	0	0	A
0	0	1	B
0	1	0	A
0	1	1	C
1	0	0	A
1	0	1	D
1	1	0	A
1	1	1	E

6.15　使用7485加上必要的其他逻辑块设计两个5位二进制数的比较。要求：

（1）画出设计的逻辑连接图；

（2）指出所选用集成块的类型和数量；

（3）分析上述设计采用集成块的总数量（成本）；

（4）计算上述设计的最长延迟路径的延迟时间。

6.16　使用7485加上必要的其他逻辑块设计一个三个4位二进制数A、B、C的比较电路，要求能够判别三个4位二进制数是否相等、A是否最小、A是否最大。要求：

（1）画出设计的逻辑连接图；

（2）指出所选用集成块的类型和数量；

（3）分析上述设计采用集成块的总数量（成本）；

（4）计算上述设计的最长延迟路径的延迟时间。

6.17　使用7485加上必要的其他逻辑块或者集成数据选择器、集成译码器等设计一个两个4位无符号二进制整数X、Y的比较电路，电路的输出Z是一个4位无符号二进制整数。要求当控制信号M=0时，Z=min(X, Y)；M=1时，Z=man(X, Y)。要求：

（1）画出设计的逻辑连接图；

（2）指出所选用集成块的类型和数量；

（3）分析上述设计采用集成块的总数量（成本）；

（4）计算上述设计的最长延迟路径的延迟时间。

6.18　使用74283和必要逻辑块实现设计一个8位二进制数的加 / 减运算电路。该电路当控制信号M=0时，完成加法运算；M=1时，完成减法运算。要求：

（1）画出逻辑连接图；

（2）指出选用集成块的类型和数量；

（3）分析设计采用集成块的总数量（成本）；

（4）计算上述设计的最长延迟路径的延迟时间。

6.19 设计一个将BCD2421码转换为BCD8421码的电路。要求分别采用74238参与设计和单纯采用SSI逻辑块进行设计。要求：

（1）画出逻辑连接图；

（2）指出选用集成块的类型和数量；

（3）对比分析每个设计采用集成块的总数量（成本）；

（4）计算每个设计的最长延迟路径的延迟时间。

6.20 设计一个实现$Z=4X+Y$的运算电路，其中X、Y为4位二进制数。要求分别采用74238参与设计和单纯采用SSI逻辑块进行设计。要求：

（1）画出逻辑连接图；

（2）指出选用集成块的类型和数量；

（3）对比分析每个设计采用集成块的总数量（成本）；

（4）计算每个设计的最长延迟路径的延迟时间。

6.21 设计一个将BCD8421码表示的两位十进制数转换为二进制数的电路。要求分别采用74238参与设计和单纯采用SSI逻辑块进行设计。要求：

（1）画出逻辑连接图；

（2）指出选用集成块的类型和数量；

（3）对比分析每个设计采用集成块的总数量（成本）；

（4）计算每个设计的最长延迟路径的延迟时间。

6.22 画出一个电路的逻辑图，该电路使用74148判定优先级，要求8个输入$I_0 \sim I_7$为高电平有效，I_7的优先级最高。电路应生成高电平有效的地址输出$A_2 \sim A_0$，以指示优先级最高的有效输入的编号。如果没有输入有效，则$A_2 \sim A_0$应为111，且输出EO应有效。除了74148外，可以使用分立门。确信所有信号都以适当的有效电平命名。

6.23 请画出一个能实现组合逻辑功能的ROM的逻辑符号并确定它的大小，该组合逻辑根据一个MODE输入值来决定是完成74381功能还是74382的功能。

6.24 试计算一下需要多少ROM位才能构建一个具有模式控制、进位输入、进位输出和二进制补码溢出输出的16位加法器 / 减法器。不要只说“成千上万”，要提出更加确切的数字，并解释你的回答。

6.25 使用HM628512 SRAM和一个组合MSI部件作为构件，如何设计一个$2M \times 8$的SRAM？

第7章 基于可编程器件的组合设计

7.1 简单可编程器件简介

可写入的存储器可以看作是基本的可编程器件，该类器件内部产生输入的全部最小项，然后通过存储阵列中的数据对最小项进行选择加和，形成不同的输出。

在考虑组合逻辑的设计时，这种设计方式表达了对于真值表的直接设计，概念简单。然而，将真值表作为整体进行设计不利于优化设计。

为了利用存储单元实现效率更高的设计，演化出了不同的设计构想。

7.1.1 可编程逻辑阵列（PLA）

在半导体存储器的结构中，最大规模的部分是地址译码器和存储阵列。用存储器进行组合设计时，地址译码器的功能是提供最小项，逻辑表现为与门阵列。存储阵列的功能是实现对最小项的选择汇总，逻辑表现为或门阵列。

组合逻辑的变量数决定了最小项的数量规模，同时也就决定了后面或门输入端的规模。这一特点导致存储器中标准门的数量庞大。

然而，在组合优化设计中已经知道，实现N输入任何组合逻辑，由于可以采用卡诺图进行乘积项合并，与门的使用量通常应该少于最小项的数量。如果将与门改为可编程设计，大幅度减少与门的数量，同时削减或门阵列的输入端数量，就可以使器件的设计更有效率。可编程阵列就是基于这种想法设计的器件。

一个N输入的PLA中具有M个可编程或门和P个可编程与门，这种器件的规格表达为 $N \times M \times P$ 。例如，图7.1.1表达了一个 $4 \times 3 \times 6$ 的PLA单元。

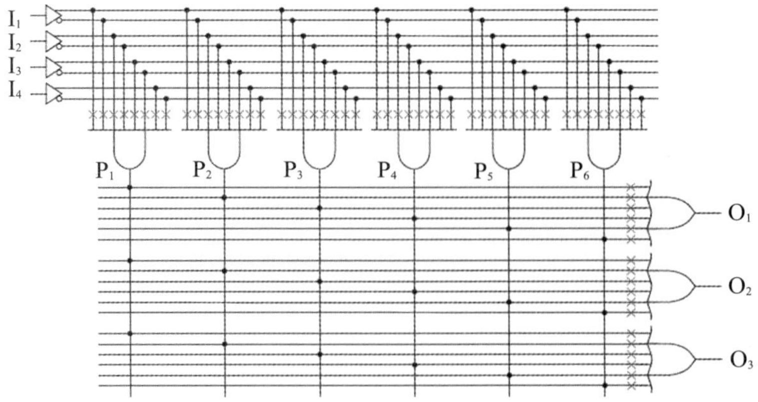

图7.1.1 $4 \times 3 \times 6$ 的PLA单元

图7.1.1中，上面部分为可编程与阵列，下面部分为可编程或阵列。可编程单元（存储单元）位于图中带黑点的交叉点处。该类器件的存储单元通常采用EPROM类型。

考虑到与门和或门的输入都通过交叉点的存储器件选择连接，为了更方便地表达这类可编程阵列，通常将图7.1.1采用简化方式表达如图7.1.2所示。

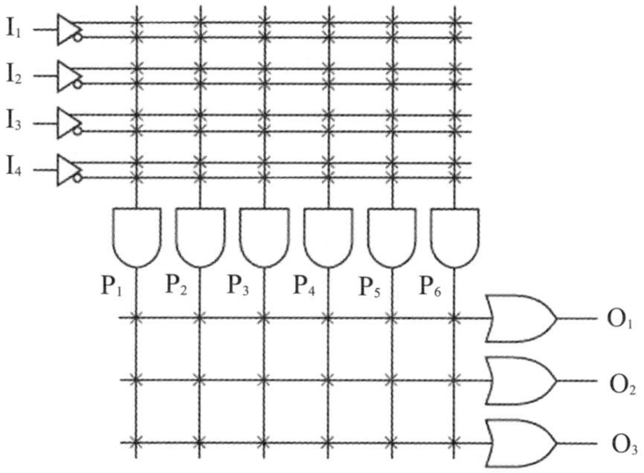

图7.1.2 功能与图7.1.1等效的一种简化表示

在图7.1.2中，每个与门和或门只画了1条输入线，该线上的每个交叉点都有一个存储单元，用于实现对输入信号的选择。

标准的4输入存储器具有16个与门，相应的或门也需要16个输入端。而本器件只设置了6个与门，或门也只有6个输入端，器件数量大幅度简化。

例7.1.1 采用4×3×6的PLA单元实现第6章例6.2.1的判断运算电路。

该电路的卡诺图如图7.1.3所示。

Y_2：

X_1X_0 \ X_3X_2	00	01	11	10
00		1	d	1
01			d	1
11	1	1	d	d
10		1	d	d

Y_1：

X_1X_0 \ X_3X_2	00	01	11	10
00			d	1
01	1	1	d	1
11			d	d
10	1		d	d

Y_0：

X_1X_0 \ X_3X_2	00	01	11	10
00	1	1	d	
01		1	d	1
11		1	d	d
10	1		d	d

图7.1.3 判断运算电路的卡诺图

采用最小和方式写出表达式，尽量使用共享设计，在后面的函数化简中尽量使用前面已经具有的乘积项。

$$y_2 = x_3 + x_1 \cdot x_0 + x_2 \cdot x_0'$$

$$y_1 = x_3 + x_1' \cdot x_0 + x_2' \cdot x_1 \cdot x_0'$$

$$y_0 = x_3' \cdot x_1' \cdot x_0' + x_2 \cdot x_0 + x_3 \cdot x_0 + x_2' \cdot x_1 \cdot x_0'$$

具体编程方案如图7.1.4所示，图中用黑点表达了对相应输入的选择（存储1），没有黑点的交叉点则代表不选择（存储0）。

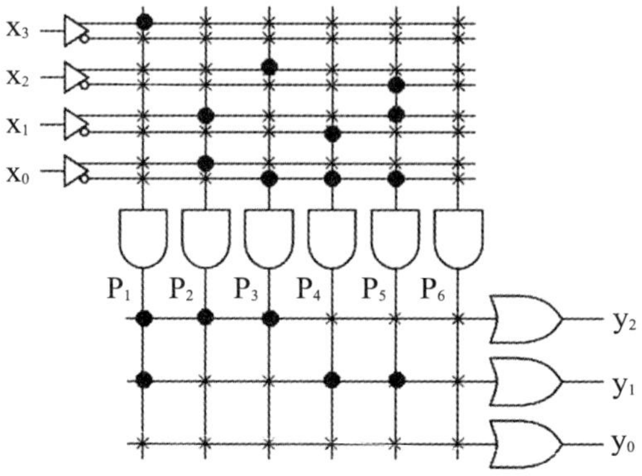

图 7.1.4　判断运算电路的PLA

由图 7.1.4 可以看到，尽管输出都是 4 变量函数，但每个输出使用的乘积项并不多，并且不同输出可能还存在共享的乘积项，因此可以采用此类器件实现。在使用这种器件进行设计时，尽量减少乘积项数量，尽量采用共享的乘积项，是提高设计效率的关键点。

同时也需要看到，由于各输出都需要占用一定量的乘积项，上述设计只实现了 2 个输出函数。若要实现全部输出，则需要可编程与门数较多的PLA。

7.1.2　可编程阵列逻辑（PAL）

为了能够为输出提供更多的乘积项，并且减少昂贵的可编程单元数量，PAL采用了不同的设计思想。如图 7.1.5 所示是可编程阵列逻辑（PAL）的结构图。

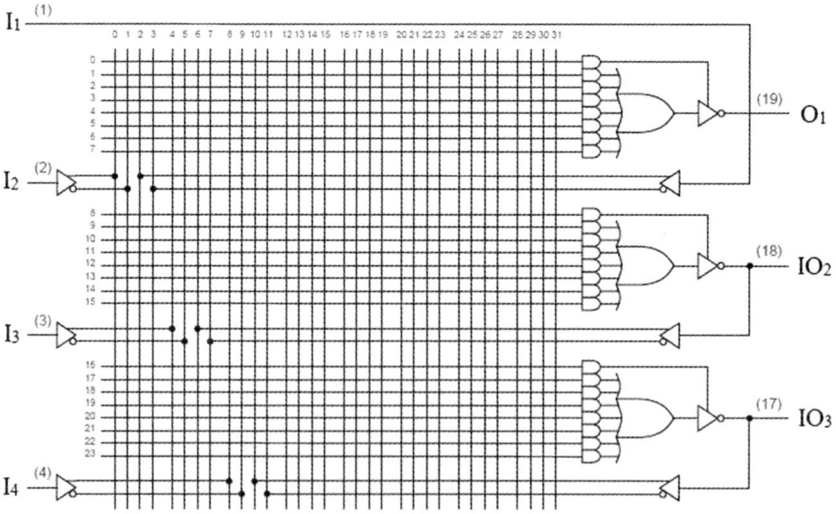

图 7.1.5　可编程阵列逻辑（PAL）

图 7.1.5 表现了一个 PAL16L8 器件的局部结构。该器件具有 8 个输入端和 8 个输入 / 输出端。

PAL采用可编程的与阵列和固定的 7 输入或门阵列构成。图 7.1.5 中可编程阵列中的垂直线为变量线，每个与门线与变量线的交叉点上都设置有可编程单元（存储单元）。

变量线中不仅包含了输入变量的原变量和反变量，也包含了将输出函数反馈作为新的变量。这就为输出函数提供了丰富的与门资源：当一个输出单元中与门资源不足时，可以借用其他输出单元中的与门资源。这使得设计的灵活性大大提高，可以适应更为复杂的设计要求。此外，该器件还提供了对输出进行三态控制的额外方法，可以将输出端改变为输入端，从而增加输入端的数量。

图7.1.6表现了采用该器件实现前面例题的编程方式。

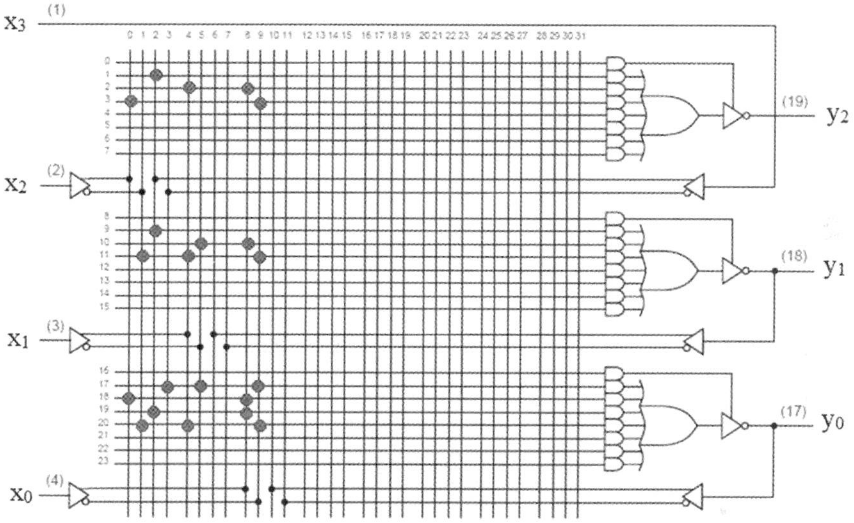

图7.1.6　判断运算电路的PAL

为PAL输出端提供寄存器控制选择，就可以构成通用阵列逻辑（GAL）。这种器件可以用于多种组合或时序功能器件的设计。

7.2　超大规模可编程逻辑器件（CPLD和FPGA）

可编程阵列逻辑只是用于实现功能单元器件，而数字系统的构成需要由若干不同种类的功能单元连接构成。

将若干可编程逻辑单元集成到一个集成块中，并使用可编程的连线资源，就能实现数字系统的单片设计，实现片上系统（SOC）。

CPLD和FPGA就是根据这种思想而发展起来的。

7.2.1　可编程连线设计

相对于简单可编程器件，复杂可编程逻辑器件的最大特点是提供了强大的可编程连线资源。这种资源通过在线路连接点上使用存储单元（可编程单元）对三态器件的控制，可以实现不同可编程单元之间的灵活连线控制，使得片内系统的设计得以实现。

典型的可编程连线设计由图7.2.1表达，通常需要3类不同的连接方式：

（1）从连线A到连线B的单向传输控制连接，这种连接用于控制单元输入线和输出线的直接连接；

（2）连线A与连线B线之间的双向传输控制连接，这种连接用于远距离单元之间的信号连接；

（3）连线A与连线B之间的开关矩阵控制连接，这种连接用于近距离单元之间的信号连接，可以实现对传输线的分割和信号的隔离。

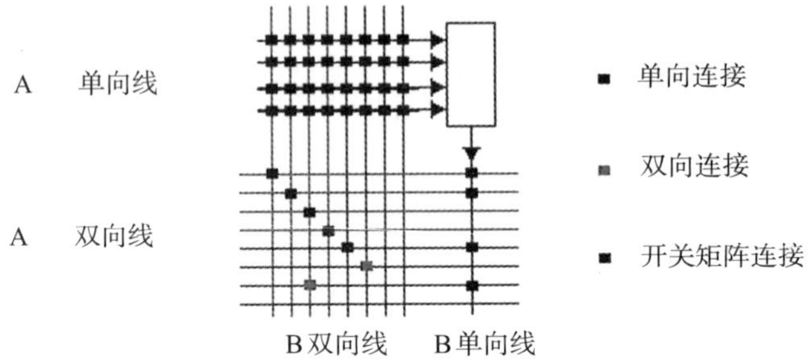

图7.2.1 可编程连线设计

7.2.2 单向传输控制

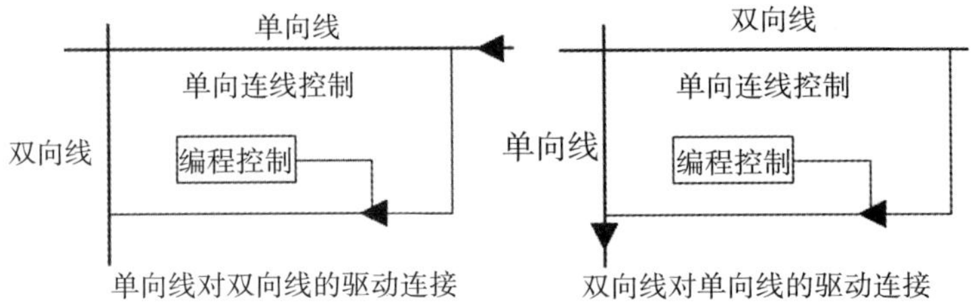

图7.2.2 单向传输控制连接

图7.2.2中所谓单向线表示该线只是某单元的输入线（被驱动线）或只是某单元的输出线（驱动线），而双向线则表达信号传输线，该线不直接连接到逻辑单元上，可以被其他单元驱动，也可以向其他单元提供驱动。

图7.2.2中横线表达信号来源（驱动线），竖线表达被驱动线。驱动线通过三态器件与被驱动线连接。三态器件由可编程单元控制，用于决定是否建立连接。

需要注意，任何被驱动线上一定连接多个三态输出器件，这些三态输出器件一定要有1个接通（建立连接），以保障该线能够得到驱动信号；这些三态输出器件也只能有1个接通，其他必须断开，以避免多驱动导致的电平冲突。

7.2.3 双向传输控制

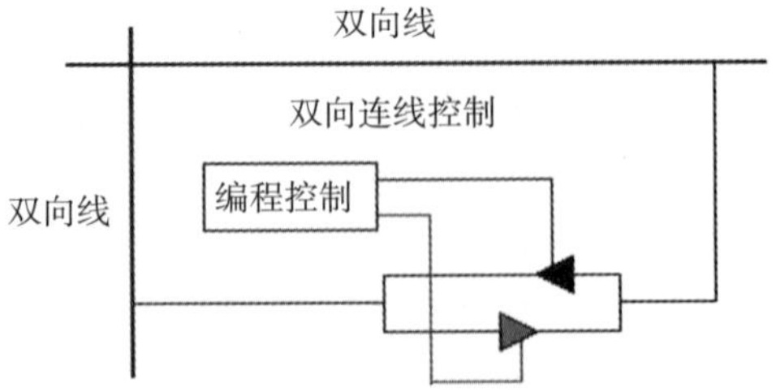

图7.2.3 双向传输控制连接

图7.2.3中可编程单元控制的1对三态器件实现对双向传输线的连接控制。这种控制应该可以实现以下三种状态，可编程单元需要2位存储单元。

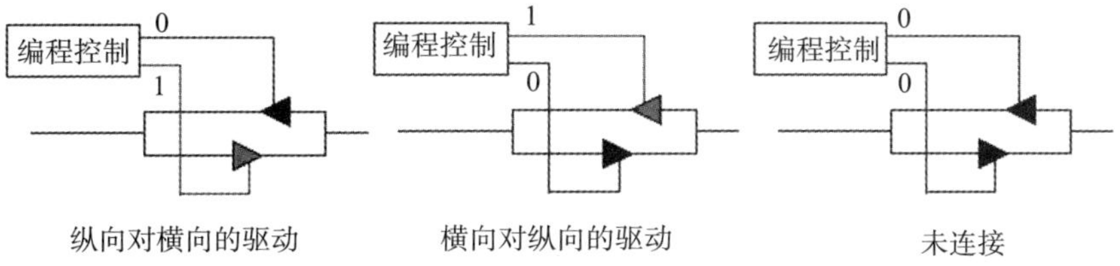

图7.2.4　双向传输控制的3种状态

7.2.4　开关矩阵控制

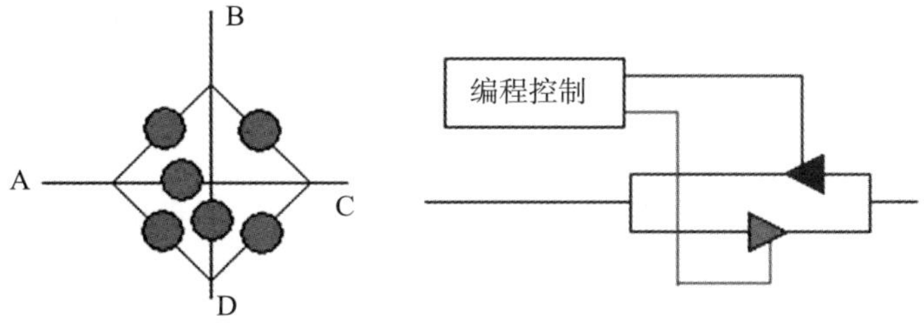

图7.2.5　开关矩阵控制连接

开关矩阵控制如图7.2.5所示，在2根双向线的交叉点上，设置6个双向三态控制单元（图中用黑点表达）。该设计可以实现多种模式控制。

例如，来自于A的驱动信号，可以在开关设置下，实现下列传输方式：

（1）同时传送给B、C、D三个方向；

（2）同时传送给2个方向：B和C、B和D、C和D；

（3）只传送给1个方向；

（4）任何方向都不传送。

利用这些模式，可以得到很强大的设计灵活性，但这种开关的成本相对昂贵。

使用CPLD进行设计时，通常需要尽量将各逻辑功能单元表达为多输入多输出单元，并尽可能对其化简，以减少其中的乘积项和求和项的数量，然后根据化简的结果选择具有对应乘积项与求和项数量的CPLD集成块进行具体设计。

CPLD的存储单元基于EPROM结构。这种结构的器件具有一些固定的缺陷：由于电路结构本质上采用开路门方式（使用上拉电阻和下拉电阻分别实现高低电平输出），其集成度和速度受到制约，限制了这种电路在超大规模集成和高速运算方面的发展。

7.2.5　复杂可编程逻辑器件（CPLD）

在可编程连线资源的支持下，CPLD和FPGA的区分主要体现在可编程逻辑单元的设计思想上。

CPLD器件可以看作是由若干可编程的通用阵列逻辑单元GAL构成。

每个GAL逻辑编程单元都可以实现一个多输入多输出的功能模块。每个逻辑单元既可以作为多输入单元直接使用，也可以分解为多个较少输入单元组合使用，每个输出函数可以采用组合输出，也可以采用时序控制输出。利用这些模块进行可编程连接，就能够灵活实现各种数字系统。

然而，在实际设计中，这种基于GAL单元的设计也暴露出一些问题。

根据GAL单元的与-或逻辑结构特点，需要将输出采用输入的乘积项表达。由于GAL中与门资源有限，直接采用输入的最小项进行设计通常是不行的，必须考虑乘积项的合并化简。随着输入的增加，这种化简设计过程会表现得非常烦琐。

由于各可编程乘积项被固定连接到各自从属的或门中，同样的乘积项在不同或门间难以通过共享提取实现优化。这可能导致乘积项的重复设置。

过多的乘积项尽管可以通过或门合并实现，但这种设计不仅占用器件资源，还使得运算延迟大幅增加。

当然，GAL单元中的每个与-或单元可以作为独立函数使用。对多输入表达进行拆分，将其表现为较少输入的单元部件组合，可以较好地解决上述问题。随着输入的减少，化简过程容易实现，乘积项数量也会比较少。但此时就会出现与门可编程资源的严重浪费。

以4位加法器设计为例。该器件将2个4位数相加，要求输出4位相加结果。该器件有8位输入，产生4位输出。

如果采用16L8的GAL单元进行设计。该单元具有8个与或结构单元。每个与或单元中含有7个可编程与门。

如果考虑整体设计，则可以将输出表达为8变量的函数。这种多变量函数难以直接使用卡诺图方式获取最小和，可以采用运算分析方法写出输出的乘积项表达。

以最高位输出s_3为例：

先将s_3表达为a_3、b_3、c_3的函数，可以由4个乘积项表达

$$s_3 = a_3'\cdot b_3'\cdot c_3 + a_3'\cdot b_3\cdot c_3' + a_3\cdot b_3'\cdot c_3' + a_3\cdot b_3\cdot c_3$$

上式中c_3为进位量，可以表达为a_2、b_2、c_2的函数。利用卡诺图化简可以得到

$$c_3 = a_2\cdot b_2 + a_2\cdot c_2 + b_2\cdot c_2$$

$$c_3' = a_2'\cdot b_2' + a_2'\cdot c_2' + b_2'\cdot c_2'$$

可以看出，这种进位量可以表达为3个乘积项。将其代入s_3的表达式，则该表达式就有了12个乘积项，其中8个乘积项中含有进位量c_2。

同理，c_2也可以表达为a_1、b_1、c_1的函数。无论其正变量还是反变量都需要3个乘积项表达。将其代入上面表达式，则s_3的表达就由28个乘积项构成了。其中有8个乘积项含有c_1，有8个乘积项含有c_1'。

在4位加法器没有最低位进位时，可以得到

$$c_1 = a_0\cdot b_0 \qquad c_1' = a_0' + b_0'$$

将此结果代入上面表达式，则s_3所含的乘积项为36项。

与8变量函数的256个最小项相比，36个乘积项看上去已经非常简化了。但在16L8的GAL单元中实现时，却需要占用6个与-或单元，以至于该单元没有余地来实现其他3个输出函数。

如果将加法器的设计拆分为全加器的组合，4位加法器可以由4个全加器构成。本设计只需要分别实现4个全加器输出函数s_3、s_2、s_1、s_0和3个全加器进位函数c_3、c_2、c_1。每个输出函数都可以表达为4个3变量乘积项，而每个进位函数则可以表现为3个2变量的乘积项。显然，每个这样的函数都可以采用一个与或单元独立实现。整个设计可以采用单个16L8的GAL单元轻松实现。

采用拆分方式实现任意3变量逻辑函数，即使用标准存储器实现，也只需要8个存储单元。而本例中采用GAL中的与或单元设计时，一个与或单元中含有256个存储单元。此时，GAL中大量的可编程资源形成了不必要的浪费。

7.2.6　现场可编程门阵列（FPGA）

FPGA是目前采用最广泛的可编程器件，它主要由可编程IO单元阵列、可编程逻辑单元阵列、可编程连线资源三部分构成，如图7.2.6（a）所示。这种结构与CPLD类似。

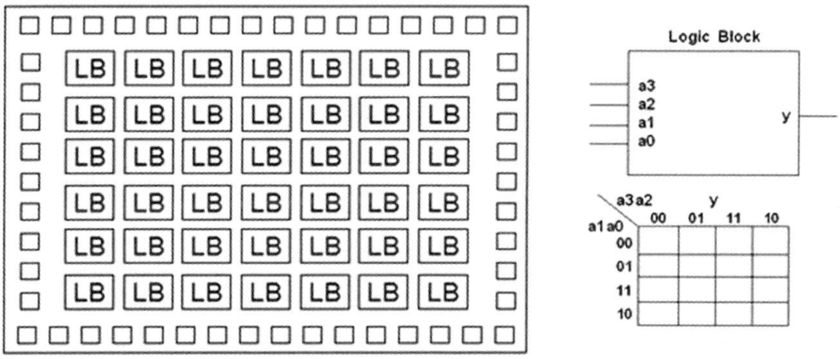

（a）　　　　　　　　　　（b）

图7.2.6　FPGA

与CPLD相比，FPGA的特点主要体现在可编程逻辑单元的结构上。

为适应采用基本功能单元的组合设计，FPGA中的可编程逻辑单元普遍采用4输入单输出的形式，如图7.2.6（b）所示，该单元中的可编程存储单元只需要16位，同CPLD中典型的与或单元相比（256个可编程位），其逻辑面积大幅度减小。在同样集成技术条件下，一个集成块内可以容纳更多的单元。

为了简化设计过程，避免烦琐的化简合并，FPGA的可编程逻辑单元采用标准存储器结构，利用最小项和的方式形成逻辑。只需要将对应真值表存入存储器（查找表）中，该单元就可以实现任意4输入逻辑。

FPGA放弃了CPLD的EPROM存储方式，采用高速的SRAM方式进行编程数据存储。这种存储方式可以保障设计的电路稳定可靠地高速运行，为系统的高频应用提供了基础。同时，放弃工艺复杂集成度较低的浮栅器件，采用标准CMOS器件构建电路，对提高系统集成度也有所帮助。

目前FPGA集成块中可编程逻辑单元的数量可以达到百万以上，具备了对各种复杂系统的设计能力，在数字技术的各种应用领域得到大量采用。

7.3 硬件描述语言（HDL）简述

采用FPGA进行设计时，需要为每个使用的可编程单元提供真值表输入。

通常可以先通过逻辑运算式规定可编程单元的运算关系，再采用标准程序从给定的运算关系得到对应的真值表数据并输入该编程单元的存储器中。实现这种操作需要通过专门的计算机工具平台实现。而要与该工具平台进行交流，则需要掌握硬件描述语言。

硬件描述语言是对电路设计的硬件进行描述。描述的目的主要表现为2个方面：

（1）通过描述将电路设计结构传递给计算机工具，以便实现电路综合；将电路通过编程输入实现出来；

（2）通过描述将电路设计的功能行为表达出来，使用计算机工具建立虚拟测试系统，对该设计进行仿真测试。

为了适应不同的应用，硬件描述语言中对电路的设计可以采用2种不同风格进行描述：

（1）针对电路综合的描述：主要关心对电路结构特点的表达，其描述方式称为结构描述。

（2）针对电路仿真的描述：主要关心电路功能行为的表现，其描述方式称为行为描述。

本教材仅对结构描述方法进行简单介绍。

目前通用的硬件描述语言主要有VHDL和verilog两种。这两种语言在语法结构上略有不同，其应用特点也各有长短。在本教材的简单介绍中，将同时引入2种语言的表达，通过对比讨论，使读者能够对硬件描述语言的描述要求有更多的体会。

硬件描述语言不仅用于基于可编程器件设计的描述，也广泛应用于片内ASIC设计的描述。本教材只讨论基于FPGA设计描述的一些特点。

7.3.1 硬件单元的描述要点

硬件描述语言采用代码描述电路逻辑功能单元。

典型的描述要点表现为：（1）用名称表达器件的用途；（2）用端口表达输入和输出；（3）用运算表达输入／输出关系。

在HDL语言中，以上三点通过不同区域的代码表达。

以下通过对第6章中判断运算电路的例题来说明HDL的描述方式。

首先，为电路起名为da，表达检测（detect）和加法运算（add）；其次，该电路为多输入多输出电路，输入设定为x_3、x_2、x_1、x_0，输出设定为y_2、y_1、y_0；然后，采用最小和表达的输出方程为

$$y_2 = x_3 + x_1 \cdot x_0 + x_2 \cdot x_0'$$
$$y_1 = x_3 + x_1' \cdot x_0 + x_2' \cdot x_1 \cdot x_0'$$
$$y_0 = x_3' \cdot x_1' \cdot x_0' + x_2 \cdot x_0 + x_3 \cdot x_0 + x_2' \cdot x_1 \cdot x_0'$$

以下分别采用VHDL和verilog对上述要点进行描述，并对相关语言的描述要点进行简要说明。

7.3.2 VHDL的基本表达

采用VHDL表达上述设计，程序如下：

```
entity da is
port ( x3,x2,x1,x0:in bit;
       y2,y1,y0:out bit);
end da;

architecture s of da is
begin
     y2<=x3 or (x1 and x0) or (x2 and not x0);
     y1<=x3 or (not x1 and x0) or (not x2 and x1 and not x0);
     y0<=(not x3 and not x1 and not x0) or (x2 and x0)
          or (x3 and x0) or (not x2 and x1 and not x0);
end s;
```

VHDL采用以下2个结构模块分别表达端口和运算：

（1）表达端口的模块称为实体entity，以entity模块名称开始，以end模块名称结束。实体的主要部分是对输入/输出端口的描述。这些描述集中在port后面的括号中。输入端口用in表达，输出端口用out表达。同类端口名称间可以用逗号分隔。

VHDL中每个信号都必须设置数据类型，以便在仿真中发挥不同的作用。本教材只考虑基于FPGA单元的电路综合描述，数据类型可以统一设置为2值逻辑类型(bit)。

（2）表达运算的模块称为构造体architecture，以architecture构造体名称开始，以end构造体名称结束。构造体名称通常用于表达描述方式，在本教材中统一采用s(structure）表达结构描述。构造体名称需要表明其与模块名称间的从属关系：s of da。

构造体内部可以分为2个功能区：

（1）从名称之后的is到begin之间为信号设置区，用于内部信号（内部单元）设置。本例题没有设置。

（2）从begin到end之间为运算表达区，该区域中语句称为并行语句，用于表达单元器件的输入/输出关系。

VHDL中的每条语句必须以分号结束。

基于FPGA单元进行设计时，每个单元可以实现1个4输入单输出的逻辑函数。对这种函数最简单明了的表达方式是通过信号赋值语句表达。信号赋值语句格式为：

输出信号 <= 输入信号的逻辑运算

通过赋值符号<=将右端的输入变量运算结果赋值给左边的输出变量。

在HDL程序表达中，除了模块输入变量外，任何变量都必须通过赋值语句进行赋值（得到驱动），任何变量都不允许由多条赋值语句进行赋值（避免多重驱动导致电平冲突）。

结构描述中，运算采用逻辑运算符号表达。VHDL中常用逻辑运算符号为：

取非运算not；与运算and；或运算or；异或运算xor

取非运算针对单变量进行，将运算符号置于该变量之前；该运算具有最优先顺序。其余运算针对2个变量进行，运算符号置于该2个变量之间；VHDL中各2变量运算没有规定运算先后顺序，需要通过添加括号指定运算的先后顺序。

运算符号与变量之间需要由空格隔开。利用这些运算符号就可以方便地将通常手写的逻辑运算表达翻译为VHDL的规范表达了。

逻辑运算最终会转化为真值表写入FPGA的查找表（存储阵列）。表达同一真值表的各种不同逻辑运算表达得到的最终结果相同。但从代码编写的效率来看，当然是采用简单的运算表达更好。因此，在为每个FPGA单元的查找表编写逻辑运算前，通常应该先对逻辑函数进行化简，使逻辑运算表达尽量简单。

在本例的程序表达中，模块输入/输出采用的是单位变量表达。当输入/输出的位数较多时，采用数组形式表达可以更为简洁，同时在仿真时更便于对结果进行分析。采用数组表达也有利于对规模化设计进行描述。

本例改为数组表达的程序如下：

```
entity da is
port ( x: in bit_vector (3 downto 0);
       y: out bit_vector (2 downto 0) );
end da;

architecture s of da is
begin
    y(2)<=x(3) or (x(1) and x(0)) or (x(2) and not x(0));
    y(1)<=x(3) or (not x(1) and x(0)) or (not x(2) and x(1) and not x(0));
    y(0)<=(not x(3) and not x(1) and not x(0)) or (x(2) and x(0))
            or (x(3) and x(0)) or (not x(2) and x(1) and not x(0));
end s;
```

数组信号的数据类型为bit_vector，需要在其后的括号中表达数组的位数顺序。在运算式中，数组信号的编号采用圆括弧表达。

将上述程序保存为文件da.hdl。HDL程序的文件名称必须与模块名称完全相同。VHDL语言编写的文件必须带有.hdl的后缀。

将文件输入计算机工具中，通过建立项目，指定FPGA器件，通过编译后，就可以对模块进行仿真了。简单组合电路仿真时，通常在模块输入端加上真值表设置的输入状态，通过仿真检查其输出状态的情况。

图7.3.1表现了本例模块的仿真结果。

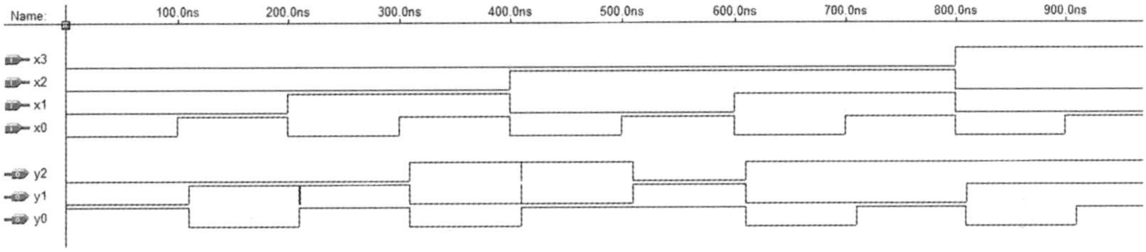

图7.3.1　仿真结果

由图7.3.1可以看到输出信号相对于输入信号的时间延迟，也能看到组合冒险的影响（例如200ns和400ns时刻附近的输出）。

图7.3.1的输入/输出采用单位变量形式表达，输入/输出的状态关系不够直观。图7.3.2采用数组方式表达输入/输出状态，并用十进制符号表达各状态，则能够清楚看到输入状态与输出状态之间的对应关系。

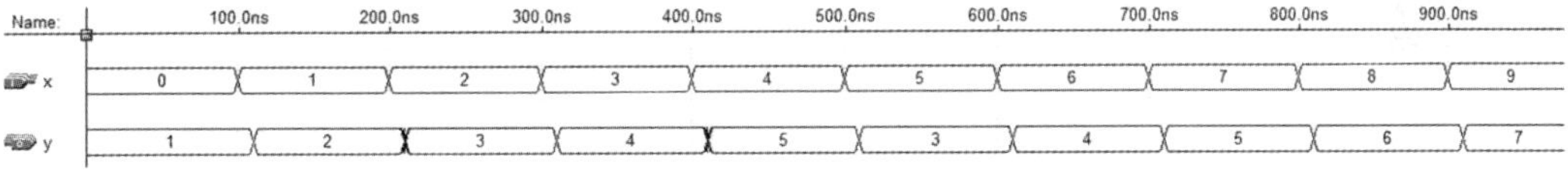

图7.3.2　用数组表达输入/输出的状态

7.3.3　Verilog HDL的基本表达

采用Verilog HDL表达上述设计,程序如下：

```
module da (x,y);
output [2:0] y;
input [3:0] x;
assign y[2]=x[3]|x[1]&x[0]|x[2]&~x[0];
assign y[1]=x[3]|~x[1]&x[0]|~x[2]&x[1]&~x[0];
assign y[0]=~x[3]&~x[1]&~x[0]|x[2]&x[0]
        |x[3]&x[0]|~x[2]&x[1]&~x[0];
endmodule
```

通过与VHDL的对比，可以看到verilog程序具有下列特点：

（1）verilog程序采用整体式表达，从module开始，到endmodule结束；

（2）程序的前段为名称和端口的表达；

（3）需要用input和output表达输入端口和输出端口；。

（3）对于数组信号，需要表达数组的位数；

（4）在运算式中，数组信号的编号采用方括弧表达；

（5）verilog通常不需要为信号设置数据类型；

（6）程序的后段则可以用信号赋值语句表达各单元的运算关系。verilog中的信号赋值语句通常也称为连续赋值语句，其格式为

assign 单元输出信号 = 单元输入变量的逻辑运算

结构描述中，运算采用逻辑运算符号表达。verilog中常用逻辑运算符号为

取非运算~　　与运算&　　或运算|　　异或运算^

取非运算针对单变量进行，将运算符号置于该变量之前；该运算具有最优先顺序。其余运算针对2个变量进行，运算符号置于该2个变量之间；在没有括号时，与运算优先于或运算。在与或运算构架中，不需要加括号表达优先顺序。但对异或运算没有明确表达，可以通过添加括号指定运算优先顺序。

verilog中的运算符号与变量之间不需要由空格隔开。但有时候为了增进程序可读性，也可以添加空格。

利用这些运算符号就可以方便地将通常手写的逻辑运算表达翻译为verilog的规范表达了。

将上述程序保存为文件da.v。HDL程序的文件名称必须与模块名称完全相同。verilog语言编写的文件必须带有.v的后缀。

本节通过例题程序对HDL的描述方法进行了简单介绍。利用此处介绍的知识，可以实现对本教材前面所有简单逻辑设计例题的表达，并利用FPGA实现这些逻辑单元。

对于数字功能单元的规模化设计及时序控制的描述，将在后面相关章节进行补充介绍。

7.4　基于FPGA单元的组合优化设计

FPGA集成块属于超大规模集成块（VLSI）。使用FPGA进行数字设计是要实现数字系统的单片化设计，不再需要连线组合。设计完全体现为集成块内部可编程逻辑单元直接的连接关系。

一块FPGA内部包含成千上万的标准可编程逻辑单元。每个逻辑单元的性能基本相同。在衡量成本时，将以逻辑单元的使用量作为成本的依据；而在考虑运算时间时，则以信号路径通过逻辑单元的数量衡量。

本节将通过典型例题，对基于FPGA设计的特点进行简要介绍。

7.4.1　4输入逻辑的分割设计

目前，FPGA的基本逻辑单元主要为4输入单输出逻辑单元。每个输出信号的表

达都需要通过4输入逻辑单元实现。

在采用逻辑单元或功能单元的设计中，应该尽可能将器件合并成4输入整体单元，减少中间连接，从而采用更少的FPGA单元实现设计。这样的设计也能够缩短路径的延迟。

以下通过数据选择器的设计对这一特点进行说明。

1. 4选1数据选择器设计

在第5章对4选1数据选择器的片上设计中，逻辑图表达如图7.4.1所示。

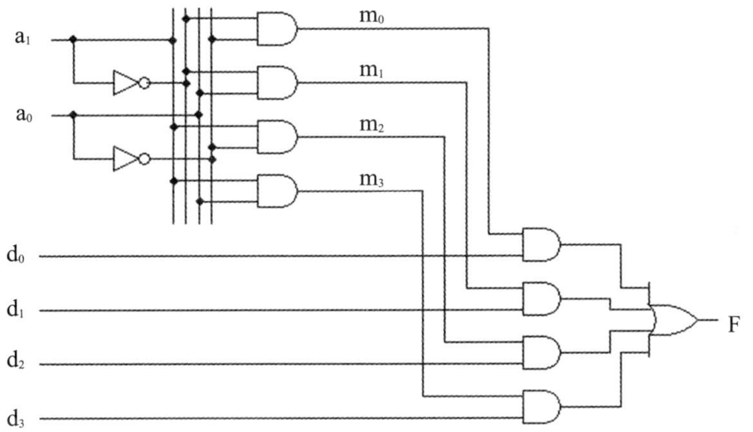

图7.4.1　4选1数据选择器的逻辑图

该表达中使用了2个单输入器件、8个2输入器件、1个4输入器件。如果直接用FPGA单元替换这些器件，则需要使用11个单元，最长路径延迟为4级。

从或门合并的与运算考虑，每个与运算表达了最小项同输入数据及使能信号的乘积，可以直接采用4输入单元实现。通过这种合并，逻辑图可以重新表现如图7.4.2所示。

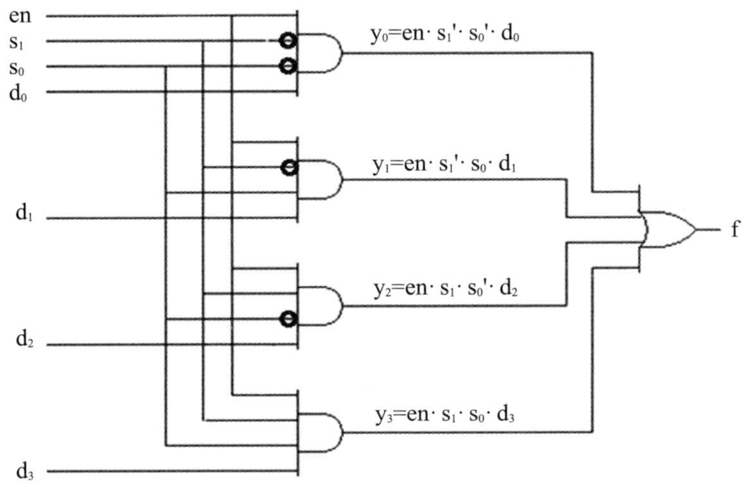

图7.4.2　4选1数据选择器的另一种表示

采用该设计方案，只需要使用5个FPGA单元，最长延迟路径只有2级。

采用VHDL描述上述设计，程序如下：

```
entity mux4 is
port (en:in bit;f:out bit;
   s:in bit_vector(1 downto 0);
   d:in bit_vector(3 downto 0));
end mux4;

architecture s of mux4 is
   signal y:bit_vector(3 downto 0);
begin
   y(3)<=s(1) and s(0) and d(3) and en;
   y(2)<=s(1) and not s(0) and d(2) and en;
   y(1)<=not s(1) and s(0) and d(1) and en;
   y(0)<=not s(1) and not s(0) and d(0) and en;
   f<= y(3) or y(2) or y(1) or y(0);
end s;
```

在上述程序中，在构造体的is到begin区间设置了中间信号y。

VHDL的信号设置格式为：

```
signal 信号名称：信号数据类型；
```

对应的verilog程序表达如下：

```
module mux4 (en,s,d,f);
input en;
input [1:0] s;
input [3:0] d;
output f;
wire [3:0] y;
assign y[3]=s[1]&s[0]&d[3]&en;
assign y[2]=s[1]&~s[0]&d[2]&en;
assign y[1]=~s[1]&s[0]&d[1]&en;
assign y[0]=~s[1]&~s[0]&d[0]&en;
assign f= y[3]|y[2]|y[1]|y[0];
endmodule
```

此处的信号设置采用了wire语句的方式；该语句位于前段的端口信号之后，后段的赋值语句之前。

中间信号设置的含义是表达电路结构中的中间节点（连线）。但实际上，每个节点一定需要由一个电路逻辑单元为其提供驱动电平。这种节点与电路逻辑单元的连接关系是一一对应的。因此，在结构描述中，HDL语言通过信号设置语句表达的是逻辑单元的设置。

2. 8选1数据选择器设计

图7.4.3是8选1数据选择器的逻辑图。

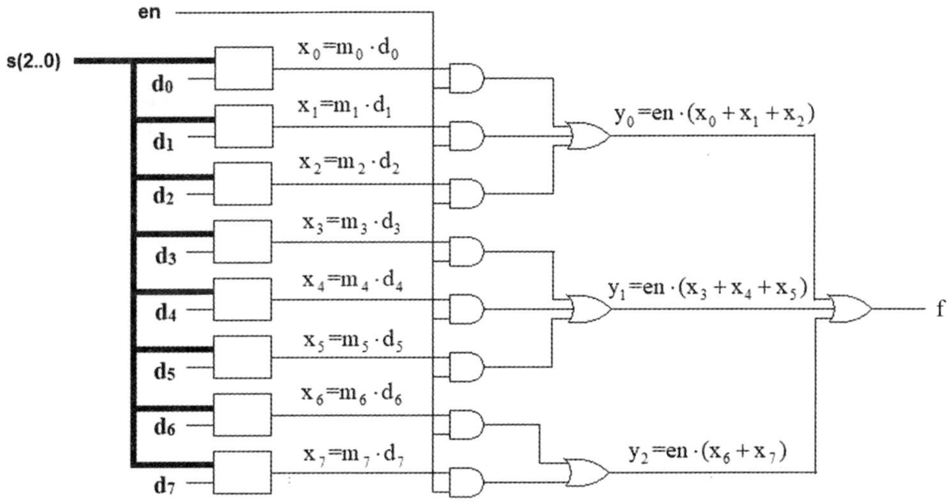

图7.4.3　8选1数据选择器的逻辑图

由于8选1数据选择器的选择最小项含有3个变量，需要将与运算进行分离。将使能信号en放到后一级与运算中，可以使后面的与或运算得到更大程度的合并。

图7.4.3表现了各4输入逻辑单元的输出方程。该设计采用12个FPGA单元实现，最长路径为4级运算。

7.4.2　并行设计的考虑

采用FPGA集成块实现设计时，大多数情况下器件中的可编程逻辑单元远远多于所需要的单元数量。由于采用单片设计，这些多余的单元并不能节约设计的成本。

利用这些多余的单元，构建出并行设计，缩短最长路径的运算级数，就成为基于FPGA设计的重要特色。

本节通过对多位加法器的设计，对这种特色进行介绍。

1. 16位加法器的串行设计

标准的16位加法器需要将2个16位数A和B进行相加，输出16位相加结果S。

根据前面关于串行加法器的分析，可以得到采用半加器和全加器设计的方案，如图7.4.4所示。

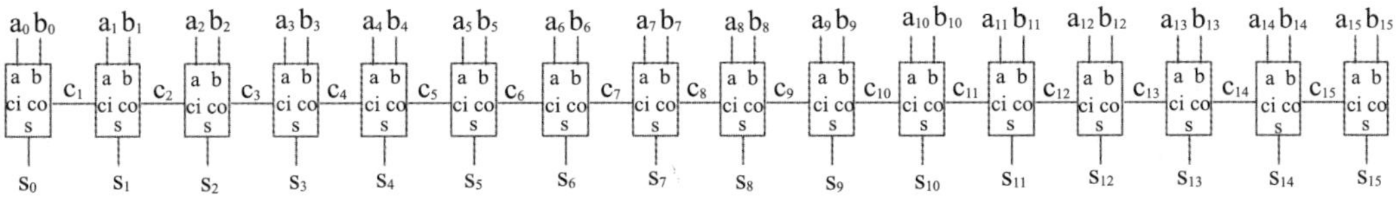

图7.4.4　16位加法器的串行设计

从图7.4.4可以看到，该电路由16个单元串接构成。

采用FPGA单元直接实现时，可以采用16个单元实现16个输出函数，采用15个单元实现进位函数。总计单元使用量为31，最长路径为16级运算。

该设计为规模化设计，其中用到大量相同的电路单元。

在采用HDL进行设计描述时，可以将这种大量使用的基本单元单独描述为模块（IP核）。然后在后续设计中通过元件例化语句调用这种模块。这种设计方式称为设计复用，可以有效提高设计效率。

当大量同类单元在一个程序中重复调用时，可以采用循环复制语句，减少程序的代码。使用这种语句时，需要预先将这些单元的输入/输出信号设置为数组形式，以便与循环变量配合使用。

以下通过VHDL程序进行介绍。

2. 全加器IP核的形成

```
entity fa is
    port (co,s:out bit;a,b,ci:in bit);
end fa;

architecture s of fa is
begin
    co<= (a and b) or (a and ci) or (b and ci);
    s<= a xor b xor ci;
end s;
```

3. 16位串行加法器的实现

```
entity add16 is
    port(s:out bit_vector(15 downto 0); a,b:in bit_vector(15 downto 0));
end add16;

architecture s of add16 is
    component fa port (co,s:out bit;a,b,ci:in bit);
    end component;
    signal c:bit_vector(16 downto 0);
begin
    c(0)<='0';
    g1: for i in 0 to 15 generate
        u1: fa port map (c(i+1),s(i),a(i),b(i),c(i));
    end generate;
end s;
```

采用VHDL实现IP核调用时，需要在构造体的is到begin之间的区域用component语句对使用的IP核进行说明。component语句的格式与对应IP核程序的实体部分非常类似，只是更换几个关键词就可以了，模块名称和端口部分的描述绝不可以改动。

在构造体的并行语句部分调用时，基本格式为：

器件编号：IP核名称 port map （端口映射关系）；

端口映射关系通常采用顺序映射法，将本程序中的信号与IP核中的端口设置信号建立顺序对应关系。

类似设计也可以采用verilog程序表达：

```
module add16 (s,a,b);
output [15:0] s;
input [15:0] a,b;
wire [16:0] c;
genvar i;
assign c[0]=0;
generate
for (i=0;i<=15;i=i+1) begin:fagen
    fa u1(c[i+1],s[i],a[i],b[i],c[i]);
end
endgenerate
endmodule
```

注意：

（1）verilog程序表达中不需要对IP核进行说明，但要求该IP核程序位于当前项目的路径内；

（2）需要使用专门语句对循环变量进行说明；

（3）generate语句的格式与VHDL中也略有不同。

方案1：对串行加法器的初步改进

在前面的设计中，FPGA的单元用于全加器输出的设计。每个单元只实现了一个3输入逻辑函数。

通过观察可以发现，上述运算的前2级实现最低2位的相加，实际的输入量只有4位。将这两个单元的运算合并设计，构建为2位加法器，可以采用3个FPGA单元分别实现s_0、s_1和c_2的输出。

这种设计不需要实现c_1的输出，可以减少一个FPGA单元，同时也使得实现c_2的运算从2级运算缩短为1级运算，从而使整个加法器的最长路径缩短。

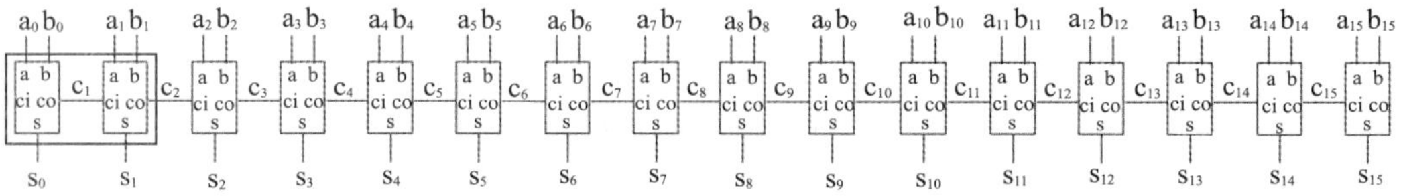

图7.4.5　对串行加法器的初步改进

在此设计中，图7.4.5中黑框表达的2位加法器的各输出方程可以表达为

$$s_0 = a_0 \oplus b_0$$

$$s_1 = a_1 \oplus b_1 \oplus (a_0 \cdot b_0)$$

$$c_2 = a_1 \cdot b_1 + (a_1 + b_1) \cdot a_0 \cdot b_0$$

方案2：并串结合的加法器

在上例中可以看到，直接设计2位加法器，可以缩短运算时间。

然而，除了最低2位可以这样设计外，高位就存在困难：由于需要考虑来自低位的进位，两位加法器实际上有5个输入，无法使用FPGA的4输入单元通过一级运算完成。

为了能够利用2位加法器进行运算加速，可以先不考虑低位进位，完成2位加法器运算后再来考虑如何处理低位进位相加的问题。

采用这样的思路，则输入数据可以完全送入前述标准的2位加法器进行相加。这部分加法运算可以并行进行，只需要一级运算后就可以得到结果。

在并行运算结果产生后，再来考虑进位相加问题。此时由于每个2位加法器的输出只有3位，加上低位的进位也才4位，相加可以采用2级合并进行串行相加的方式实现。

采用这种方式进行设计，最长路径的运算级数可以减少一半。

并串结合的加法器设计的基本构造如图7.4.6所示。

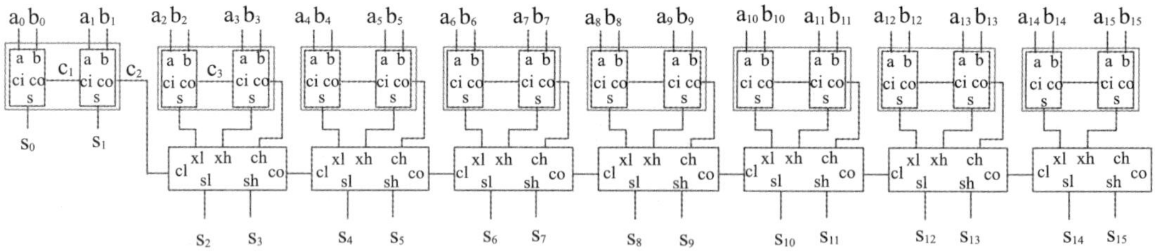

图7.4.6　并串结合的加法器

在上述结构中，第一层由6个独立的2位加法器构成并行运行（不包括第一层的最左和最右的两个2位加法器），使用23个FPGA单元，经过一级运算就可以得到全部输出；第二层则是一个特殊的串行加法阵列，每个加法器将输入的4个数据相加，产生3个输出。在考虑这种单元的加法运算时，需要注意各输入/输出的权重。这种单元的输出方程为

$$s_1 = x_1 \oplus c_1$$

$$s_h = x_l \oplus (c_l \cdot x_h)$$

$$c_o = c_h + x_l \cdot c_l \cdot x_h$$

串行加法阵列中，每个加法单元需要等待低位进位，然后通过一级运算产生输出。整个阵列使用20个FPGA单元，最长路径为7级。

将并行阵列和串行阵列合并考虑，整个电路使用FPGA单元43个，最长路径为8级运算。

与方案1的设计相比，设计单元增加了12个，但最长路径时间缩短近半。在使用FPGA设计时，设计单元这种程度的增加在多数情况下并不会导致成本变化，但设计性能却得到了很大的改善。

方案3：进位选择加法器

在上述的加法器设计中可以看到，串行阵列中运算延迟主要来自于对低位进位的等待。如果能够不等待进位，则高位的加法可以和低位的加法同步进行，运算速度就可以进一步提高。

那么问题是：在低位进位还没有产生时，高位能否得到正确的加法结果呢？严格说，肯定不能得到正确结果。但实际上，是有可能得到的。原因是，来自低位的进位无非2种情况：（1）有进位或进位为1；（2）没有进位或进位为0。按照这2种情况分别进行高位的加法，则总有一个是正确结果。

按照这样的思路，此方案的设计步骤是：

（1）将方案1中的16位加法器分为3个8位加法器：第1个8位加法器作为低位加法器直接建立；第2个8位加法器按照同样结构建立，用于高8位在进位为0时的加法；第3个8位加法器对第一级略做修改，用于高8位在进位为1时的加法。

（2）将2个高位加法器的输出送入一个8位2选1的数据选择器，由低位加法器的最高位进位进行选择控制，根据进位的具体值，选择出高8位相加的正确结果。

下面计算此方案使用FPGA单元的数量和运算级数。根据方案1构建的低8位加法器需要15个单元，高8位加法器需要14个单元，8位数据选择器需要8个单元，总计需要花费FPGA单元51个。此外，由于3个8位加法器进行并行运算，需要7级运算，数据选择器进行1级运算，因此，总运算级数为8级。

方案4：逐级分解进位选择加法器

上述结果不能令人满意，运算级数与方案2等同，但FPGA单元耗费增加了不少。然而，这种设计思路却可以扩展。

既然16位加法器可以通过分为2段而缩短运算级数，8位加法器当然也可以进行分解了。考虑分解运算的时间和选择运算的时间配合，可以按照如下步骤进行分段加法器设计：

（1）第1段（0～3位）的加法器设计。首先，将前4位加法分为2段，分别用3个2位加法器进行运算，通过1级运算即可得到结果。其次，由于高2位结果需要选择，还需要1级运算才能得到真正正确的结果（包括向更高位的进位）。到此为止完成低4位（0～3位）的加法运算，需要花费12个FPGA单元，通过2级运算完成。后面的单元可以按照进位选择的方式同步开始计算。

（2）第2段（4～6位）的加法器设计。按照方案1的构建方式，2级运算时间可以完成3位加法运算。首先，构建2个3位加法器进行4～6位的加法运算，同样花费2级运算产生备选结果。其次，2级运算结束时通过由0～3位加法确定的进位对4～6位的加法结果进行选择。然后，通过1级选择运算，就可以得到前7位的正确结果和向高位的正确输出了。此步需要构建2个3位加法器和一个3位2选1数据选择器，需要花费14个FPGA单元。

（3）第3段（7～10位）的加法器设计。前7位产生输出需要3级运算，根据方案1，3级运算可以完成4位加法器的运算。因此（7～10位）运算可以构建4位加法器进行同步运算，并额外花费1级选择运算，总计4级运算时间可以完成前11位加法运算，花费19个FPGA单元。

（4）第4段（11～15位）的加法器设计。4级运算时间可以完成5位加法运算，最高5位加法（11～15位）可以安排5位加法器进行同步运算。花费21个FPGA单元。

这样的设计所花费的FPGA逻辑单元数量为66个FPGA单元，但完成16位运算的级数只需要5级。该设计相对上述的串行设计来说，虽然FPGA逻辑单元的使用量由31个增加到66个，增加了113%，但信号的最长路径由16级运算缩短为5级运算，减少了68.75%，性能大为提高。在FPGA单元富裕的情况下，采用这种方案显然更好。

通过以上分析可以看到，当购买的FPGA单元在实现设计时存在富裕量时（通常会存在这种情况），利用这种富裕的单元改进设计的性能，可以在不增加成本的基础上，使设计效果得到大幅度改善。这是基于FPGA单元进行单片设计时的重要特点。

习题7

7.1　分析题图7.1的与-或逻辑阵列，写出Y_1和Y_0的逻辑表达式。

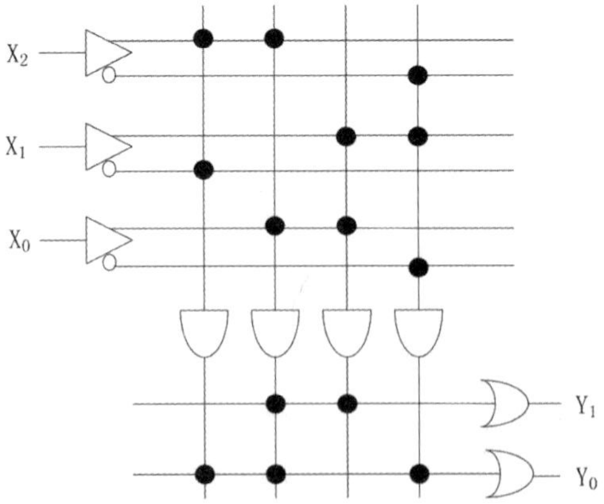

题图7.1

7.2　分析题图7.2的与-或逻辑阵列，写出Y_1和Y_0的逻辑表达式。

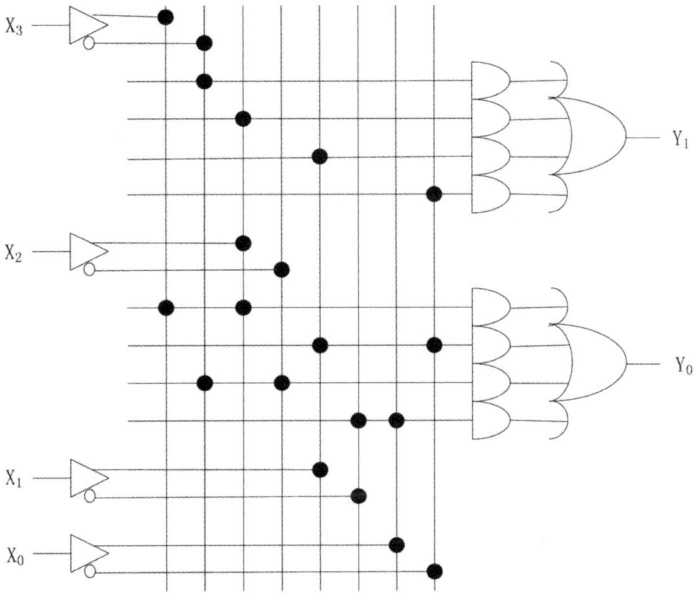

题图 7.2

7.3　根据图 7.2.6 所示的 FPGA 结构，说明如何用 FPGA 单元实现 5 变量的任何逻辑功能。

7.4　根据图 7.2.6 所示的 FPGA 结构，说明如何用 FPGA 单元实现 9 位偶校验函数。

7.5　根据图 7.2.6 所示的 FPGA 结构，说明如何用 FPGA 单元实现 2 个 4 位操作数的相等校验器。

7.6　用 VerilogHDL 描述题图 7.3 所示电路的逻辑功能。

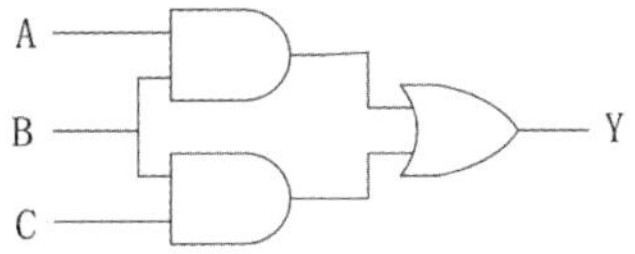

题图 7.3

7.7　用 VHDL 描述题图 7.3 所示电路的逻辑功能。

7.8　用 VerilogHDL 描述题图 7.4 所示电路的逻辑功能。

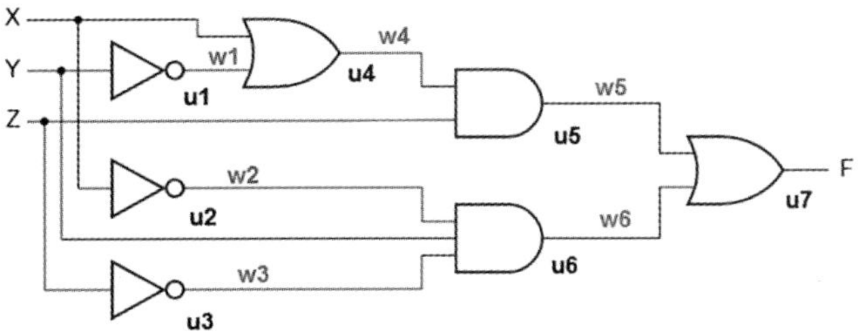

题图 7.4

7.9　题表7.1是74157（4位2选1数据选择器）的真值表，写出74157的Verilog程序。

题表7.1　以4位2选1数据选择器74157的真值表

输入		输出			
EN_L	*S*	1*Y*	2*Y*	3*Y*	4*Y*
1	*X*	0	0	0	0
0	0	$1D_0$	$2D_0$	$3D_0$	$4D_0$
0	1	$1D_1$	$2D_1$	$3D_1$	$4D_1$

7.10　题图7.5是一个迭代比较电路。写出16位迭代比较器的Verilog程序。

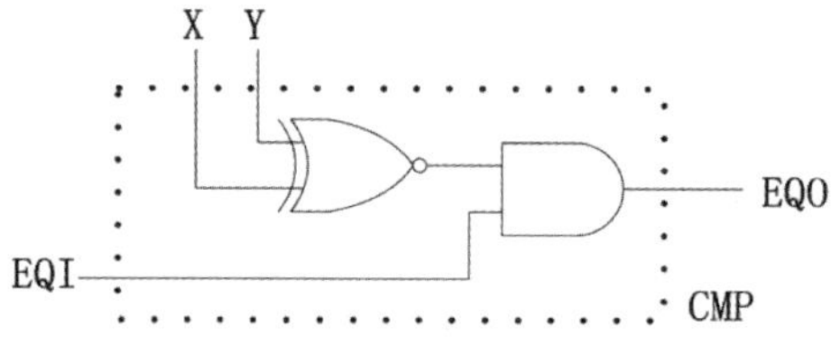

（a）1位模块

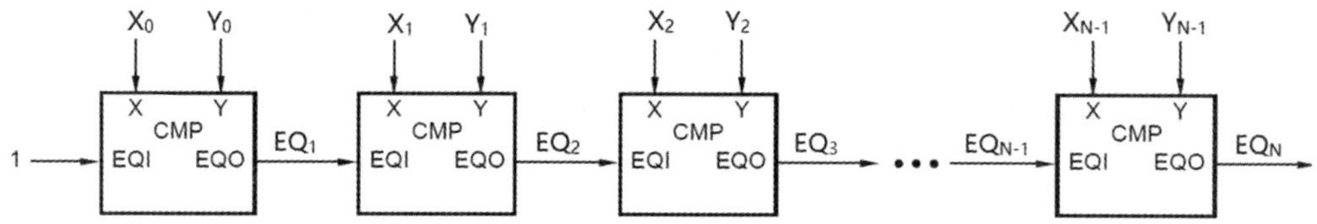

（b）完整电路

题图7.5　迭代比较电路

第8章 时序控制与同步电路设计

8.1 时序控制设计概述

前面的章节分别介绍了数字系统的组合标准设计和组合优化设计。组合标准设计是从数字系统的真值表出发，经过自顶向下的分解设计，将数字系统分割到基本逻辑单元，采用基本逻辑单元的组合实现系统设计。

组合优化设计则考虑到同一数字系统可以具有不同的运算表达方案，采用电路实现这些运算表达方案时花费的成本不同，实现的电路性能也不同，因此，需要在不同的基本单元组合中选择优化的方案，实现低成本高性能的设计（此处的性能通常采用速度、功耗等指标衡量）。

然而，仅仅建立了最优的组合方案并不意味着数字系统能够有效地工作。为了使系统能够正确有效地工作，需要对信号的变化进行检测和控制，对运算的流程进行组织，对数据的传输进行控制，这样的工作就是时序设计的任务。

时序设计关注的问题与组合设计有区别：

1. 组合设计关注逻辑关系的实现（输入与输出的状态对应关系），而时序设计关注状态变化的检测与控制；

2. 组合设计关注器件的成本与速度，而时序设计则关注器件的使用效率和信号的工作频率限制。

以下通过组合运算中的时间延迟问题来介绍数字系统的时序控制设计特点。

8.1.1 组合系统的实现问题

组合系统的典型表达是真值表的表达方式，如图8.1.1（a）所示。对于一个稳定的输入状态，存在一个稳定的输出状态与其对应。在理想情况下，希望这两个对应状态存在的时段是相同的。在任何时段，输入状态与输出状态的对应关系都能够满足真值表设定的关系，如图8.1.1（b）所示。

真值表

输入	输出
输入状态1	输出状态1
输入状态2	输出状态2
输入状态3	输出状态3
输入状态4	输出状态4

（a）真值表

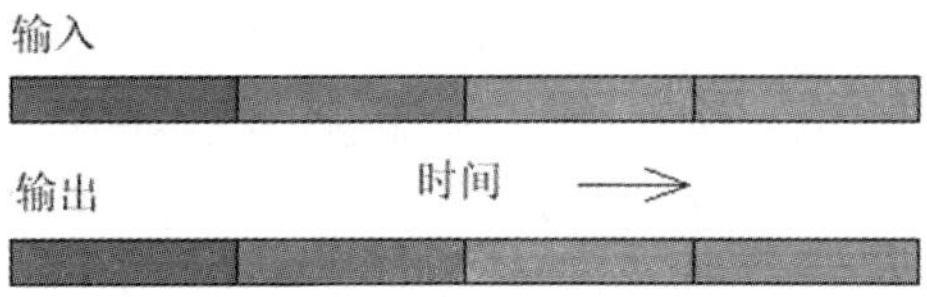

（b）输入与输出的时序关系

图8.1.1 组合系统的表达方式及理想情况下输入与输出的时序关系

然而，任何组合单元都会具有时间延迟，从输入状态变化到输出状态变化会需要一定的延迟时间（不同的组合单元延迟时间不同）。因此，在输入状态变化之后（设为 t_0）到对应输出状态变化之前（设为 t_1）的时段中，输入与输出不可能满足真值表中的对应关系，如图 8.1.2（b）所示。在 t_1-t_0 这个时间段中进行测量，就无法看到真值表所表达的输入 / 输出关系。因此，对于电路输出状态的测量时间需要进行控制。

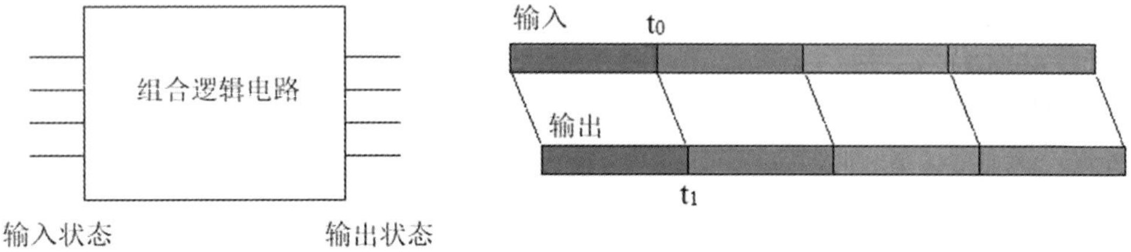

（a）组合系统　　（b）输入与输出时序关系

图 8.1.2　实际情况下组合系统的输入与输出时序关系

更糟糕的是，许多组合单元中（特别是多输入多输出单元），从输入到输出的延迟路径不止一条，延迟时间也各不相同，如图 8.1.3（a）所示。若最短的延迟时间为 t_0-t_1，最长的延迟时间为 t_0-t_2，则在 t_2-t_1 的时段中，输出端处于不稳定状态（或者不正确的状态），如图 8.1.3（b）所示。这样一来，输出稳态的持续时间就会少于输入稳态的持续时间。如果输入状态变化的间隔小于 t_2-t_1，则在任何时段都无法看到输出端出现稳态，更谈不上如何实现真值表的关系了。

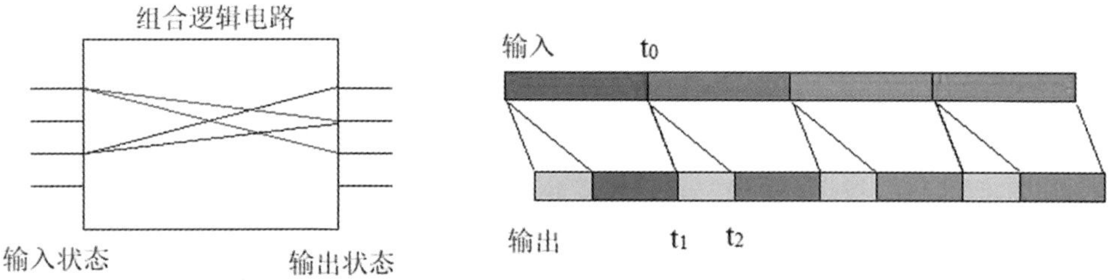

（a）存在不同的传输路径　　（b）输入与输出时序关系

图 8.1.3　考虑多条传输路径时的输入与输出时序关系

例 8.1.1　分析图 8.1.4 所示电路的信号传输延迟

解：从图 8.1.4 可以看出，a、b 和 c 表示电路的输入，d、e、f 和 g 表示逻辑门的输出。若输入 bc=11，则输入 a 到输出 g 有两条路径，一条路径是 $adeg$，另一条路径是 afg，并且这两条路径的延迟是不一样的。根据第 2 章的信号路径延迟模型，即：信号传输延迟由电路中最小晶体管栅极电容的充放电延迟决定，以下的时间单位用“最小晶体管栅极电容”表示。在图 8.1.4 中，路径 $adeg$ 的延迟是 $\Delta T = 2+3+3+3=11$，而路径 afg 的延迟是 $\Delta T = 2+3+3=8$。图 8.1.5 是当输入 bc=11 时的时序图。从图 8.1.4 可以看到，$g = a'b + ac$，若输入 bc=11，则输出 $g = a' + a = 1$，从静态的角度看，不管 a 取 0 或 1，输出 g 都等于 1，但从图 8.1.5 可以看到时间单位 8

到时间单位11期间g=0，即出现负脉冲，这时已经不满足图8.1.4的输入与输出之间真值表的关系了。若用该电路的输出去驱动时序逻辑电路的时钟输入端，则将引起后级电路的误动作，这就是组合逻辑电路的静态冒险问题，该冒险又称为静态1型冒险。其特点是：若逻辑电路的某些输入取逻辑常量0或1时，电路的输出呈现出一个变量与其反变量相或，如：$g = a' + a = 1$，则该电路存在静态1型冒险。

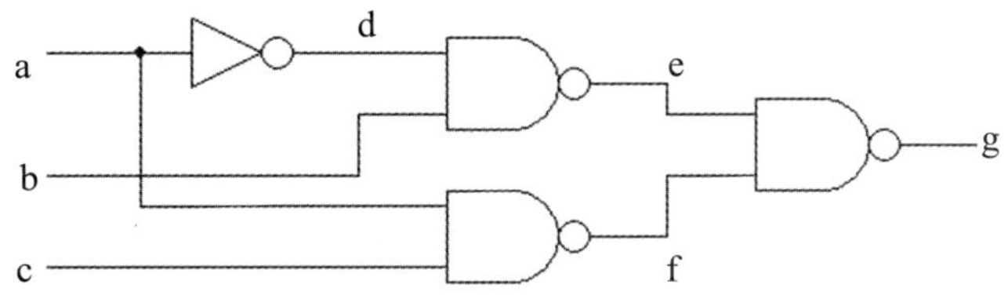

图8.1.4　输入a到输出g存在不同路径延迟的组合逻辑电路

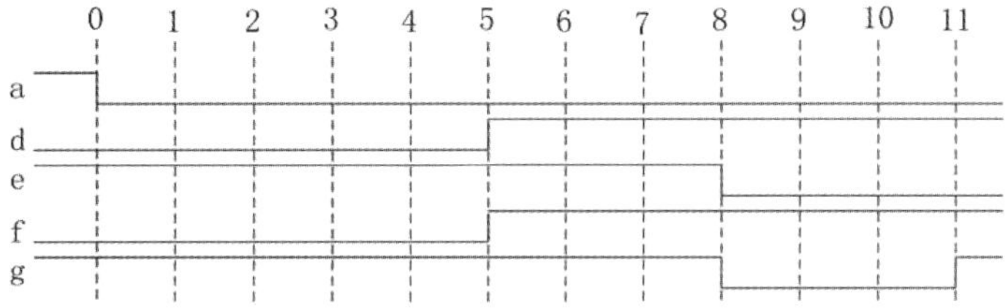

图8.1.5　当bc=11时图8.1.4各节点信号的时序图

根据上述逻辑电路出现静态1型冒险的条件（输入bc=11），构造一个乘积项bc，并加到原来的逻辑表达式中，即$g = a'b + ac + bc$，对应的电路中增加一个与非门，就可以消除该静态冒险。而乘积项bc在上述表达式却是一个冗余项，因此，这种静态冒险消除法称为增加冗余项法。

静态1型冒险的检测和冗余项的获得也可以采用卡诺图方法，图8.1.6是图8.1.4的输出表达式$g = a'b + ac$对应的卡诺图，式中两项所对应的两个圈在bc=11处出现相切的现象，把相切位置相邻的1圈起来得到的乘积项就是相应的冗余项。

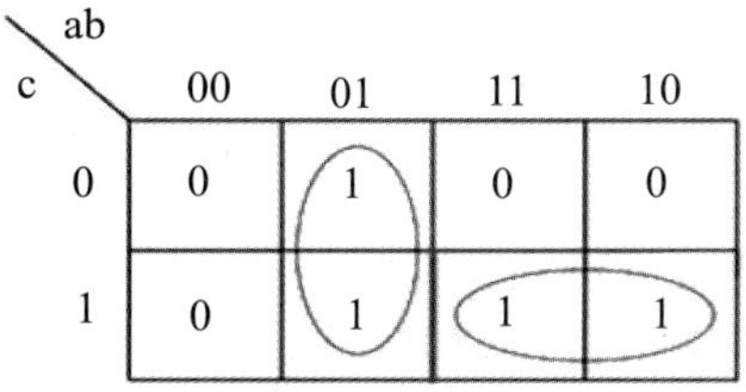

图8.1.6　表达式$g = a'b + ac$对应的卡诺图

静态1型冒险的对偶就是静态0型冒险，图8.1.4的对偶就是图8.1.7。当图8.1.7的输入bc=00时，输出$g = a'a = 0$。当输入bc=00时，可以画出对应的时序图如图8.1.8

所示，输出g出现正脉冲。对应的卡诺图如图8.1.9所示，两个圈在bc=00处出现相切现象，存在静态0型冒险，相应的冗余项是（b+c），因此一个无静态0型冒险的电路输出表达式是$g=(a'+b)(a+c)(b+c)$。

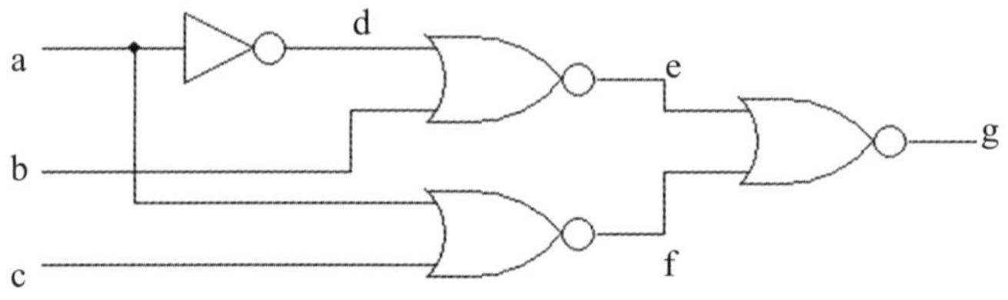

图8.1.7　存在静态0型冒险的组合逻辑电路

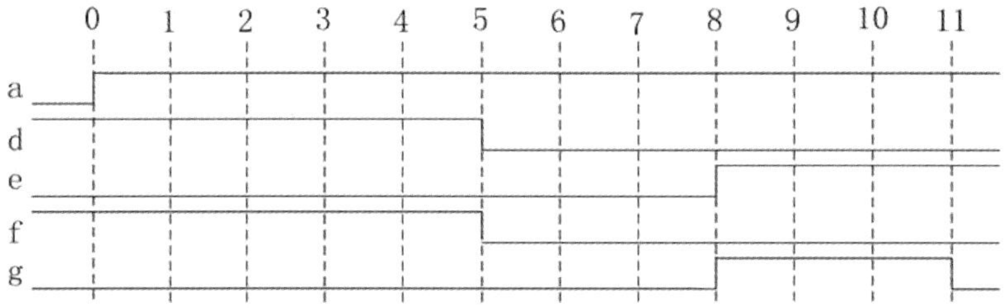

图8.1.8　时序图

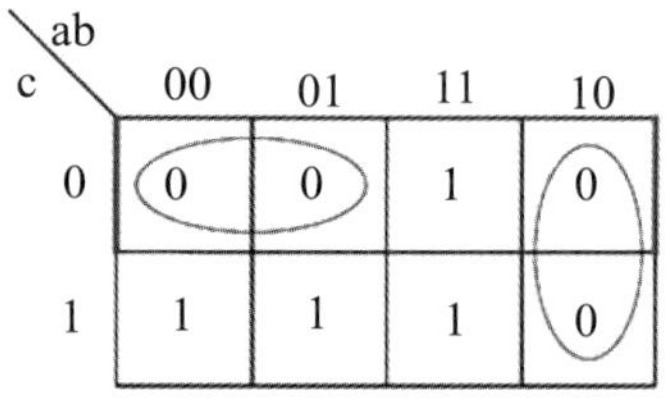

图8.1.9　卡诺图

然而，数字系统是由大量的组合单元连接构成的，前一个单元的输出就是后一个单元的输入。如果输出稳态的持续时间短于输入稳态的持续时间，则后级单元的输入稳态时间就短于前级单元。这样的条件持续下去，经过若干单元的信号传递后，稳态就可能彻底消失，组合运算功能也就无法实现了。

为了避免出现上述情况，需要采取措施对这种单元的输入和输出进行控制：输入信号需要定时控制变化，避免2次变化的时间小于单元中的延迟时间差；而对输出信号，则需要在输出出现稳态的时段中进行采样，而避开不稳定的时段。同时应该将这种对稳态的采样进行保持，作为向后级单元的稳定输出，如图8.1.10所示。

这种对信号的传输和采样进行定时控制的器件称为寄存器。

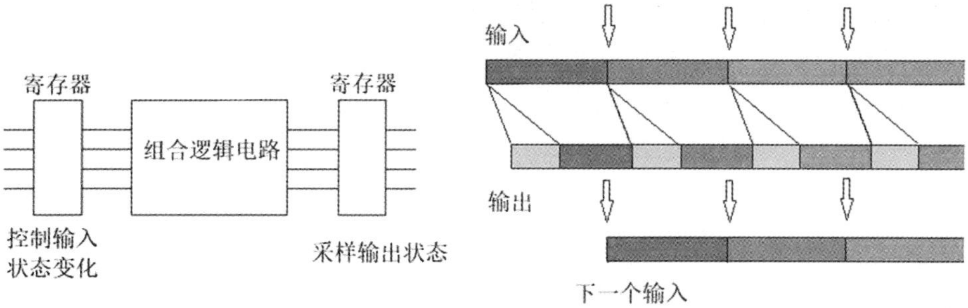

图8.1.10　利用寄存器对信号进行控制和采样

8.1.2　同步数字系统的基本结构

为了实现高效可靠的运算，对每个组合运算单元，希望在对组合单元稳定输出进行采集的同时，向组合单元的输入端投放新的数据。

要实现整个数字系统中每个组合单元投放数据与采集输出在时间上的一致性，系统中所有的寄存器应该受到统一信号的控制。这种控制信号称为时钟信号。

在时钟信号的控制下，所有组合单元同时得到新的输入数据，同时采集稳定的输出结果，数据在系统中同步地传递。这种系统就称为同步系统，如图8.1.11所示。

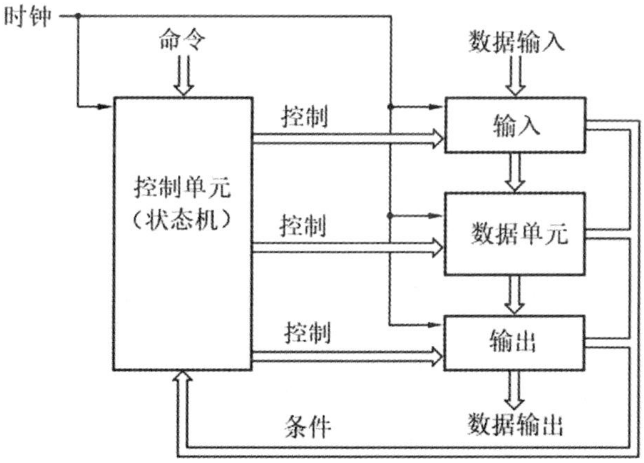

图8.1.11　一种同步系统

典型的同步数字系统由数据运算单元（组合运算单元）、时序控制部件（寄存器组）和控制系统信息处理系统（状态机）三部分构成。

组合运算单元实现各种数据运算或逻辑运算，完成数字系统所需要的所有运算任务。在进行这些运算时，信号的传递存在不同路径。由于路径延迟时间差别的影响，输出总是存在一段不稳定时间。输出状态的稳定时间短于输入状态的稳定时间。

寄存器用于控制组合单元的输入和输出。在组合单元的输入端，寄存器保障输入信号的稳定性，只在时钟控制的统一时刻才让输入信号发生变化。在组合单元的输出端，寄存器在接收输出状态的时候，也负责阻隔不稳定输出状态的传递，只在时钟控制的统一时刻才进行输出状态的传递。

通过这样的控制，可以在组合运算的前后级信号传递中，消除前级输出状态的不稳定对后级的影响，保障后级输入具有最长的稳定状态。

为了对寄存器的数据流动控制作用进行调控，同时对组合运算进行调整。在前2级结构之上建立一个指挥中心。这个指挥中心称为状态机。

状态机首先需要从电路关键点获取信息，对这些信息进行分析判断；然后根据具体情况对电路发布指令，控制各寄存器的运行或控制组合运算的选择。因此，状态机的基本类型可以分为两类：获取信号的序列信号检测器，发布指令的序列信号发生器（也称为计数器）。

在同步数字系统中，组合运算链被若干寄存器组切分开，形成一个个独立的运算单元，如图8.1.12（a）所示， 该图的U_i(i=1,2,…,6）表示组合运算单元，R_j（j=1,2,…,7）表示寄存器组。每个运算单元从寄存器中获取待处理的数据，根据状态机的控制命令进行相应的运算，将运算结果送入输出的寄存器中，并将运算得到的信息反馈给状态机。状态机则根据外部指令和当前运算的结果，给出下一步运算的控制命令，安排整个运算链中的各种器件进行相应的数据传递和运算组织，如图8.1.12（b）所示。

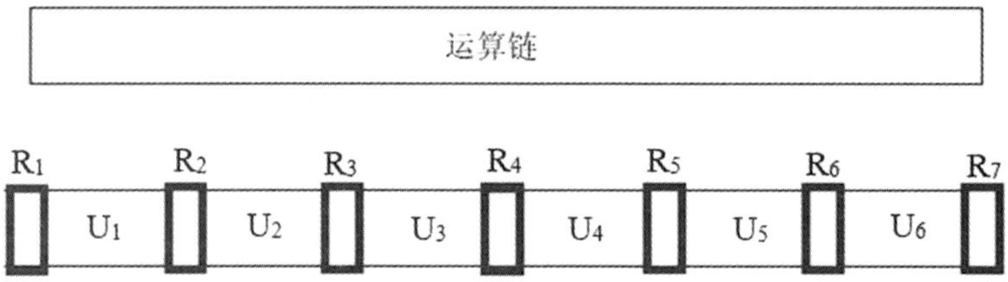

（a）组合运算链示意图

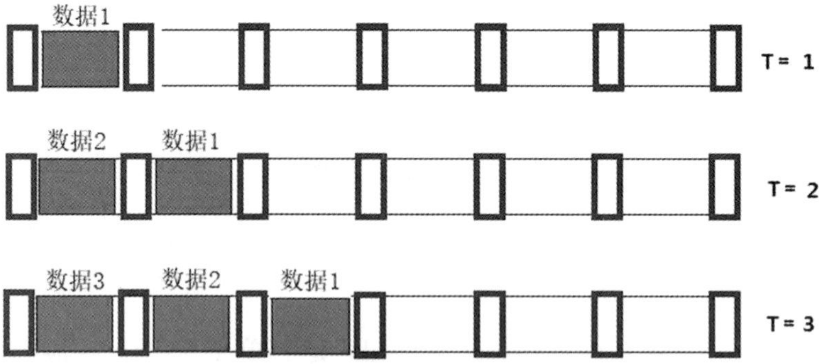

（b）数据传递示意图

图8.1.12　寄存器控制数据传递

在上述系统中，寄存器担任着数据流控制的重要任务，它需要承担三个功能：其一是在运算过程中，能够稳定保存其输出数据不发生变化，以保障其后的组合运算能够稳定可靠地进行；其二是在运算过程中，能够接收新到达的数据并将其暂时存放起来，阻断这种数据对后续运算单元的影响；其三是能够在指定的信号时刻进行数据更新，将暂时存放的数据转换为输出。此外，在状态机中，也需要使用寄存器对电路的状态进行采样控制，以及对控制指令的发送进行时间控制。

在寄存器的控制下，状态机可以在统一的时钟信号时刻，安排所有的寄存器进行数据更新，将新的数据送入各运算单元进行运算，在此过程中，先后产生的运算结果送入相应寄存器暂存，直到所有运算单元完成运算，此时再进行新一轮的数据更新，安排新一轮的运算。

在时序控制设计中，最重要的问题是如何加快运算的进程，提高运算的效率，其典型的标志就是系统时钟频率的提高。

下面将首先介绍寄存器的基本电路构成，分析其时间特性，了解信号通过寄存器传递的一些重要特性；然后将结合数字运算系统的构成，讨论影响系统时钟频率的主要因素，并分析由于时钟信号路径延迟导致的时钟偏斜问题及提出解决的对策；最后简单介绍系统接受异步信号输入时可能产生的问题，介绍对异步信号进行同步化的设计概念。

8.2　寄存器的结构和性能

对于寄存器的需求考虑，寄存器需要具备下列三个特点：

（1）寄存器位于前后组合单元之间，接受前级的输出，为后级提供输入；

（2）寄存器根据统一的时钟信号控制，在指定时刻进行数据传递，将前级输出传递给后级输入；

（3）在未到达统一时刻前，寄存器应该能够接收前级输出并加以保存，即根据寄存器的输入变化改变其内部状态；同时寄存器应该保持对后级的输入稳定不变。

因此，寄存器中一定具备2套存储机制，分别用于存放输入和输出的数据。

在时钟控制的指定时刻，寄存器要能够立刻将其内部的输入的状态转换为输出的状态，实现数据的传递。

以下首先介绍寄存器内部的存储机制，然后再介绍数据传递的控制，最后介绍对寄存器工作状态的控制。

8.2.1　存储单元（锁存器）

存储单元需要满足两个基本要求：

（1）能够稳定可靠地保持其输出状态：0、1；保存时可以不受其输入变动的影响。

（2）能够通过输入变化有效设置或改变其输出状态。

注意：上述第一个要求决定了其与组合逻辑的不同，第二个要求则与第一个要求存在矛盾，需要通过设计来解决。

8.2.2　双稳态单元

输出状态的可靠保持可以采用双稳态单元实现。这种单元由2个反相器级联成环，形成正反馈，如图8.2.1所示。

将其中一个反相器的输出称为状态Q，另一个反相器的输出称为Q_L。

当Q为1时，通过反相器的作用，可以使Q_L为0，再反馈回来可以使Q稳定于1，因此，该单元可以保持在稳定状态1。

同样道理，该单元也可以保持在稳定状态0。

这就是这种单元名称的来源。

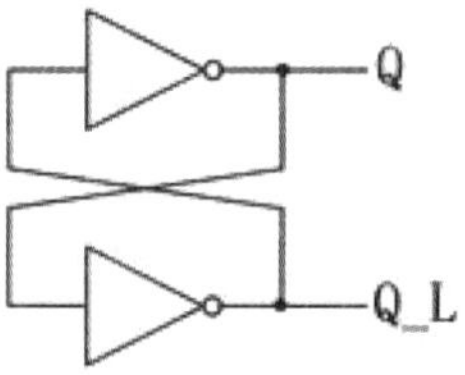

图8.2.1　双稳态单元

双稳态单元没有输入端，内部状态的建立只能依靠接通电源后，反馈环中信号的相互作用而建立。状态的建立需要一段时间，在这段时间内，该单元处于不稳定状态。这种不稳定的状态称为亚稳态。

亚稳态具有下列三个特点：

（1）它不是稳定的1或0状态；

（2）经过一段持续时间后，它一定会转变为稳定的状态；

（3）它最终随机稳定于1或0，没有固定的最终稳定状态。

亚稳态是电路中必然会出现的状态，也是电路运行时不希望看到的状态。电路设计和使用应该采取措施避免亚稳态出现导致的风险。

8.2.3　SR锁存器

双稳态单元没有输入端，无法进行状态设置，所以不能直接用于状态存储。

为了在双稳态单元中设置状态，需要为双稳态单元添加输入端。但是输入端不能直接添加于连线上，否则会导致电平冲突。若在反相器基础上添加输入，则反相器变成2输入基本器件NOR2或NAND2。

以下分析由NOR2构成反馈环的情况。

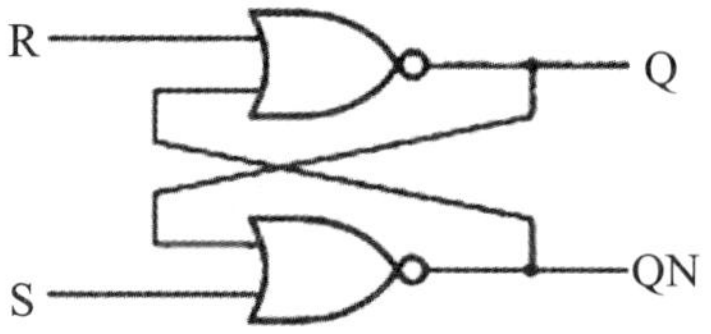

（a）逻辑电路

S	R	Q	QN
0	0	保持	保持
0	1	0	1
1	0	1	0
1	1	0	0

（b）功能表

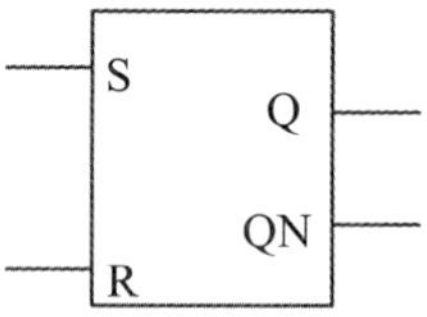

（c）逻辑图

图8.2.2　SR锁存器

如图8.2.2所示为SR锁存器的逻辑电路、功能表和逻辑图。在图8.2.2（a）的输出Q对应的NOR2端口输入高电平1，由于或非门的作用，状态Q一定会变为0。该输入端由此被称为置0端（Reset），也称为R端。

在输出QN的NOR2端口输入高电平1，由于或非门的作用，QN一定会变为0。此时如果R端输入为0（没有置0），则QN为0就会导致状态Q为1。该输入端由此被称为置1端（Set），也称为S端。该器件由此被称为SR锁存器。

因此，SR锁存器可以通过输入端进行状态设置：S端置1，R端置0。

在没有设置信号（SR=00）时，SR锁存器可以保持其输出状态不变，这时SR锁存器等效于双稳态单元。这种性质满足存储单元的基本要求，构成存储器的基础。

为了对SR锁存器的设置过程进行分析，可以采用门控电路模型。

SR锁存器由2个NOR2构成，它们可以看作是对输入设置信号的门控开关。这2个开关分别受Q和QN控制。

SR锁存器稳定状态的特点是：Q和QN的状态相反，如图8.2.2（b）所示功能表的第2、3行所示（SR=01和10）。在这种情况下，2个门开关一定是一个开通，一个关闭。只有改变状态的设置信号才可能进入锁存器。

设置信号进入SR锁存器后，经过信号传递，Q和QN的状态发生变化，2个门开关的状态也发生变化，在此过程中，锁存器从一个稳定状态变化到另一个稳定状态。

若图8.2.2（a）的两个NOR2是完全一样的标准逻辑门，采用第2章的信号路径延迟模型，时间单位用最小晶体管栅极电容表示，并且不考虑信号变化的上升沿和下降沿，以下类似分析时均用此假设，则得到图8.2.3所示的时序图。

.2.3 SR锁存器的时序图

……入S加入一个宽度为9个时间单位的正脉冲，并且该锁……图8.2.3所示。该时序图的具体分析过程是：$t=0^+$时间……或非门的延迟引起$t=$……时间单位QN=0；由于输入R=0……起$t=6^+$时间单位Q=1，……高电平使QN继续为低电平；……此时Q=1，使QN保持低电平。

……一个稳定状态转换到另一个稳定状态需要一段组合延……输出处于不稳定状态，如图8.2.4所示的阴影部分所示……号S的状态建立时间是6个时间单位。

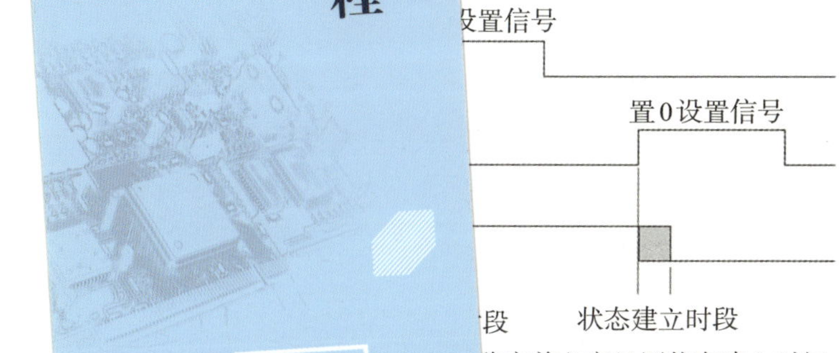

……稳定前必定经历状态建立时间

若输出处于不稳定状态就进行保存，存储器的状态就将是亚稳态。亚稳态经过一段时间之后必定趋于某个稳定状态。问题是无法预先确定稳定于0还是1。由此，可能导致锁存器数据错误。

若在S端施加一个宽度为3个时间单位的脉冲，R端保持无效输入状态，则在理想情况下得到图8.2.5所示的时序图，从第6个时间单位开始，锁存器输出状态呈现出振荡状态，这是亚稳态的一种表现形式。

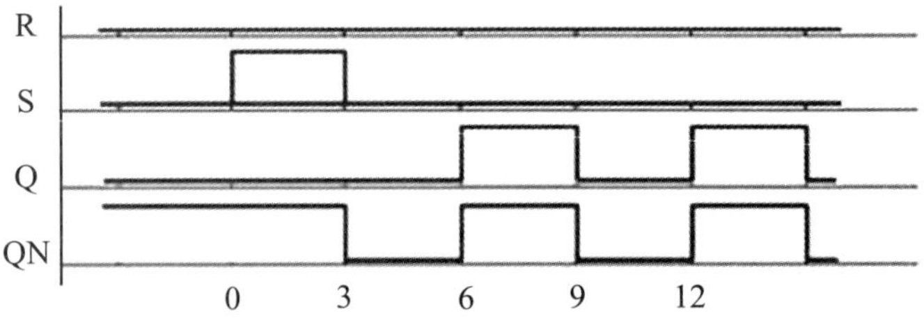

图8.2.5　在S端施加的脉宽不够宽时出现振荡（亚稳态）

图8.2.5的假设与图8.2.3类似，但由于输入S的正脉冲宽度不一样，结果也就不一样。图8.2.5时序图的具体分析过程是：$t=0^+$时间单位$S=1$，经过或非门的延迟引起$t=3^+$时间单位$QN=0$；由于输入$R=0$，经过另一个或非门的延迟引起$t=6^+$时间单位$Q=1$；而$t=3^+$时间单位$S=0$，$Q=0$，引起$t=6^+$时间单位$QN=1$；因此$t=6^+$时间单位Q和QN均为高电平，经过或非门的延迟后，$t=9^+$时间单位Q和QN均为低电平，然后Q和QN呈现振荡状态（亚稳态）。

若在R端加窄脉冲，S端保持无效输入状态，也将出现类似的亚稳态状态，如8.2.6所示。

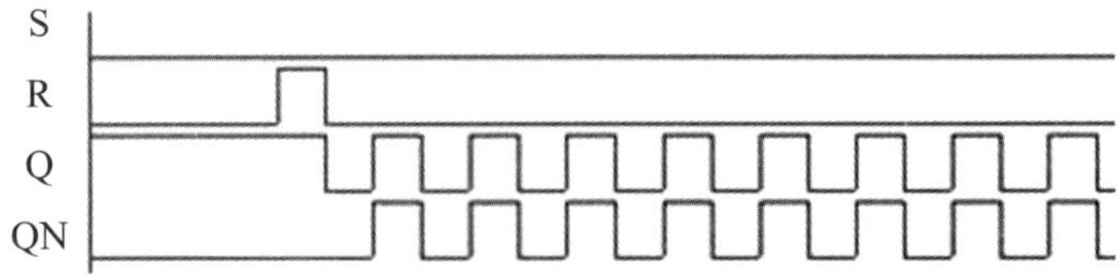

图8.2.6　在R端施加的脉宽不够宽时出现振荡（亚稳态）

因此，为避免锁存器因亚稳态发生数据错误，改变状态的设置信号不能过于短促，需要保障状态建立时段中，设置信号稳定不变。该时段称为最小设置脉冲宽度（$t_{pw(min)}$）。

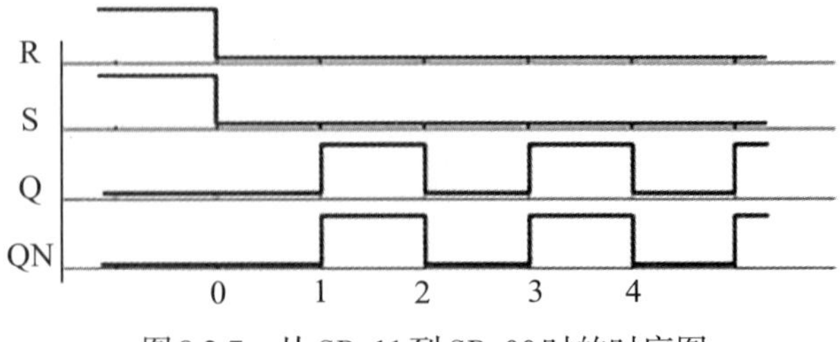

图8.2.7　从SR=11到SR=00时的时序图

应该看到，输入端的设置状态不当也可能导致不稳定状态产生。如图8.2.7所示，输入*SR*同时从11变为00，当2个输入端都是高电平时，或非门结构的SR锁存器的*Q*和*QN*都会出现低电平。t=0⁺时间单位时输入*SR*同时变为00，此时两个NOR2的输入端都为0，经过或非门的延迟后，*Q*和*QN*同时变为高电平；然后再经过或非门的延迟后，*Q*和*QN*又同时变为高电平，如此循环振荡下去，如图8.2.7所示。这种状态是无法稳定保持的。一旦输入设置消失（变为低电平），这种状态就会在反馈环中形成振荡，进入亚稳态。

上述分析了SR锁存器产生亚稳态的两种原因：

1. 锁存器的输入脉冲宽度小于$t_{pw\ (min)}$；
2. 锁存器的输入同时从11到00变化。

在实际应用中，我们应该避免出现上述问题。

例8.2.1　利用第2章所建立的逻辑门传播延时模型，即传播延迟是由节点上连接的电容充放电导致。若图8.2.2中的或非门的传播延时是$\Delta T = 3$个时间单位，或非门的上升时间和下降时间均为0，则图8.2.2所示的SR锁存器的*S*输入端脉冲宽度的最小值$t_{pw(min)}$是多少？若*S*输入端脉冲宽度大于$t_{pw(min)}$，则SR锁存器的状态建立时间与$t_{pw(min)}$之间存在什么关系？假设SR锁存器的*Q*和*QN*的初态分别为0和1，试完成图8.2.8所示的时序图。

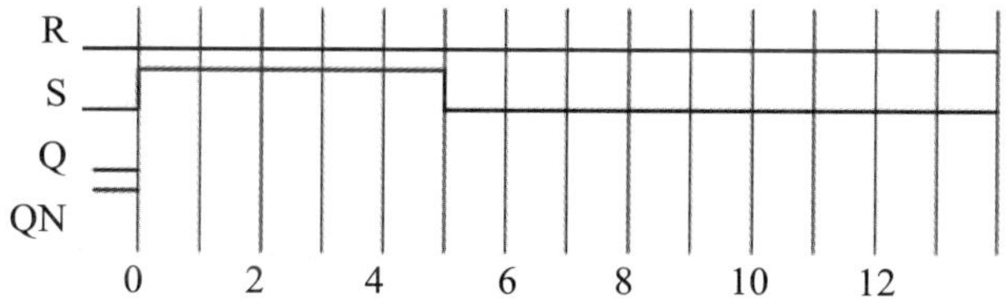

图8.2.8　SR锁存器时序图1

解：从图8.2.2可以看出，当输入端*S*有效时，需经过两个或非门的延迟才能使输出端*Q*的状态建立起来，因此，*S*输入端脉冲宽度的最小值$t_{pw(min)}$ =6。

可以推断，若*S*输入端脉冲宽度大于$t_{pw\ (min)}$，则状态建立时间就等于$t_{pw\ (min)}$。

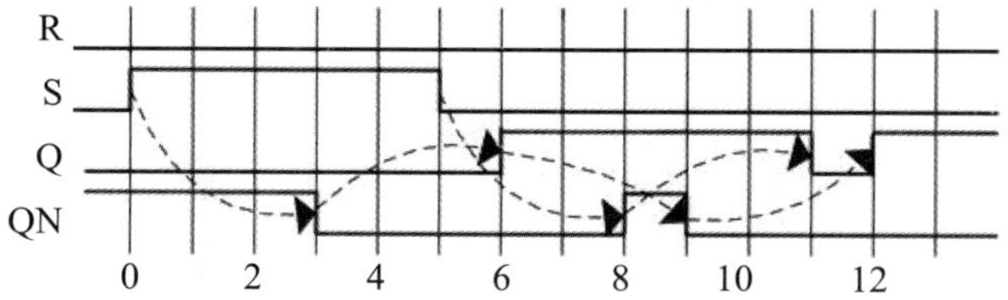

图8.2.9　SR锁存器时序图2

图8.2.9是图8.2.8的完整时序图，图中的箭头表示了引起状态变化的因果关系，*S*在时间单位0的变化引起了*QN*在时间单位3的变化，继而引起*Q*在时间单位6的变化，进一步引起*QN*在时间单位9的变化，然后引起*Q*在时间单位12的变化……；此外，*S*在时间单位5的变化引起了*QN*在时间单位8的变化，进而引起*Q*在时间单位11的变化……如此进行下去，可以看到*Q*和*QN*的状态都是不稳定的，这也是

一种亚稳态表现。引起这一结果的原因是*S*输入端脉冲宽度是5个时间单位，而$t_{pw(min)}$是6，不满足最小脉冲宽度的要求。

上述分析都是针对NOR2构成的锁存器。将NOR2更换为NAND2同样构成SR锁存器，只是此时的输入设置表现为低电平有效。这种锁存器称为S'R'锁存器（或者$\overline{S}$ $\overline{R}$锁存器），如图8.2.10（b）所示。

实际上，S'R'锁存器与SR锁存器的功能是一样的，前者表示低电平输入有效，后者表示高电平输入有效。对于S'R'锁存器，当2个输入端都为低电平（有效设置电平）时，输出端表现为*Q*和*QN*都为高电平，同样是无法稳定保持的状态。

图8.2.10展示了SR锁存器演变为S'R'锁存器的过程。图8.2.10（a）中的小圆圈表示反相圈，表示取逻辑“非”的操作，*S_L*与*S'*等价，*R_L*与*R'*等价，都表示低电平输入有效，并且假设*Q*和*QN*互为反相关系（锁存器正常工作时，*Q*和*QN*之间应有的关系）。利用反相圈的作用，可以把图8.2.2（a）分解为图8.2.10（a）。把图8.2.10（a）逻辑门输出端的反相圈移到对应门的输入端，取*S_L*和*R_L*作为输入，*Q*和*QN*作为输出，然后调整逻辑图的结构就得到图8.2.10（b），因此，图8.2.2（a）的功能和图8.2.10（b）的功能是一样的。

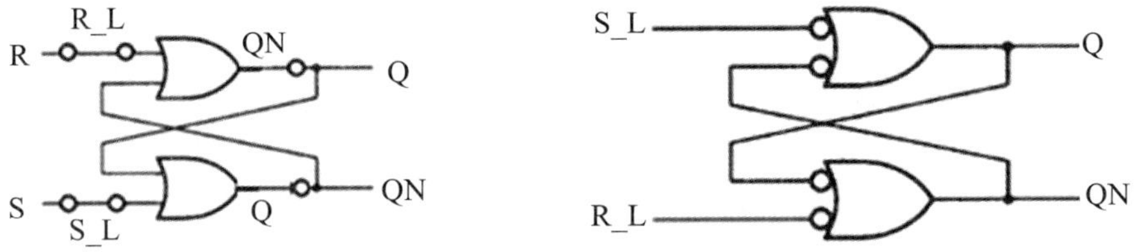

（a）等效的SR锁存器　　（b）S'R'锁存器

图8.2.10　SR锁存器演变为S'R'锁存器的过程

8.2.4　同步SR锁存器

由上述的分析，可以知道：当设置信号过于短促时，SR锁存器可能进入亚稳态而导致存储错误。此外，在状态保持的时段中，若输入端因外部干扰出现尖峰脉冲，则导致数据错误。

为了避免状态保持时段中可能存在的风险，可以为SR锁存器的输入信号添加门控输入端*C*，阻挡干扰脉冲的进入：

C=0，闭锁状态，输出稳定可靠，不受SR输入端的变化影响；

C=1，开锁状态，此过程可以通过SR输入端改变输出状态。

加入门控输入端*C*的SR锁存器称为同步SR锁存器（如图8.2.11所示），其优点是：将保存时段（*C*=0）与设置时段（*C*=1）分离，消除保存时段输入端受到尖峰干扰的影响。

图8.2.11　同步SR锁存器

同步SR锁存器的时序关系如图8.2.12所示。

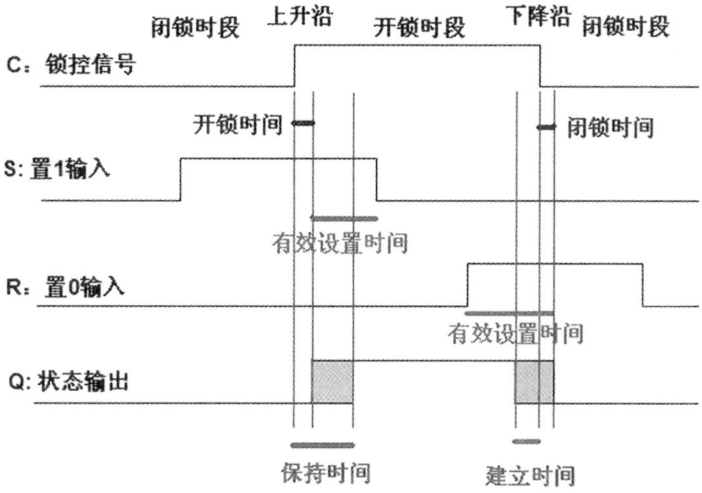

图8.2.12　同步SR锁存器的时序关系

开锁与闭锁过程需要花费一定时间：相应门开关器件的延迟时间。

当*SR*输入信号跨越*C*信号的变化时刻时，可能受到*C*的截取影响而变得更为短促，为了确保有效设置信号满足最小设置脉冲宽度，在*C*的上升沿后应该设置保持时间（hold time），保持设置信号在该段时间中不变；在*C*的下降沿前应该设置建立时间（setup time），保障信号的设置能够在开锁状态中能够稳定可靠地建立起来。

8.2.5　D锁存器

将同步SR锁存器的信号设置输入端*S*和*R*反相连接，就得到D锁存器，如图8.2.13所示。

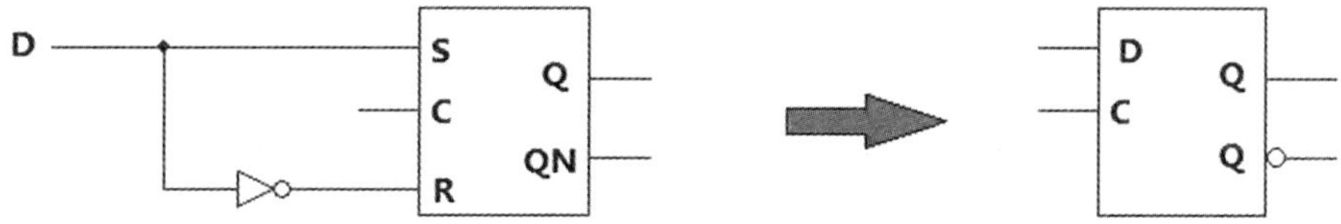

图8.2.13　D锁存器

D锁存器具有以下2个输入：

C：锁控输入，负责开锁和闭锁。

D：设置输入，在开锁条件下对状态进行直接设置。

在开锁的稳定条件下，输出状态与输入D完全一致，此时的D锁存器又称为透明锁存器。当然，输入状态变化与对应输出状态变化之间存在一定时间延迟。

D锁存器输出端的逻辑符号表达与SR锁存器有所区分。SR锁存器可能由于输入设置原因导致2个输出端出现相同电平状态。但D锁存器通过反相器连接避免了这种情况，在稳定条件下2个输出端状态一定相反，所以采用同样的标示变量，而在一个输出上加圈的方式表达。

D锁存器的优点体现为：彻底消除原有SR锁存器的00、11输入状态，避免因*S*端和*R*端出现的干扰而产生的亚稳态；通过*C*的控制将状态设置和状态保持彻底分离。

C=1设置：始终存在设置信号，进行强制设置，不可能处于亚稳态；

C=0保持：设置信号（包括干扰）被阻挡，无法影响状态。

D锁存器的时序分析，如图8.2.14所示。

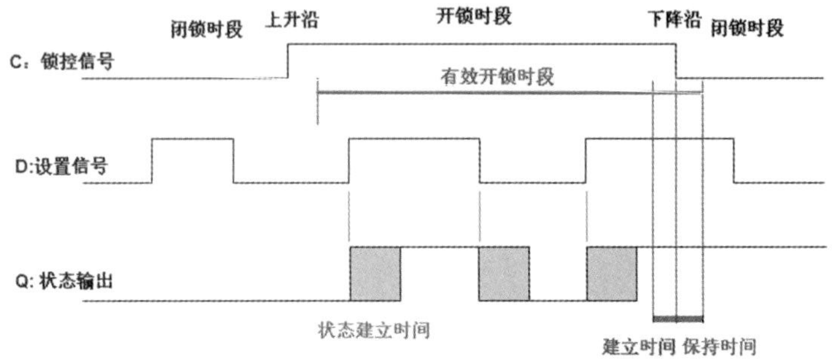

图8.2.14　D锁存器的时序分析

由于从*D*输入端的信号变化到建立稳定输出状态需要时间，而这种不稳定的时段不允许跨越*C*信号的闭锁时刻（下降沿后经过闭锁时间实现闭锁的时刻），因此，在*C*信号的闭锁时刻前，应该为状态建立留下必要的时段，该时段内不允许*D*信号发生新的变化；由于该时段跨越*C*信号的下降沿，通常将下降沿之前的部分称为D锁存器的建立时间，下降沿之后的部分称为D锁存器的保持时间。

由于D锁存器能够稳定可靠地实现信息存储，被大量应用于静态随机存储器（SRAM）和超大规模可编程器件（FPGA）等器件中作为基本存储单元使用。

8.2.6　D触发器

采用2个D锁存器级联，对锁存信号实行反相控制，就形成主从结构的D触发器，如图8.2.15所示。

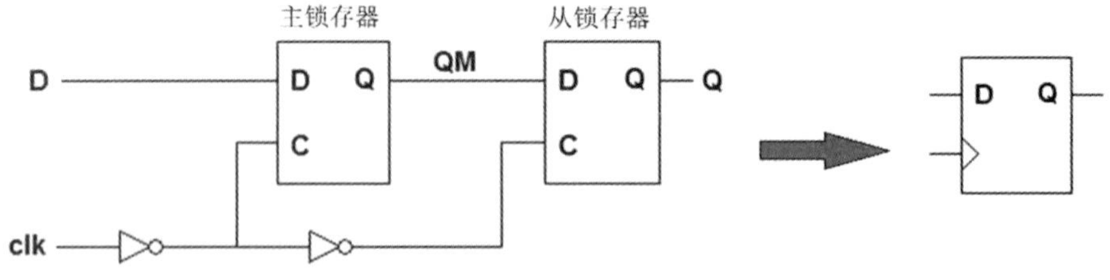

图8.2.15　D触发器

D触发器结构中，前一个D锁存器称为主锁存器，后一个D锁存器称为从锁存器，2个锁存器的数据传递通道表现为级联关系。时钟信号通过反相器对2个锁存器的控制端进行控制。

无论时钟信号为低电平还是高电平，上述结构中数据通道始终是断开的。这种器件实现了输入与输出的信号隔离，输入信号无法直接影响其输出状态。这种隔离可以消除输入不稳定状态对输出的影响。

D触发器在空间和时间上对数据传递进行了分离。

当clk为低电平时，主锁存器开通，可以接受输入数据的设置，在其中建立新的状态；但从锁存器关闭，保持其状态输出稳定不变。

当clk为高电平时，主锁存器关闭，不再接受输入数据的设置，保持状态稳定不变；从锁存器开通，接受主锁存器稳定不变的状态，将其转移为输出状态。

在时钟稳定不变的时段内，状态输出都能保持稳定不变，状态的变化就只能发生在时钟的上升边沿，即主锁存器关闭，从锁存器开启的时刻。因此，该器件也称为边沿控制器件。

由于时钟信号是依靠其上升沿发挥作用，与其逻辑电平状态没有关系，所以在器件的逻辑符号表达中，时钟信号不能作为逻辑变量进行表达，在图形上用三角端口符号表达，如图8.2.15所示。

由于D触发器具有上述功能，能够实现对组合运算输入/输出的控制要求，因此，成为寄存器的基本单元。最常用的寄存器就是D触发器。

8.2.7　D触发器的时序分析

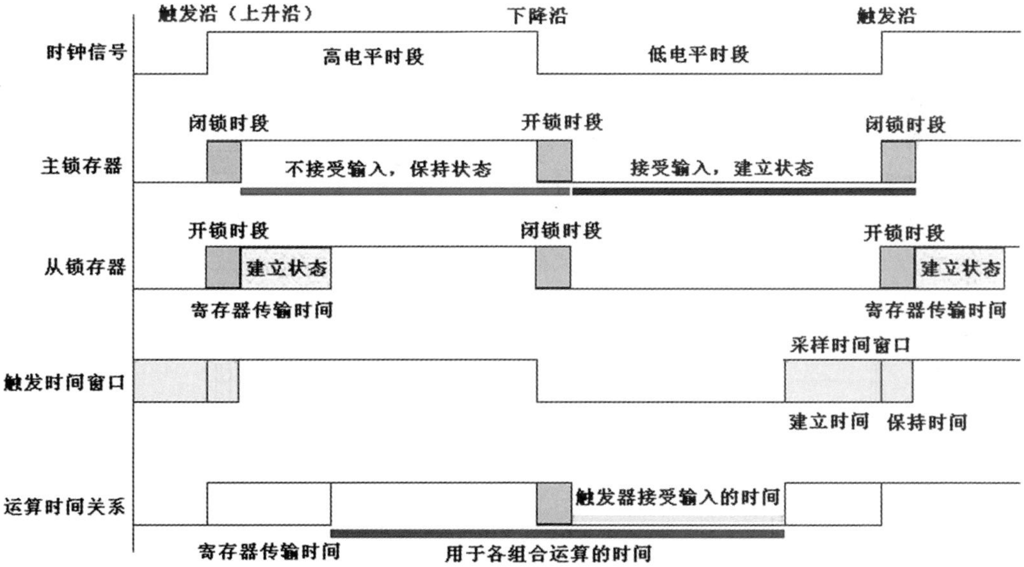

图8.2.16　D触发器的时序分析

如图8.2.16所示，在触发器中，主锁存器负责接收输入建立新的状态，该项工作在时钟低电平期间进行（开锁之后）；时钟高电平期间，主锁存器闭锁后，触发器不接受输入。

从锁存器负责状态的传递和输出，该项工作在时钟高电平期间进行：经过开锁时间后，从锁存器接受输入（主锁存器的状态），开始建立自己的状态，经过其建立时段后，具有稳定的输出，该输出即为触发器的状态输出。时钟低电平期间，从锁存器保持输出状态不变，锁控信号的闭锁过程对从触发器的输出不产生任何影响。

根据触发器的工作特点，可以定义各种时间名称如下。

主锁存器收到输入的变化，到主锁存器建立稳定状态需要的时间，称为主锁存器的状态建立时间。

为了保障从锁存器开锁后能够得到稳定的输入，在从锁存器开锁结束时刻之前的一段时间（长度应该不小于主锁存器的状态建立时间），触发器输入信号必须保持不变，该段时间可以称为采样时间窗口。

从时钟变化的触发沿（上升沿）考虑，主锁存器状态建立在触发沿之前开始，而从锁存器开锁在触发沿之后，采样时间窗口跨越触发沿两边。该窗口在触发沿之前的一段称为触发器建立时间（简称建立时间），在触发沿之后的一段称为保持时间。

触发沿之后，从锁存器先开锁，然后建立自己的状态，直到具备稳定的状态输出，这一段时间称为寄存器（触发器）传输时间，该时段之后，触发器才具备稳定的输出。

在上述时序分析中，最需要注意的是采样窗口，在该时段中必须保持输入状态的稳定不变。在使用寄存器时，输入设置一定在该时段之前进行，而寄存器输出状态变化一定在该时段之后发生。

如果在该时段中出现输入信号的变化，就会导致主锁存器将未稳定的状态传递给从锁存器，导致寄存器输出为亚稳态。

如前所述，D触发器是最常用也是最基本的触发器，我们即将看到其他类型的触发器，如：JK触发器和T触发器，均可以通过D触发器转换得到。

例 8.2.2 已知D触发器（上升沿触发）的输入D和时钟CLK的时序图如图8.2.17所示，图中用阴影标注了该触发器的建立时间t_{setup}和保持时间t_{hold}。假设该触发器的初态Q为0，试完成图8.2.17所示的时序图。

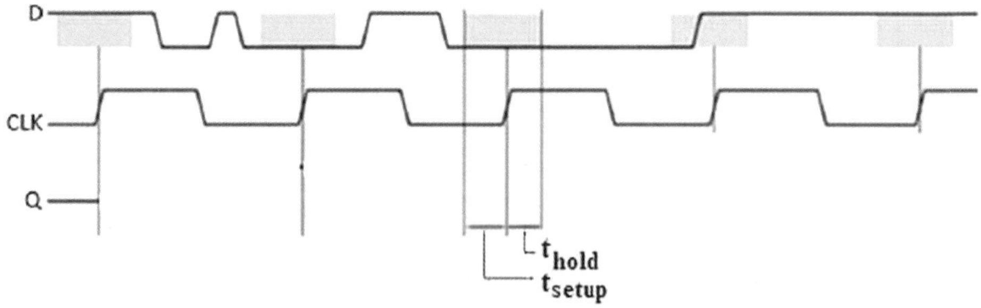

图8.2.17 D触发器（上升沿触发）时序图1

解：分析图8.2.17的时序关系，时钟CLK的前3个上升沿对应的输入D满足了建立时间和保持时间的要求，D触发器输出稳定的状态；时钟CLK的第4个上升沿对应的输入D不满足建立时间和保持时间的要求，即：在采样时间窗口中输入D发生了变化，D触发器输出亚稳态（如图8.2.18中波形Q的阴影部分所示）；时钟CLK 的第5

个上升沿对应的输入D满足建立时间和保持时间的要求，D触发器输出稳定的状态。完整的时序图如图8.2.18所示。

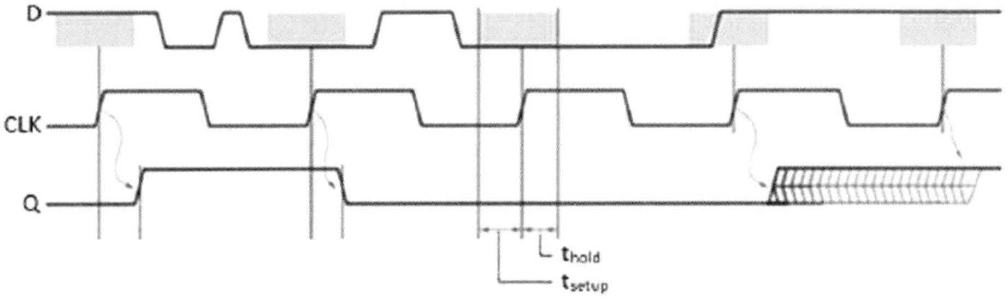

图8.2.18　D触发器（上升沿触发）时序图2

8.3　寄存器表达与控制

在组合逻辑单元的表达中，常用输入 / 输出关系进行功能表达。对时序控制单元能否采用这种表达，其表达的特点与组合单元有什么不同呢？

组合表达的基本概念是输入状态决定输出状态。当给定的输入状态稳定时，对应输出状态能够唯一确定。也可以说，输出状态仅由输入变量确定。但是在时序控制单元中，确定的输入状态并不能确保只有一个输出状态与之对应。例如，当SR锁存器的2个输入都为低电平（保持）时，其输出的状态却可能为1或0。

为了唯一地确定输出的状态，除了输入变量外，还需要引入新的变量：以前设置的状态是什么？这种变量可以称为状态变量。输出状态需要由输入变量和状态变量共同决定。

状态既是变量，又是输出函数，可能产生混淆，需要将二者从时间上进行分离。考虑到因果关系，作为变量的状态应该在前，作为输出的状态应该在后，可以为状态量添加符号以示区分。

通常将在输入端进行设置时的时间称为当前时间。在当前时间段内的状态是状态变量Q。

通过设置产生新的状态，新状态出现的时间称为未来时间。未来时间段内的状态为状态函数，用Q^*表达。

采用这种方式，就可以利用当前的变量运算决定未来的状态，这种运算方程称为特征方程。寄存器的输入 / 输出关系就可以采用特征方程表达。

对于D触发器，其特征方程表达为$Q^*=D$。

特征方程具有时间分离的特点：右边是信号的设置，表现当前时段的操作；左边是状态的输出，表现未来时段的现象；中间的等号则表现时钟触发实现的转换过程。

8.3.1　寄存器控制的HDL描述

在硬件描述语言中，对寄存器控制功能的描述通常采用行为描述方式进行。

对于简单的D触发器，verilog描述程序如下：

```
module dff (q, clk, d);
output q;
input clk, d;
reg q;
always@ (posedge clk)
      q<=d;
endmodule
```

在该程序描述中，寄存器通过一个受时钟上升沿（posedge clk）控制的always@模块进行描述。需要注意的是，在该模块中的赋值符号称为非阻塞赋值，其表现与前面介绍过的连续赋值有所不同。凡是在这种模块中赋值的信号必须在模块前说明其信号类型为reg类型。

采用VHDL程序表达的D触发器如下：

```
entity dff is
      port(clk,d:in bit;q:out bit);
end dff;
architecture b of dff is
begin
      process(clk) begin
            if clk'event and clk='1' then
             q<= d;
            end if;
      end process;
end b;
```

在上述程序中，寄存器通过时钟控制的进程（process）里面一个if语句描述，该语句使用clk'event and clk='1'方式表达时钟信号的上升沿，作为if语句内部赋值实现的条件。当该条件不满足时，则默认保持被赋值量不改变（寄存）。

在前面组合单元的结构描述中，每个单元都通过一条信号赋值语句直接表现。如果要将这些组合单元置于寄存器的控制下，在VHDL中只需要将这些赋值语句放置在上述程序中q<= d语句的位置就可以了，在verilog中则需要将always模块外的连续赋值语句改变为always模块内的非阻塞赋值语句，同时在信号说明中将被赋值量声明为reg类型。采用这种方式，可以将任何组合单元转换为通过时序控制的单元。

8.3.2 对寄存器数据端的控制

前面介绍了使用寄存器可以对进出组合单元的数据进行控制。而在同步数字系统中，还需要对寄存器本身进行控制。对寄存器的控制可以通过在寄存器的数据输入端上添加组合逻辑来实现。

以下简单介绍几种常用的控制方法。

1. 具有同步清零功能的寄存器

在D触发器输入端添加与门，由清零输入进行控制，就可以得到具有低电平有效清零输入的寄存器，如图8.3.1所示。该寄存器的特征方程和逻辑符号可以表现如下：

$$Q^* = D \cdot clr$$

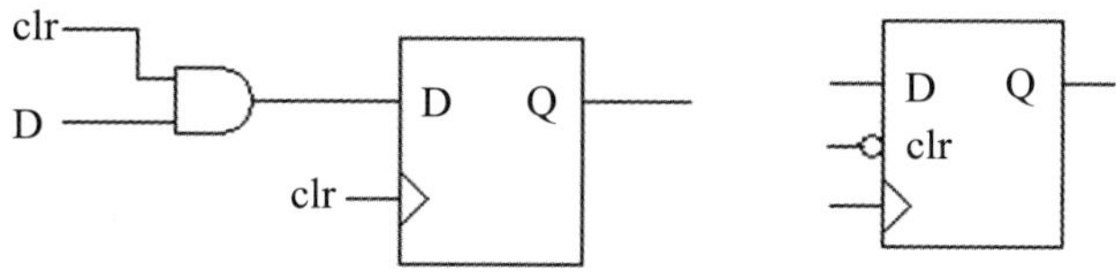

图8.3.1　具有同步清理功能的寄存器

2. 具有使能功能的寄存器

在D触发器输入端添加2选1数据选择器，由使能输入进行控制，选择外部信号D或内部状态Q进入D触发器数据端，就可以得到具有使能输入的寄存器，如图8.3.2所示。该寄存器的特征方程可以表现为

$$Q^* = D \cdot en + Q \cdot en'$$

当en为高电平时，器件表现为正常D触发器；en为低电平时，器件保持状态不变，不受时钟触发影响，不接受新的状态设置。

该寄存器的结构和逻辑符号如图8.3.2所示。

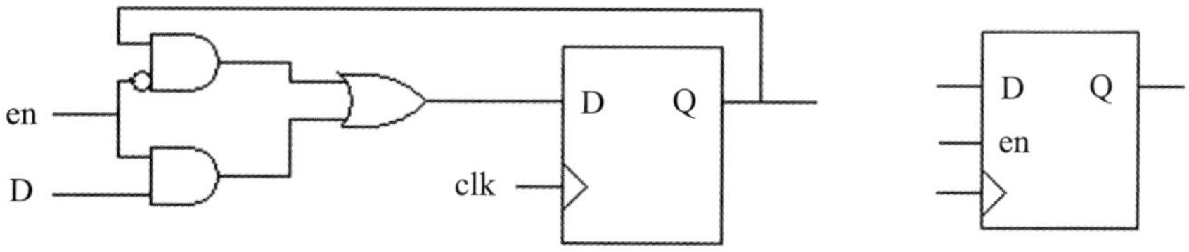

图8.3.2　具有使能功能的寄存器

3. T触发器

将上述带使能端的触发器稍作改动，就可以得到T触发器，如图8.3.3所示。该触发器将上面的选择端改名为T，而选择的数据则分别是内部状态Q和Q'。

该触发器的特征方程为

$$Q^* = Q' \cdot T + Q \cdot T'$$

当T为0时，寄存器状态保持不变，不受时钟触发影响；当T为1时，每次时钟触发寄存器状态发生翻转。此类寄存器也称为翻转寄存器。

该寄存器的结构和逻辑符号如图8.3.3所示。

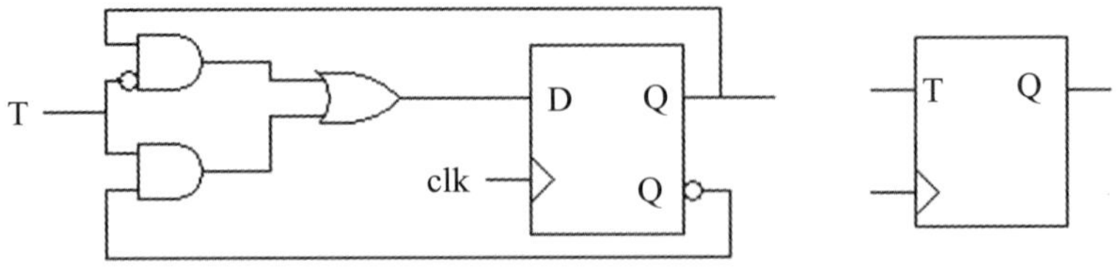

图8.3.3　T触发器

4. JK触发器

若将T触发器中两个控制门的输入分离，就构成了JK触发器，其结构和逻辑符号如图8.3.4所示，其特征方程为

$$Q^* = Q' \cdot J + Q \cdot K'$$

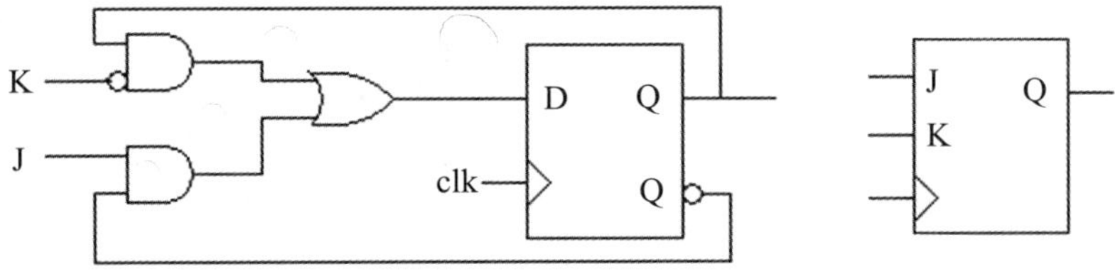

图8.3.4　JK触发器

该触发器具有2个输入端口，可以在不同的输入状态实现不同功能：

JK=00 保持状态不变；JK=01 置0；JK=10 置1；JK=11 翻转。

由于该触发器同时具备D触发器直接设置的功能和T触发器翻转保持的功能，通常被称为多功能触发器。

在电路设计中会出现这种情况，设计时需要用到某种触发器，但手头上没有该触发器，却有其他类型的触发器，这就涉及触发器之间的转换问题。触发器之间的互换方法有两种：特征方程比较法和表格法，其中表格法更适用于一般的情况。下面举例说明。

例8.3.1　试用一个JK触发器和必要的组合逻辑构造一个D触发器。

解：采用特征方程比较法，先列出已有触发器和待转换触发器的特征方程：

已有JK触发器的特征方程：$Q^* = Q' \cdot J + Q \cdot K'$

待转换D触发器的特征方程：$Q^* = D$

但是这两个方程不能直接比较，因为D触发器的特征方程中没有状态变量Q和Q'，需要把D触发器的特征方程改写为$Q^* = DQ' + DQ$。

然后把两个触发器的特征方程比较，得到J=D，K=D'，结果如图8.3.5所示。

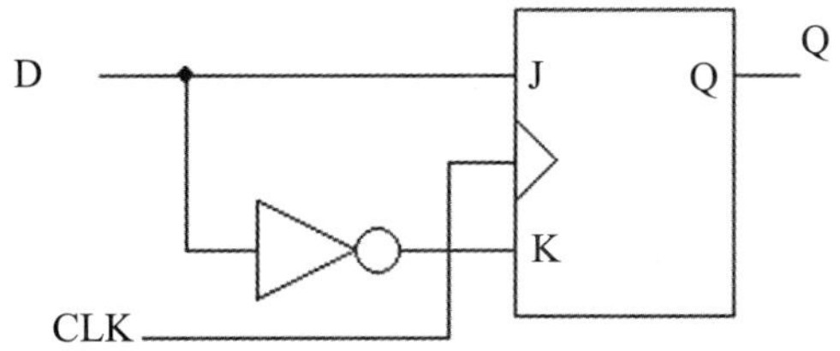

图8.3.5　由JK触发器构成D触发器

例8.3.2　试用一个T触发器和必要的组合逻辑构造一个JK触发器。

解：已有T触发器的特征方程：$Q^* = Q' \cdot T + Q \cdot T'$

待转换JK触发器的特征方程：$Q^* = Q' \cdot J + Q \cdot K'$

若用特征方程比较法，则得到T=J，T=K，这是不可能的。因此，下面采用表格法完成转换，该表格的构成见表8.3.1，分成3列：左列、中列、右列。左列是待转换触发器的输入和状态变量Q，用二进制编码；中列是触发器的次态Q^*；右列是已有触发器的输入。

首先，对于左列每一行的变量取值，依据待转换触发器的特征方程，得到触发器的次态Q^*，并填入中列对应的行中。如：表8.3.1左列的第2、3行，JK=00表示JK触发器处于维持状态，$Q^*=Q$，因此，得到中列的第2、3行Q^*的值，其余以此类推，完成中列的填写。

其次，对于每一行中的Q和Q^*的取值，根据已有触发器的特征方程，推导出已有触发器的输入取值，如：从表8.3.1的第2、3行可以得到$Q^*=Q$，表示维持状态，从而推出T触发器的输入T=0，其余以此类推，完成右列的填写。

表8.3.1　**真值表**

JKQ	Q^*	T
0 0 0	0	0
0 0 1	1	0
0 1 0	0	0
0 1 1	0	1
1 0 0	1	1
1 0 1	1	0
1 1 0	1	1
1 1 1	0	1

最后，去掉中列Q^*，余下的则表示一个组合逻辑电路的真值表，左列表示逻辑电路的输入，右列表示逻辑电路的输出。利用卡诺图进行化简，得到T触发器的输入方程：$T = JQ' + KQ$。

由上述例子可以看出，特征方程比较法直观易懂，表格法需要根据触发器的功能进行推理，因此，在进行触发器转换时，建议首先考虑特征方程比较法，其次考虑用表格法。

8.4 同步系统的设计简介

将数字系统中所有组合单元都置于寄存器控制之下，这些寄存器在统一时钟信号的指挥下进行数据传递，就构成了同步系统，如图8.4.1（a）所示。

（a）同步系统

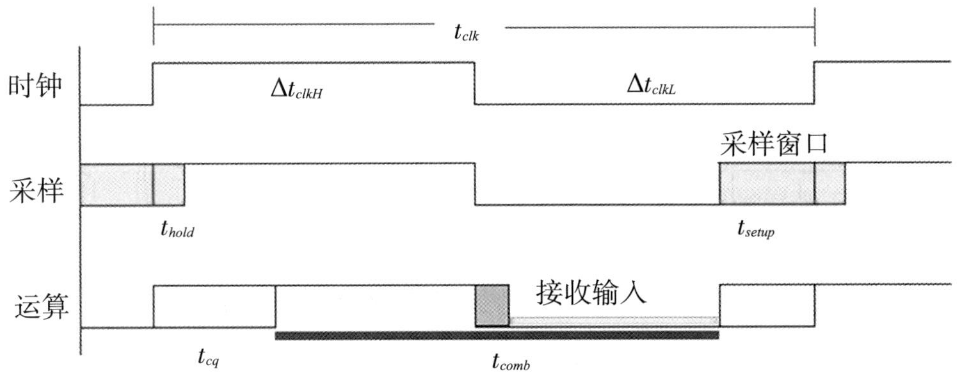

（b）时序图

图8.4.1 同步系统及时序分析

在同步系统中，每个组合运算单元的数据来自于输入寄存器，运算结果则送入到输出寄存器中。该过程通常应该在一个时钟周期内完成，如图8.4.1（b）所示。

在该时钟周期t_{clk}内，首先是输入寄存器将新的状态输出到组合单元输入端，需要经历寄存器传输时间t_{cq}；然后组合运算需要花费一定时间t_{com}，才能在组合单元输出端形成稳定状态；最后在该时钟周期结束之前，还需要为输出寄存器中状态建立留下足够的时间（状态建立时间）t_{setup}。只有这些工作做完，才能让输出寄存器向下一个单元传递数据。

上述时间关系可以用建立时间容限表达：

$$t_{clk} - t_{cq} - t_{comb} > t_{setup}$$

该关系也可以写为

$$t_{clk} > t_{cq} + t_{comb} + t_{setup}$$

由该关系可以分析同步系统设计的关键要点。

8.4.1　时钟路径的设计

同步系统设计中最重要的要点是时钟信号及传输通道的设计。

时钟信号通常为标准频率的方波信号，由晶体振荡器产生极高频信号，再通过整形和分频得到。由于该信号需要送到系统中所有寄存器，驱动负载非常大，如图8.4.2（a）所示。为了分散驱动负载，缩短时钟信号的传递时间，通常利用反相器构建时钟树电路进行传递，如图8.4.2（b）所示。

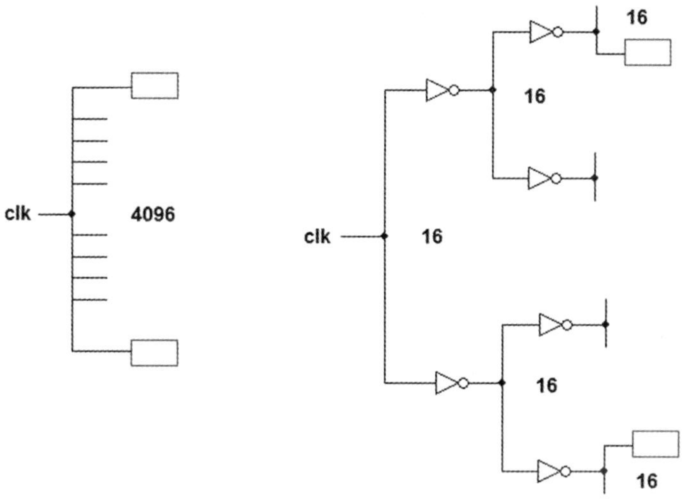

（a）4096个时钟　　　　（b）等效的时钟树

图8.4.2　时钟树电路

在这样的设计中，不同寄存器获取时钟信号的路径不同，路径延迟时间也就可能存在偏差。这种偏差称为时钟偏斜 t_{skew}。为了避免时钟偏斜对同步控制的影响，需要将时钟偏斜引入时间容限关系中：

$$t_{clk} > t_{cq} + t_{com} + t_{setup} + t_{skew}$$

上式表明：时钟偏斜量的增加将使时钟周期被迫增加，系统时钟频率下降，不利于保障系统性能。

在设计中应该采用必要措施尽量减少时钟偏斜。

片内设计时，时钟偏斜量主要来自不同路径的驱动负载。在设计时，需要尽可能进行负载平衡设计。

使用中小规模集成块进行连线设计时，连线布局也会对时钟路径延迟形成较大影响。因此，时钟信号的引入应该尽量保持对称。在图8.4.3的电路中，将时钟CLOCK信号线布置为对称的树形结构，能使时钟偏斜量达到最小化的目的。

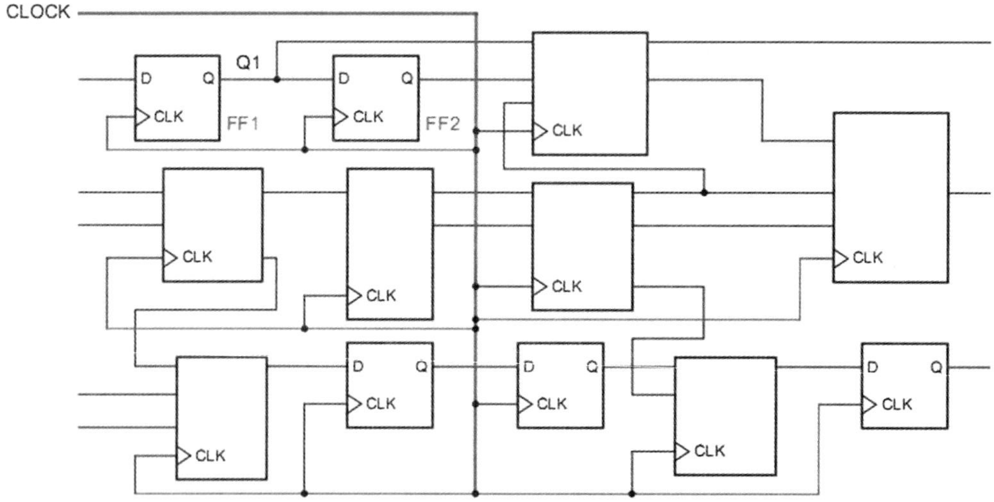

图8.4.3　使时钟偏斜量最小化的时钟信号路径

试图在时钟路径上设置组合单元以实现对时钟信号的控制，称为组合时钟控制。这些组合单元的延迟必定对时钟信号的传递产生严重影响，可能导致很大的时钟偏斜。在同步设计中应该禁止这种设计，如图8.4.4所示。

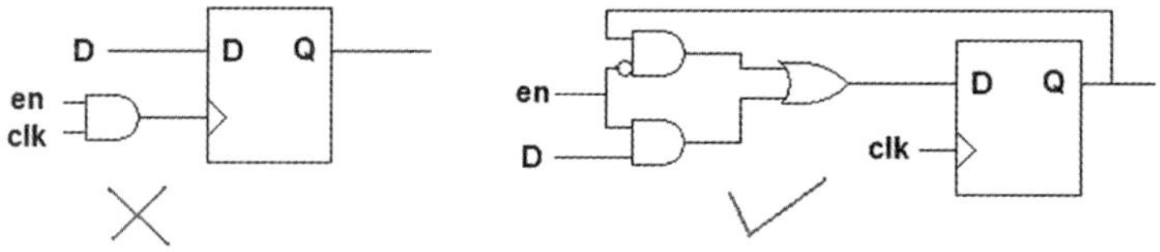

图8.4.4　不能在时钟路径上设置组合单元

例8.4.1　如图8.4.5所示的电路，假设触发器的初态$Q_1=Q_2=0$，两个触发器的传输延迟t_{cq}=15ns，建立时间t_{setup}=6ns，与非门和反相器的组合延迟为t_1=21ns。若输入X=1，试画出CLK1、CLK2、Q_1和Q_2的时序图。

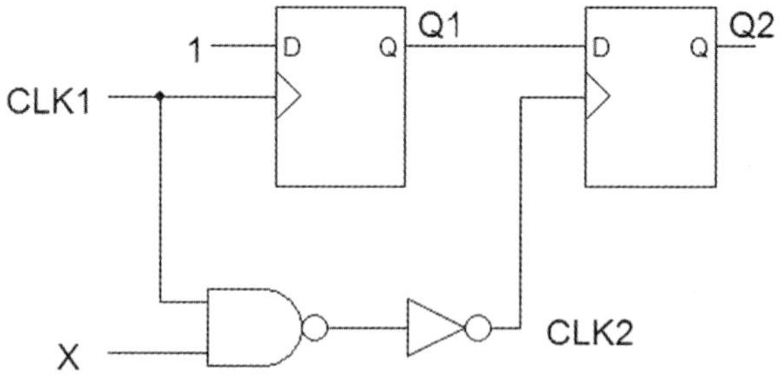

图8.4.5　存在时钟偏斜的电路

解：如图8.4.6所示，根据第2章的信号路径延迟模型，Q_1在CLK1上升沿的t_2=15ns后由0变为1，与非门和反相器的组合延迟使得时钟CLK2比时钟CLK1延迟t_1=21ns，即t_{skew}=21ns。Q_1作为右边触发器的输入，由于$t_1-t_2=t_{setup}$，满足右边触发器的建立时间要求，时钟CLK2上升沿的t_2=21ns后使得Q_2由0变为1。这是一个不正确的结果，其产生原因是在时钟路径上设置了组合单元而使电路中存在时钟偏斜。

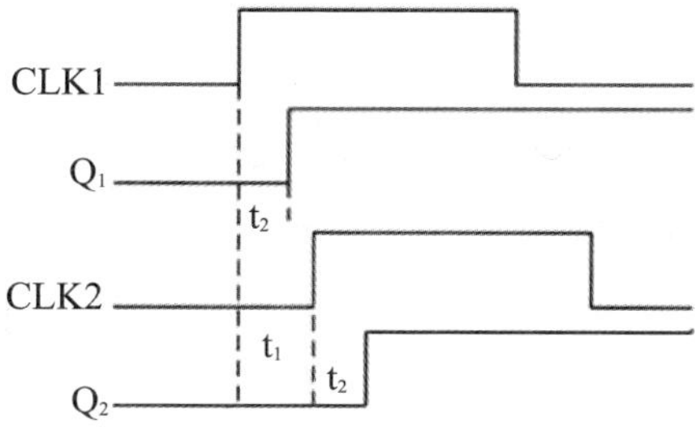

图8.4.6　图8.4.5的时序图

8.4.2　同步系统中组合运算单元的设计

在影响到时钟周期或时钟频率的因素中，最重要的是组合单元的运算时间。

数字系统中通常包含大量不同的组合运算模块，各模块的运算延迟时间各有不同。

由于系统时钟周期取决于最长的组合延迟时间，这就导致对于大多数延迟时间短的运算模块在时钟周期的多数时间中处于空闲状态，系统运算效率整体低下。

为了提高系统的运算效率，就需要通过设计，调整各组合运算的规模和延迟时间，使各组合模块的延迟时间尽可能趋于一致。这样可以有效避免运算系统的闲置。因此，在进行电路的设计时，需要对系统可能进行的各种运算进行统一考虑，合理地进行组合运算的切割，才能做到效率的优化。

从提高频率的角度考虑，将组合模块分割得越小，则最长延迟可以最小化，而时钟频率则可以有效提高。

然而，将组合运算分割得越小，则导致加入的寄存器数量急剧增加，电路成本和功耗也由此增加。因此，组合运算的切割需要根据各种性能因素的限制，控制在一个适当的范围内。此外，对于某些特定的组合运算，很难对其进行有效切割，常常成为时序设计的瓶颈。

为了协调时钟频率与成本之间的矛盾，一种可以考虑的方式是采用多时钟运行单元的设计。该设计对具有较长组合运算时间的单元不进行分割（不加入额外寄存器成本），而是对其输入/输出寄存器在时间关系上进行控制。在某个时钟周期送入的输入数据，可以等到若干时钟周期后再去取输出结果。这样就可以避免这种很长的时间延迟给时钟频率带来的影响。

为了提高这种单元的运算效率，运算链上希望能够容纳多组数据同时进行运算，只要能够通过时间先后顺序将这些运算数据区分开来即可。在设计中需要考虑这种单元的数据更新的周期。

考虑到组合运算链中通常存在不同的延迟路径，假设该运算链中最短运算延迟为t_{min}，而最长运算延迟为t_{max}，则可以认为一组数据在同一时刻进入运算链后，将在从t_{min}到t_{max}的时间段内先后到达输出寄存器，在$\Delta t = t_{max} - t_{min}$的时段内，输出寄存器入口端的信号具有不确定性。这种现象就像物理中的波形随着传递的距离逐渐展宽一样。只要能够确保在运算链中展宽的数据波形不发生相互混叠，则可以通过合理地设置时钟，将到达输出寄存器的数据稳定可靠地采集到。这种设计通常称为波形流水设计。

根据上述分析，采用波形流水设计的系统时钟周期不再取决于最长组合运算延迟，而是取决于各运算链中延迟时间的最大差距。原则上只要时钟周期大于该差距，就有可能进行合理的设置。这样一来，设计的目标就可以转向如何调整每一个运算链中不同路径间的差距。通过适当增加缓冲器来进行路径延迟调节，可以使系统时钟优化逼近寄存器能够工作的最高频率。这正是时序设计的追求目标。

例 8.4.2　写出图 8.4.7 所示的同步串行二进制计数器电路的最高时钟频率公式。在公式中，用 t_{CQ} 表示 T 触发器中从 CLK 端到 Q 端的传输延迟，t_{setup} 表示 T 触发器的建立时间，图中 T 触发器的结构如图 8.3.3 所示。

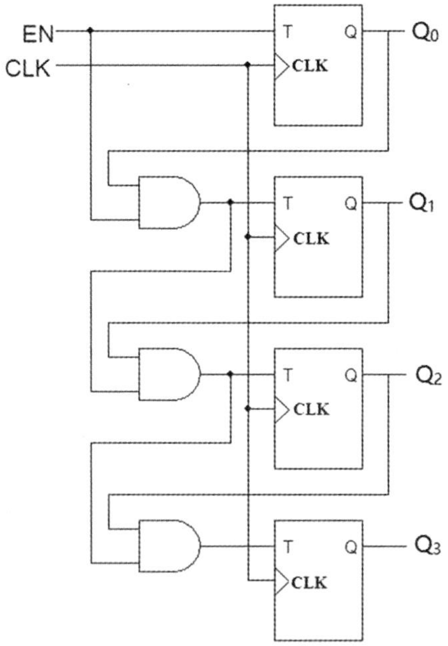

图 8.4.7　同步串行二进制计数器电路

解：从图 8.4.7 可以看出，最长的组合延迟路径是从 Q_0 输出端到 Q_3 输入端的路径，这种组合路径的延迟时间需要统计所有节点贡献的时间延迟。由于 2 输入与门只能采用 2 输入与非门和反相器的级联实现，每增加一级，实际上是增加 2 个节点，其中一个是中间反相器的输入节点，而另一个节点则为 T 触发器的输入节点。根据第 2 章的信号路径延迟模型，时间单位用最小晶体管栅极电容表示，2 输入与非门的一个输入电容是 3，反相器的输入电容是 2，图 8.3.3 所示的 T 触发器输入端的电容是 2+3=5，因此，每一级的组合延迟是 $\Delta T = 3 + 2 + 5 = 10$，故从 Q_0 输出端到 Q_3 输入端的路径延迟是 $\Delta T = 10 \times 3 = 30$。此外，参考图 8.2.11 和图 8.2.15，根据 T 触发器的结构，一个T触发器的时钟CLK输入电容是2+6+2+6=16，上述4位二进制计数器的时钟CLK输入的总电容是16×4=64，即$t_{skew}=64$，因此，时钟CLK的周期$t_{clk}>t_{clk}+t_{setup}+30+64$，上述同步串行二进制计数器电路的最高时钟频率是$f_{max}=1/(t_{cq}+t_{setup}+94)$。

8.5 异步输入的同步化处理设计

8.5.1 外部信号的异步特征

同步设计的数字系统中，所有单元的数据输入/输出都处于寄存器控制之下，在统一时钟的指挥下进行数据传递。只要合理安排组合单元的分割和时钟信号的设置，就可以避免亚稳态导致的数据错误。

同步系统不是孤立存在的，它需要随时接受外界的信号输入。对于各种外界输入信号，系统也需要通过寄存器接受，从而得到同步信号，如图8.5.1所示。

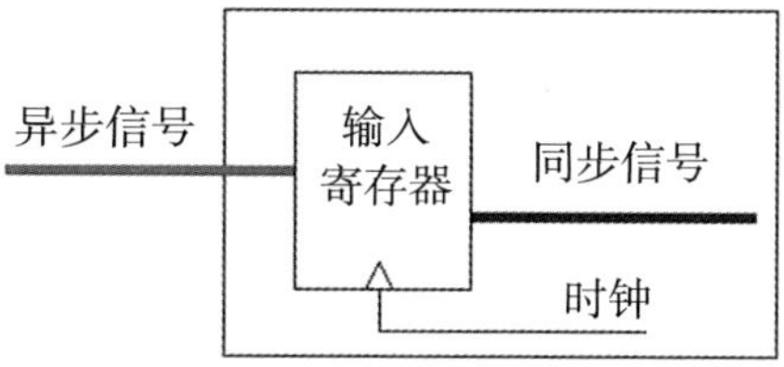

图8.5.1 异步信号的同步化

外部信号不是受本地时钟控制的。其变化频率可能与本地时钟相差很大，变化时刻也可能随机发生。

对于外部的低频信号，例如键盘输入信号，使用本地时钟控制的寄存器进行采样，可能将一个信号当作多个信号采集。

对于外部的高频信号，例如网络传递的串行信号，采样时则可能发生信号遗漏，如图8.5.2所示。

无论是低频信号还是高频信号，它们的变化时刻是随机的，因此，可能在本地时钟的采样窗口时段发生变化。这样的变化会导致采样寄存器出现亚稳态，导致数据错误。信号频率越高，这种可能性就越大。

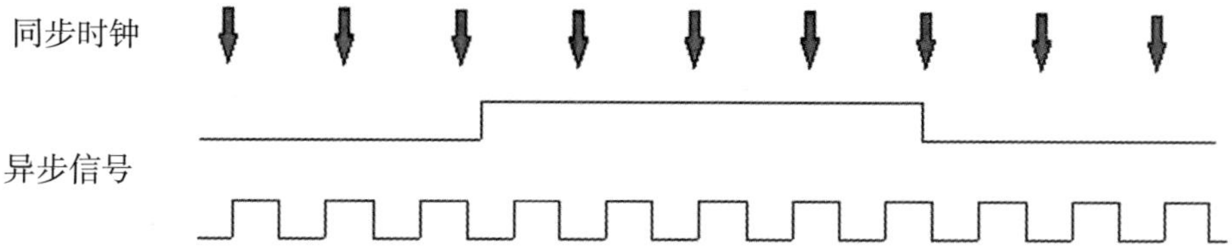

图8.5.2 高频和低频的异步信号与本地时钟信号配合的问题

8.5.2 外部信号的缓存和交接

为了确保外部信号的同步接收，通常在外部信号输入端设置数据缓存区。该缓存区通过与同步系统的寄存器组之间的接口通信实现数据可靠转移。

外部信号通常可以分为2种类型：

一类是无时钟低频信号，如键盘信号等。对于这种信号，可以采用简单的SR锁存器进行缓存。数据通过*S*端进入锁存器保持，待传递进入同步系统后，可以通过*R*端清空缓存。在此类信号进入缓存区时，可以同时产生一个OK信号，用SR锁存器保持，通知数据接收寄存器进行数据接收。

另一类是来自外部时钟域的高频信号，此类信号通过有线或无线传输来自其他同步系统。对于这类信号，首先需要确定其本身的时钟信号。有线传输的信号通常都附带有自己的时钟信号，而无线通信的信号则需要利用锁相器件从外来信号中分离出外部时钟。得到外部时钟后，可以利用外部时钟控制一组移位寄存器，将接收的串行数据转换为并行数据保持，等待并行输入。为了保障信号的可靠存放和传递，通常会设置两组移位寄存器构成的缓存区，当某个缓存区存满数据时，利用全满信号作为OK信号，通知数据接收寄存器接收数据，同时启动另一个缓存区接收外来数据。当装满的缓存区数据传递给同步系统之后，就可以清空该缓存区备用。

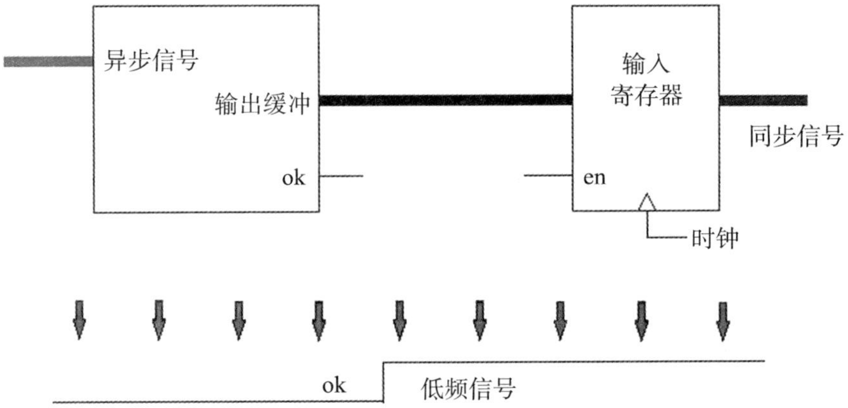

图8.5.3　利用缓存区接收异步信号

采用上述设计后，缓存区可以产生一个低频的OK信号，如图8.5.3所示。该信号能够被本地时钟检测，从而形成对数据接收寄存器组的使能，这样就可以保障缓存区中的数据稳定可靠地转移到本地寄存器组中。

8.5.3　同步器的设置

然而缓存区不是受本地时钟控制的，产生的使能OK信号对本地系统仍然是一个异步信号。

而同步系统数据接收寄存器需要一个同步的使能信号，这个信号应该在本地时钟触发后产生，仅在一个时钟周期内持续，到下次时钟触发后消失。这样才能够保障每次信号的出现只进行一次数据传递。

因此，需要设计一个系统将异步的OK信号转换为同步的使能信号。这样的系统称为同步器，如图8.5.4所示。

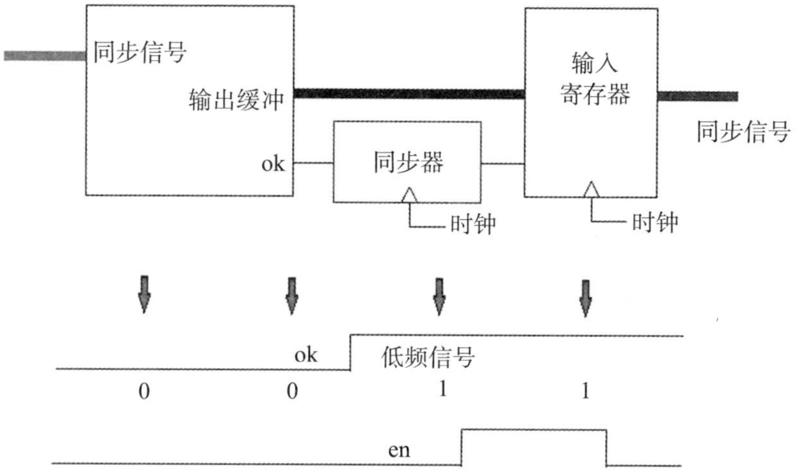

图8.5.4 同步器的设置

最简单的同步器可以由上升沿检测器构成，该器件能够将2次时钟触发时的检测结果存储起来，当存储结果为“01”时，就产生一个时钟周期的高电平输出信号。这种器件是一种简单的检测型状态机，具体设计方法在后面章节中介绍。

然而，采用以上同步器设计仍然存在风险。同步器本身是同步系统的一部分，受本地时钟控制。但其输入的OK信号却是异步的。尽管其变化频率低，信号变化仍然可能出现在采样窗口中。一旦发生这种情况，就会导致输出的使能信号为亚稳态。

寄存器中形成的亚稳态通常持续时间短暂，消失后寄存器的状态会随机稳定于1或0。

如果产生的亚稳态在一个时钟周期内消失，不影响到下个采样时间窗口，则不会对数据接收产生严重影响。如果稳定在1，则使能信号生成，下次时钟触发就可以进行数据传递；如果稳定在0，使能信号不生成，则推迟1个时钟周期接收数据：在本周期被上升沿检测器存储的数据被认定为0，而下次检测，OK信号早已稳定在1，则能够给出稳定的使能信号了。

这种亚稳态称为可分辨的亚稳态，如图8.5.5所示。

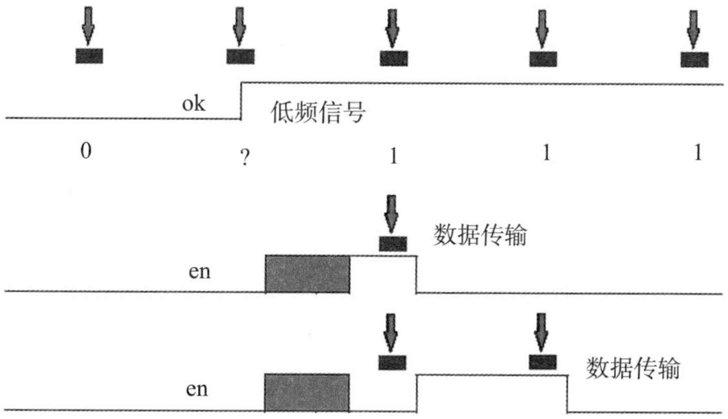

图8.5.5 可分辨的亚稳态

亚稳态持续时间是随机的，也可能持续超过一个时钟周期。发生这种情况时，同步器的输出的亚稳态就会进入数据接收寄存器，这种亚稳态称为不可分辨的亚稳态，如图8.5.6所示。不可分辨的亚稳态会导致数据接收错误，这种错误称为同步错误。

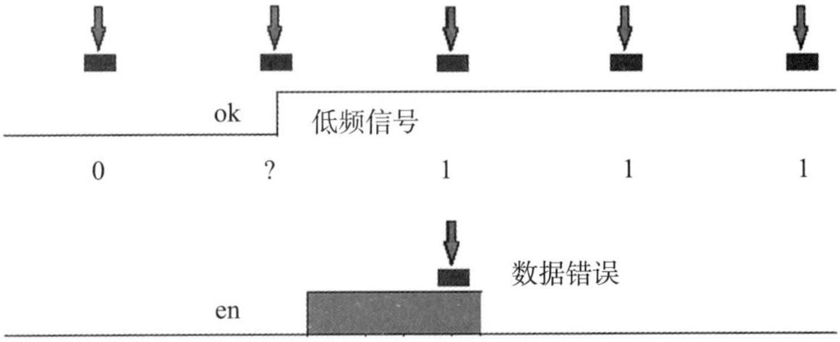

图8.5.6　不可分辨的亚稳态

在异步信号的接收时，同步错误是不可能完全避免的，只能采取措施降低其发生的概率。

通常采用同步错误出现的平均时间间隔来表达同步错误出现的概率。通过统计分析发现，该概率与下述因素相关：

$$P = P_0 e^{-t_r/\tau}$$

上式中参数τ与寄存器制作工艺及材料有关，通常比寄存器传输时间小一到两个数量级。t_r称为亚稳态分辨时间（metastability resolution time），也称为亚稳态时间容限，表示在不引起同步器（和系统）故障的情况下，输出会停留在亚稳态的最大时间，定义为

$$t_r = t_{clk} - t_{comb} - t_{setup}$$

其中，t_{clk}是时钟周期，t_{comb}是组合激励逻辑的传播延迟，t_{setup}是触发器的建立时间。

只要亚稳态在t_r时段之内稳定下来，就表现为可分辨的亚稳态，可以避免同步错误。

理论研究结果表明（实验研究结果也证实了），当异步输入信号在采样时间窗口之内发生变化时，亚稳态输出的保持时间由下式决定：

$$MTBF(t_r) = \frac{1}{P} = \frac{1}{T_0 \cdot f \cdot a} \cdot e^{t_r/\tau}$$

其中，$MTBF(t_r)$是同步器的平均故障间隔时间（Mean Time Between Failures），f是触发器的时钟频率，a是触发器上的异步输入每秒变化的次数，T_0和τ是由触发器的电气特性所决定的常数，对于典型的74LS74，按照研究者Thomas Chaney的结论，$T_0 \approx 0.4\text{s}$，$\tau \approx 1.5\text{ns}$。

由上式可以得出，亚稳态分辨时间越长，同步错误出现的概率就越低。而亚稳态分辨时间与三个因素有关：寄存器建立时间、组合运算时间（此处可以理解为使

能电路和反馈电路的延迟时间）以及同步器的时钟周期。因此，降低同步错误风险可以从这三方面入手。

1. 缩短寄存器建立时间，体现为改进寄存器设计及制作工艺，与逻辑设计基本无关。

2. 减小组合运算延迟时间，其极端做法是将其减小到0，这就意味着接受异步输入的寄存器输出直接被另一个同步寄存器接收，如图8.5.7所示。

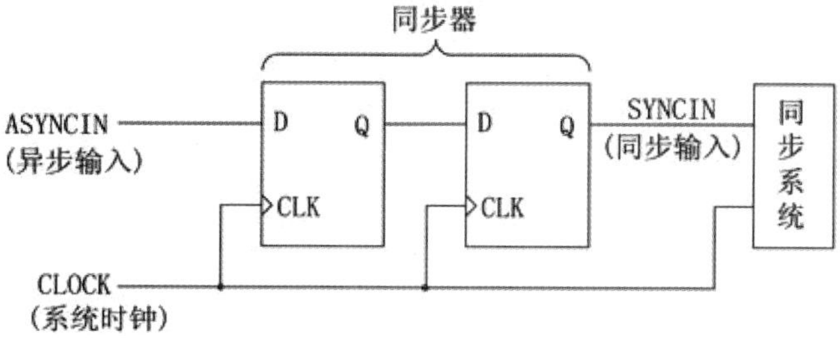

图8.5.7　降低同步错误风险方法

3. 通过在上升沿检测器和数据接收寄存器之间插入一个同步寄存器，将同步器由一个寄存器扩展为2个寄存器的级联，如图8.5.8所示。

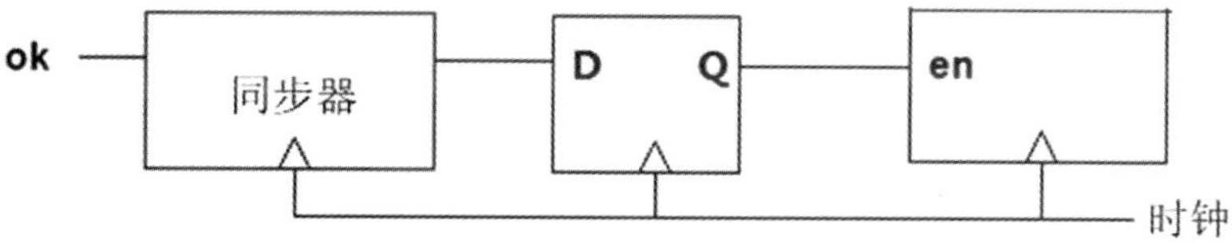

图8.5.8　降低同步错误风险的另一种方法

在该设计中，上升沿检测器输出到同步寄存器之间没有组合逻辑，其对应的亚稳态分辨时间成为

$$t_r = t_{clk} - t_{setup}$$

通过分辨时间的加大，可以使该段同步错误出现的概率降低1到2个数量级。同时，同步寄存器到数据接收寄存器之间也具有降低同步错误风险的作用。总的错误出现概率表现为2部分概率之积，可以使同步错误概率大幅度降低。

当然，这种设计的后果是使数据信号接收的时间推迟一个本地时钟周期。

另一种设计方式则是降低同步器和数据接收寄存器的时钟频率，加大其时钟周期，如图8.5.9所示。通过对各相关的同步器件添加额外的使能端，每隔若干时钟周期使能1次，就可以实现这种效果。在这种情况下，对应的亚稳态分辨时间成为

$$t_r = N \cdot t_{clk} - t_{setup}$$

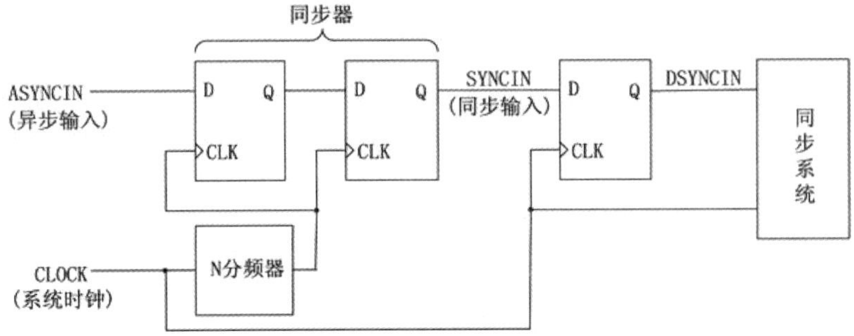

图 8.5.9　降低同步错误风险的其他方法

这就可以大幅增加同步器的亚稳态分辨时间，降低同步错误概率，又可以可靠保持同步器输出信号时间与本地系统的同步。这样的设计通常可以使同步错误发生概率下降若干数量级。

对于这种设计，需要注意的是同步器的稳定输出可能滞后于异步信号输入变化若干时钟周期，数据信号的接收时间大幅度延迟。

由上述分析可以看出，同步错误的概率可以通过同步器的设计降低到足够低的水平，而其代价除了电路成本外，就是数据接收时间的延迟。为了避免数据丢失，在设计中需要根据外部数据稳定保持的时间长度、通知信号的脉冲宽度等因素来考虑同步器的具体设计方案，协调各种信号间的时间关系，才能实现异步数据的可靠接收。

例 8.5.1　假设图 8.5.7 中的 D 触发器是 74LS74，它的建立时间 t_{setup} 是 20ns，而系统时钟的周期是 100ns。如果异步输入信号每秒变化 10 万次，那么同步器的 MTBF 是多少？

解： 亚稳态分辨时间 $t_r = t_{clk} - t_{setup}$=100ns − 20ns = 80ns，系统时钟的频率 $f = 1/t_{clk} = 10^7$ Hz，异步输入每秒变化的次数 $a = 10^5$，按照研究者 Thomas Chaney 的结论，典型的 74LS74 的电气特性常数 $T_0 \approx 0.4$s，$\tau \approx 1.5$ns。因此，同步器的 MTBF 是 $MTBF(t_r) = \dfrac{1}{T_0 \cdot f \cdot a} \cdot e^{t_r/\tau} = \dfrac{1}{0.4 \times 10^7 \times 10^5} \times e^{80/1.5} = 3.6 \times 10^{11}$ 秒，表示同步器连续 2 次故障之间的时间是 115 个世纪。

习题 8

8.1　画出图 8.2.2 所示的 SR 锁存器的输出波形，其输入波形如题图 8.1 所示。假设输入和输出信号的上升和下降时间为 0，或非门的传播延迟是 10ns（图中每个时间分段是 10ns）。

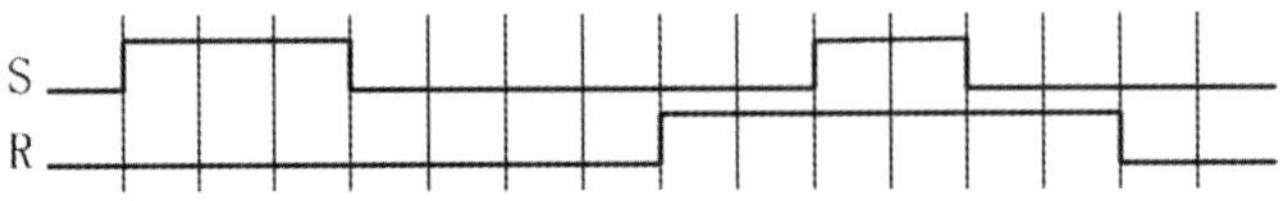

题图 8.1

8.2　用题图8.2中的输入波形重做习题8.1。结果可能难以置信，但是这个特性在转移时间比传输延迟短的真实器件中确实会发生。

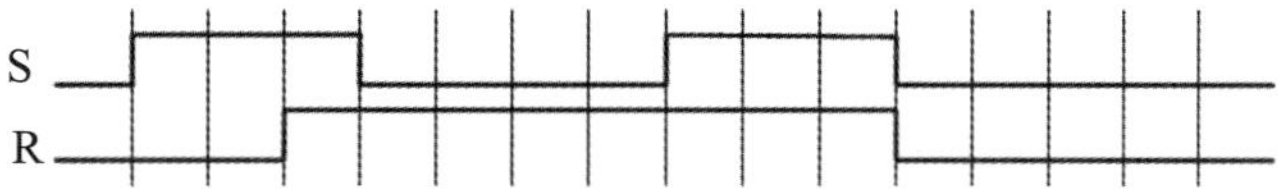

题图8.2

8.3　图8.2.2中所示的SR锁存器，假定所有门电路的平均传输延迟时间相等，用t_{pd}表示。为了保证该锁存器不出现亚稳态，图8.2.5的输入信号S的最小设置脉冲宽度$t_{pw(min)}$是什么？

8.4　若将SR锁存器的Q与R、QN与S相连，如题图8.3所示，试画出在CLK信号作用下Q和QN的波形。已知CLK信号的宽度$t_w = 4t_{pd}$，t_{pd}为门电路的平均传输延迟时间，假设输入和输出信号的上升和下降时间为0。设触发器的初始状态为Q=0。

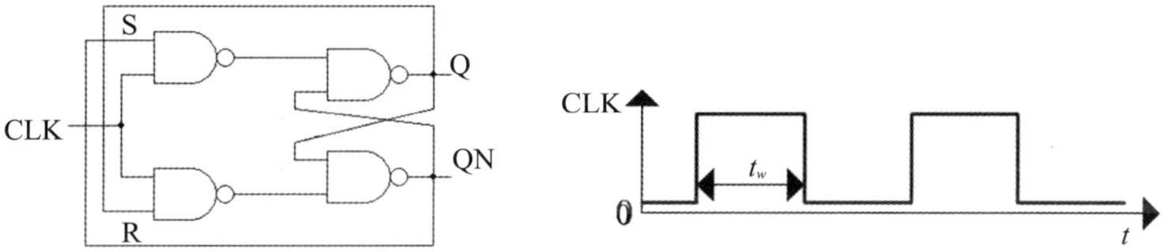

题图8.3

8.5　题图8.4是D锁存器的逻辑结构图。假设图中的反相器的传输延迟是2个时间单位，与非门的传输延迟是3个时间单位，并且这些门的上升时间和下降时间均为0，电路输出Q和QN的初态分别为1和0。试画出A、S_L、R_L、Q和QN的波形。

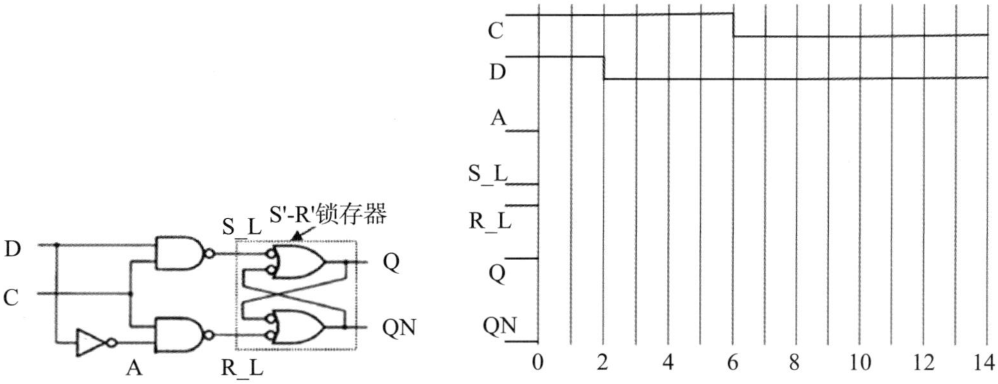

题图8.4

8.6　继续习题8.5的问题，改变输入C和D的波形（如题图8.5所示），试画出A、S_L、R_L、Q和QN的波形。

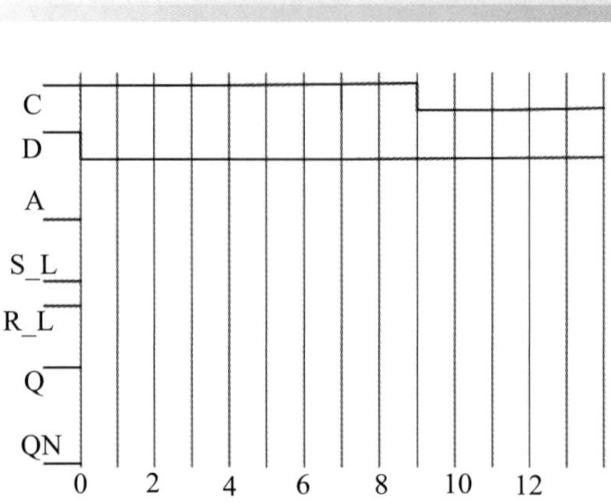

题图 8.5

8.7 再继续题 8.6 的问题，改变输入 C 和 D 的波形（如题图 8.6 所示），试画出 A、S_L、R_L、Q 和 QN 的波形。

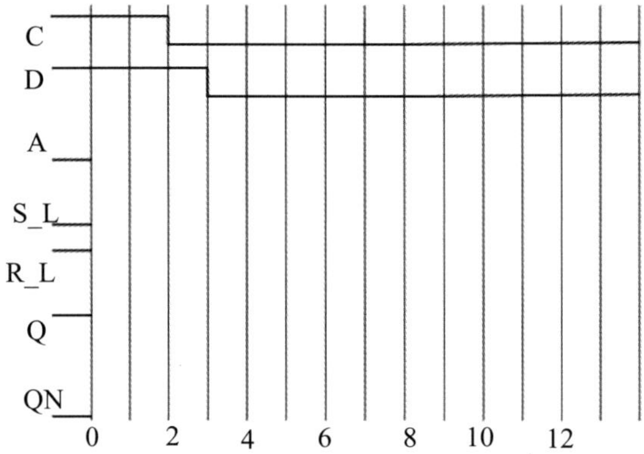

题图 8.6

8.8 题图 8.7 所示的逻辑电路，假设“与门”和“异或门”的传播延迟分别是 1ns 和 2ns，D 触发器的传播延迟和建立时间均是 1ns，并假设输入和输出信号的上升和下降时间为 0，试画出 B、C、D 和 Q 的时序图。

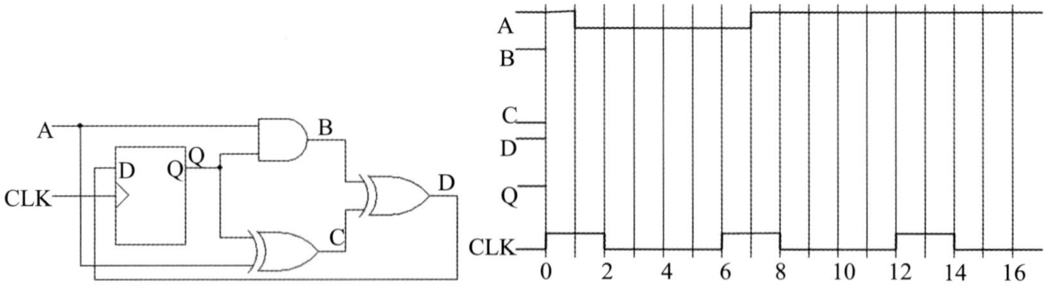

题图 8.7

8.9 题图 8.8 是一个 4 位行波降序计数器，题表 8.1 是 D 触发器的传播延迟，其中 t_{cq} 表示触发器的传输时间（从触发沿到寄存器输出状态变化稳定所需要的时间），t_{setup}

表示触发器的建立时间（在触发沿之前建立状态必要的时间）。若分别采用74HCT74、74AHCT74和74LS74实现题图8.8的功能，则计数器的最大计数速度（频率）分别是多少？

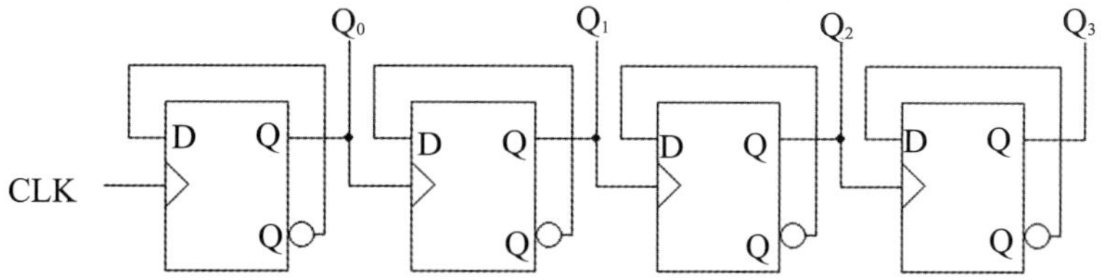

题图8.8

题表8.1 D触发器的时间参数（单位为ns）

参数	74HCT74		74AHCT74		74LS74	
	典型值	最大值	典型值	最大值	典型值	最大值
t_{cq}	35	44	6.3	10	25	40
t_{setup}	12	15		5		20

8.10 考虑图8.4.5所示的电路，对于每个D触发器：t_{cq}=15ns，t_{setup}=8ns；与非门和反相器产生的延迟：t_{pd}=21ns，试画出类似本章图8.4.6所示的时序图。

8.11 给出消除图8.4.5时钟偏斜问题的方法。

8.12 参考本章例8.4.2，对于一个n位同步串行二进制计数器电路，写出最高时钟频率公式。

8.13 参考本章例8.5.1，假设用一个更快的时钟频率为16MHz的微处理器芯片来升级图8.5.7所示的系统，如果其他条件与例8.5.1的一样，那么新的同步器的MT-BF是多少？

第9章 同步状态机设计

9.1 有限状态机FSM结构与分析

有限状态机（Finite State Machine，FSM）是同步系统中的高层协调器件，可以通过收集分析系统中的信号，根据任务的要求，对外发布指令，协调系统中寄存器和运算器的工作。

从有限状态机的工作特点出发，可以将有限状态机分为2个基本类型：

1. 用于收集分析信号的检测类状态机；
2. 用于对外发布信号的计数类状态机。

在针对具体问题进行状态机设计时，通常需要先列出系统可能发生的所有状态，并对这些状态进行编码；然后分析在不同条件下状态变化的过程（状态转移），做出状态转移图或状态转移表；最后选择寄存器实现，得出状态机的激励方程和输出方程。

本章先对FSM结构和表达进行介绍，然后分别介绍上述2类主要状态机的基本设计过程。

9.1.1 FSM的结构

有限状态机的核心单元是状态存储器，在同步状态机中，状态存储器由同步时钟控制的寄存器（组）构成。状态存储器用于存储状态机的当前状态Q，作为状态变量参与状态转移和状态机输出的决策。

为状态存储器提供输入的组合电路称为激励逻辑，该逻辑决定了时钟触发时状态寄存器状态的变化（转移）。激励逻辑由状态机输入变量和当前状态变量决定。该逻辑也称为次态逻辑。

为了根据不同状态对外发布不同信号，状态机可以设置输出组合逻辑（简称输出逻辑）。该逻辑根据输入变量和当前状态变量的运算决定状态机的输出值。

基本的状态机结构就由以上3个部分构成，如图9.1.1所示，其中前2部分（状态存储器和激励逻辑）是不可缺少的。

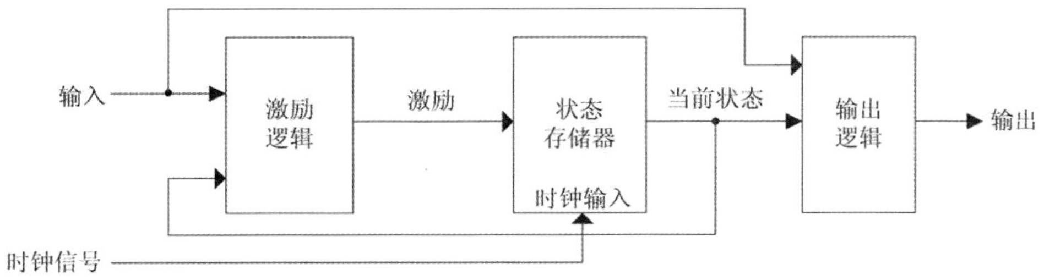

图9.1.1 FSM的结构

在一般情况下，可以对同步状态机进行如下分类：

当激励逻辑与输入变量和状态变量同时相关时，构成检测类状态机；

若激励逻辑与输入变量无关，仅与状态变量相关，则通常构成计数类状态机；

当输出逻辑与输入变量和状态变量同时相关时，构成米里型状态机（Mealy机）；

若输出逻辑与输入变量无关，仅与状态变量相关，则构成摩尔型状态机（Moore机）。

在状态机的函数表达中，需要特别注意寄存器输入端和输出端的表达。寄存器的输出端表达当前状态，在寄存器中构成状态变量；寄存器的输入端表达激励函数，用于决定寄存器未来的状态。这种表达与组合逻辑单元中输入为变量，输出为函数的表达相反。

寄存器本身的输入 / 输出关系由特征方程决定：由当前函数决定未来变量。

由于当前激励函数也与当前状态有关，将激励函数代入特征方程，可以得到当前状态与未来状态的关系，该关系称为状态转移方程。这是状态机分析和设计时最关键的方程。

激励方程、输出方程和转移方程构成了状态机的基本表达。

这些方程也可以通过表格形式（例如卡诺图）表达，分别称为激励表、输出表、转移表。

采用基本单元的逻辑图表达时，前二者为逻辑单元的组合连接，而后者仅是表达了寄存器的使用。

除了上述表达外，状态转移图也是状态机最直观的图形表达方式。

以下通过对状态机分析的例子来说明这些表达方法。

在进行状态机分析之前，先介绍一下状态机分析的步骤，如图9.1.2所示。

1. 根据逻辑图写出激励方程和输出方程。
2. 根据逻辑图中使用的触发器类型，写出相应的特征方程。
3. 根据激励方程和特征方程，写出转移方程。
4. 根据转移方程和输出方程，写出转移 / 输出表。
5. 对状态进行命名。
6. 写出状态 / 输出表或画出状态转移图。

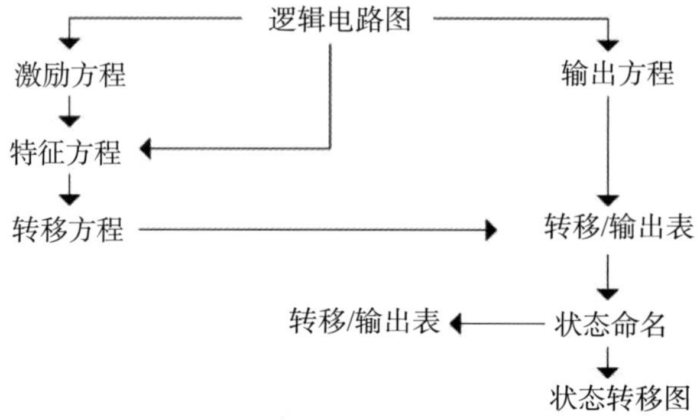

图9.1.2　状态机分析的步骤

9.1.2　FSM的分析

下面通过一些实例来介绍FSM的分析方法。

例9.1.1　带使能的模4计数器——Moore机表达。

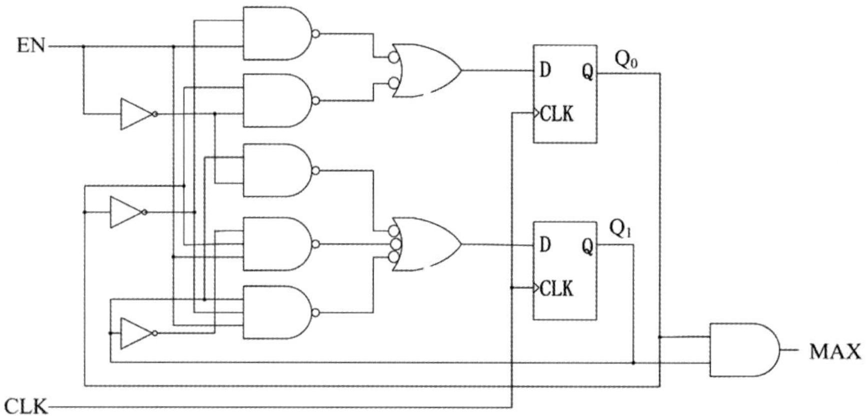

图9.1.3　带使能的模4计数器：Moore机表达

解：在图9.1.3的状态机中，使用了2个D触发器，其输出构成2个状态变量。此外，状态机还有1个输入变量。因此，该状态机中的函数通常为这3个变量的函数。

由状态机的输出端可以得出输出方程：$MAX = Q_1 \cdot Q_0$

由寄存器的输入端可以得到激励方程：

$$D_1 = EN' \cdot Q_1 + EN \cdot Q_1' \cdot Q_0 + EN \cdot Q_1 \cdot Q_0'$$

$$D_0 = EN \cdot Q_0' + EN' \cdot Q_0$$

将激励方程代入D触发器的特征方程，就得到转移方程：

$$Q_1* = EN' \cdot Q_1 + EN \cdot Q_1' \cdot Q_0 + EN \cdot Q_1 \cdot Q_0'$$

$$Q_0* = EN \cdot Q_0' + EN' \cdot Q_0$$

上述方程可以用转移输出表（类似于卡诺图）表达，如图9.1.4所示。

EN \ Q_1Q_0 ($Q_1^*Q_0^*$)	00	01	11	10
0	00	01	11	10
1	01	10	00	11
MAX	0	0	1	0

图9.1.4 转移输出表

由转移输出表可以看到状态机输出与当前状态（状态变量）的关系，也可以看到每个当前状态在不同条件下未来的状态转移。

在图9.1.5中，状态是采用编码形式表达的。可以为每个不同状态起个名称，从而使用这些名称表达状态的转移，这样显得更直观一些。

S	Q_1	Q_0
A	0	0
B	0	1
C	1	0
D	1	1

S	EN=0 (S^*)	EN=1 (S^*)	MAX
A	A	B	0
B	B	C	0
C	C	D	0
D	D	A	1

图9.1.5 状态/输出转移表

图9.1.5表格分别称为状态赋值表和状态输出表。表达状态及转移的更直观方法是状态图。本题完整的状态图的表达如图9.1.6所示。

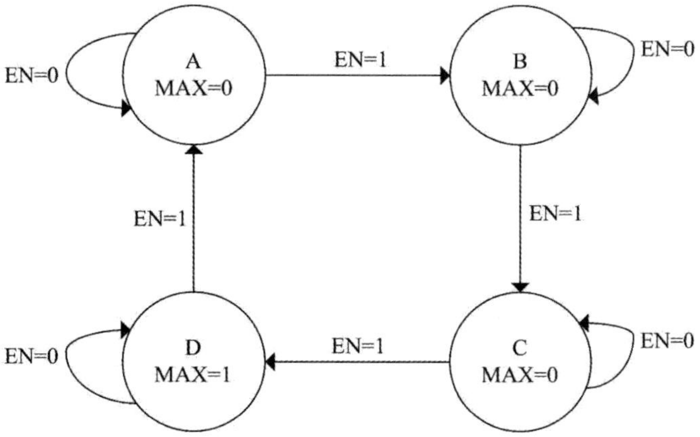

图9.1.6 完整的状态图

状态图的表达要点为：

首先用状态圈表达所有的状态（状态的编码或名称），对于Moore机，将每个状态的对应输出也表现在状态圈中。

然后用箭头线（转移线）表达状态之间的转移：箭头线从当前状态出发，指向未来转移的状态，在箭头线上标注了发生这种转移的条件。当前状态的不同转移一定是由输入变量的不同取值决定的，所以转移的条件都是关于输入变量的运算值。

如图9.1.6的状态图通常可以采用简化方式表达，如图9.1.7所示。

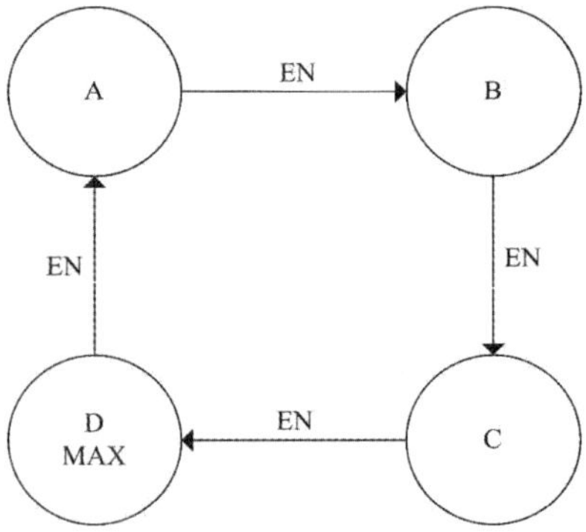

图9.1.7　简化的状态图

在简化表达中，状态圈中只表达高电平输出的名称，未标明输出名称的状态默认为输出低电平。

不改变状态的转移线不进行标注。发生转移的转移线上以高电平有效方式标注转移条件。如果某状态在时钟触发时无条件转移到另一个状态，则该转移线上不作任何标注。

采用简化表达可以使状态图更为简洁。本教材后面的状态图都采用简化表达。

例9.1.2　带使能的模4计数器——Mealy机表达。

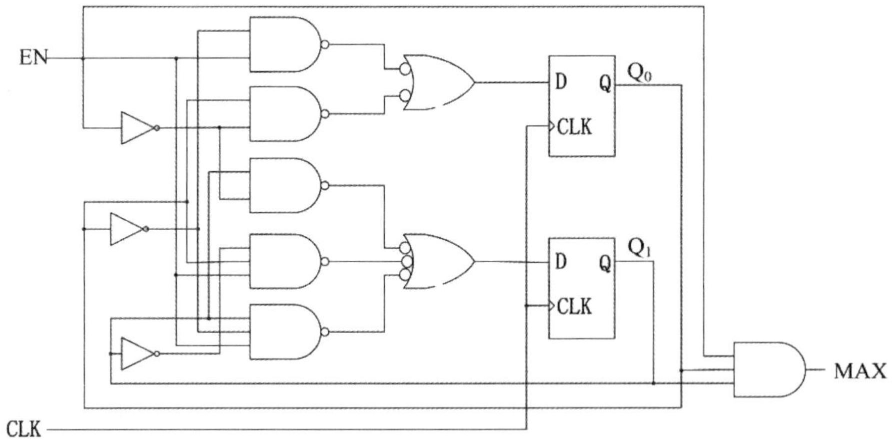

图9.1.8　带使能的模4计数器：Mealy机表达

解：与例9.1.1相比，本例只在输出方程上有所变化：输出不仅与状态变量有关，还与输入变量有关：

$$MAX = EN \cdot Q_1 \cdot Q_0$$

该变化会影响到转移输出表，如图9.1.9所示。

EN \ Q_1Q_0	00	01	11	10
	$Q_1^*Q_0^*$,MAX			
0	00,0	01,0	11,0	10,0
1	01,0	10,0	00,1	11,1

图9.1.9　转移输出表

此时，可以将输出标注到转移输出表的方格内。

由此，也会影响到状态输出表的形式，如图9.1.10所示。

S	EN=0	EN=1
A	A,0	B,0
B	B,0	C,0
C	C,0	D,0
D	D,0	A,1
	S^*，MAX	

图9.1.10　状态输出表

而在状态图的表达中，输出不能表现在状态圈内，而是表达在从当前状态发出的转移线上，如图9.1.11所示。这样才能完整表达形成该输出的状态变量值和输入变量值。

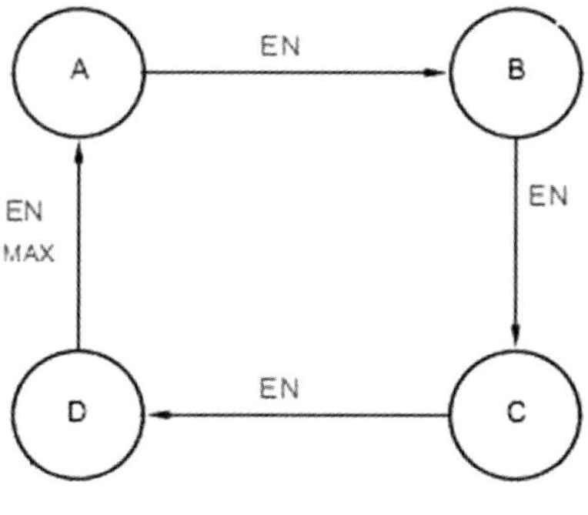

图9.1.11　状态图

一旦有了状态图，在给定输入信号波形变化和时钟信号的条件下，可以从初始状态出发，描绘出状态变量和输出的波形图，如图9.1.12所示。

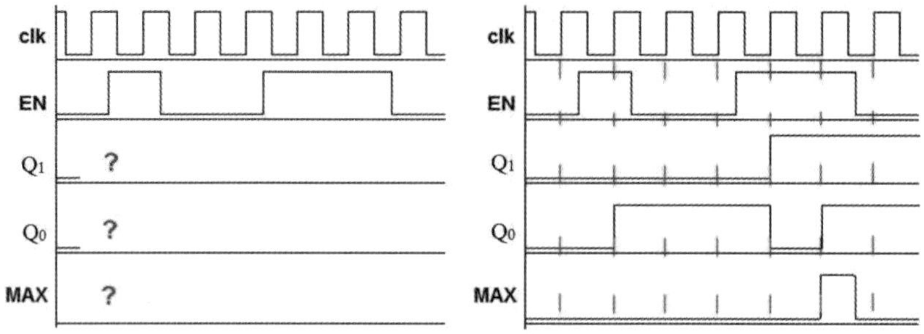

图9.1.12　时序图

在描述这种图形时，首先需要判断时钟触发时刻，状态变量只可能在这些时刻发生变化；然后逐个周期分析当前状态与触发前的输入变量值，从而决定触发后新的状态值；最后根据状态值和输入值分析输出的波形：对于Moore机，输出只与状态相关，只可能在触发时刻发生变化；对于Mealy机，输出既可能在触发时刻变化，也可能在输入波形变化的时刻变化。

在上述波形图的表达中，忽略了各组合器件的时间延迟。

例9.1.3　T触发器的使用分析

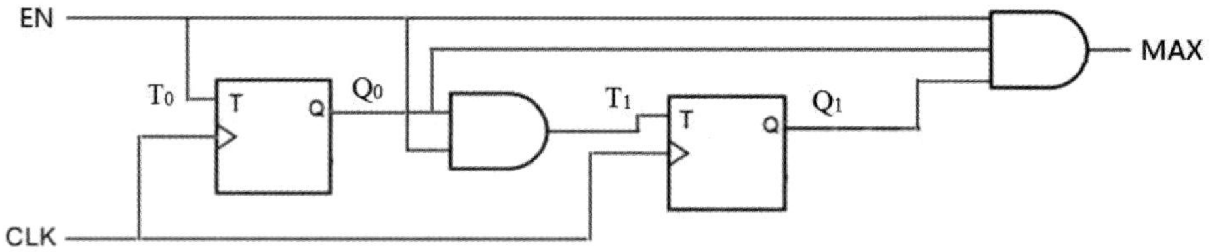

图9.1.13　T触发器的使用

解：在本例中，采用的触发器为T触发器，从其输入端分析可以得到激励方程为

$$T_0 = EN \quad T_1 = Q_0 \cdot EN$$

T触发器的特征方程为

$$Q^* = T \cdot Q' + T' \cdot Q$$

将激励方程代入特征方程，就可以得到转移方程

$$Q_0^* = EN \cdot Q_0' + EN' \cdot Q_0$$

$$Q_1^* = Q_0 \cdot EN \cdot Q_1' + (Q_0 \cdot EN)' \cdot Q_1$$

由上述方程得到的转移表与例9.1.1完全相同，后续表达不再重复叙述。

例9.1.4　JK触发器的使用分析。

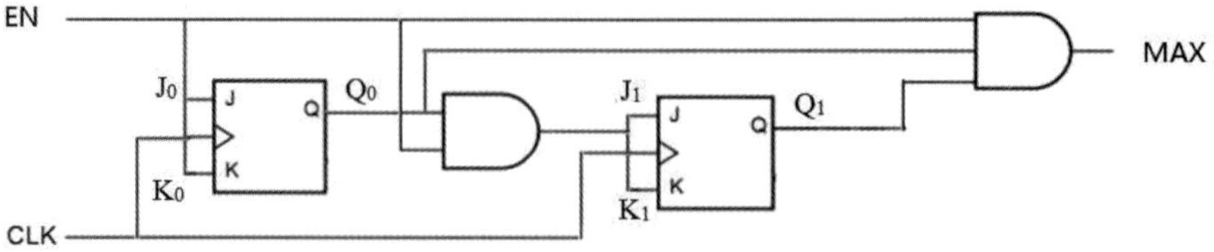

图9.1.14　JK触发器的使用

解：本例采用JK触发器，每个触发器有2个输入端，可以分别写出各自的激励方程：

$$J_0 = EN \quad K_0 = EN$$

$$J_1 = EN \cdot Q_0 \quad K_1 = EN \cdot Q_0$$

将激励方程代入JK触发器的特征方程中：

$$Q^* = J \cdot Q' + K' \cdot Q$$

得到的转移方程与例9.1.3相同，后续表达不再重复。

9.2 计数器类状态机设计

计数类状态机在系统中用于发布控制信号。

此类状态机可以没有输入变量，通常为Moore机。

此类状态机中的转移通常表现为无条件转移，即当前状态的未来转移状态通常是唯一的。

由于每次时钟触发会更换一个状态，而系统中有限寄存器能够表达的状态是有限的，状态转移必定构成单循环。这是计数类状态机的重要特点。

给循环中的每个状态设定输出，随着时钟触发导致状态循环，这些输出就会构成周期信号，所以这类状态机也常称为周期（序列）信号发生器。

以下通过典型例子说明此类状态机的基本设计方法。

9.2.1 简单计数器设计

简单计数器具有N个状态构成循环。循环状态的数量称为计数器的模，这种计数器也称为模N计数器，有时也称为N进制计数器。

简单计数器没有输入，仅通过时钟触发促成内部状态的变化。

计数器通常设置输出以显示其状态循环。在循环中指定特定状态为循环终点状态，在此状态输出高电平，其他状态输出低电平。这种输出有时称为进位输出。

除了进位输出，计数器还可以将其状态变量输出，以这些变量为基础，可以设计周期信号发生器。

下面以模5计数器来表达设计过程。

1. 状态设置与状态转移图

模5计数器在时钟触发下，以5个状态构成循环，可以分别用S_0到S_4表达。这5个不同的状态，其中S_0为初始态，S_4为最终态，输出端R在状态S_4输出高电平，其余状态输出低电平。

简单计数器没有输入，状态转移均为无条件转移。

该计数器的逻辑符号和状态图表达如图9.2.1所示。

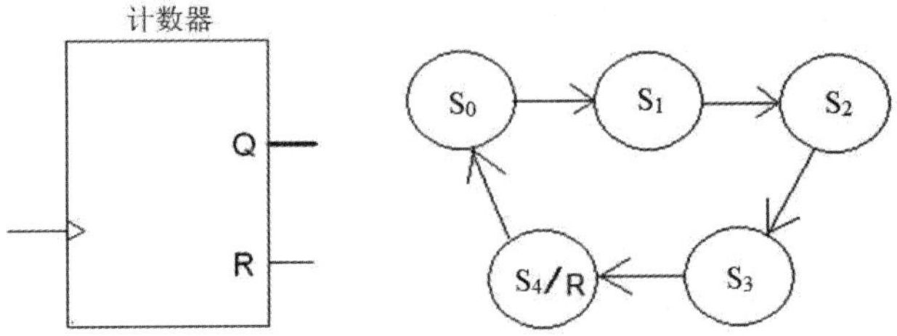

图9.2.1　模5计数器逻辑符号和状态图

2. 状态编码

为了进行设计，需要用二进制数为各状态进行编码。编码位数对应于寄存器的用量，影响到状态机的成本，因此，通常采用最短二进制编码。

为了使用时便于设置初始状态，通常用全0编码表达初始状态。

考虑到计数器中状态变化规则，通常按照正常的二进制数增长的顺序进行后续状态的编码。采用这种编码方式的计数器有时也称为二进制升序计数器或加法计数器。

在特殊情况下，也可以采用格雷码顺序进行编码。在顺序计数变化中，格雷码每次只有1位数发生变化，这样的编码可以使计数器运行的功耗降低。这种计数器也称为格雷码计数器。

图9.2.2显示了模5计数器的不同编码方式。

	二进制编码	格雷码编码
	$Q_2Q_1Q_0$	$Q_2Q_1Q_0$
S_0	000	000
S_1	001	001
S_2	010	011
S_3	011	010
S_4	100	110

图9.2.2　模5计数器的状态编码

3. 转移表与激励表

选定编码后，就可以根据状态图作出转移表。所谓转移表，是将转移状态与状态变量的关系用表格形式表达出来。为了后续化简的方便，该表格通常以卡诺图形式表现。

图9.2.3表达了不同编码对应的转移输出表。

$Q_2^*Q_1^*Q_0^*$

Q_0 \ Q_2Q_1	00	01	11	10
0	001	011		000
1	010	100		

二进制编码

$Q_2^*Q_1^*Q_0^*$

Q_0 \ Q_2Q_1	00	01	11	10
0	001	110	000	
1	011	010		

格雷码编码

图9.2.3　不同编码的转移表

可以看出，选择的状态编码不同，则转移输出表就不同。

得到转移表后，可以根据选用的触发器类型，利用触发器的特征方程，将转移表转换为激励表，即通过卡诺图表现激励函数与状态变量的关系。

本章的设计是基于标准门的芯片内集成设计。在这种设计中，触发器通常只采用最简单的D触发器。

D触发器的特征方程为

$$Q^* = D$$

将转移表中的转移状态Q^*用相应的激励D替代，就得到对应的激励表，如图9.2.4所示。

$D_2D_1D_0$

Q_0 \ Q_2Q_1	00	01	11	10
0	001	011		000
1	010	100		

二进制编码

$D_2D_1D_0$

Q_0 \ Q_2Q_1	00	01	11	10
0	001	110	000	
1	011	010		

格雷码编码

图9.2.4　激励表

4. 由激励表得出激励方程

模5计数器只使用5个状态，而3位二进制编码可以有8个状态，在激励表中可以看到有3个状态未使用。对于这些未使用状态，可以采用2种不同的处理方式：

一种处理方式是将未使用状态的转移都设置为初始态（000），输出也设置为0。这种设计称为最小风险设计。该设计可保障计数器一旦出现错误状态可以马上回到初始态重新开始。

另一种处理方式是将未使用状态作为无关项看待，在写出激励方程时可以利用这些无关项降低成本。这种设计称为最小成本设计。

图9.2.5表现了采用二进制编码时，不同设计方案的激励表。

$D_2D_1D_0$

Q_0 \ Q_2Q_1	00	01	11	10
0	001	011	000	000
1	010	100	000	000

最小风险设计

$D_2D_1D_0$

Q_0 \ Q_2Q_1	00	01	11	10
0	001	011	d	000
1	010	100	d	d

最小成本设计

图9.2.5　采用二进制编码时的不同设计方案

激励表表现的是组合方程，可以利用前面学习过的组合化简方式得出优化的激励方程。以下分别用最小和与最小积表达激励方程：

最小风险设计。

最小和：

$$D_2 = Q_2' \cdot Q_1 \cdot Q_0$$

$$D_1 = Q_2' \cdot Q_1' \cdot Q_0 + Q_2' \cdot Q_1 \cdot Q_0'$$

$$D_0 = Q_2' \cdot Q_0'$$

最小积：

$$D_2 = Q_2' + Q_1 + Q_0$$

$$D_1 = (Q_1 + Q_0)\cdot(Q_1' + Q_0')\cdot Q_2$$

$$D_0 = Q_2' \cdot Q_0'$$

最小成本设计：

最小和：

$$D_2 = Q_1 \cdot Q_0$$

$$D_1 = Q_1' \cdot Q_0 + Q_1 \cdot Q_0'$$

$$D_0 = Q_2' \cdot Q_0'$$

最小积：

$$D_2 = Q_1 + Q_0$$

$$D_1 = (Q_1 + Q_0)\cdot(Q_1' + Q_0')$$

$$D_0 = Q_2' + Q_0'$$

对比上述设计方法可以看出，采用最小成本设计可以节省一些。同时也可以看到，在采用最小风险设计时，由于表中的0多于1，采用最小积设计成本可能会比最小和更低一些。

5. 风险检测与完整状态图

对于大多数用作周期信号发生器的计数器来说，并不要求状态一开始就进入初始态，只要经过一段时间系统能够输出稳定的输出信号就可以了。在这种情况下，考虑到成本因素，通常都会采用最小风险设计。

在这种设计中，为了规避风险，采用最小成本设计的方程需要进行风险检测，以确保该状态机不会陷入未使用状态的死循环中。所谓死循环，就是由未使用状态（也称为无效状态）相互转移构成的闭合循环。若系统上电时或工作中由于某些干扰落入这些状态中，则无法通过时钟触发使系统进入正常循环中。

检测的方法是将得到的激励方程重新填写到转移表中，得到在这种设计下未使用状态的转移，并通过状态图将所有状态的转移表现出来。这种状态图称为全状态图。由全状态图可以清楚看到是否有设计目标之外的死循环出现。如果没有，则设计可用。如果有，则需要将死循环中某状态的转移指定为设计循环的某状态中，从而消除该死循环。

图9.2.6表达了上述设计完整的转移表和状态图，由图中可以看到没有死循环出现，设计可用。

$D_2D_1D_0$

Q_0 \ Q_2Q_1	00	01	11	10
0	001	011	010	000
1	010	100	100	010

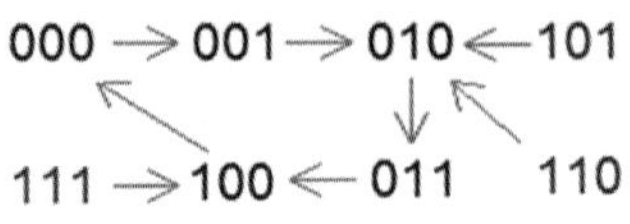

图9.2.6　完整的转移表和状态图

对于最小风险设计以及没有无效状态出现的设计，不需要进行风险检测。

6. 输出表与输出方程

周期信号发生器的输出是依赖于状态变化的，输出表现为状态变量的函数。

通常采用输出表与输出方程表现输出函数与状态变量的关系。

本题的输出仅在100状态为高电平，其他有效状态为低电平，由此，可以得到输出表如图9.2.7所示。

R

Q_0 \ Q_2Q_1	00	01	11	10
0	0	0	d	1
1	0	0	d	d

图9.2.7　输出表

在本题的最小风险设计时，由于没有无效循环，无效状态可以作为无关项参与化简。由此得到本题的输出方程为

$$R = Q_2$$

以上6步表现了周期信号发生器设计的基本步骤和主要方法。

9.2.2　计数器的控制设计

为了能够更好地使用计数器，适应更多的应用环境，通常需要给计数器添加控制输入。

清零和使能是最常用的2种控制输入。清零可以使计数器回到初始状态，重新开始工作。使能则可以控制计数器暂时停止计数，保持状态不变。

在上述控制中，通常要求清零信号具有优先性。

采用这种控制的模5计数器的逻辑符号和状态表如图9.2.8所示。

模5计数器

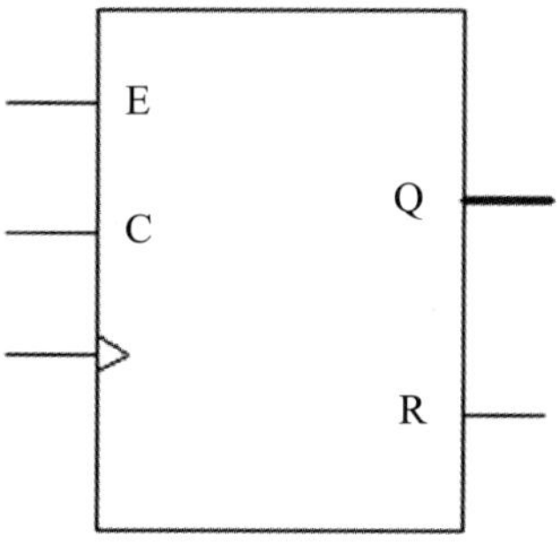

状态表

S	S* CE 00	01	10	11
S_0	S_0	S_1	S_0	S_0
S_1	S_1	S_2	S_0	S_0
S_2	S_2	S_3	S_0	S_0
S_3	S_3	S_4	S_0	S_0
S_4	S_4	S_0	S_0	S_0

图9.2.8　具有清零和使能功能的模5计数器

采用二进制进行状态编码，可以将状态表转换为转移表。

此时存在3个状态变量和2个输入变量，若直接建立转移表，则该表格为5变量卡诺图形式，表达与化简都较为烦琐。

为了更简单规范地表达转移关系，可以先通过转移列表方式表达转移关系，再通过类似从真值表到卡诺图的方法，实现从转移列表到转移表的转换。

本例的转移列表如图9.2.9所示。

S	$Q_2Q_1Q_0$	条件	$Q_2{*}Q_1{*}Q_0{*}$
s_0	000	C'E'	000
		C'E	001
		C	000
s_1	001	C'E'	001
		C'E	010
		C	000
s_2	010	C'E'	010
		C'E	011
		C	000
s_3	011	C'E'	011
		C'E	100
		C	000
s_4	100	C'E'	100
		C'E	000
		C	000

图9.2.9　模5计数器的转移列表

该表的构成方法为：

左边第1列表达所有状态，第二列表达每个状态的编码（当前状态变量），第3列表达每个状态转移的各种不同条件，第4列表达每个可能的转移状态。

将每个转移状态量Q^*作为一个独立函数，填入以状态变量为坐标的状态表中，就可以得到相应的转移表。填入方法是：找出该状态量取1的行，将该行的转移条件填入该行状态变量的坐标位置。

由此得到各状态量的转移表如图9.2.10所示，采用D触发器时可以很容易地将其转换为激励表。

Q_2^*

Q_0 \ Q_2Q_1	00	01	11	10
0	0	0	d	C'E'
1	0	C'E	d	d

Q_1^*

Q_0 \ Q_2Q_1	00	01	11	10
0	0	C'	d	0
1	C'E	C'E'	d	d

Q_0^*

Q_0 \ Q_2Q_1	00	01	11	10
0	C'E	C'E	d	0
1	C'E'	C'E'	d	d

图9.2.10　各状态量的转移表

有了激励表，选择最小风险或最小成本的设计方法，就可以采用最小和或最小积写出全部激励方程了。

以上是采用状态机设计方式设置输入控制，这种设计可以采用简单的D触发器，添加组合单元进行设计。

另一种方式就是直接使用带有相应控制端的触发器，按照简单状态机的设计方案进行设计。这种方式在状态机层次设计显得简单，但每个触发器都需要附加必要的组合控制，成本较高。

9.2.3　周期信号发生器设计

以计数器的状态输出为基础，配合组合逻辑，可以实现周期信号发生器。而周期信号发生器可以看作是对状态机输出方程的设计。

设计周期信号发生器时，应该先分析需要的信号周期，以此确定需要的计数器的模。然后将一个周期中每个时钟段的输出附加到状态中，就可以实现设计。

例如，设计一个8位周期信号发生器，发出循环的“00101111”信号。首先采用二进制编码设计一个模8计数器，其状态变量为$Q_2Q_1Q_0$。用3位二进制编码正好表示完8个状态，没有无效状态，只需考虑最小成本设计。图9.2.11是该模8计数器的状态转移表。

Q_0 \ Q_2Q_1 ($Q_2^*Q_1^*Q_0^*$)	00	01	11	10
0	001	011	111	101
1	010	100	000	110

图9.2.11　模8计数器的状态转移表

下面采用D触发器设计，分别得到最小和与最小积的激励方程。

最小和：

$$D_2 = Q_2Q_1' + Q_2Q_0' + Q_2'Q_1Q_0$$

$$D_1 = Q_1'Q_0 + Q_1Q_0'$$

$$D_0 = Q_0'$$

最小积：

$$D_2 = (Q_2 + Q_1)(Q_2 + Q_0)(Q_2' + Q_1' + Q_0')$$

$$D_1 = (Q_1 + Q_0)(Q_1' + Q_0')$$

$$D_0 = Q_0'$$

然后，以状态变量$Q_2Q_1Q_0$为坐标，建立输出表如图9.2.12所示。

Q_0 \ Q_2Q_1 (F)	00	01	11	10
0	0	1	1	1
1	0	0	1	1

图9.2.12　模8计数器的输出表

可以得到输出方程为

$$F = Q_2 + Q_1Q_0' \text{ 或 } F = (Q_2 + Q_1)(Q_2 + Q_0')$$

则信号发生器的逻辑图如图9.2.13所示。

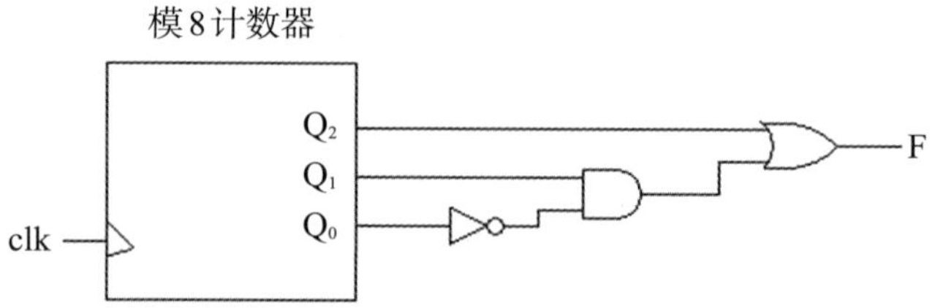

图9.2.13　8位周期信号发生器

对比上述最小和与最小积设计方法可以看出，两者激励方程的实现成本差不多。由于输出表中的1多于0，采用最小和设计成本比最小积低一些。

9.3　信号检测类状态机设计

检测类状态机用于对输入信号进行检测，发现特定序列时则给出输出提示。这种状态机也称为序列信号检测器。

检测器检测的对象是时钟触发时输入信号保持的状态。在采样时间窗口内，输入信号保持不变。

检测器通常会设置全零编码为初始状态，从该状态出发进行检测。

当产生检测提示输出后，需要根据具体要求，决定检测器后续状态的转移。由此构成检测器的各种不同设计。

本节通过典型例题说明检测器设计的常用方法。

9.3.1　Moore型检测器设计

要求设计一个“1011”4位序列检测器，在检测到“1011”序列后产生1个时钟周期的高电平输出。该状态机的逻辑符号和功能表述如图9.3.1所示。

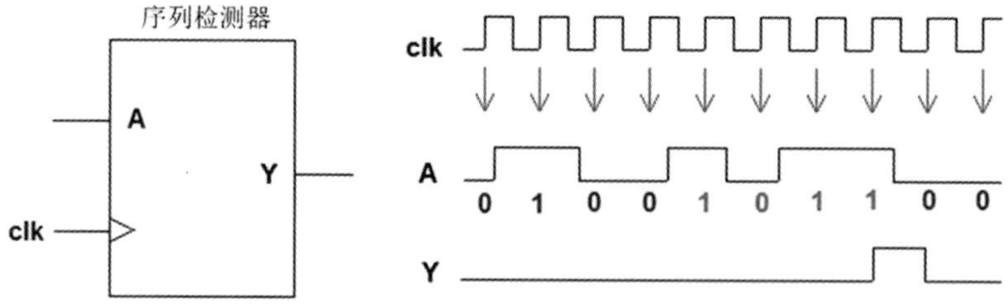

图9.3.1　“1011”4位序列检测器（Moore型）

1. 状态设置

序列检测器设计的第一步是状态设置。

首先，需要设置初始状态S_0。

然后根据检测过程分析需要记忆的不同状态，并确定每个状态的含义。

对于本例，状态设置及含义如下。

S_0：初始状态，没有之前的检测值。

S_1：前1个检测值为“1”。

S_2：前2个检测值为“10”。

S_3：前3个检测值为“101”。

S_4：前4个检测值为“1011”，该状态产生输出。

注意，在上述含义的数字表达中，高位为较早检测的结果，低位为较后检测的结果。按照这种方式，对N位序列进行检测时，需要设置N+1个状态。

2. 转移关系分析

完成状态设置后，就可以分析状态间的转移关系，画出状态图。

先画出正确序列的转移线及转移条件，如图9.3.2所示。

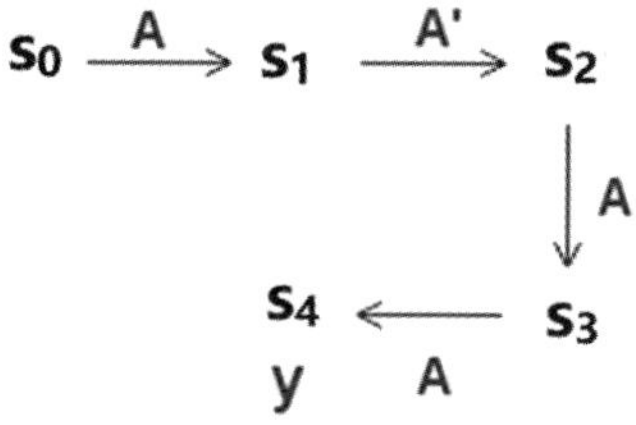

图9.3.2　正确序列时的状态转移

然后再分析每个状态在不满足正确转移条件时应该发生的转移，补充相应的转移线，如图9.3.3所示。

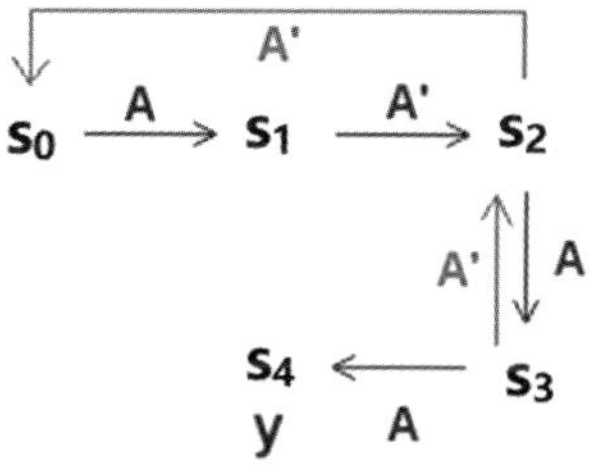

图9.3.3　补充不满足正确转移条件时的状态转移线

在进行补充转移的分析时，通常采用的方法是：每个状态根据其含义可以用一个多位二进制数表达；先将最新检测值添加到该状态的最低位；然后从最高位出发逐步削减位数，同时与其他设置的状态进行对比，如果与某状态的含义一致，则转移到该状态。

例如图9.3.3中S_3的含义为101，最新检测值为0，则构成1010，该值没有状态对应；去掉最高位后为010，没有状态对应；再去掉最高位后为10，与状态S_2对应，所以补充向S_2的转移线。

3. 最后状态转移分析

最后状态的转移需要根据不同要求设定。

典型的要求方式有下列4种：

（1）无条件转移到初始状态

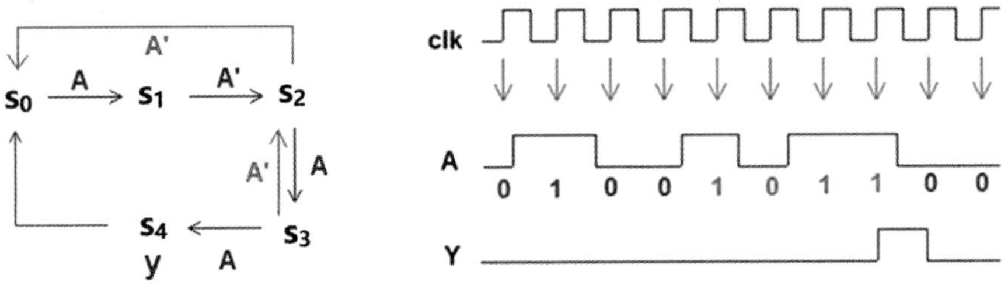

图9.3.4　归零检测

这种设计在S_4结束的时钟触发时，无条件回到初始状态，实际上忽略了该次时钟触发时的检测结果，未将其计入检测序列中。这种检测称为归零检测，如图9.3.4所示。

（2）为检测器设置一个R输入端口，当检测到需要序列产生输出时，需要保持输出状态，直到R输入为1，再让检测器回到初始状态。这种检测称为保持归零检测，如图9.3.5所示。

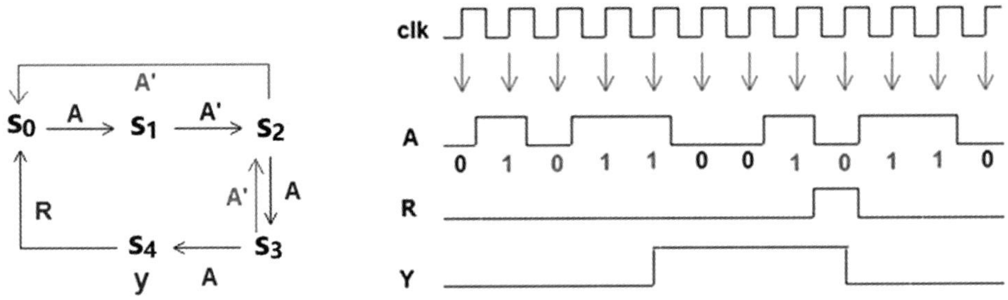

图9.3.5　保持归零检测

（3）如果要将归零检测中忽略的检测结果计入检测序列中，就需要将该状态结束时的检测作为新序列检测的开始，这种设计称为连续检测，如图9.3.6所示。

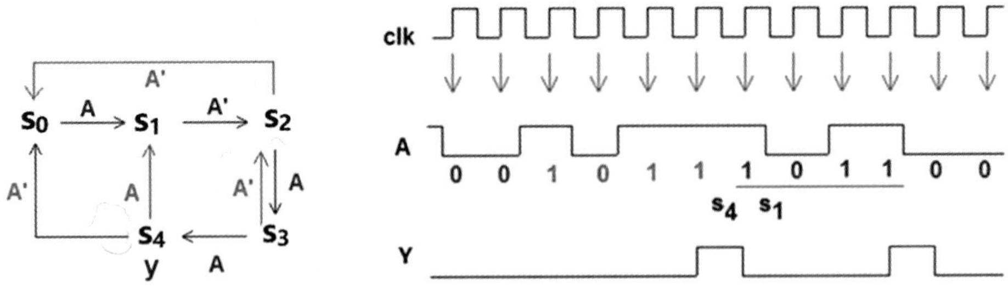

图9.3.6　连续检测

在图9.3.6中，若S_4之后检测到1，则可以转移到S_1状态。

（4）将该状态结束时的检测与前面的检测结果序列合并分析，考虑所有可能满足要求的序列检测，这种设计称为重叠检测，如图9.3.7所示。

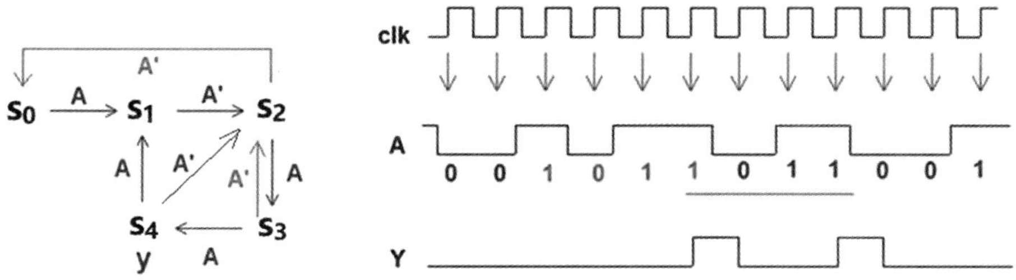

图9.3.7 重叠检测

此时对S_4转移的分析方法与前面的补充转移线的分析方法完全相同。

4. 状态赋值和设计综合

状态图建立之后，就可以为状态进行赋值。

对于检测器，进行状态赋值时，通常遵循以下方式：

- 初始态编码为全零，便于设置；
- 具有相邻转移关系的状态，编码尽量相邻；
- 存在多组相邻关系时，优先考虑转移概率大的相邻状态。

对于单输入序列检测器，通常从初始态到最终态的主线按照格雷码顺序进行编码，就可以最大限度满足上述要求。

5. 转移列表与转移表

编码完毕，就可以根据状态图建立转移表或转移列表，结合D触发器的使用，可以将转移表转换为激励表。由于增加了输入变量，通常采用转移列表到转移表的设计方法。

例如，对于上述第一种情况的无条件转移到初始状态的设计，可以通过编码建立如图9.3.8所示的转移列表，表中的状态使用3位格雷码编码。

S	$Q_2Q_1Q_0$	条件	$Q_2^*Q_1^*Q_0^*$
S_0	000	A' A	000 001
S_1	001	A' A	011 001
S_2	011	A' A	000 010
S_3	010	A' A	011 100
S_4	110	1	000

图9.3.8 归零检测的转移列表

对应的转移表如图9.3.9所示。

Q_2^*

Q_0 \ Q_2Q_1	00	01	11	10
0	0	A	0	
1	0	0		

Q_1^*

Q_0 \ Q_2Q_1	00	01	11	10
0	0	A'	0	
1	A'	A		

Q_0^*

Q_0 \ Q_2Q_1	00	01	11	10
0	A	A'	0	
1	1	0		

图9.3.9 归零检测的转移表

6. 激励方程与输出方程

在本题上述激励表中存在未使用状态。由于检测器在实际使用中总是要求从初始状态（全零状态）开始进行检测，不希望在开始通电时给出错误的检测结果，所以必须采用最小风险设计，即需要将所有无效状态的转移指定为初始态。

由此得到激励表如图9.3.10所示。

D_2

Q_0 \ Q_2Q_1	00	01	11	10
0	0	A	0	0
1	0	0	0	0

D_1

Q_0 \ Q_2Q_1	00	01	11	10
0	0	A'	0	0
1	A'	A	0	0

D_0

Q_0 \ Q_2Q_1	00	01	11	10
0	A	A'	0	0
1	1	0	0	0

图9.3.10 激励表

从上表中可以得到检测器的激励方程如下：

最小和：

$$D_2 = Q_2'\cdot Q_1\cdot Q_0'\cdot A$$

$$D_1 = Q_2'\cdot Q_1\cdot Q_0\cdot A + Q_2'\cdot Q_1'\cdot Q_0\cdot A' + Q_2'\cdot Q_1\cdot Q_0'\cdot A'$$

$$D_0 = Q_2'\cdot Q_1'\cdot Q_0 + Q_2'\cdot Q_1'\cdot A + Q_2'\cdot Q_1\cdot Q_0'\cdot A'$$

最小积：

$$D_2 = Q_2'\cdot Q_1\cdot Q_0\cdot A$$

$$D_1 = Q_2'\cdot(Q_1 + Q_0)\cdot(Q_1 + A')\cdot(Q_0 + A')\cdot(Q_1' + Q_0' + A)$$

$$D_0 = Q_2'\cdot(Q_1' + Q_0')\cdot(Q_1' + A')\cdot(Q_1 + Q_0 + A)$$

由上述结果可以看出，由于检测器设计时只能进行最小风险设计，在激励标准0的数量通常多于1所以采用最小积设计的成本通常低于采用最小和的成本。

7. 输出方程

由于检测器输出只与最后状态相关，并且只能采用最小风险设计，所以可以直接写出本题的输出方程如下：

$$Y = Q_2\cdot Q_1\cdot Q_0'$$

9.3.2 Mealy型检测器设计

要求设计一个“1011”4位序列检测器，在检测到“101”序列后，如果当前输入为1，则产生高电平输出。

该状态机的功能表述如图9.3.11所示。

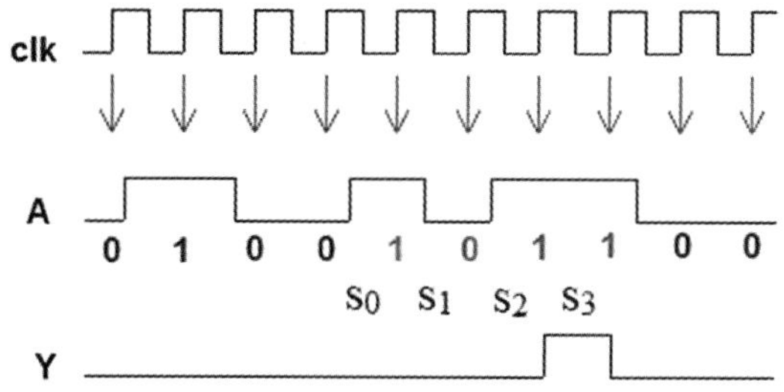

图9.3.11 “1011”4位序列检测器（Mealy型）

与例8的Moore机相比，本设计需要设置的状态较少，输出也会提前。

1. 状态设置

序列检测器设计的第一步是状态设置。

首先需要设置初始状态S_0。

然后根据检测过程分析需要记忆的不同状态，并确定每个状态的含义。

对于本例，状态设置及含义如下。

S_0：初始状态，没有之前的检测值。

S_1：前1个检测值为“1”。

S_2：前2个检测值为“10”。

S_3：前3个检测值为“101”；在本状态时，若输入为1则产生输出。

相对前一节的Moore机设计，本例少设计一个状态。对于N位序列的Mealy型检测，需要设置N个状态。因此，对于同一个序列检测问题，采用Moore型检测时所需设计的状态数比Mealy型检测要多。

2. 转移关系分析

本例转移关系与前一节的基本相同，只是在最后状态和输出的表达上有所不同，如图9.3.12所示。

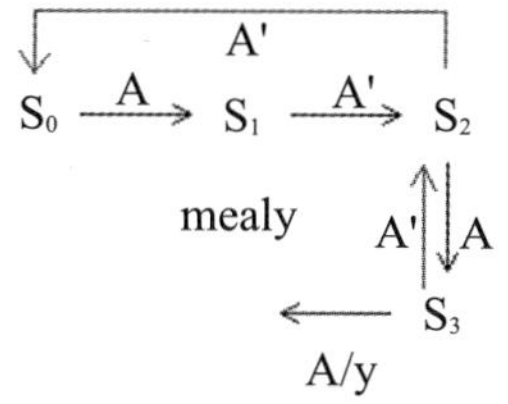

图9.3.12 初步的状态转移

对于最后状态的转移，同样需要考虑不同要求：

（1）无条件转移到初始状态或连续检测

若状态机处于S_3时再检测到一个1，则其下一个状态无条件转移到初始状态S_0，如图9.3.13所示。

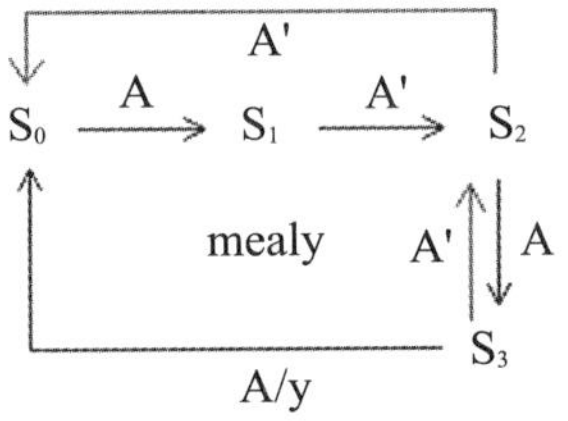

图9.3.13　连续检测

上述Mealy型设计提前使用了最后1次检测结果，并回到了初始状态。因此，可以进行新的检测，同时满足连续检测的要求。

（2）将该状态结束时的检测与前面的检测结果序列合并分析，这种设计称为重叠检测，如图9.3.14所示。

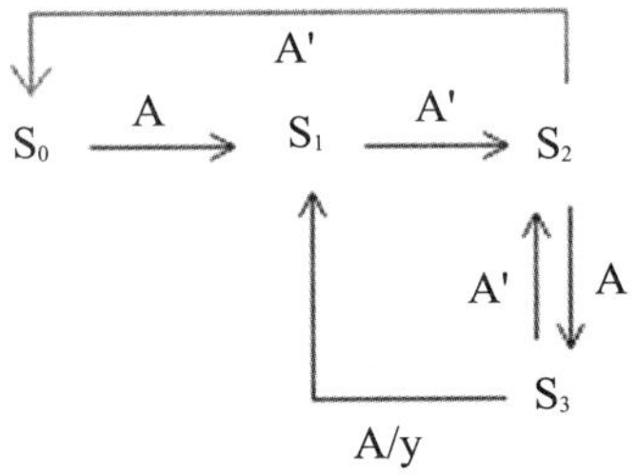

图9.3.14　重叠检测

此时，对S3转移的分析方法与前面的补充转移线的分析方法完全相同。

Mealy型设计的输出受输入变化影响，无法通过保持状态来保持输出，所以不会采用设置R端口的方式进行设计。

本例后续步骤的分析与例8类似，就不再重复讨论了。

在9.2和9.3中分别对序列信号发生器和序列信号检测器的设计方法进行了介绍。以下对这两种器件设计的异同之处进行简单对比总结。

1. 输出条件：不考虑控制条件时，信号发生器输出只与状态有关，表现为Moore机；而检测器则可以与输入有关，可以进行Moore型设计或Mealy型设计。

2. 状态设置：信号发生器状态数量与待产生的序列位数相同，而检测器也与待检测的序列位数相关（Moore机为n+1，Mealy机为n）。

3. 转移表达：不考虑控制条件时，信号发生器的转移都表现为无条件转移，而检测器通常为有条件转移。

4. 状态赋值：信号发生器多采用二进制编码顺序赋值，而检测器基本采用格雷码顺序赋值。初始态基本都采用全0进行赋值。

5. 存在无效状态时，信号发生器的激励方程优化通常采用最小成本设计，需要进行风险检测并以完整状态图进行表达，检测器则只能采用最小风险设计。对于输出方程也应该按照同样方式考虑。

9.4 多序列数据检测设计

前述设计的状态机都只针对特定序列（单序列）进行检测。在实际需求中，有时需要同时满足对多个序列同时检测。

在这种设计中，通常会出现等效状态。通过对等效状态的合并，进行状态化简，可以降低设计成本。

例9.4.1 设计Moore机，同时对“0100”和“1100”状态进行连续检测。

解：

（1）状态设置及意义

可以针对不同序列分别设置状态，意义如下所述：

S_0：初始态

S_1：检测到“0” a_2，检测到“01” a_3，检测到“010” a_4，检测到“0100”，并产生输出；

b_1：检测到“1” b_2，检测到“11” b_3，检测到“110” b_4，检测到“1100”，并产生输出；

（2）转移分析

先分析正确序列的转移，如图9.4.1所示。

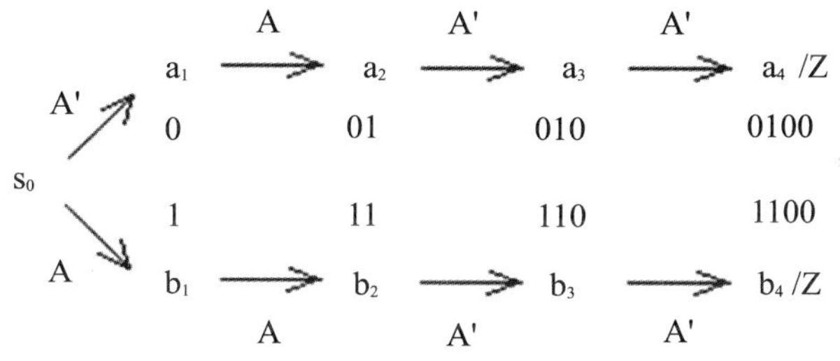

图9.4.1 正确序列的转移

然后再补充其他的转移，如图9.4.2所示。

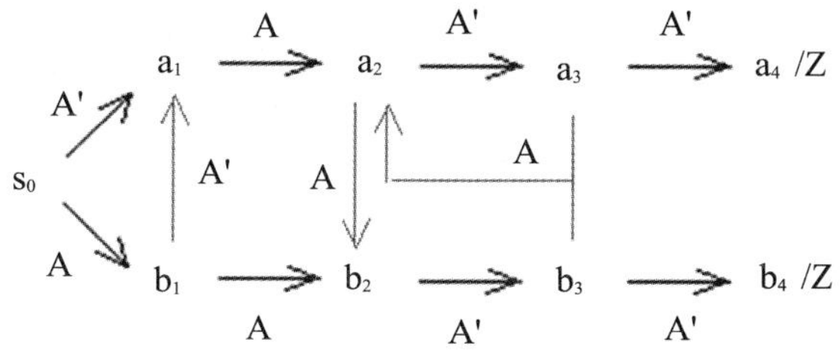

图9.4.2 补充其他的转移

根据连续检测要求对最后状态的转移进行分析时，可以发现，a_4和b_4这2个状态具有很多的相同之处：当输入检测为0时，都转移到a_1；输入检测为1时，都转移到b_1；同时这2个状态都产生输出1。

在状态分析中，一个状态可观测的特征就是其输出和转移。如果2个状态的输出和所有的转移（条件和状态）完全相同，则这2个状态在系统中不可分辨。这种状态被称为等效状态。

状态分析中，一旦发现等效状态，应该将等效状态合并为1个状态。这种合并可以减少状态数量，称为状态化简。

在上述状态图中，A_4和B_4就是等效状态，应该合并为1个状态S_4。

将A_4和B_4合并为S_4后，就可以发现A_3和B_3也是等效状态，因为它们的输出都为0，输入检测为0时都转移到S_4，输入检测为1时都转移到A_2。因此，应该将A_3和B_3合并为1个状态S_3。

类推可以得到：

A_2和B_2也是等效状态，应该合并为S_2；

A_1和B_1也是等效状态，应该合并为S_1。

经过化简后，原来的9个状态变为只有5个状态，化简后的状态图如图9.4.3所示。

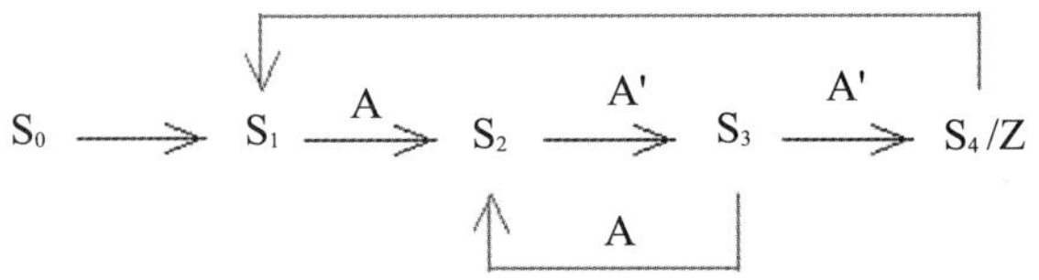

图9.4.3　化简后的状态图

显然，经过这样化简后，不但降低了设计的复杂度，也可以有效地降低设计成本。

9.5　基于单元分解的状态机规模化设计

在前述状态机的设计中，最重要的是针对状态设置和转移的分析（建立状态图），以及通过状态赋值得到转移表。这种方法类似于组合设计中基于真值表或卡诺图的设计。

当需要进行规模化设计时，面对可能出现的成百上千的状态，设计过程会变得烦琐无比。

类似规模化组合设计的做法，将状态机分解为不同的功能块，每种功能块又可以由其基本单元扩展得到，则可以简化设计过程，将状态机设计推向规模化。

本节将分别针对2种基本状态机进行讨论。

9.5.1　信号发生类状态机的分解设计

在前面已经看到，信号发生器可以分为2部分：

1. 计数器构成状态循环；

2. 输出逻辑实现具体的周期信号。

由于输出逻辑为组合逻辑，表达周期信号时，典型设计方式是：

首先将周期信号中一个周期的每1位按顺序存放于存储器中，其存储地址按照二进制顺序安排；然后将循环变化的状态变量作为地址输入存储器时，存储器输出端就可以循环输出其存放的周期信号数据了。

以下讨论计数器的规模化设计。

9.5.2 计数器的基本单元

规模化设计的基本概念是首先建立可扩展的最简单功能单元，然后通过这种单元进行规模化扩展。

对于计数器，最简单的计数器是模2计数器，它只有2个状态构成循环，如图9.5.1所示。

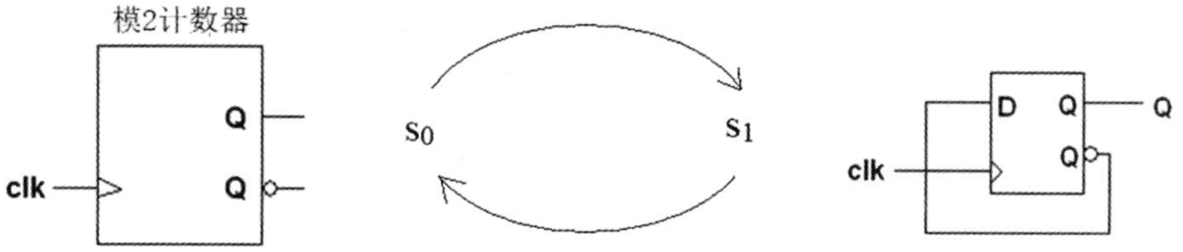

图9.5.1 模2计数器

由于只有2个状态，只需要1位状态变量Q就可以表达。

每次时钟触发都发生状态变化，其转移方程可以表现为

$$Q^* = Q'$$

使用D触发器实现时，其激励方程表现为

$$D = Q'$$

9.5.3 基于基本单元的扩展

一旦有了上述基本单元，就可以通过连接构成更大规模的计数器：

将每个单元的状态反相，输入下一单元的时钟端，可以构成升序计数器，当N个单元连接时，计数器的模为2^N。这种计数器也称为N位二进制升序计数器，如图9.5.2所示，相应的时序图如图9.5.3所示。

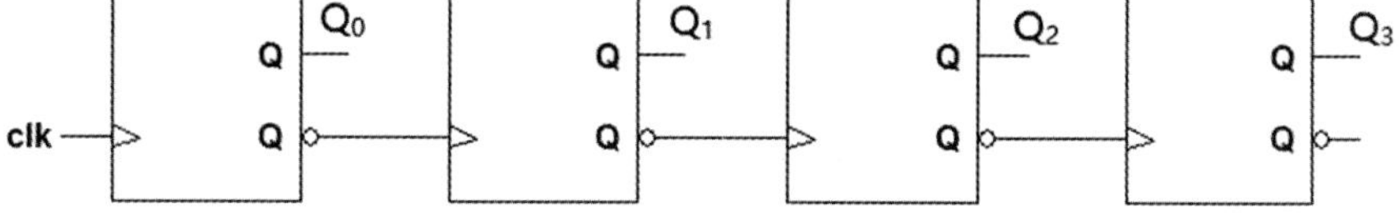

图9.5.2 模16升序计数器

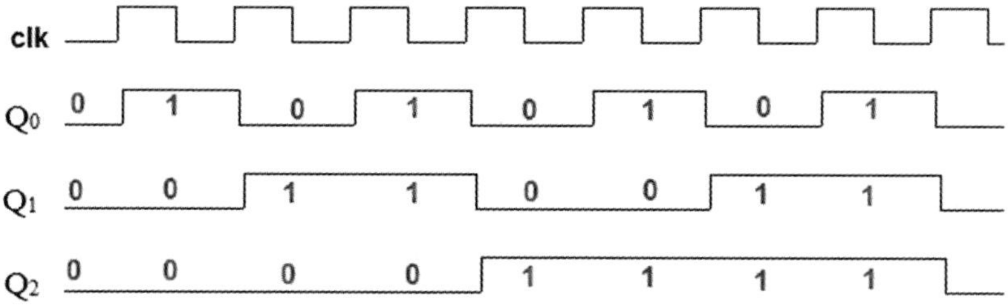

图9.5.3 模16升序计数器的时序图

如果将每个单元的状态直接输入下一单元的时钟端，可以构成降序计数器，也称为N位二进制降序计数器，如图9.5.4所示。相应的时序图如图9.5.5所示。

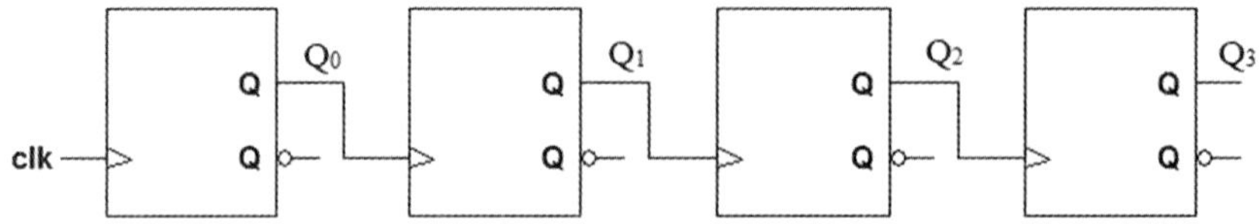

图9.5.4　模16降序计数器

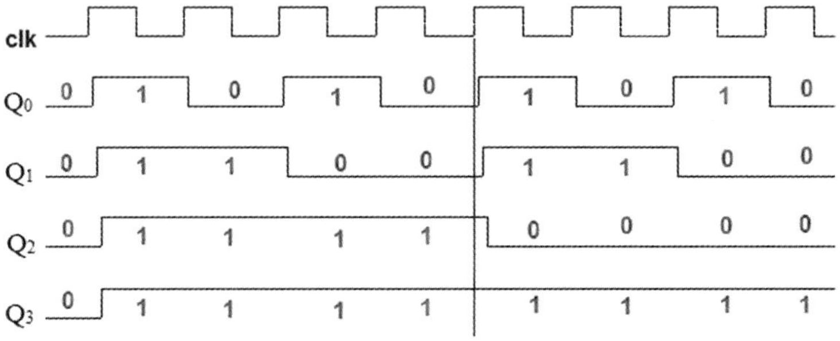

图9.5.5　模16降序计数器的时序图

上述扩展简单方便，但由于后级时钟信号由前级状态输出形成，时间上滞后于前级时钟，会表现出较大的时钟偏斜。随着级数的增加，其运行频率必然降低。

由于这种设计中各寄存器时钟不完全同步，这种计数器通常称为纹波计数器，有时也称为异步计数器。

为了适应高频运算，在单元扩展时，应该确保每个单元的时钟信号不受影响。为此需要对基本单元进行改进，添加使能控制和进位输出。

由于基本单元只使用了1个D触发器，只需要选用具有使能输入的D触发器就可以了。而对于进位输出，则需要考虑将循环中哪个状态设定为终态：将Q=1设为终态，表现为升序单元，将Q=0设为终态，表现为降序单元。此时基本单元的逻辑符号表现如图9.5.6所示。

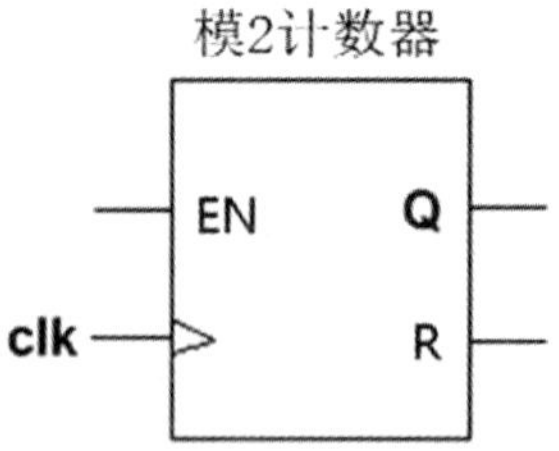

图9.5.6　带使能端的模2计数器

采用这种单元进行扩展设计时，要点是将前级的R输出到后级的EN，用前级的进位输出控制后级计数，这样前级每完成一个循环，后级只发生一次状态变化，级联后形成的新的计数器模为两级模的乘积。

注意，为了保障持续扩展能力，应该将两级的进位输出乘积起来，形成新的进位输出，确保只有最后1个状态产生进位输出，如图9.5.7所示。

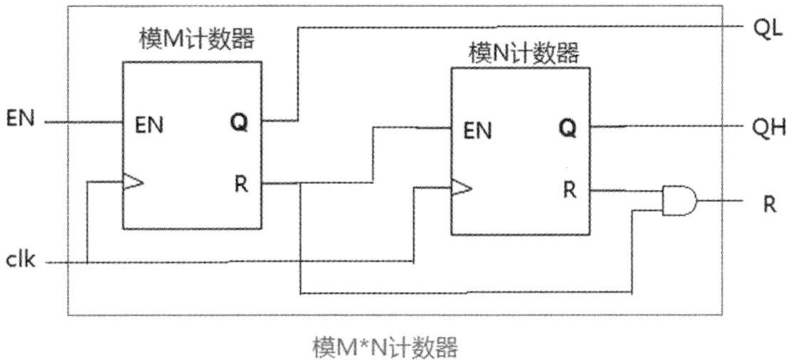

图9.5.7　计数器的扩展

采用这种设计扩展方式，可以得到极大规模的二进制计数器。

9.5.4　任意模计数器的实现

二进制计数器的模一定是2的整数次方。如果需要得到其他模N的计数器，可以采用如下方法实现：

1. 选用具有清零功能的寄存器构成二进制升序计数器基本单元；
2. 利用基本单元扩展，构建模大于N的二进制计数器；
3. 将该计数器的状态输出送入常数比较器，当等于常数N–1时，产生清零信号；
4. 将该清零信号送入所有寄存器的清零输入端，使其下一状态为全零（初始态）。

将上述设计模块组合起来，就可以构成任意周期信号发生器了。

9.5.5　信号检测类状态机的分解设计

从功能角度分析，信号检测类状态机需要记忆已经检测的信号序列，然后与特定序列进行比较。因此，可以将此类状态机分解为检测状态记忆和常数比较器2个部分。

常数比较器的规模化设计已经在第5章介绍过，这里只介绍序列记忆器的规模化设计。

记住1位检测数据，只需要一个D触发器就可以了。该器件会将时钟触发时的检测输入保存起来（状态Q），直到下次时钟触发产生新的检测结果为止。

如果需要记住2次检测的结果，则需要在下次时钟触发时，将原来记忆的数据交给另1个寄存器，然后去记住最新检测结果。这只需要将2个D触发器级联起来就可以了。此时2个寄存器的状态输出Q_1和Q_0表达了相邻2次检测的结果。这种寄存器的级联电路通常称为移位寄存器，如图9.5.8所示。

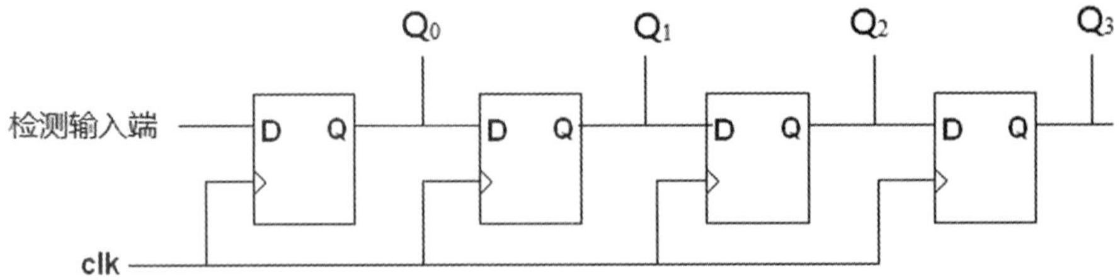

图9.5.8　移位寄存器

由此将N个D触发器级联起来，构成N位移位寄存器，就可以保存对N位序列的检测结果。将这些检测结果送入常数比较器，就可以实现特定序列的检测。这种方法也能够非常方便地实现多序列的同时检测。

显然，这种设计很容易推广到规模化设计中。

选用不同功能的寄存器，则可以实现不同类型的序列信号检测器。

Moore型检测的数据全部来自于寄存器的状态输出，Mealy型检测则将输入端数据也同时合并到检测数据中。

采用上述最简单的连接方式进行检测，实现的是重叠检测。

如果选用具有清零功能的寄存器，利用检测结果对这些寄存器清零，则可以实现归零检测：一旦产生检测输出，就回到初始态重新开始。

如果对输入端的第1个寄存器不清零，而对其他所有寄存器清零，则实现连续检测。

9.5.6　运算存储类状态机设计

在规模化设计中，运算存储类状态机也是一种常见的类型。该类状态机由一个受时钟控制的状态存储器（数据存储器）和一个组合运算器构成。组合运算器对状态存储器中的状态数据进行计算，用计算结果更新存储器的状态。

以下通过2个例子进行简单介绍。

例9.5.1　利用加法器设计的二进制计数器

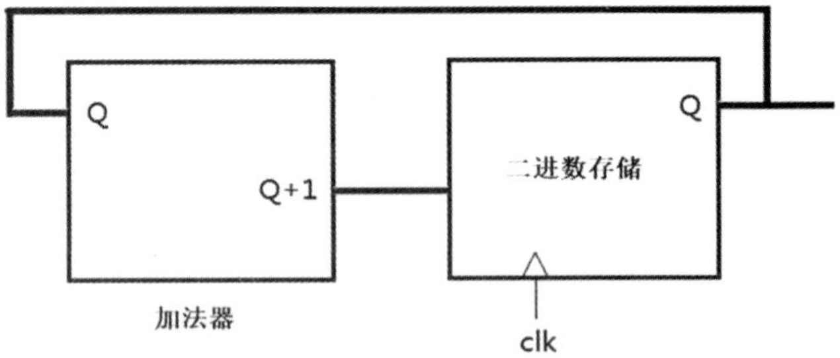

图9.5.9　利用加法器设计的二进制计数器

解： 如图9.5.9所示，该设计用受时钟控制的存储器存放一个N位二进制正数。将存储器状态送入加法器中，实现加1运算，然后作为存储器的激励逻辑。当时钟触发时，该运算结果进入存储器中，形成新的状态。通过上述简单设计，就可以获得N位的二进制计数器。

本例中使用的加法器只需要完成加1的运算，可以完全由半加器级联构成，在规模化设计时成本低廉。

当位数N很大时，串行进位的加法器具有很长的延迟时间，导致同步设计的时钟周期受到影响，频率较低。

利用进位选择加法器设计可以有效缩短运算延迟，改善频率特性。

例9.5.2 简单自动售货机控制设计。

解：自动售货机或自动售票机应用广泛。该类系统通常通过投币识别系统对投入的钱币进行识别，产生不同的输入信号，同时也具有对货物和车票的种类选择输入。

在采用运算存储方式进行设计时，通常先对不同输入进行编码，表达为不同的补码符号数：钱币投入用正数表达，出货选择用负数表达。

状态存储器用于存储当前已投入的钱币余额，该余额可以通过译码后由显示器显示。

使用加法器作为状态存储器的激励逻辑。加法器将输入与当前余额进行相加，产生激励结果。

使用激励结果的最高位作为状态存储器的使能信号。如果激励结果为正数，时钟触发时进入状态存储器，更新当前余额。如果激励结果为负数，则不对当前余额进行更新，同时阻止出货。

出货控制受出货要求的输入和激励的最高位共同控制。图9.5.10给出了上述设计的模块结构图。

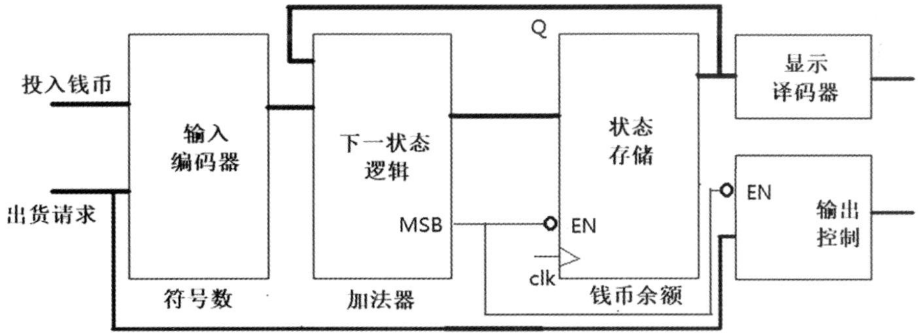

图9.5.10 简单自动售货机控制设计

习题9

9.1 由10级触发器构成的二进制计数器，其模值为多少？设计模值为1026的计数器，至少需要多少级触发器？

9.2 根据激励逻辑和输出逻辑是否与输入有关，可以把状态机分为4类。计数类状态机指的是（　　），检测类状态机指的是（　　），Moore型状态机指的是（　　），Mealy型状态机指的是（　　）。

A. 激励逻辑与输入变量和状态变量同时相关

B. 激励逻辑与输入变量无关，仅与状态变量相关

C. 输出逻辑与输入变量和状态变量同时相关

D. 输出逻辑与输入变量无关，仅与状态变量相关

9.3 采用一个D触发器构成模2计数器时，写出对应的激励方程。

9.4 逻辑电路如题图9.1所示，A=1时，CLK脉冲来到后D触发器具有（　　）功能。

A. 计数器

B. 置0

C. 置1

D. 保持

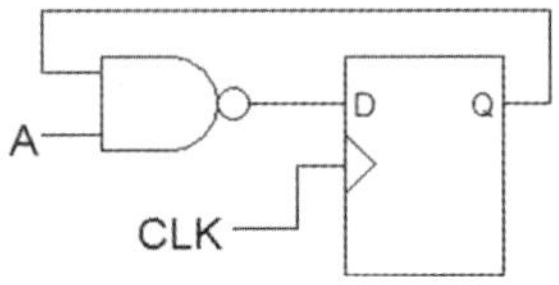

题图9.1

9.5 用4位触发器构成序列信号发生器，可以产生的序列信号的最大长度是多少？

9.6 设计Mealy机，同时对“1111”和“1001”状态进行重叠检测，要求对状态进行定义并画出逻辑电路图。该Mealy机具有一个输入x和一个输出z，当输入x连续出现序列“1111”或序列“1001”时，输出z=1，否则输出z=0。例如：

x：010111100110011111

z：000000100100010011

9.7 分析题图9.2所示的时序逻辑电路，若电路的初态$Q_3Q_2Q_1Q_0$=1101，则Q_3端输出的序列是什么？

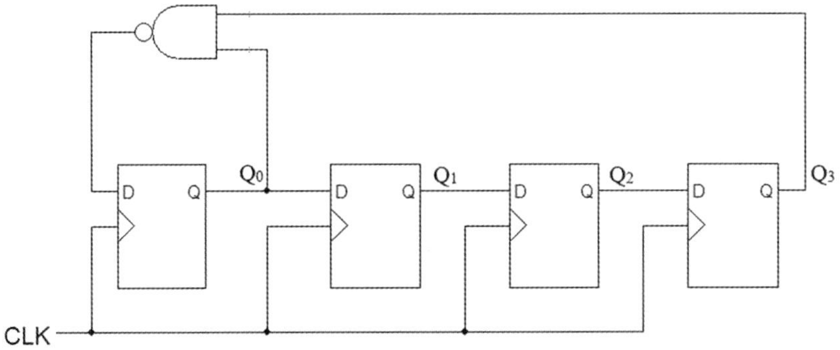

题图9.2

9.8 利用D触发器和必要的逻辑门设计一个模10升降序计数器，其中：$Q_3Q_2Q_1Q_0$是该计数器的状态，M是升降序选择输入。M=1表示计数器按升序计数，且计数值为9时输出z=1；M=0表示计数器按降序计数，且计数值为0时输出z=1。要求用转移列表进行设计：

（1）写出转移列表；

（2）写出激励方程和输出方程；

（3）画出逻辑电路图。

9.9　分析题图9.3所示的时钟同步状态机。要求：

（1）写出激励方程、转移方程和输出方程；

（2）假设初态Q_1Q_0为00，画出Q_1、Q_0和Z的时序图。

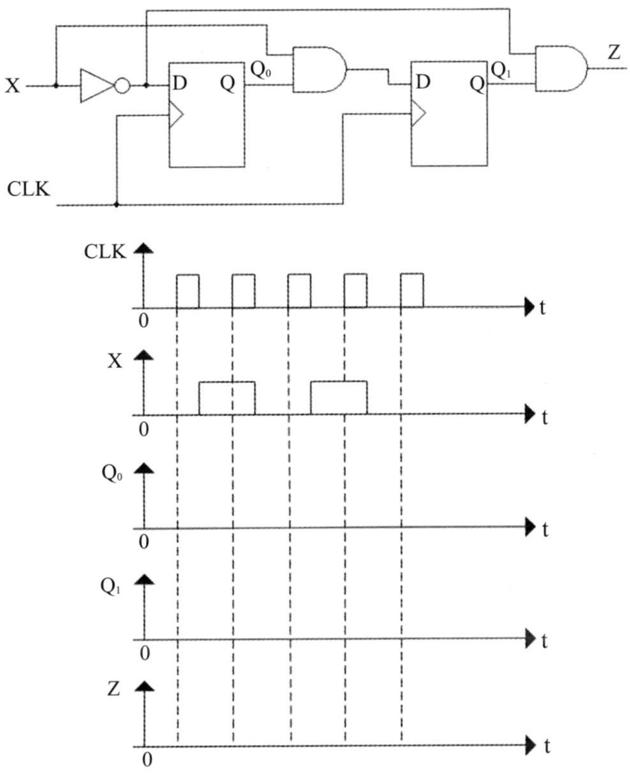

题图9.3

9.10　画出题图9.4所示时序电路的状态图，写出激励方程和状态转移方程，分析其逻辑功能并检查能否自启动。

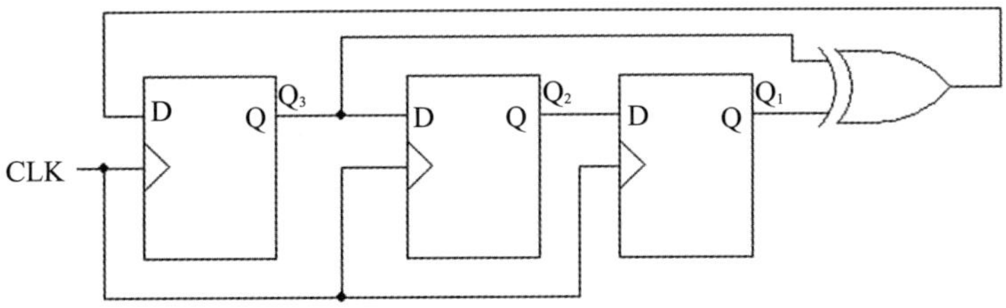

题图9.4

9.11　画出题图9.5所示时序电路的状态图，写出激励方程和状态转移方程，分析其逻辑功能。

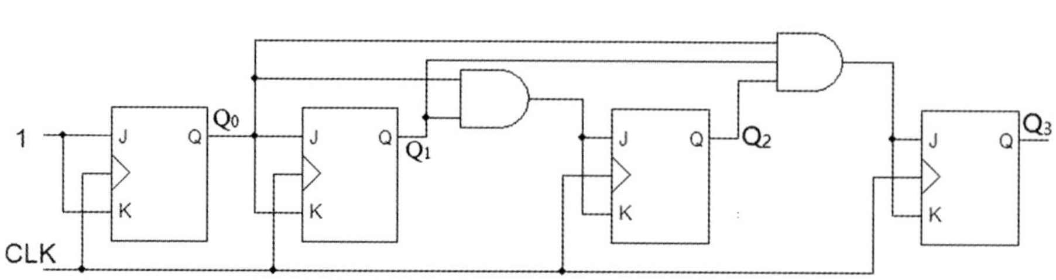

题图9.5

9.12　由JK触发器和D触发器组成的电路和输入波形分别如题图9.6（a）和（b）所示，试画出Q_1和Q_2的波形。要求给出分析过程，写出激励方程和状态转移方程。初态为Q_1=1，Q_2=0。

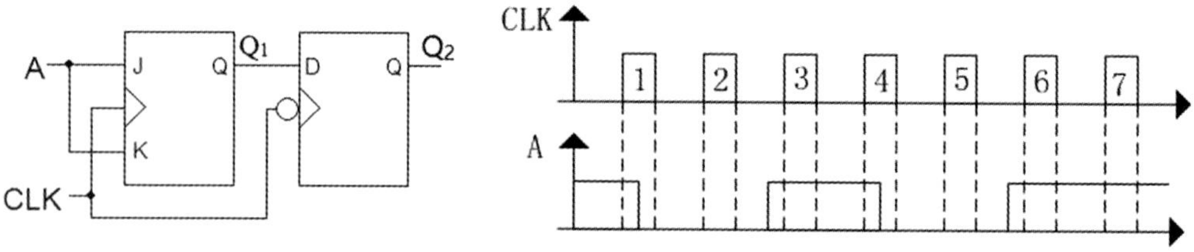

（a）　　　　（b）

题图9.6

9.13　已知题图9.7所示电路，分析该电路的逻辑功能，并画出其输出F的波形。

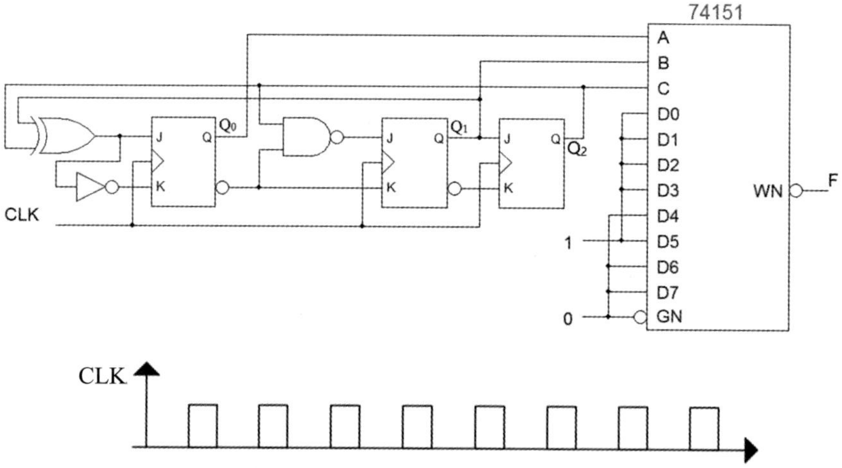

题图9.7

9.14　电路如题图9.8所示，设初态$Q_3Q_2Q_1$为100，试求：

（1）写出各触发器的激励方程和状态转移方程；

（2）写出$Q_3Q_2Q_1$的状态转移表，并画出$Q_3Q_2Q_1$的状态转换图；

（3）描述该电路的功能，并检查能否自启动。

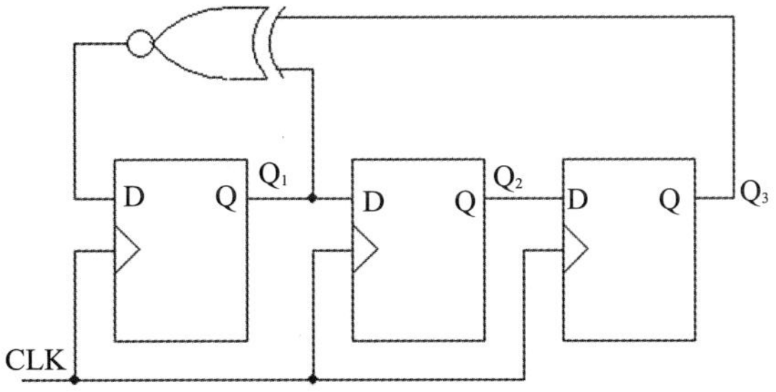

题图 9.8

9.15 用2个D触发器和几个基本的门电路设计一个时序电路，该时序电路能实现如题图9.9所示的逻辑功能。

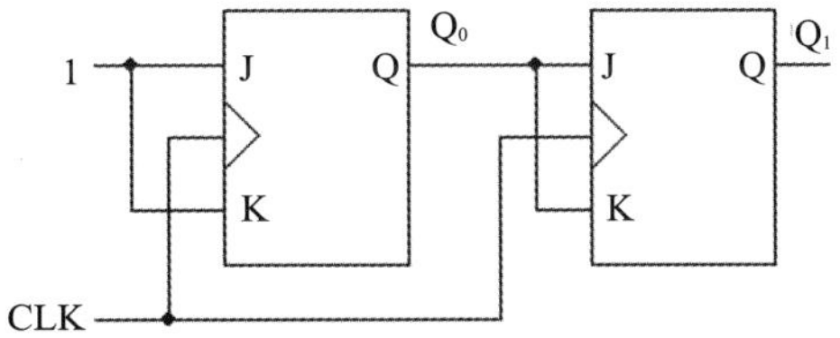

题图 9.9

9.16 题图9.10是一个移位寄存器型计数器：

（1）试写出D_1的逻辑表达式，并画出卡诺图；

（2）画出电路的状态转换图；

（3）该计数器的模为多少？能否自启动？

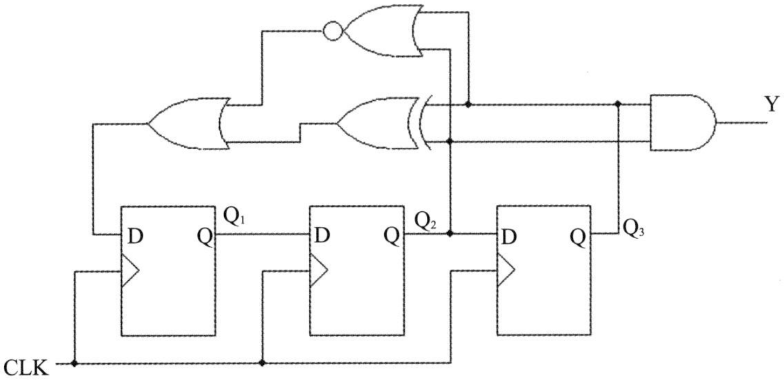

题图 9.10

9.17 用D触发器设计一个序列信号发生器：

（1）要求所产生的周期性序列为111000；

（2）要求该序列信号发生器具备自启动能力；

（3）给出该电路的状态转移图、逻辑方程、逻辑电路图。

9.18 设计一个模10计数器，要求对最小风险和最小成本进行对比。

9.19　设计一个12位周期序列发生器，发出循环的“010011100101”信号，要求写出优化的激励方程和输出方程。

9.20　对前一题的输出方程采用74151进行优化设计。

9.21　利用D触发器和必要的逻辑门设计一个Moore型归零检测器，在检测到“0110”序列后产生1个时钟周期的高电平输出。要求采用转移列表进行设计。

9.22　利用D触发器和必要的逻辑门设计一个Moore型连续检测器，在检测到“1001”序列后产生1个时钟周期的高电平输出。要求采用转移列表进行设计。

9.23　利用D触发器和必要的逻辑门设计一个Moore型重叠检测器，在检测到“1010”序列后产生1个时钟周期的高电平输出。要求采用转移列表进行设计。

9.24　利用D触发器和必要的逻辑门设计一个Mealy型连续检测器，在检测到“101”序列后产生1个时钟周期的高电平输出。

9.25　利用D触发器和必要的逻辑门设计一个Mealy型重叠检测器，在检测到“110”序列后产生1个时钟周期的高电平输出。

9.26　利用D触发器和必要的逻辑门设计一个模10计数器，然后把该计数器作为一个模块，设计一个模1000的计数器。

9.27　利用D触发器和必要的逻辑门分别设计一个模10计数器和一个模6计数器，然后连接2个7段译码器和2个7段数码管，循环显示00到59的数字。

9.28　利用D触发器和必要的逻辑门设计一个移位寄存器，然后利用该移位寄存器和常数比较器设计一个Mealy型10位序列检测器，在检测到“0010100111”序列后产生1个时钟周期的高电平输出。

第10章 基于集成块的时序控制设计

10.1 概述

与组合设计类似，时序控制的系统也可以通过购买商用集成块来进行设计。根据购买的集成块种类规模不同，设计也可以分为基于小规模集成块（SSI）的设计、基于中规模集成块（MSI）的设计和基于FPGA的设计。

基于中小规模集成块的设计通常表现为多块集成块的连线设计。优化目标是减少集成块的用量以节省成本，同时缩短最长组合路径的延迟时间以提高器件的运算频率。

基于FPGA的设计则一定是单片设计，由于FPGA单元都带有寄存器控制，设计主要关注的要点是缩短运算路径上需要通过的可编程单元数量，缩短流水深度。

为了更好地理解基于集成块的时序控制设计的特点，在此先对基本概念进行简要讨论。

时序控制设计分为两个层次，第一个层次是对同步系统中的所有组合模块添加寄存器控制，如图10.1.1（a）所示；第二个层次则是通过状态机对同步系统中的寄存器进行控制，如图10.1.1（b）所示。这两个层次的设计都可以表现为寄存器与组合逻辑的组合。在图10.1.1中，灰框表达寄存器，黑框表达组合逻辑。

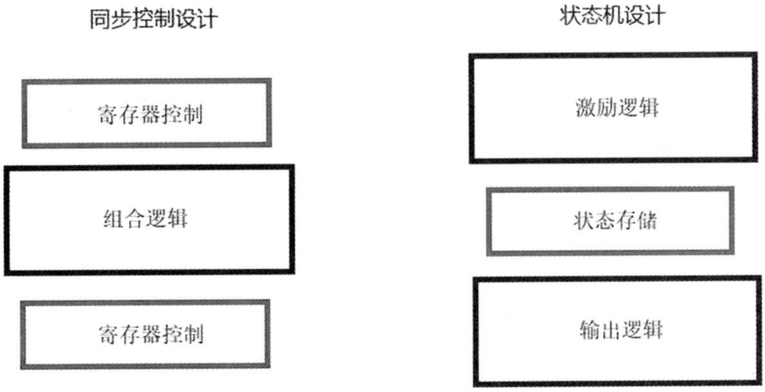

（a）第一个层次　　（b）第二个层次

图10.1.1　时序控制设计的两个层次

同步系统设计中最重要的指标是时钟周期t_{clk}（时钟频率），影响时钟频率的主要因素表达如下：

$$t_{\mathrm{clk}} > t_{\mathrm{setup}} + t_{\mathrm{cq}} + t_{\mathrm{commax}}$$

其中，t_{setup}和t_{cq}与寄存器相关，$t_{\mathrm{com\,max}}$则是两个寄存器之间的组合逻辑最长延迟时间。

在片内设计（ASIC设计）时，器件单元是标准门，延迟时间以路径上节点延迟的总和表达，采用最小反相器栅极电容为单位衡量。此时建立时间（主锁存器状态建立时间）与寄存器传输时间（从锁存器状态建立时间）基本等同，约为3～4个标准门输入电容的延迟时间。组合运算时间则与信号通过多少标准门与路径上的连接方式相关。

在SSI和MSI连线设计时，由于集成块输出需要具备模拟驱动能力，延迟主要体现为输出单元的延迟，这种延迟通常远大于标准门输入电容延迟的量级。此时可以将这种延迟时间作为标准集成块的延迟时间t_{pd}，而忽略集成块的输入电容延迟。寄存器集成块的传输时间延迟可以与组合集成块的延迟等同，而建立时间由于只与集成块内部器件相关，和其输出单元没有直接关系，与输出单元的延迟相比可以忽略。此时时钟周期可以表现为

$$t_{\mathrm{clk}} > (n+1)\cdot t_{\mathrm{pd}}$$

其中，n为两个寄存器集成块之间组合运算路径通过的组合集成块的最大数量。

显然，在这种设计中，如果要想实现高频设计，必须考虑如何减少寄存器之间的组合集成块数量。

当采用FPGA进行单片编程设计时，设计单元为标准的可编程单元，每个单元都具有组合运算能力和寄存器控制。在考虑内部设计时，主要延迟来自于组合单元和可编程连线，而单元中的寄存器相关时间可以忽略。将这种可编程单元用作单纯组合逻辑（不进行寄存器控制），或者单纯寄存器（不进行组合运算），或者受寄存器控制的组合逻辑，形成的延迟时间是相同的。如果将这种标准单元的延迟时间也表达t_{pd}，则同步系统的时钟周期表现为

$$t_{\mathrm{clk}} > (n+1)\cdot t_{\mathrm{pd}}$$

此处的n表达两个寄存器控制单元之间路径所经过的最大可编程单元数量。

上式看上去与中小规模集成块的连线设计中的关系相同，但实际意义有差别：在同步设计中，组合运算不可缺少，对SSI和MSI设计而言，组合集成块不可缺少，上式中的n值一定是大于等于1的，而对FPGA单元来说，每个寄存器控制单元本身就含有组合运算能力（包含了组合单元），因此上式中的n值可以为0。在基于FPGA的时序控制设计中，为了追求最高频率，通常会采用n值为0的设计，即所有单元都采用寄存器控制。

10.2 基于小规模集成块的时序控制设计

时序控制设计是由组合单元和时序控制单元共同构成的。小规模集成的组合单元都是简单逻辑单元，而时序控制单元则是寄存器集成块。将这些集成块连接起来，就可以实现对组合逻辑的输入 / 输出控制，或实现状态机的设计。

在74系列中，寄存器集成块多为14或16引脚的器件。常用的只有D触发器和JK触发器，其逻辑符号如图10.2.1所示。

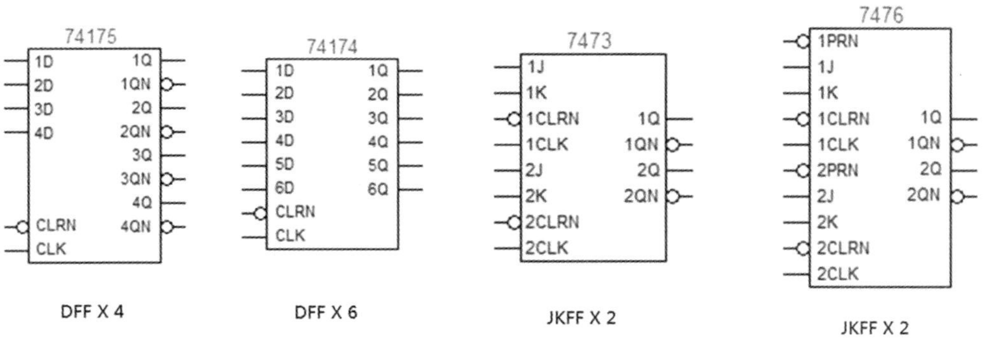

图10.2.1 常用的寄存器集成块

由图10.2.1可以看到如下特点：

- D触发器集成块所含器件单元多，JK触发器所含器件单元少；
- D触发器各单元共用同一时钟，JK触发器则各自独立；
- 寄存器都具有低电平使能的清零控制；
- 多数触发器具有状态的反相输出端。

在实际设计中，对寄存器集成块的选用需要综合考虑组合集成块的使用情况，使成本和延迟能够得到优化。

下面介绍采用小规模集成块完成对指定状态机的设计。已知状态机的转移输出表如图10.2.2所示。

Q_1Q_0 / EN	$Q_1^*Q_0^*$ 00	01	11	10
0	0 0	0 1	1 1	1 0
1	0 1	1 0	0 0	1 1
MAX	0	0	1	0

图10.2.2 状态机的转移输出表

要求采用小规模集成块实现设计。

方案1： 采用D触发器实现设计

根据转移输出表得到转移方程和输出方程如下：

输出方程： $MAX = Q_1 \cdot Q_0$

激励方程：

$$D_1 = EN' \cdot Q_1 + EN \cdot Q_1' \cdot Q_0 + EN \cdot Q_1 \cdot Q_0'$$

$$D_0 = EN \cdot Q_0' + EN' \cdot Q_0$$

直接画出逻辑图如图10.2.3所示。

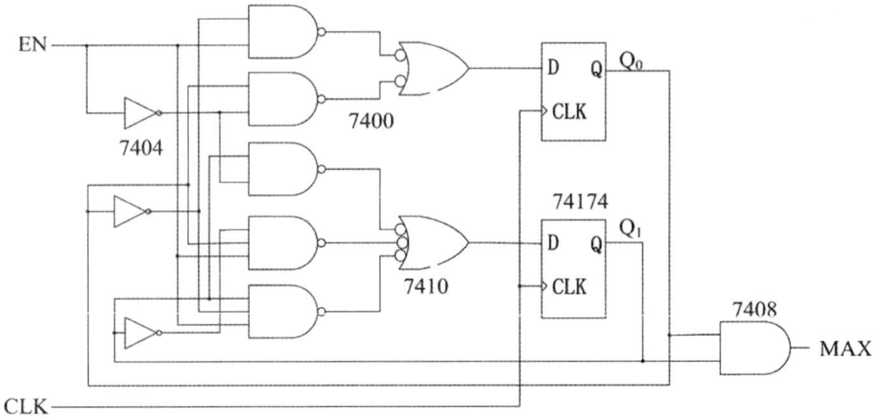

图10.2.3　逻辑图

选用集成块如图10.2.3中74开头的字标记。由于选用的DFF集成块74174没有状态的反相输出，需要使用反相器构成反变量。

该设计使用集成块数量为5块：最长组合延迟为3级运算。

方案2：对方案1的修改

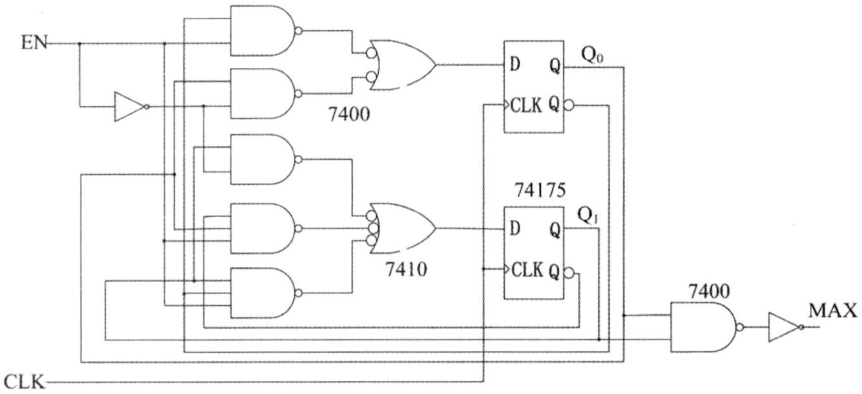

图10.2.4　逻辑图

将方案1中的74174更换为74175，可以减少反相器的需求。

为了取消反相器集成块，将输出单元的与门改为与非门和反相器组合，就可以使用7400同时实现输出逻辑和其他的各反相器，逻辑图如图10.2.4所示。

该设计使用集成块数量为4块：最长组合延迟为3级运算。

方案3：采用JK触发器实现设计

采用JK触发器实现设计时，需要考虑如何将状态表分解为激励表。

根据JK触发器的特征方程：$Q^* = J \cdot Q' + K' \cdot Q$

可以分解得到

$$Q=0\text{时}，\quad Q^*=J$$

$$Q=1\text{时}，\quad Q^*=K'$$

根据这种关系，对转移表进行分解可以得到激励表，如图10.2.5所示。

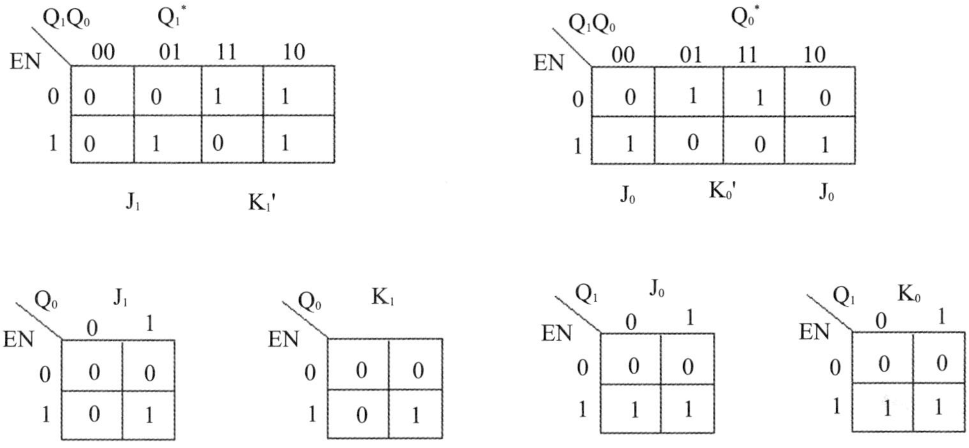

图10.2.5　把转移表分解为激励表

由此得到JK触发器的激励方程为

$$J_1=K_1=Q_0\cdot EN \qquad\qquad J_0=K_0=EN$$

逻辑图及采用的集成块如图10.2.6所示。

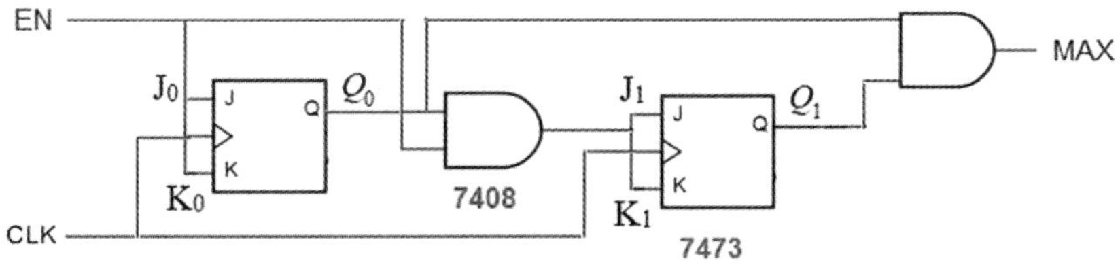

图10.2.6　逻辑图

本方案只用2块集成块就可以实现设计，最长组合延迟也只有1级标准延迟，可以适应高频应用。

通常在单纯使用寄存器的设计中，例如采用寄存器组控制组合逻辑的输入/输出，或者构成多位的纹波计数器和移位寄存器时，可以采用含有较多寄存器单元的D触发器集成块。而在进行各种小规模状态机设计时，则需要使用功能更丰富的D触发器集成块或JK触发器集成块，这样可以有效减少组合集成块的使用量，降低设计成本，提高系统的频率。

10.3　集成二进制计数器

基于中规模集成块的设计中，主要使用的时序功能单元是二进制计数器和移位寄存器。这两种器件是构成状态机规模化设计的关键组成单元。在设计中，通常利用这些单元与组合逻辑构成各类信号发生器或检测系统。

与组合设计中的功能集成块讨论类似，在使用此类集成块时，需要掌握3方面的内容：

1. 集成块输入 / 输出端口的基本特性和基本使用方法；
2. 利用该单元进行扩展设计，得到更大规模的同类功能单元的方法；
3. 利用该单元实现各类应用设计的方法。

10.3.1 集成二进制计数器

典型的集成二进制计数器的逻辑符号如图10.3.1所示。

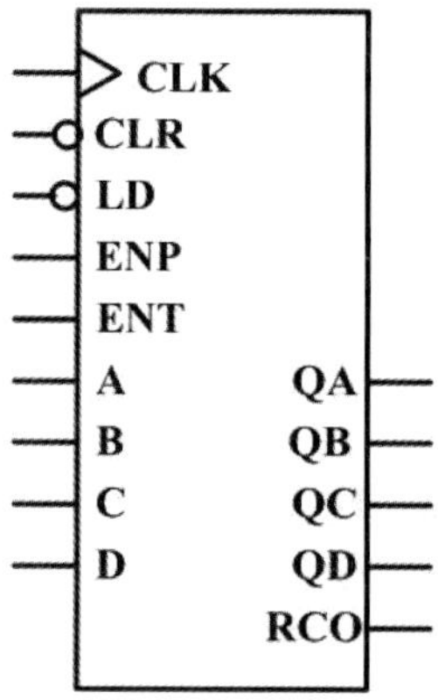

图10.3.1 集成二进制计数器的逻辑符号

采用上述逻辑符号表达的集成块有：74160、74161、74162、74163。其中161和163是标准的4位二进制升序计数器，其最终状态为“1111”；160和162是采用二进制编码的模10计数器，其最终状态为“1001”。

作为二进制计数器的集成块，除了具有时钟触发输入、状态变量输出和最终状态输出RCO外，该集成块还附加了若干控制输入和数据输入端口。

具有最高优先权的控制端口是低电平清零端口，当该端口出现低电平时，状态将转为初始态“0000”。

160和161为异步清零，一旦该端口出现低电平，状态立即变为初始态，不需要等待时钟触发（可以表现为异步变化）。

162和163为同步清零，需要端口出现低电平后的下次时钟触发时才会回到初始态。

如图10.3.2所示表达了异步清零和同步清零的特点。图中用Q_A表达异步清零效果，Q_S表达同步清零效果。从图中可以看到，选择同步清零的计数器集成块时，在2次触发沿之间出现过的清零低电平脉冲不会马上发挥改变状态的作用，而是会将这种情况存储起来，到下次触发沿到达时，再对状态清零。

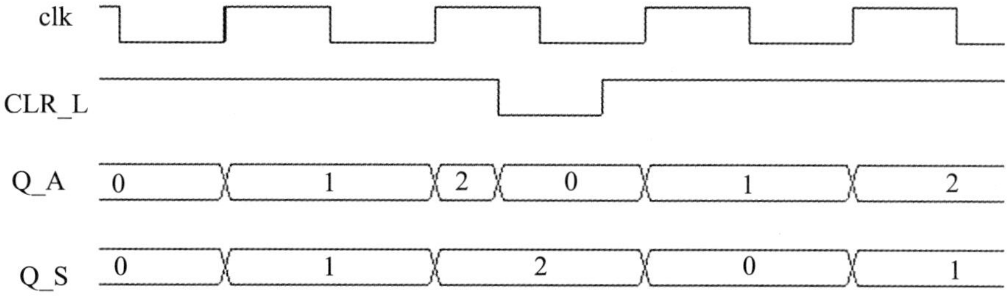

图 10.3.2 异步清零和同步清零的区别

具有第二优先权的是低电平有效的状态设置端口。当该端口出现低电平并且没有清零信号同时出现时，则下次时钟触发时会将数据输入端DCBA的数据输入，形成新的状态。利用该端口的控制和数据输入端的设置，可以从外部直接影响计数器内部的状态转移。

如图10.3.3所示表现了数据设置的效果。

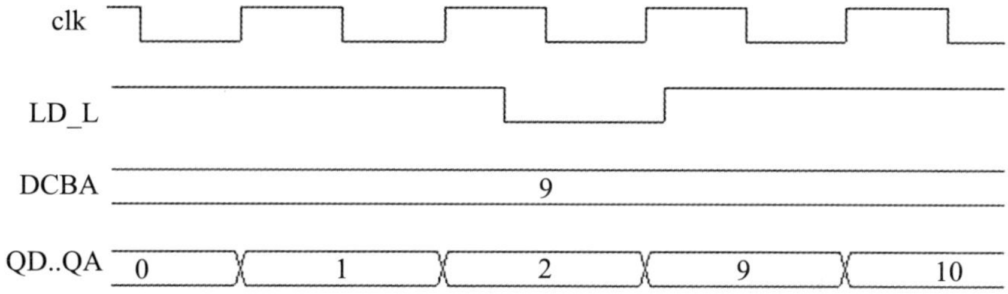

图 10.3.3 计数器置数的时序图

最后2个控制端是高电平使能端*ENP*和*ENT*。只有当这2个控制端都为高电平时，计数器才会在时钟触发时进行状态转移，否则会保持状态不变。

这2个控制端的区分是：仅*ENP*为0时，系统在触发时状态不变；而*ENT*为0时，不仅状态不变，而且进位输出会变为0。显然，这种区分只体现在对最终态的控制表现上。

如图10.3.4所示表达了两种不同的使能对状态变化和进位输出的影响，其中*RP*表达受*ENP*低电平脉冲的影响，*RT*表达受*ENT*低电平脉冲的影响。需要注意，如果出现在最终态时段的*ENT*低电平脉冲足够短暂，则进位输出会恢复为1。

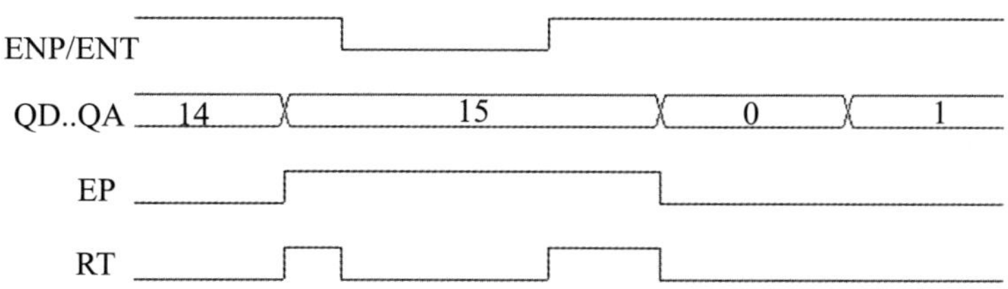

图 10.3.4 ENP/ENT对状态变化和进位输出的影响

另一种常用的计数器集成块是74169，其逻辑符号图如图10.3.5所示。

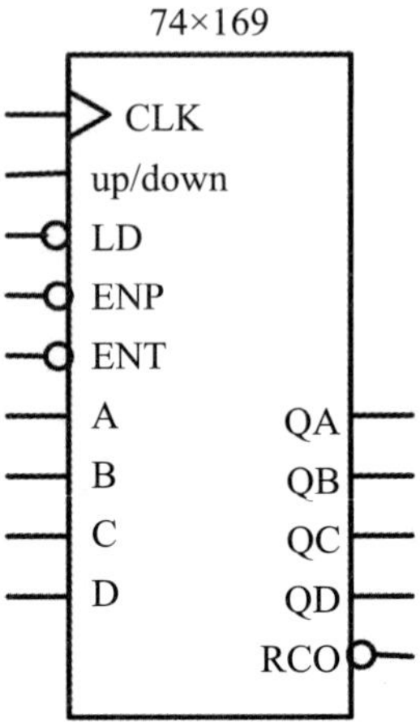

图10.3.5　74169的逻辑符号图

该器件是4位二进制升降序计数器，内部循环具有16个状态，升序使用时，最终态为“1111”，降序使用时，最终态为“0000”。

该器件外部端口与74163相比，只有2处不同。

1. 取消了清零控制端，代之以升序 / 降序控制（up/down）。

2. 表达最终态的输出端（进位输出端）改为了低电平有效。这一变动使得该输出在每次状态循环中会出现一次低电平脉冲。这对于使用该输出对低电平有效的置数端（*LD_L*）进行控制是有利的。

如图10.3.6所示表达了74169的状态变化及进位输出的变化特点。

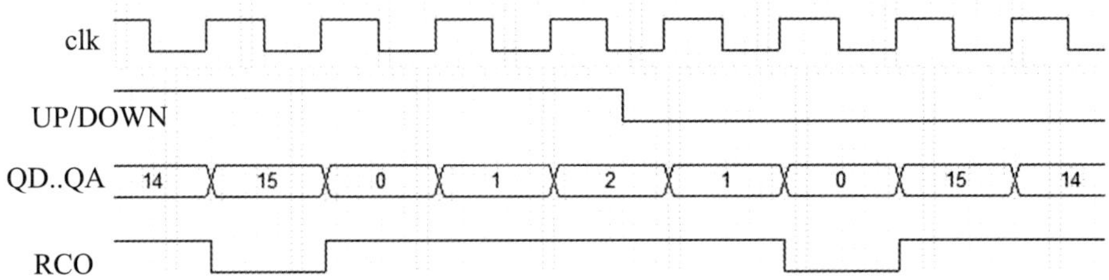

图10.3.6　74169的时序图

10.3.2　计数器常规使用

下面以163为例，说明集成块的典型应用。

在常规使用时，74163可以作为模16二进制升序计数器使用，外部端口连接方式如图10.3.7所示。

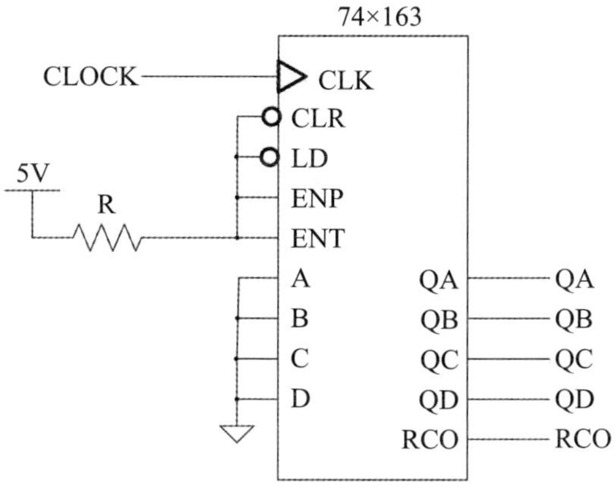

图10.3.7　模16二进制升序计数器

在此连接条件下，该器件接受时钟触发，产生状态变化，最终态“1111”时产生进位输出，完成一次循环。

10.3.3　二进制计数器的规模扩展

由于二进制计数器集成块都具有使能控制端和进位输出端，可以利用这两个端口进行规模扩展。

图10.3.8表达了采用2块74163扩展形成8位二进制计数器的连接方式。在该连接方式中，形成的8位计数器仍然保持了使能端（*CNTEN*）和进位输出端（RCO_8），可以继续进行扩展。采用这种做法，可以扩展得到规模足够大的计数器。

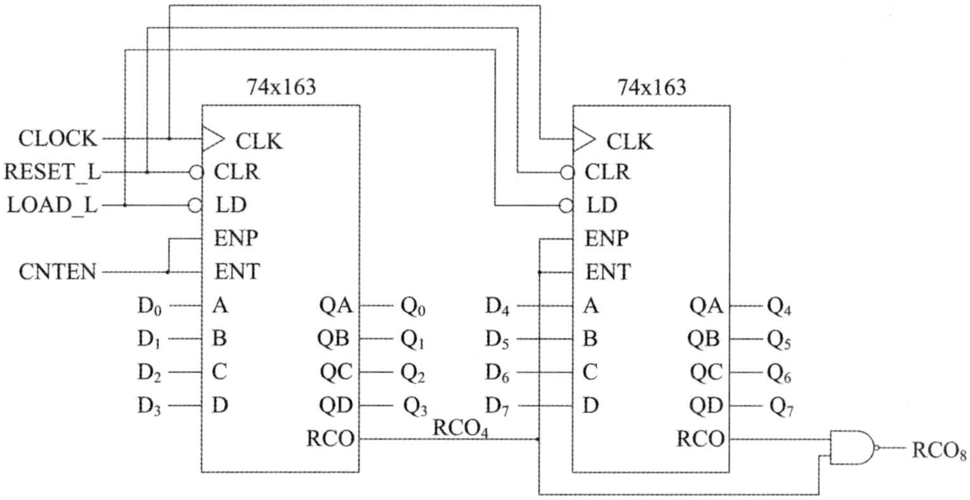

图10.3.8　8位二进制计数器

10.3.4 计数器的变模设计

直接扩展得到的计数器表现为*N*位二进制计数器，模为16的整数方次。在实际应用中，需要模为其他数的计数器，就需要对上述设计进行变模调整。

以下介绍变模设计中常用的一些方法。为了简便起见，下列例子的模限制在16以内，以便采用单片集成计数器就能够实现。

1. 单纯变模设计

该设计目的只是减少模的数量，对具体采用哪些状态进行循环不做要求。这种设计通常采用全0态作为循环起点，*N*–1的状态作为循环终点，然后通过清零控制回到起点。

例 10.3.1 模11计数器的清零控制设计

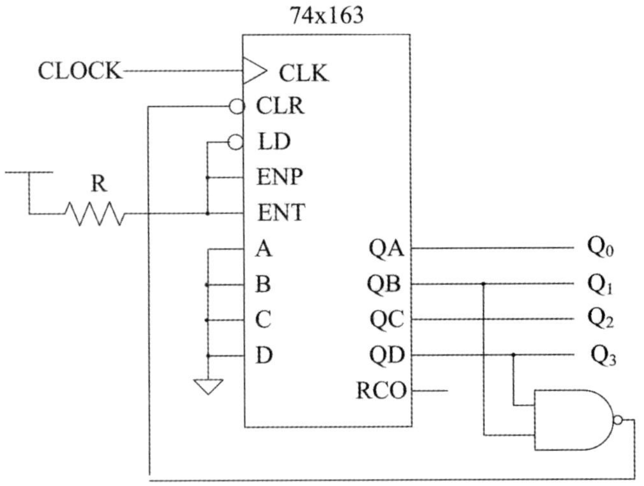

图10.3.9 利用清零法设计模11计数器

解： 该设计使用与非门对状态变量进行检测，一旦发现输出状态为“1010”(10)，就会产生低电平信号。该信号连接到清零端，可以在下次时钟触发时让系统回到全0状态，这种设计法称为清零法，如图10.3.9所示。

完整检测“1010”需要4输入器件，但在本例所表达的设计中，可以只对“1010”中的高电平位进行检测，所以使用2输入器件就可以了。采用此方法设计其他模的计数器时，检测也可以只针对高电平位进行。这样可以缩短组合延迟时间，适应于高频设计。该设计需要使用2片集成块，组合延迟时间为1个单位。

例 10.3.2 使用进位输出实现检测的设计

解： 当选择的终点态为“1111”时，可以采用进位输出反相后启动状态设置，达到改变起点状态的目的，实现变模设计。

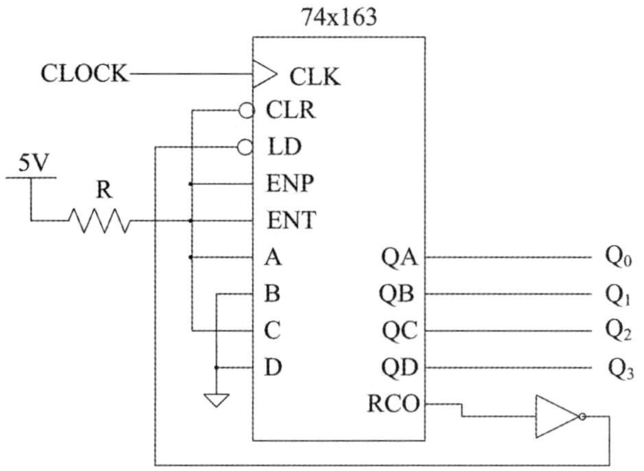

图10.3.10　利用置数法设计模11计数器

在本例中，以“1111”为终点态，利用进位输出反相启动状态设置，设置了“0101”为起点态，实现了模11计数器，这种设计法称为置数法，如图10.3.10所示。该设计采用集成块数量为2片，组合延迟时间为1个单位。

例10.3.3　模9计数器的单片设计。

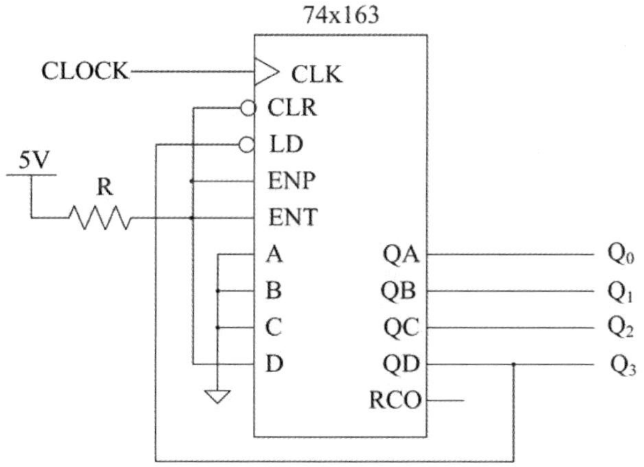

图10.3.11　模9计数器

解：在本设计中，为了不借助额外的组合集成块形成低电平控制脉冲，采用了状态变量的最高位形成对状态设置的控制。设计中采用了8个最高位为1的状态和全0态构成循环。一旦进入全0态，Q_3的低电平就会启动状态设置，使下次时钟触发后转移到“1000”状态。

这种方式的优点是可以只使用单片74163，不添加其他集成块就可以完成变模设计，如图10.3.11所示，但仅限于模小于等于9的情况。

例10.3.4　模11计数器的单片设计。

解：由上面两例可以看到，变模设计的要点是通过对状态变量的检测，得到一个低电平脉冲（持续一个时钟周期）去控制清零或置数。例2和例3中通过设置组合逻辑对状态量进行检测，需要额外的组合集成块，增添了组合延迟时间。例4中则直接使用最高位状态变量，可以不需要添加组合集成块，但能够获得的模最大只能为原有模的一半再加1。

为了解决这一问题，可以采用升降序计数器74169，利用其进位输出*R*在一个循环中只出现一次低电平脉冲的特点，可以用单片集成计数器实现小于16的任意模的设计。

在这种设计中，利用最终态*R*的输出控制置数端*LD*，使其为该状态设置要求的转移状态。例如在实现模11计数器时，如果选择升序计数，则可以设置转移态为5(0101)，该设计的逻辑图如图10.3.12所示。

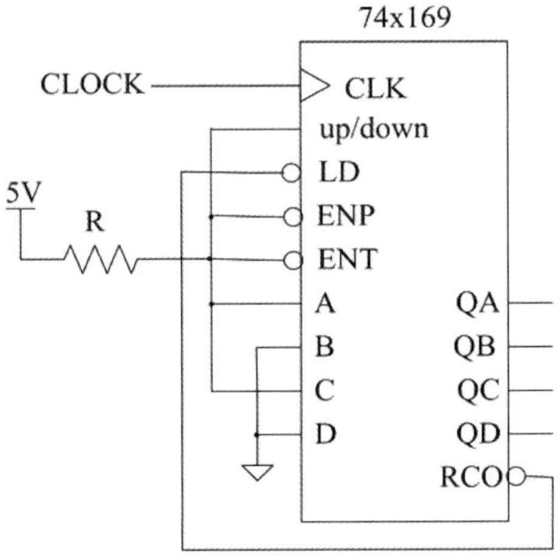

图10.3.12　模11计数器

2. 指定起点态和终点态的变模设计

在某些设计中，要求截取一些特定的状态构成循环。最简单的情况就是指定循环中的一段。为了达到这个目的，需要对终点态进行检测，利用检测结果进行起点态的设置。当使用计数器集成块进行这种设计时，通常利用数据直接设置端口实现设计。这就需要设计一个组合逻辑对需要的终点态进行检测，当满足检测结果时，由直接置数端设置起点态。

该组合逻辑可以采用简化真值表表达，见表10.3.1。

表10.3.1　简化的真值表

状态变量*QDQCQBQA*	*LD_L*	*DCBA*
终点状态	0	起点状态
有效循环状态	1	d
无效状态	d	d

在该表中，d表达无关项。

当只有一个起点态需要设置时，对于*D*…*A*的设置端可以直接设置。

该起点态编码的1和0（分别连接高电平或低电平）。需要设计的电路就只有*LD_L*函数了。*LD_L*函数可以采用SSI集成块或集成数据选择器进行设计。

例10.3.5　余3码计数器。

解：余3码计数器就是使用余3码的10个状态构成模10计数器。对“1100”进行检测，设置“0011”状态。

此时*LD_L*函数的卡诺图如图10.3.13所示，注意有效循环态与无效态在卡诺图中的区别。

LD_L

QB QA \ QD QC	00	01	11	10
00	d	1	0	1
01	d	1	d	1
11	1	1	d	1
10	d	1	d	1

图10.3.13　*LD_L*函数的卡诺图

由卡诺图可以得到*LD_L*函数的表达式如下：

$$LD\_L = QD' + QC' = (QD \cdot QC)'$$

使用该表达式，得到逻辑连接图如图10.3.14所示。

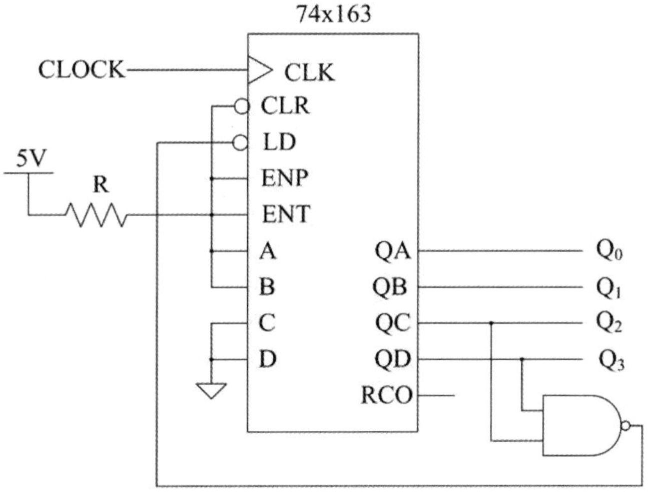

图10.3.14　余3码计数器

该设计使用2片集成块，组合延迟为1个单位。

例10.3.6　2421码计数器。

解：2421码计数器就是使用2421码的10个状态构成模10计数器。对“0100”

进行检测，设置“1011”状态。

此时*LD_L*函数的卡诺图如图10.3.15所示。

QB QA \ QD QC（LD_L）	00	01	11	10
00	1	0	1	d
01	1	d	1	d
11	1	d	1	1
10	1	d	1	d

图10.3.15　*LD_L*的卡诺图

由上图可以得到*LD_L*函数表达如下：

$$LD\_L = QD + QC' = (QD' \cdot QC)'$$

根据这一结果，逻辑连接方式如图10.3.16所示。

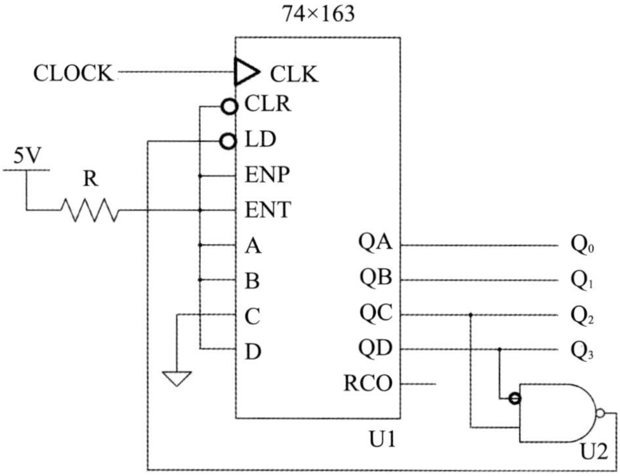

图10.3.16　2421码计数器

采用SSI进行组合设计时，检测器U_2可以采用7400，使用其中一个单元作反相器。这样设计只需额外添加一片组合集成块完成检测，但组合延迟时间为2级。

如果希望缩短组合延迟提高频率，则可以采用74151对该逻辑进行单片设计。由*LD_L*函数表达可以看出，*LD_L*只与2个变量*QD*和*QC*有关，将该表达式填入以*QD*、*QC*、*QB*为变量的卡诺图中，表现如图10.3.17所示。

QB \ QD QC（LD_L）	00	01	11	10
0	1	0	1	1
1	1	0	1	1

图10.3.17　LD_L函数的卡诺图

与74151的标准卡诺图对比，就可以得到相关的逻辑连接图如图10.3.18所示。

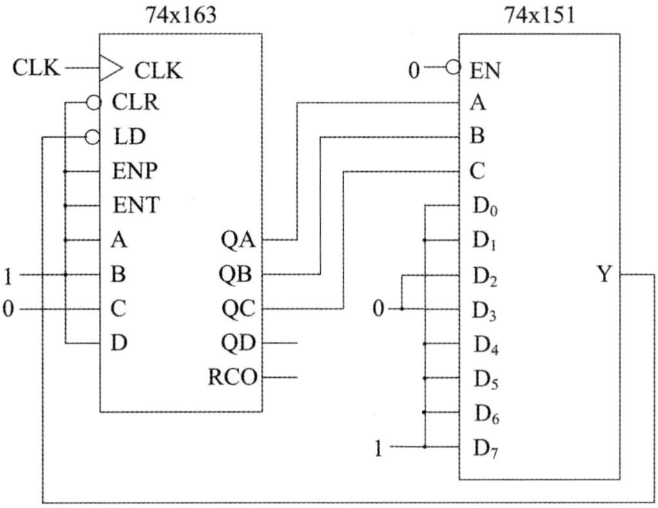

图10.3.18 基于74x163和74x151的2421码计数器

采用这样的设计，使用集成块数量仍然为2片，但组合延迟时间可以缩短为一级运算。

3. 多跳变计数器设计

在有的应用中，需要对已有的计数器状态循环进行多次跳变设计，如图10.3.19所示。

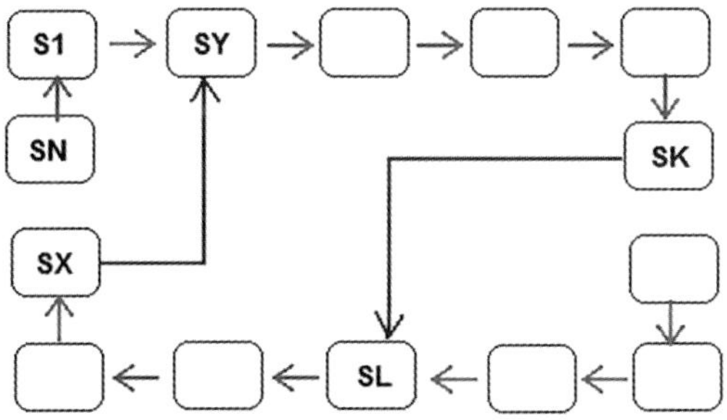

图10.3.19 多跳变计数器

面对这样的设计要求，通常需要进行多个跳变状态的检测，而对不同跳变状态时进行不同的转移设置。此时需要完成的组合逻辑可以采用表10.3.2所示的简化真值表表达。

表10.3.2 简化的真值表

状态变量QDQCQBQA	LD_L	DCBA
跳变状态	0	对应设置状态
有效循环状态	1	d
无效状态	d	d

以下通过典型例题，对这种逻辑的设计方法进行分析。

例 10.3.7 要求采用集成块设计一个模10计数器，要求其状态循环表达如下：

2、3、4、9、8、7、6、12、13、14

解：

方案1 采用74163，利用状态设置逻辑进行设计，采用74163设计时，存在6次跳变：

2 ⟶ 3 ⟶ 4 ---> 9 ---> 8 ---> 7 ---> 6 ---> 12 ⟶ 13 ⟶ 14 ---> 2

图10.3.20　状态跳变图

图10.3.20中用实线箭头表示正常转移，虚线箭头表达跳变。未使用状态为：0、1、5、10、11、15。

根据以上分析，可以得到 *LD_L* 函数和 *DCBA* 函数的卡诺图表达，如图10.3.21所示。

LD_L

QB QA \ QD QC	00	01	11	10
00	d	0	1	0
01	d	d	1	0
11	1	0	d	d
10	1	0	0	d

DCBA

QB QA \ QD QC	00	01	11	10
00	d	1001	d	0111
01	d	d	d	1000
11	d	0110	d	d
10	d	1100	0010	d

图10.3.21　检测逻辑和数据设置逻辑的卡诺图

根据选用集成块的不同，可以采用不同形式实现上述组合设计。

1. 完全采用SSI集成块时，可以先写出各函数最小和，然后用NAND-NAND方式实现。

由图10.3.21的卡诺图得到各函数最小和表达如下：

$$LD\_L = QD' \cdot QC' + QD \cdot QC \cdot QB'$$

$$D = QD' \cdot QA' + QD \cdot QA$$

$$C = QD' \cdot QB + QC' \cdot QA'$$

$$B = QD \cdot QA' + QB \cdot QA$$

$$A = QB' \cdot QA'$$

由上述表达式可以看出，实现反变量需要4个反相器（1块7404），NAND3需要1个单元 （1块7410），NAND2需要12个单元（3块7400）。组合设计成本为5块集成块，组合延迟为3级。

2. 若采用74138结合SSI集成块进行设计，则可以先写出各函数的最小项列表和最大项列表，然后使用“与门”或“与非门”选择所需要的最小项或最大项。

$$LD=\sum_{QDQCQBQA}(2,3,12,13)=\prod_{QDQCQBQA}(4,6,7,8,9,14)$$

$$D=\sum_{QDQCQBQA}(4,6,9)=\prod_{QDQCQBQA}(7,8,14)$$

$$C=\sum_{QDQCQBQA}(6,7,8)=\prod_{QDQCQBQA}(4,9,14)$$

$$B=\sum_{QDQCQBQA}(7,8,14)=\prod_{QDQCQBQA}(4,6,9)$$

$$A=\sum_{QDQCQBQA}(4,8)=\prod_{QDQCQBQA}(6,7,9,14)$$

以上对比可以看出，采用最小项列表成本较低。

可以先用2块74138构成4位译码器，采用1块7420（NAND4）实现LD_L和A，采用1块7410（NAND3）实现D、C、B。组合设计成本为4块集成块，组合延迟为2级。

3. 注意到上述函数的最小和都可以表现为3变量函数，该设计也可以采用5块74151，各自实现5个函数。此时组合设计成本为5块集成块，但组合延迟缩短为1级。此时运算频率可以达到最高。

方案2　采用74169，利用状态设置逻辑进行设计

方案1中跳变较多，导致逻辑较为复杂。由于本例跳变多数是由于状态变化与选用的计数器原有的状态变化顺序相反导致的，采用升降序计数器进行设计可以减少跳变，简化设计。此时设计框图修改为如图10.3.22所示。

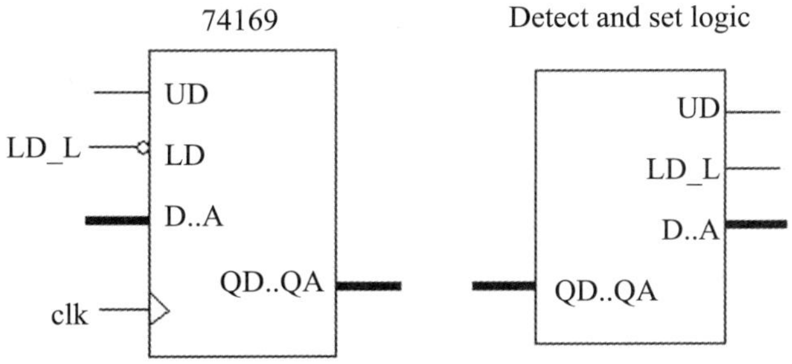

图10.3.22　利用74169和跳变逻辑进行设计

与采用74163相比，跳变逻辑需要多生成一个函数UD，用于控制升序和降序。该函数设置方法是：对需要升序转移的状态为1，需要降序转移的状态为0，未使用的状态为无关项。

对于本例，要求实现的状态变化如图10.3.23所示。

2 ⟶ 3 ⟶ 4 - - -> 9 ⟶ 8 ⟶ 7 ⟶ 6 - - -> 12 ⟶ 13 ⟶ 14 - - -> 2

图10.3.23　另一种状态跳变图

此时跳变状态只有3个，如图10.3.23的虚线箭头所示。

根据以上分析，将各逻辑用卡诺图表达如图10.3.24所示。

UD

QBQA \ QDQC	00	01	11	10
00	d	d	1	0
01	d	d	1	0
11	1	0	d	d
10	1	d	d	d

LD_L

QBQA \ QDQC	00	01	11	10
00	d	0	1	1
01	d	d	1	1
11	1	1	d	d
10	1	0	0	d

DCBA

QBQA \ QDQC	00	01	11	10
00	d	1001	d	d
01	d	d	d	d
11	d	d	d	d
10	d	1100	0010	d

图10.3.24　检测逻辑和数据设置逻辑的卡诺图

采用SSI集成块实现上述组合逻辑，先写出各函数最小和表达式如下：

$$UD = QD' \cdot QC' + QD \cdot QC$$

$$LD\_L = QC' + QA + QD \cdot QB'$$

$$D = QD' \qquad C = QD' \cdot QB \qquad B = QD \qquad A = QB'$$

可以看到，由于本方案跳变减少，无关项增加，函数表达相对简单。

采用NAND-NAND实现设计时，实现反变量需要4个反相器（1块7404），NAND3需要2个单元（1块7410），NAND2需要4个单元（1块7400），函数C可以由NAND2级联反相器实现（使用前面集成块的多余单元）。

组合设计成本为3块集成块，组合延迟为3级。

若将函数UD、LD_L、C采用74151设计，函数D和A采用反相器，则组合设计成本为4块集成块，组合延迟为1级。此时频率可以达到最高。图10.3.25给出了UD、LD_L和C的一种卡诺图方案，以状态变量高三位作为卡诺图坐标，最低位填入卡诺图中。这样每个逻辑均可用3变量卡诺图表达，每一个卡诺图采用1块74151实现。

UD

QB \ QDQC	00	01	11	10
0	d	d	1	0
1	1	0	d	0

LD_L

QB \ QDQC	00	01	11	10
0	d	0	1	1
1	1	Q_0	0	D

C

QB \ QDQC	00	01	11	10
0	d	0	d	d
1	d	1	0	0

图10.3.25　UD、LD_L和C的卡诺图

方案3：采用74161，利用输出逻辑进行设计

上述设计都需要进行比较烦琐的分析过程。如果按照周期信号发生器的一般设计思路，先采用基本的计数器构成循环，然后再采用输出逻辑实现需要的状态顺

序，则可以使设计过程简化。此时设计框图修改为如图10.3.26所示。

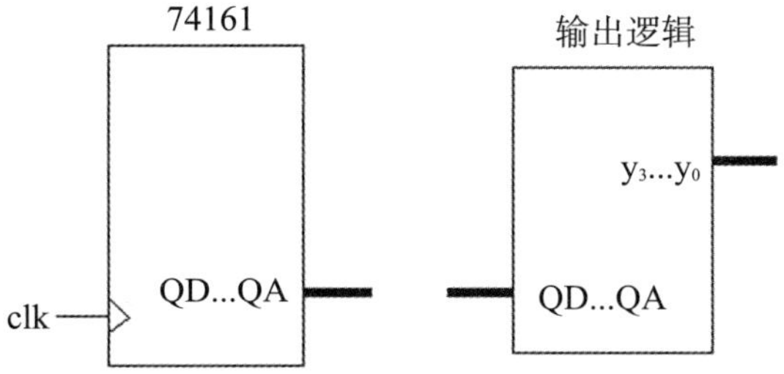

图10.3.26　利用74161和输出逻辑进行设计

本方案采用模10计数器74161无须变模就可以实现0 ~ 9的状态循环，然后再使用组合逻辑将状态量转化为所需要的输出表达。状态变化及输出示意如图10.3.27所示。

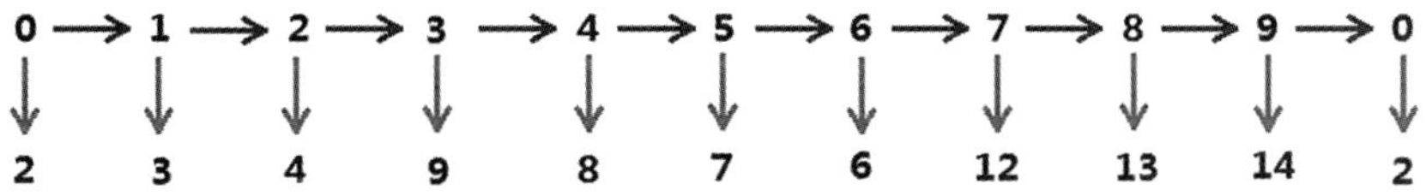

图10.3.27　状态变化及输出

输出逻辑的卡诺图如图10.3.28所示。

Q_1Q_0 \ Q_3Q_2（$y_3y_2y_1y_0$）	00	01	11	10
00	0010	1000	d	1101
01	0011	0111	d	1110
11	1001	1100	d	d
10	0100	0110	d	d

图10.3.28　输出逻辑的卡诺图

采用本方案设计的特点是需要实现的组合函数较少，但每个函数表达相对复杂。对于这种情况，最好是采用74151对每个函数进行独立设计。

经过分析可以发现，本例中y_3和y_2可以通过提取Q_3实现单片设计，而y_1可以由其反函数提取Q_3实现单片设计，y_0可以由其反函数提取Q_2或Q_1实现单片设计，提取变量后各输出的卡诺图如图10.3.29所示。组合设计成本为4块集成块，组合延迟为1级，可以适应高频率应用。

Q_0 \ Q_2Q_1	00	01	11	10
0	Q_3	0	0	1
1	Q_3	1	1	0

（a）y_3

Q_0 \ Q_2Q_1	00	01	11	10
0	Q_3	1	1	0
1	Q_3	0	1	1

（b）y_2

Q_0 \ Q_2Q_1	00	01	11	10
0	Q3	1	0	1
1	0	1	1	0

（c）y_1'

Q_0 \ Q_3Q_1	00	01	11	10
0	1	1	d	0
1	0	Q_2	d	1

（d）y_0'

图 10.3.29　提取变量后各输出的卡诺图

10.3.5　计数器的分频作用

计数器的输出都具有周期信号的特点。当时钟信号表现为特定频率的方波信号时，计数器各状态输出则表现为对时钟频率的不同分频信号。

利用这种特点，计数器可以通过分频从高频信号产生多种所需要的低频信号。如图 10.3.30 所示，若时钟的频率是 F，则计数器的 *QA*、*QB*、*QC* 和 *QD* 输出频率分别是 *F*/2、*F*/4、*F*/8、*F*/16，依次称为二分频、四分频、八分频和十六分频。

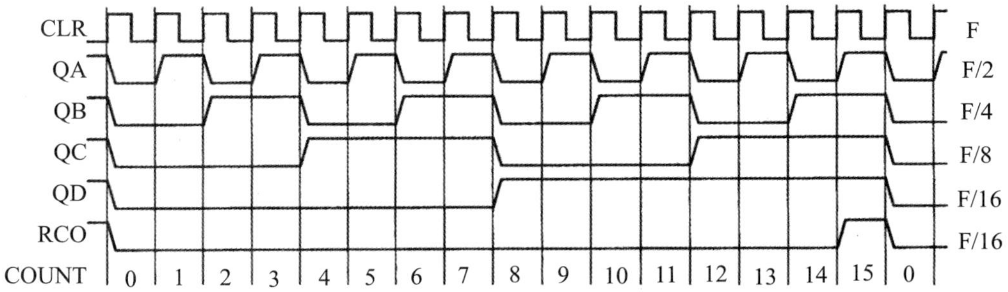

图 10.3.30　不同的分频信号

10.3.6　计数器在测量控制方面的应用

计数器利用时钟信号的上升沿引发状态变化，可以表现为用状态表达对触发信号上升沿的计数。如果将各种物理现象变化表现为高电平脉冲，则可以用计数器对这些现象进行计数，从而实现各种物理量的测量。以下简要介绍一些常用的设计。

1. 直接计数

在通道口设置光电阻断开关，每当光路阻断时产生高电平脉冲，对这种脉冲进行检测，可以对阻断物进行计数，如图 10.3.31 所示。例如狭窄门口的人流量，生成线上的物品通过量等。

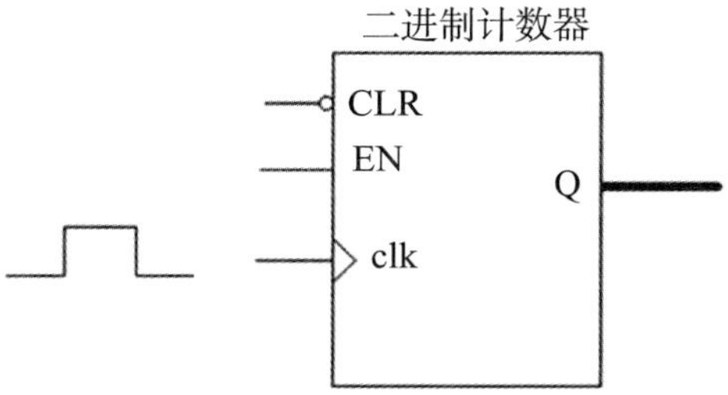

图10.3.31　直接计数

若在道路上安置金属感应条，利用车辆通过时产生的电容变化形成脉冲，则可以对交通流量进行计数。

在车轮上安放小磁铁，而在临近位置放置感应线圈，则可以形成旋转计数，将该计数结合车轮直径数据，就可以得到行驶里程的数据。

手机上的动作位置感应开关产生的脉冲可以形成锻炼量的计数。

2. 时间计数

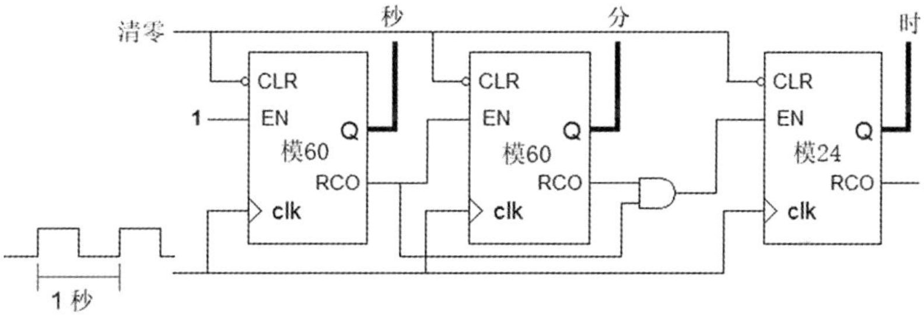

图10.3.32　时间计数

利用标准周期信号（方波信号）作为触发信号，则计数器实现对时间周期的计数，如图10.3.32所示。

当触发信号周期表现为时间的基本单位时，计数器状态变化则表现出计时器的特点。根据这种特点可以设计各种电子钟表、秒表等计时设备。

利用计数器进位输出的特点，可以设计出具有倒计时的系统：从特定的初始状态开始计时，到达最终态时产生输出信号。各种定时装置就是基于这种方法设计。

3. 单位时间段的计数

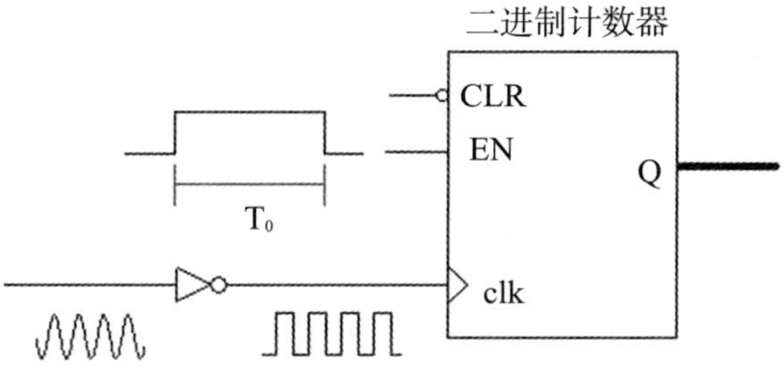

图10.3.33　单位时间段的计数

采用具有标准时间长度的高电平脉冲控制计数器的使能端，则可以实现单位时间段内的计数，如图10.3.33所示。

采用此方法对外来周期信号进行计数，可以得到单位时间段内的周期数，这就是该周期信号的频率。各种数字频率计就是根据这种方法设计。

如果采用此方法去测量车辆的里程，就形成了速度计——单位时间的里程。

采用此方法测量锻炼量，就可以形成对不同时间锻炼强度的测量。

10.4 集成移位寄存器的应用

10.4.1 典型集成移位寄存器

与集成二进制计数器一样，集成移位寄存器也是使用广泛的中规模功能单元。一些典型的集成移位寄存器逻辑符号如图10.4.1所示。

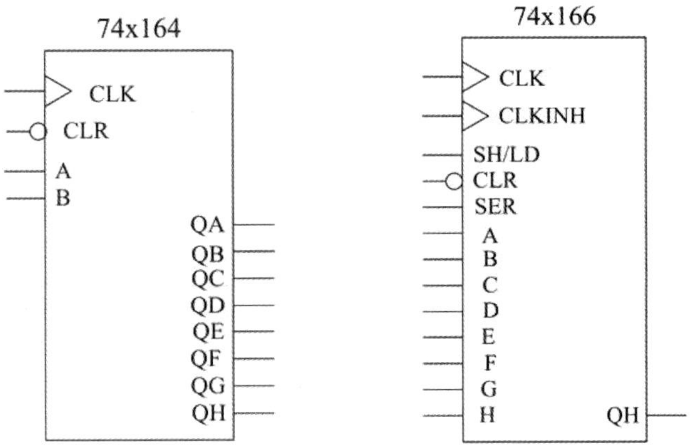

图10.4.1 集成移位寄存器

74164和74166是典型的8位移位寄存器，内部8个含有相互级联的寄存单元，在时钟触发时，内部数据可以从*QA*向*QH*方向顺序移动。这些寄存器都具有低电平异步清零控制，一旦该端口加0，不等下次时钟触发就使所有内部寄存器状态变为0。

74164是典型的串行输入并行输出的集成器件，该器件可以将串行输入的数据转变为并行数据输出。该器件具有两个串行输入端，通过“与”运算构成内部输入端。可以将“与门”的任一端口视为控制端，控制另一端口的输入，表现出输入使能控制的作用。但这种控制不影响内部寄存器数据在时钟触发时的移动功能。

74166则是典型的并行输入串行输出的集成器件，该器件通常用于将并行输入的数据转变为串行输出数据。该器件没有状态输出端，只有一个串行输出端，将最后一个寄存器状态*QH*输出。

从外部端口上看，该器件具有2个时钟端口*CLK*和*CLKINH*，这两个输入通过“或”运算构成内部时钟。可以将任一端口作为时钟使能控制看待：当任意端口保持1时，内部得不到时钟触发信号，内部状态保持不变。

为了协调并行输入与内部数据移动的关系，设置了*SH/LD*端口。该端口为高电平时，不接受外部并行输入数据，时钟触发时表现为内部数据移动；为低电平时，内部表现为并行寄存器，直接由并行端口数据进行状态设置。

在不同系统间进行长距离数据通信时，为了节省信道资源，通常将系统内部的并行数据（采用字传输）转化为串行数据（采用位传输），通过一根通信线进行传输。在此类应用中，通常将74164和74166配合使用。74166用于在信号发送端将并行数据转化为串行数据，而74164则在信号接收端将串行数据转化为并行数据，如图10.4.2所示。

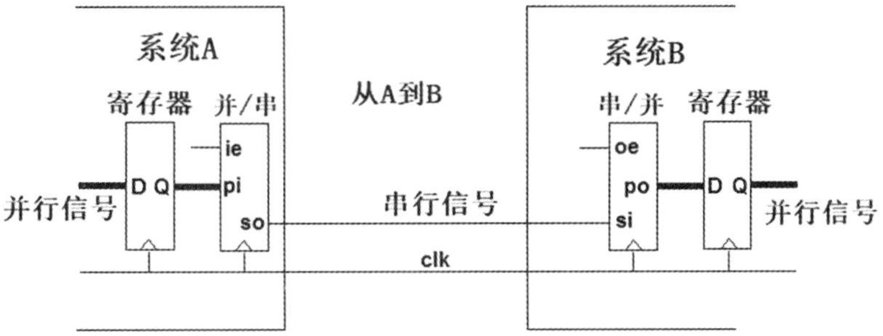

图10.4.2　一种串行传输系统

由于74164具有将串行数据保存转化为并行数据的功能，也常用于序列信号检测器中。该器件将74164的并行数据送入常数比较器（由反相器和多输入与门构成），与特定常数进行比较，可以完成多种特定序列数据的检测。

例10.4.1　使用74×164和必要的逻辑门构成8位序列检测器，检测到输入序列x为“10101011”时，产生1个时钟周期的高电平输出y。分析其Moore型和Mealy型实现各种检测的可能性。

74×164没有置数功能，其输入CLR是异步清零输入，若用输入CLR控制最后状态无条件转移到初始状态，则得不到符合要求的输出，因此只能实现Moore型和Mealy型的重叠检测。

利用74×164的移位功能和常数比较器实现Moore型的重叠检测原理图如图10.4.3所示。

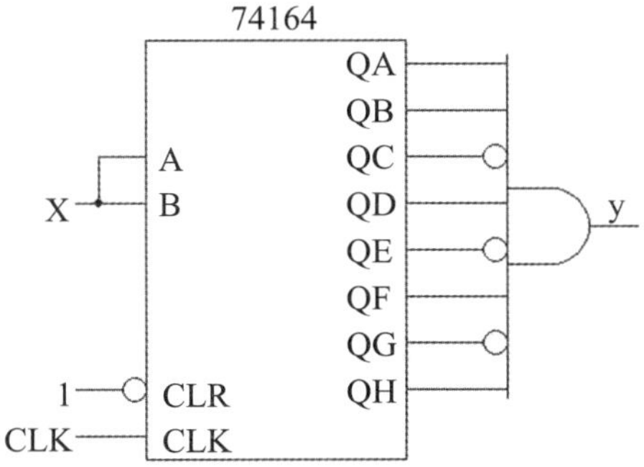

图10.4.3　Moore型重叠检测器

利用74×164的移位功能和常数比较器实现Mealy型的重叠检测原理图如图10.4.4所示。

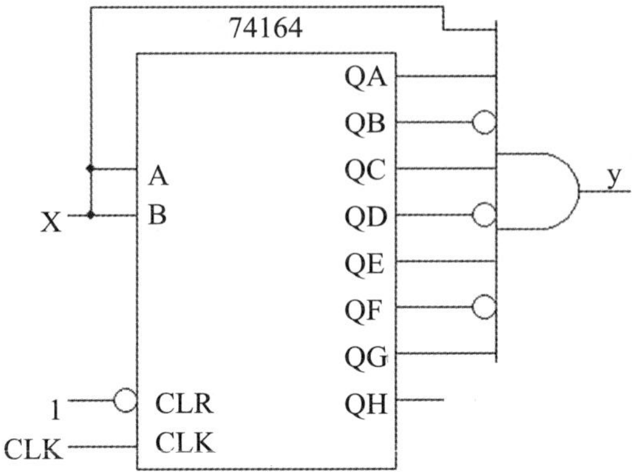

图 10.4.4　Mealy 型重叠检测器

另一种常用的集成移位寄存器是74194，逻辑符号图和功能表如图10.4.5所示。

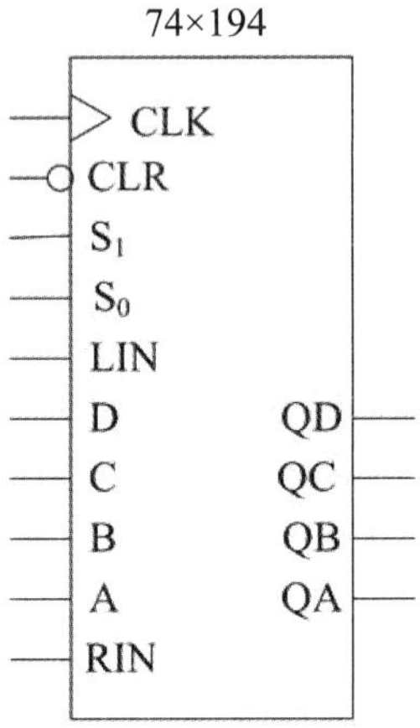

功能表

S_1	S_0	功能
0	0	状态保持
0	1	右移
1	0	左移
1	1	状态设置

图 10.4.5　74194的逻辑符号图和功能表

74194为4位多功能移位寄存器，可以实现异步清零，也可以通过控制端S_1、S_0的不同设置，实现串行数据的双向移动，并行数据输入，数据保持等功能。在图10.4.5中标记了数据左移的移动方向。该器件可以具有多种工作模式（如图10.4.6所示）。

串行输入串行输出（SI/SO）：在左移模式下，从*LIN*输入，从*QA*输出；在右移模式下，从*RIN*输入，从*QD*输出。

串行输入并行输出（SI/PO）：在左移模式下，从LIN输入，从*QA*…*QD*输出；在右移模式下，从*RIN*输入，从*QD*…*QA*输出。应注意输出高低位的分辨。

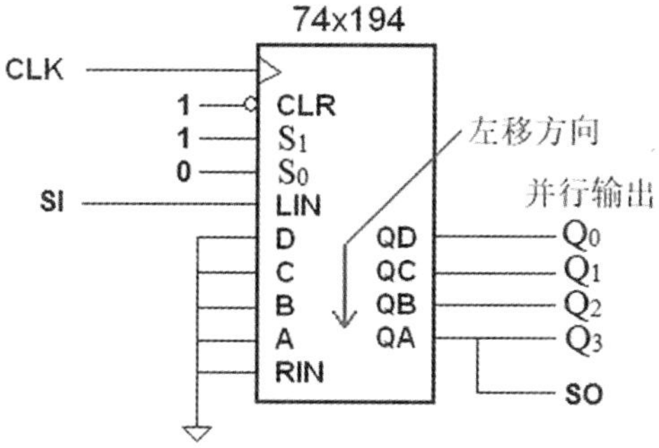

图10.4.6 74194的多种工作模式

并行输入并行输出（PO/PO）：在状态设置模式下，从*A*...*D*端输入，从*QA*...*QD*端输出。

并行输入串行输出（PO/SO）：在状态设置模式下，从*A*...*D*端输入，然后转变为左移或右移模式，从*QA*或*QD*输出。

该器件具有丰富的功能模式，可以灵活应用于各种场合。

与其他功能单元集成块类似，也可以将多块单元器件连接进行扩展，获得更大规模的移位寄存器。简单的扩展方式如图10.4.7所示，该扩展未保留右移相关功能。

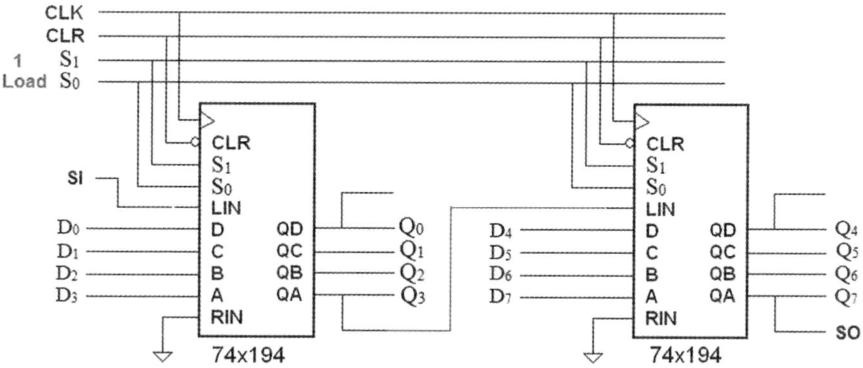

图10.4.7 74194的简单扩展

10.4.2 移位寄存器型计数器

移位寄存器不仅可以广泛应用于串并转换及各类检测系统，也可以构成多种类型的信号发生器。这种由移位寄存器为基础构成的信号发生器称为移位寄存器型计数器。

移位寄存器型计数器以串行输入、并行输出的移位寄存器为基础，将移位寄存器的状态输出（并行输出）送入一个组合逻辑中，由该组合逻辑产生输出，形成对移位寄存器串行输入的激励。从图10.4.8中可以看出，采用这种连接方式后，整个器件只剩下时钟触发输入。内部有限状态在时钟触发下进行无条件转移，必然形成周期循环，产生周期信号输出，从而构成周期信号发生器（计数器）。

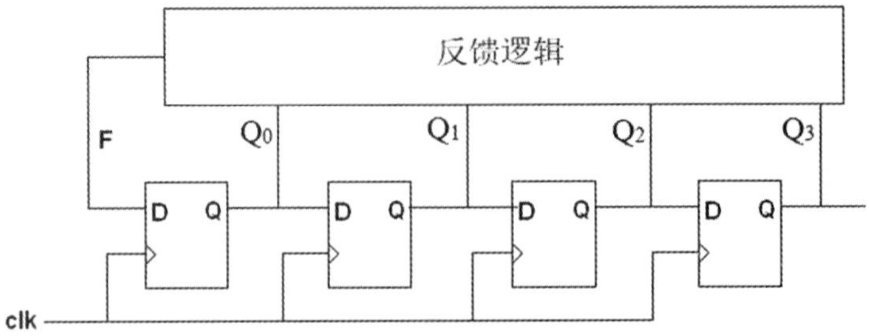

图 10.4.8　移位寄存器型计数器

下面以4位计数器（含4个状态变量）为例，对这种计数器的特点进行分析。

根据图10.4.8容易得到各寄存器的转移方程：

$$Q_3{}^* = Q_2 \qquad Q_2{}^* = Q_1 \qquad Q_1{}^* = Q_0 \qquad Q_0{}^* = F(Q_3 \cdots Q_0)$$

可以看出，此类计数器的反馈逻辑只能影响到Q_0的转移。将转移方程表达为转移表，如图10.4.9所示。

$Q_3{}^*Q_2{}^*Q_1{}^*Q_0{}^*$

Q_1Q_0 \\ Q_3Q_2	00	01	11	10
00	000×	100×	100×	000×
01	001×	101×	101×	001×
11	011×	111×	111×	011×
10	010×	110×	110×	010×

图 10.4.9　移位寄存器型计数器的转移表

在该表中，×表达了需要由反馈方程决定的值。由于该值只可能取1或取0，因此，表中每个状态的转移只有2种可能。具体的转移由反馈方程决定，不同的反馈方程可能构成不同的计数器循环。

以下介绍几种最常用的移位寄存器型计数器。

10.4.3　环形计数器

该计数器的原型反馈方程为$F = Q_3$。

由于Q_3为移位寄存器的串行输出端，这种连接将串行移位寄存器首尾相接，构成寄存器环，由此得名。

将反馈方程代入转移表，结果如图10.4.10所示。

$Q_3{}^*Q_2{}^*Q_1{}^*Q_0{}^*$

Q_1Q_0 \\ Q_3Q_2	00	01	11	10
00	0000	1000	1001	0001
01	0010	1010	1011	0011
11	0110	1110	1111	0111
10	0100	1100	1101	0101

图 10.4.10　环形计数器的转移表

当初始状态为0001时，根据转移表可以画出状态图如图10.4.11所示。

状态图表现为4个状态的循环（模4计数器），状态编码均为独热码（只有1个1），各状态输出循环表现出顺序脉冲发生器的特点：各状态输出端上轮流出现高电平脉冲。

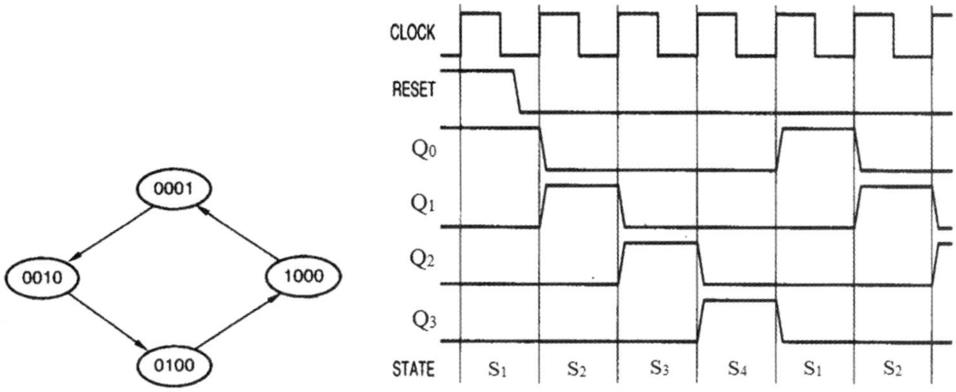

图10.4.11　环形计数器的状态图和时序图

上述特点可以推广到N位的环形计数器：采用N个寄存器构成环形计数器时，计数器的模为N，状态编码均为独热码。

采用上述设置时，转移表中仅有部分状态处在循环中，这些独热码表达的状态称为有效状态，由这些状态构成的循环称为有效循环。

转移表中大量的状态为无效状态，一个N位环形计数器就有2^N-N个无效状态。这些无效状态构成的循环为无效循环，如图10.4.12所示。一旦系统启动时进入无效状态，就陷入无效循环中无法脱离，导致系统无法进入正常工作状态。这是上述设计的风险。通常将这种风险称为无法自启动：无法确保自动进入有效循环中。

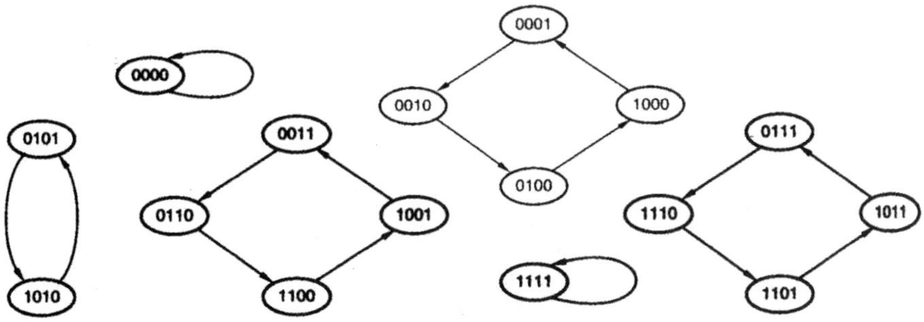

图10.4.12　环形计数器的完整状态图

为了避免风险，确保环形计数器的自启动，需要对设计进行修改。

修改的思路是：利用反馈逻辑对状态量进行检测（最高位除外），如果发现其中有1，就输出0，发现其中没有1，就输出1。

由于反馈逻辑构成移位寄存器的输入，上述逻辑可以在状态有多个1时减少1的数量，而没有1时增加1，从而使状态趋于独热码表达。

由此将反馈方程修改为$F=(Q_2+Q_1+Q_0)'$

得到的转移表和状态图如图10.4.13所示。

Q_1Q_0 \ Q_3Q_2 ($Q_3^*Q_2^*Q_1^*Q_0^*$)	00	01	01	10
00	0001	1000	100 0	000 0
01	0010	1010	101 0	001 0
11	0110	1110	111 0	011 0
10	0100	1100	110 0	010 0

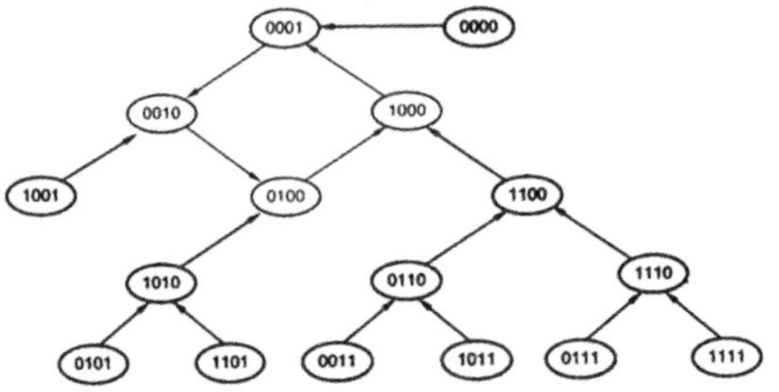

图10.4.13　修改后的转移表和状态图

由图10.4.13的状态图中可以看到，无论初始处于什么状态，最终都会转移到有效循环中，不再存在无效循环。

上述4位计数器可以采用74194或74164结合1块7423（NOR3）实现。

原则上，这种设计思路可以推广到多位设计。但采用集成块设计时，多输入“或非门”的实现会产生多级运算，导致系统频率降低。因此，在进行环形计数器的规模化设计时，这种方法难以取得良好效果。

解决启动风险的另一种做法是在启动时，先通过外部设置使存储数据表现为独热码。然后使移位寄存器进行串行移位。

对于74194构成的单元，这种操作可以通过状态设置模式实现，但对74164则无法实现。考虑到74164的位数是74194的2倍，当需要建立规模化的环形计数器时，可以将74194和74164级联，启动时利用74194设置一个“0001”，而74164则进行清零，从而可以完成整个移位寄存器的独热码状态设置。这种设计可以采用原型的环形计数器设计，不需要额外添加组合单元，成本较低，运算频率也可以做到最高。

例10：用一个74×194和一个74×164，以及必要的逻辑门设计一个10位（模10）的环形计数器。

74×194是一个4位移位寄存器，74×164是一个8位移位寄存器，只用其中一个是不可能实现题目要求的，因此需要把两者进行级联。为了便于初始状态的设置，需要把74×194的输出视为10位状态码的低4位，74×164的低6位作为10位状态码的高6位。环形计数器的有效状态是独热码，可以通过一个外置的输入端使环形计数器进入独热码状态。

图10.4.14表达了一个10位（模10）的环形计数器，由3块集成块实现。通过在START端口加入一个高电平脉冲启动，就可以设置独热码状态，进入状态循环。

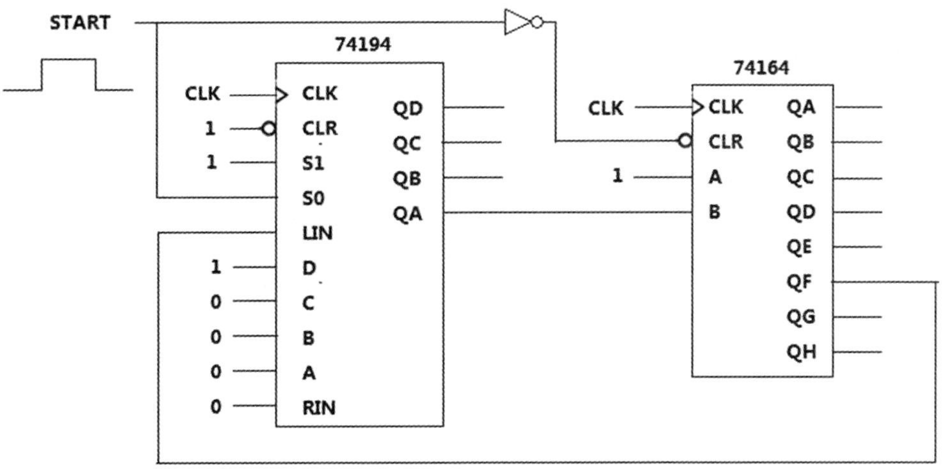

图10.4.14　10位（模10）的环形计数器

环形计数器的形象表达好像是寄存器链中有一个1随着时钟触发循环移动。

这种器件经常用于在顺序存储器中作为控制指针（旗标），标记读写操作的地址。

例如在数据缓存区设计时，数据是按照写入的顺序存放的。可以使用写入指标标记下一次数据写入的地址，每写入一个数据该指针就移动一位；使用读出指针标记下一次读出的地址，每读出一个数据，该指针就移动一位。这种存储器可以保证先写入的数据被优先读取，保持数据原有的顺序。一旦数据被读取，该地址就可用于存放新的数据。这种存储器称为先进先出存储器（First Input First Output，FIFO），如图10.4.15所示。

而在计算机系统处理中断时（优先处理紧急要求），为了保持现场数据，需要将当前若干数据进行顺序存放。根据多项任务的优先顺序不同，这种存储体现的特点是优先权高的数据后存放先提取。这种存储器称为后进先出存储器（数据堆栈），如图10.4.16所示。这种存储器的最新数据地址也采用环形计数器进行标记，以控制数据的读写。

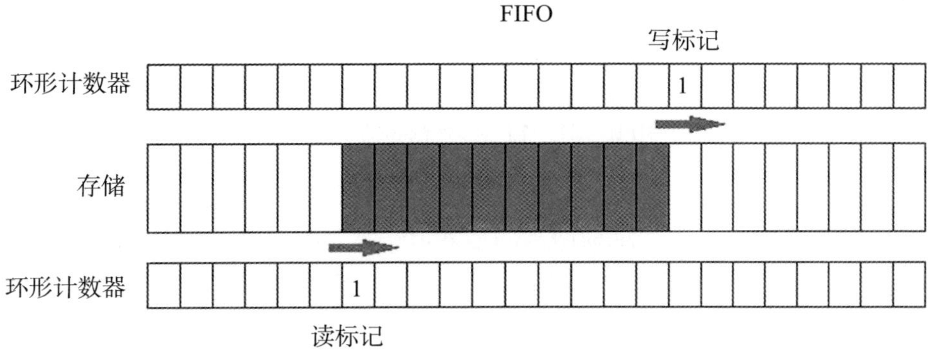

图10.4.15　先进先出存储器

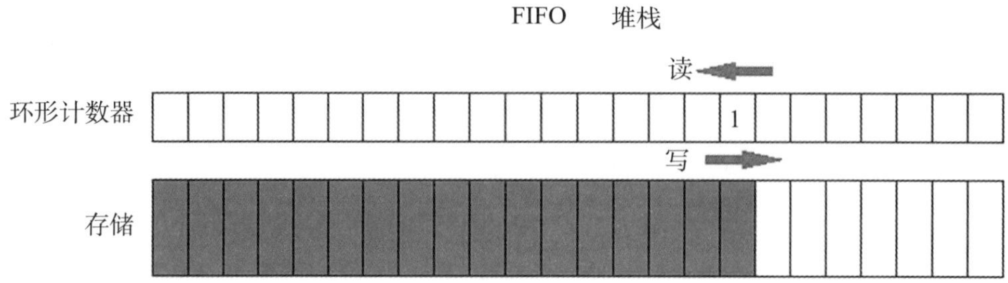

图 10.4.16　后进先出存储器

10.4.4　扭环计数器

该计数器的原型反馈方程为 $F = Q_3'$。

相对于环形计数器的原型，这种连接将串行移位寄存器输出反相，然后连接到计数器的输入端，好像将寄存器环扭转了半圈，由此得名。

将反馈方程代入转移表，结果如图 10.4.17 所示。

Q_1Q_0 \ Q_3Q_2 ($Q_3^*Q_2^*Q_1^*Q_0^*$)	00	01	01	10
00	0001	1001	100 0	000 0
01	0011	1011	101 0	001 0
11	0111	1111	111 0	011 0
10	0101	1101	110 0	010 0

图 10.4.17　扭环形计数器的转移表

若设置初始态为 0000，则该计数器构成模 8 计数器，其状态转换图如图 10.4.18（a）所示。

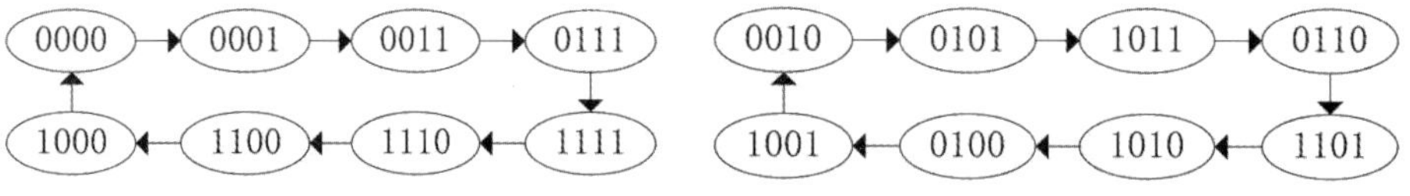

（a）有效循环　　　　（b）无效循环

图 10.4.18　扭环形计数器的状态转换图

从图 10.4.18（a）可以看到，扭环计数器的有效状态变化具有如下特点：

当初态为全 0 时，每次反馈回来的输入值一定是 1，状态编码中 0 逐渐减少，1 逐渐增加，直到全 1，然后发生相反的过程，直到回到全 0。

由此可知，当采用 N 个寄存器构成扭环计数器时，一定为模 $2N$ 计数器。

扭环计数器的各状态输出均为标准方波信号，在一个周期中，高电平时段与低电平时段完全相同，占空比为 50%。输出信号频率为时钟频率的 $1/2N$，如图 10.4.19 所示。

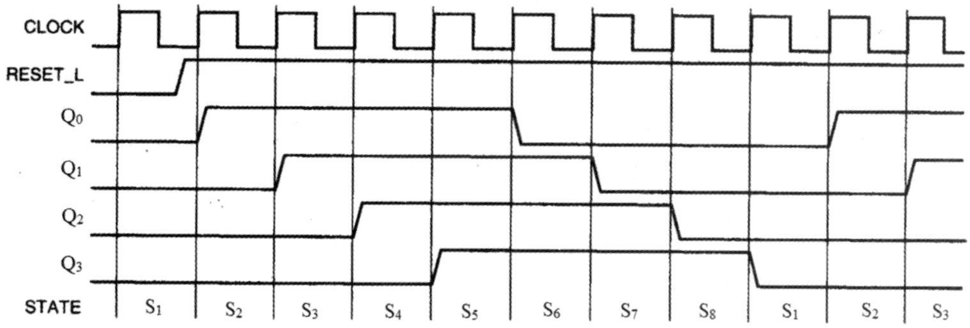

图10.4.19　扭环计数器的时序图

扭环计数器的转移表中也存在大量无效状态，一个N位扭环计数器就有 个无效状态。这些无效状态构成无效循环，如图10.4.18（b）所示，导致原型设计不能保障自启动，需要进行修改。

将无效循环中的某些状态的转移设置为有效状态，就可以破除无效循环，保障自启动。

例如，在有效循环中，最高位和最低位同时为0的状态只有全0态，而全0态的正常转移为0001。用“或非门”对状态的最高位和最低位进行检测，通过该检测发出状态设置信号，将状态设置为0001，就可以将无效状态引入正常循环中，又不至于影响正常循环的转移，可以自启动的扭环形计数器的状态转换图如图10.4.20所示。

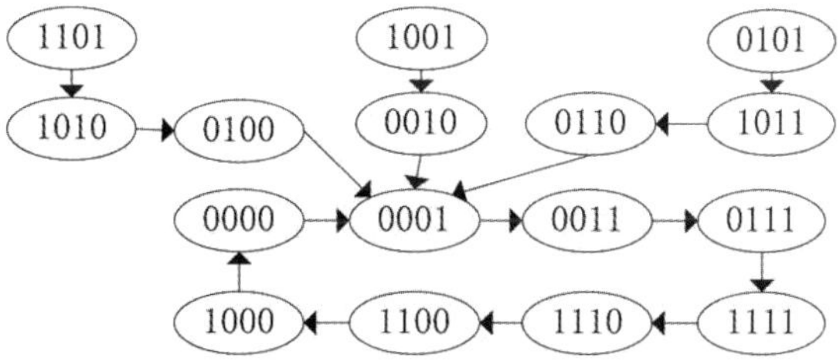

图10.4.20　校正后的扭环形计数器的状态转换图

当移位寄存器没有并行的状态设置端时，也可以用上述检测产生的低电平信号作为异步清零信号，将相关的无效态引入正常循环中，又不至于影响正常循环的转移。

上述设计思想原则上可以推广到规模化设计中。但由于需要进行状态设置，移位寄存器在级联扩展时，最低位集成块需要采用74194，进行“0001”设置，而高位集成块则可以采用74164（位数较多），通过清零端实现状态设置。

图10.4.21显示了一个10位扭环形计数器的设计，该计数器的模为20。该计数器可以通过状态检测实现自启动。

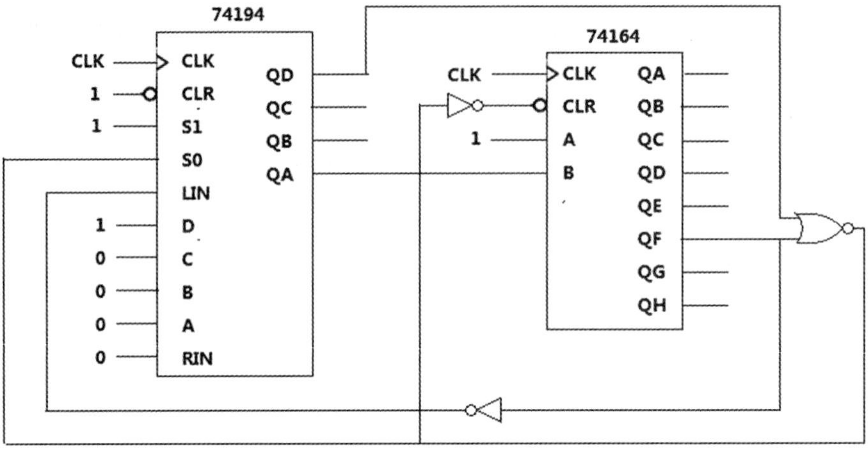

图 10.4.21　10位扭环形计数器

在该设计中，使用3块集成块（反相器都可以用7402中的单元实现），成本较低，但组合延迟为2级。如果要提高频率，则可以用2输入或门（7432）单独实现对最高位和最低位的检测，直接产生低电平输出，为74164提供清零信号。这样多使用1块集成块，但组合延迟缩短为1级运算。

前述环形计数器和扭环计数器如果采用二进制计数器与组合逻辑结合构成，则设计效率会大幅度提高，也不会存在自启动风险问题。可以用1块74163和4块74151实现4位环形计数器或4位扭环计数器，每1块74151实现一个状态变量函数 Q_i，i=0…3，组合延迟为1级，此时运算频率可以达到最高。

10.4.5　线性反馈移位寄存器(Linear Feedback Shift Register, LFSR)型计数器

以上2种计数器存在一个共同的问题，就是无效状态太多，状态使用效率不高，同时也导致自启动风险。为了避免这种风险而加入的组合逻辑可能导致成本增加，频率降低。

对于移位寄存器型计数器，提高状态使用效率具有重要意义。

对LFSR型计数器的研究解决了这种问题。LFSR的结构如图10.4.22所示。

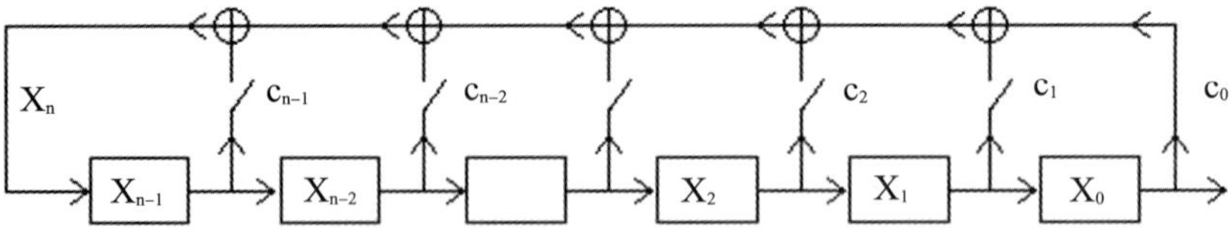

图 10.4.22　LFSR的结构

LFSR的反馈方程是 $x_n = c_0 \cdot x_0 + c_1 \cdot x_1 + \cdots + c_{n-1} \cdot x_{n-1}$。

反馈函数表现为状态变量的线性组合。

注意在上式中 x_0 表达状态变量的最低位， x_n 表达反馈函数，所有的组合系数 c_i 都为1位二进制数（0或1），在结构图中用开关的联通或断开表达。所有的加法都不

考虑进位，因此表现为异或运算。

LFSR代表了一大类计数器结构。选择不同的组合系数就可以构成不同类型的计数器。例如前述的环形计数器就是其中的一种：$c_0=1$，$c_{i\neq 0}=0$。

对LFSR的离散代数研究发现，当组合系数满足特定条件时，N位LFSR计数器的模可以达到2^N-1，即除了全0状态外，所有其他状态全都处于有效循环中。这种计数器称为最长序列信号发生器。如图10.4.23所示列出了满足要求的一些典型组合条件。

位数N	系数$(c_0,c_1,c_2,\cdots)$
2	(1,1)
3	(1,1,0)
4	(1,1,0,0)
5	(1,0,1,0,0)
7	(1,0,0,1,0,0)
12	(1,1,0,0,1,0,1,0,⋯0)
16	(1,0,0,1,1,1,0,0...0)

图10.4.23　LFSR的组合系数

图10.4.24表示了4位和7位LFSR计数器的构成。

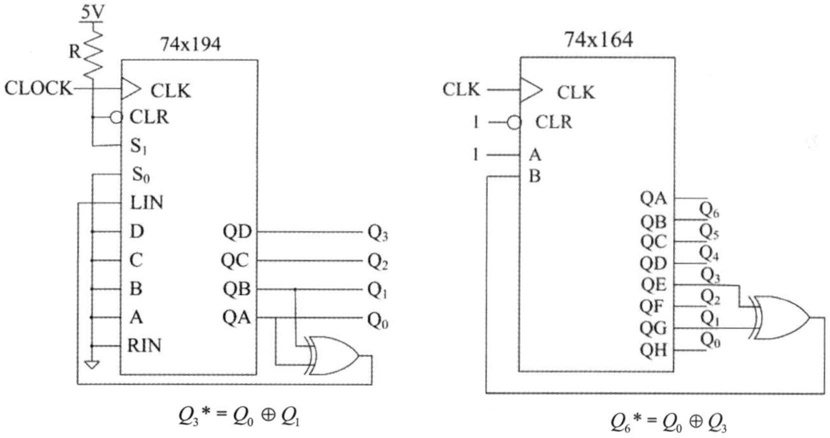

图10.4.24　4位和7位LFSR计数器

尽管上述LFSR计数器只有一个无效状态（全0态），但由于该状态自成无效循环，仍然具有无法自启动的风险。

避免风险的方式之一是采用初始状态设置，这可以通过对74194进行初始设置到非全零状态来实现。

另一种方式则是修改设计：对除了最高位之外的所有位进行检测，一旦发现其全为0，就将原有的反馈逻辑反相，否则就保持原有的反馈逻辑，如图10.4.25所示。

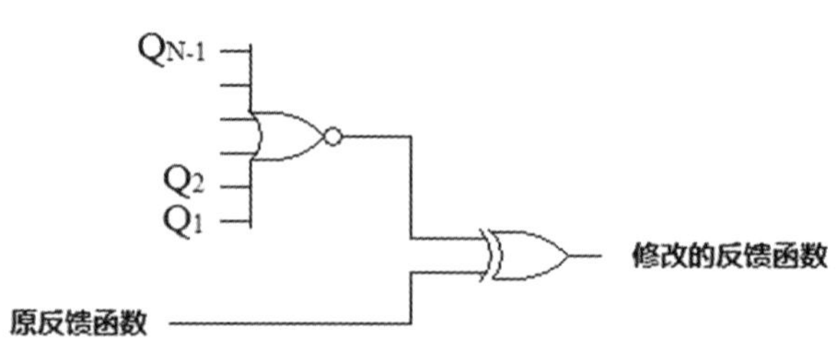

图10.4.25 一种消除LFSR自启动风险的方法

采用这种设计，可以将全0状态纳入有效循环中，用N个寄存器实现模2^N的计数器。检测可以用多输入或非门实现，而反相与同相的转换控制则采用异或门实现。这种方法能够完全消除自启动风险，但需要添加额外的组合集成块，导致成本增加，频率降低。

LFSR计数器通常称为伪随机信号发生器，其输出波形表现杂乱无章，难以寻找规律，如图10.4.26所示。

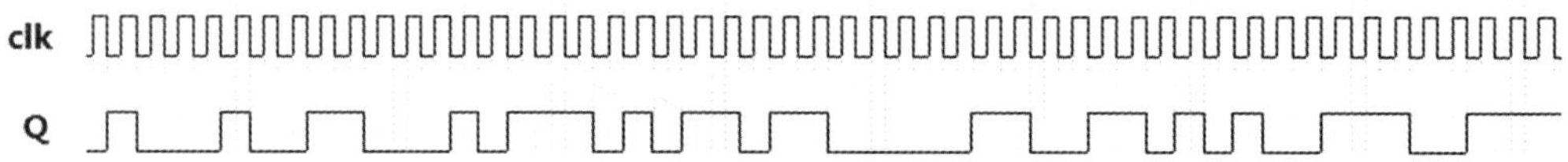

图10.4.26 伪随机信号

这种伪随机信号被广泛应用于自动测试、信息加密、扩频通信、扰频技术等领域。目前，伪随机信号处理已经成为信息技术中的重要领域。

10.4.6 利用移位寄存器设计周期信号发生器

如果指定序列的周期信号送入串行输入串行输出的移位寄存器，则该移位寄存器的输出必定为同样的周期信号。

对信号传输过程中移位寄存器的状态进行分析，可以得到状态的循环表达。

将该状态循环表达用反馈逻辑实现，就可以直接构成周期信号发生器：在没有输入的情况下，随着时钟的触发，也能输出指定的周期信号。

这种信号发生器的基本设计步骤如下。

1. 先根据所需要的周期信号的周期位数选择移位寄存器的位数，如果周期位数为N，则移位寄存器位数应该为$M \geqslant \log_2(N)$（向上取整数）。

2. 将所需要周期信号逐位送入移位寄存器的串行输入端，到其串行输出端产生超过一个周期的输出信号为止；分析在此过程中，寄存器的状态变化。

3. 将上述状态变化用状态图表达。如果构成模N循环，则为合理设计。否则需要增加寄存器位数，重新进行上述分析，直到实现合理设计（出现模N循环）为止。

4. 将状态图中转移状态的最低位表现为状态变量的函数，该函数即为所求反馈函数。利用该反馈函数与移位寄存器结合，就可以实现所需要的周期信号发生器。

以下通过例题表达上述设计步骤。

例10.4.2 实现周期“001101”

周期为6位，首先选择3位的移位寄存器。

从产生周期信号输出开始，逐步分析移位寄存器中的状态，可以得到模6循环，如图10.4.27所示。

001101	001
001101	011
001101	110
001101	101
001101	010
001101	100

图10.4.27 状态分析

以该循环为基础，建立状态图如图10.4.28所示。

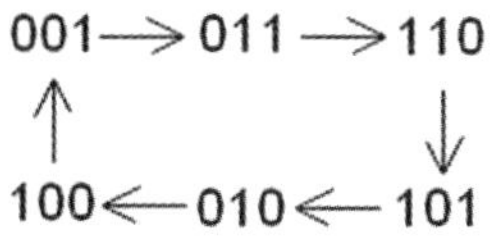

图10.4.28 状态图

由该状态图，可以建立转移表如图10.4.29所示。

Q_0 \ Q_2Q_1	00	01	11	10
0		10 0	10 1	00 1
1	01 1	11 0		01 0

（$Q_2^*Q_1^*Q_0^*$）

图10.4.29 转移表

利用最小成本设计得到最低位转移方程（反馈方程）：

$$Q_0^* = Q_2 \cdot Q_0' + Q_2' \cdot Q_1'$$

将该方程重新写入转移表进行风险分析，得到完整状态图如图10.4.30所示。

Q_0 \ Q_2Q_1	00	01	11	10
0	00 1	10 0	10 1	00 1
1	01 1	11 0	11 0	01 0

（$Q_2^*Q_1^*Q_0^*$）

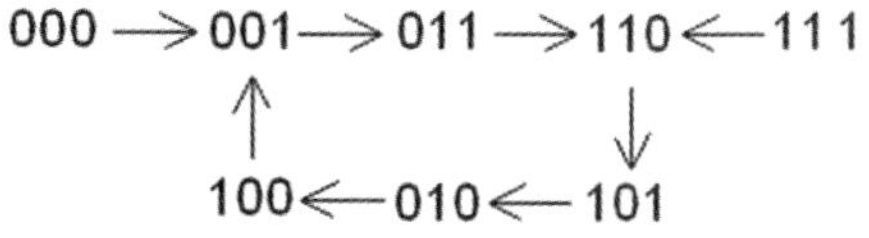

图10.4.30 完整的状态图

可以看出，该设计能够自启动。

例10.4.3 实现周期序列“001010”

解：周期为6位，首先选择3位的移位寄存器；

从产生周期信号输出开始，逐步分析移位寄存器中的状态，发现6个状态中存在重复状态，不能得到模6循环，如图10.4.31（a）所示；增加寄存器位数为4位，再进行分析，可以得到模6循环，如图10.4.31（b）所示。

(a)		(b)	
001010	001	001010	0010
001010	010	001010	0101
001010	101	001010	1010
001010	010	001010	0100
001010	100	001010	1000
001010	000	001010	0001

图10.4.31　状态分析

以该循环为基础，建立状态图如图10.4.32所示。

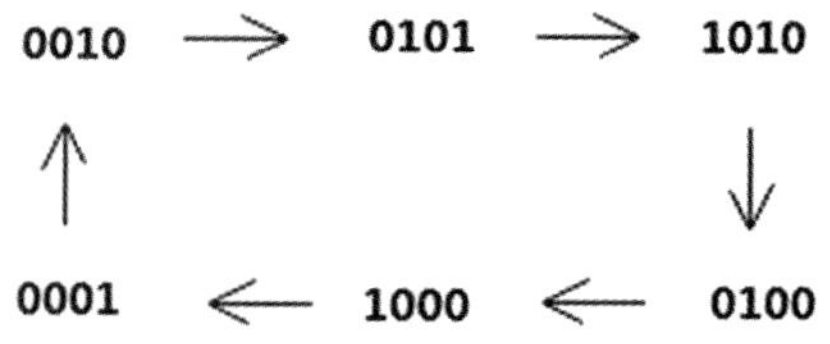

图10.4.32　状态图

由该状态图，可以建立转移表如图10.4.33所示。

Q_1Q_0 \ Q_3Q_2 ($Q_3^*Q_2^*Q_1^*Q_0^*$)	00	01	11	10
00		1000		0001
01	0010	1010		
11				
10	0101			0100

图10.4.33　转移表

采用最小成本法得到反馈方程为

$$Q_0^* = Q_3' \cdot Q_1 + Q_3 \cdot Q_1' = Q_3 \oplus Q_1$$

将该方程代回转移表进行风险检测，可以得到完整的转移表和完整的状态图分别如图10.4.34和图10.4.35所示。

Q_1Q_0 \ Q_3Q_2 ($Q_3^*Q_2^*Q_1^*Q_0^*$)	00	01	11	10
00	0000	1000	1001	0001
01	0010	1010	1011	0011
11	0111	1111	1110	0110
10	0101	1101	1100	0100

图10.4.34　完整的转移表

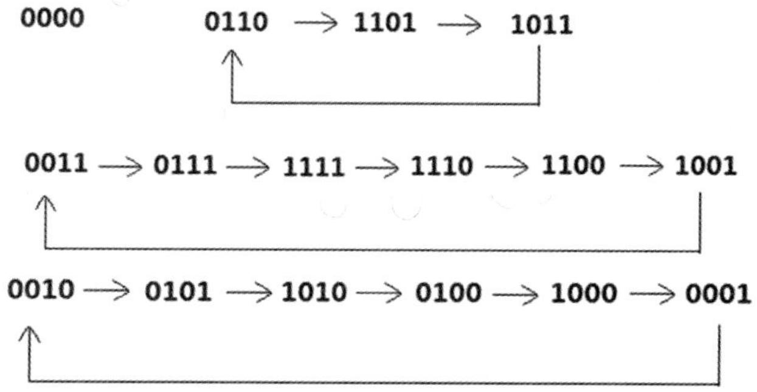

图 10.4.35　完整的状态图

由图 10.4.35 可以看到，所有 10 个无效状态各自构成无效循环，存在不能自启动的风险。

通过设计修改消除风险，可以选择无效循环中的状态，将其转移到有效循环。方法是首先切断无效循环，然后让无效循环的终状态的下一个状态是有效循环中的某一个有效状态。因此，解决方案也就有很多种，因为无效循环的切断位置不唯一，无效状态到下一个有效状态的指定方式也不唯一，所以消除风险的方法也就不唯一。如图 10.4.36 所示方案是众多方案中的一种。

考虑到移位寄存器的特点，只能对最低位进行修改，如图 10.4.36 所示。

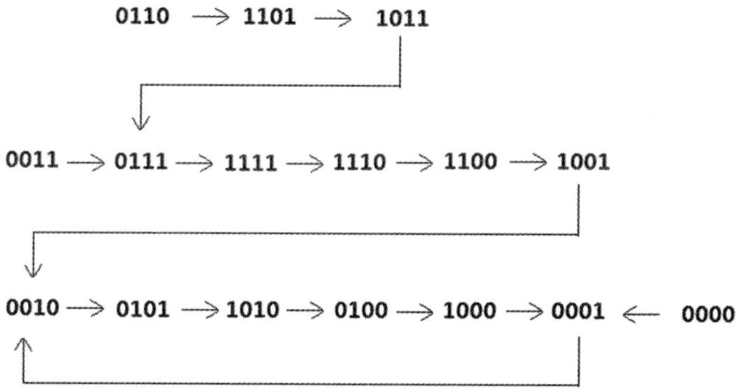

图 10.4.36　无风险的完整状态图

修改后的转移表如图 10.4.37 所示。

Q_1Q_0 \ Q_3Q_2 ($Q_3^*Q_2^*Q_1^*Q_0^*$)	00	01	11	10
00	0001	1000	1001	0001
01	0010	1010	1011	0010
11	0111	1111	1110	0111
10	0101	1101	1100	0100

图 10.4.37　无风险的完整转移表

由图10.4.37可以得到反馈方程为

$$Q_0{}^* = Q_2{}' \cdot Q_1{}' \cdot Q_0{}' + Q_3 \cdot Q_2 \cdot Q_1{}' + Q_2{}' \cdot Q_1 \cdot Q_0 + Q_3{}' \cdot Q_2 \cdot Q_1$$

采用集成块实现时，可以使用1块74151和1块7404通过2级运算实现上述逻辑，再与74194结合，就可以实现自启动的信号发生器设计，如图10.4.38所示。

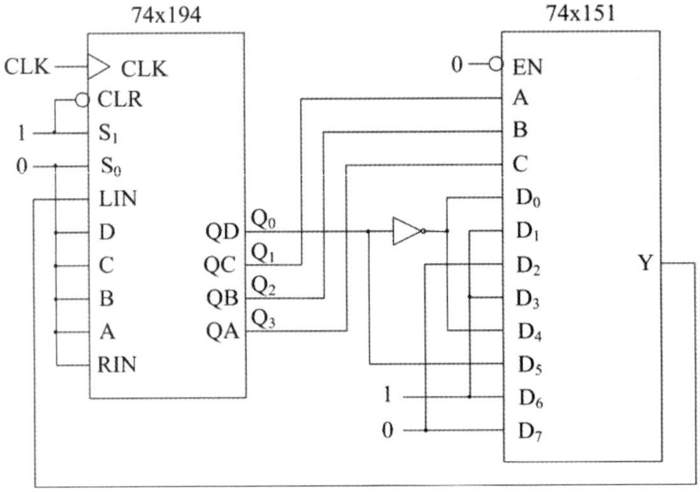

图10.4.38　能自启动的信号发生器

追求高频设计时，则可以利用7486（XOR）进行带风险设计，然后利用74194进行初始状态设置。这样组合运算就只有1级运算，频率可以提高，如图10.4.39所示。

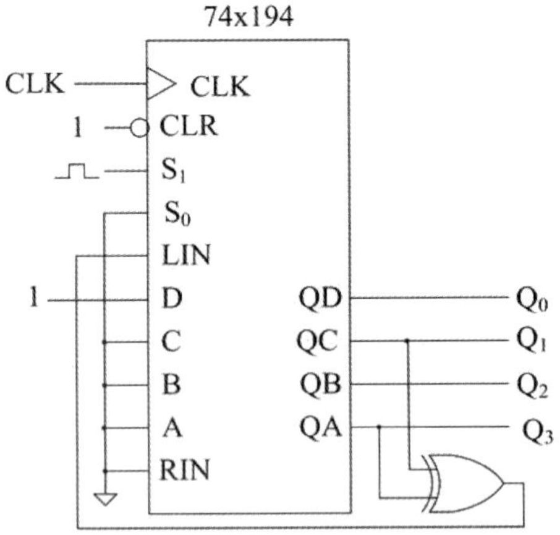

图10.4.39　进一步提高频率的设计方法

10.5　基于FPGA的时序控制设计

FPGA为超大规模集成器件（VLSI）。基于FPGA的设计一定表现为单片设计。通常需要采用FPGA进行的设计也是规模化设计。

由于采用购买的FPGA实现设计，在购买FPGA时成本已经固定，设计优化的目标主要体现为对运算频率或设计效率的考虑。

从组合单元的角度考虑，FPGA中每个可编程单元都体现为4输入单输出单元，可以实现一个任意4输入逻辑函数。因此在设计中，需要仔细考虑对组合运算的分割，以便将组合运算尽量好地匹配到4输入逻辑单元中，减少单元用量及运算级数。相应设计方法已经在第6章进行了分析。

从时序控制的角度考虑，FPGA单元的突出特点是组合单元与寄存器的结合。每个4输入组合单元都已经配置了寄存器对其进行输出控制。这种结构特别方便于同步设计。因此，基于FPGA的设计应该体现为完全同步的设计。

考虑到FPGA每个可编程单元中都含有组合单元和寄存器，在设计中，应该尽量避免组合单元与对应寄存器的分离设计。在设计描述中，应完全避免出现单独的组合描述，尽量避免单独的寄存器描述。

考虑到时序控制的两个不同层次，以下分别介绍对于组合单元的时序控制描述和对于状态机设计的典型描述方法。

10.5.1　组合单元的同步控制设计

在同步系统中，所有组合单元的输出都应该经过寄存器控制。所有寄存器受同一时钟控制。时钟周期与寄存器之间的最长组合延迟有关。

在FPGA中，每个可编程单元及附加的可编程连线的延迟远大于寄存器的相关延迟（建立时间和寄存器传输时间），内部时钟周期可以完全由寄存器之间的组合运算延迟决定。

FPGA中每个基本可编程单元的延迟时间基本相同，可以作为组合延迟时间的基本单位。当组合运算路径通过多个可编程单元时，延迟时间则表现为基本延迟单元的整数倍（多级运算延迟）。

为了保障系统的高频特性，在基于FPGA设计时，最好能够做到时钟周期中只包括为单级组合运算延迟。在涉及复杂的组合单元时，应该尽量通过分解实现并行设计。无法完全分解为并行设计时，也应该避免形成多级组合运算，而应该将每级组合运算都置于寄存器控制下，构成流水设计。

经过上述分割设计，每个组合单元一定能够表达为4输入以内的逻辑函数，直接将这种逻辑函数与寄存器控制结合，就可以表达单个FPGA单元实现的组合运算及时序控制的功能。

每个组合单元函数可以采用独立的赋值语句表达。寄存器控制则是通过由时钟控制的子程序模块（process或always模块）表达。

将组合逻辑的赋值语句置于由时钟控制的子程序模块中，就可以实现两者的结合，将其纳入单个FPGA可编程单元中实现，如图10.5.1所示。

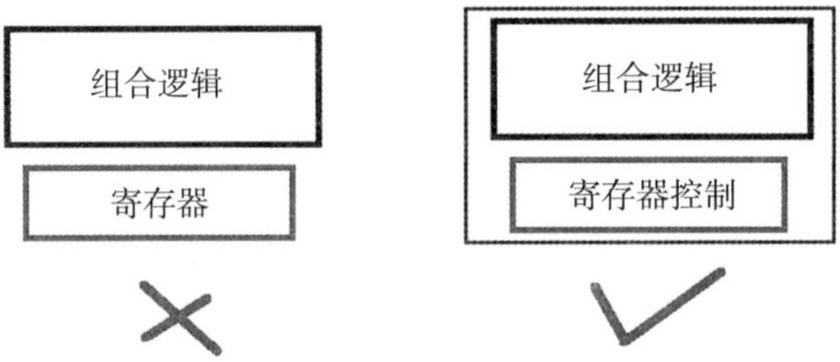

图 10.5.1　合理的FPGA设计方案

对于VHDL，这种对组合单元的时序控制采用下述方式表达：

```
process (clk)  begin
if clk'event and clk='1' then
   y <= ……;  信号赋值语句
end if;
end process;
```

对于verilog HDL，则采用下述语句表达：

```
always@ (posedge clk)
   y<=……;  非阻塞赋值语句
```

由以上分析可以看到，在基于FPGA的设计中，所有赋值语句都处于process或always模块格式中。

由于每个FPGA单元涉及的组合逻辑都可以看作是一个四输入组合逻辑单元，对于其表达的组合逻辑通常采用两种方式表达：

当需要实现的组合逻辑较简单时，可以直接采用运算表达式表达；

当涉及的运算式过长时，则可以采用“1”的列表或“0”的列表的表达方式，用进程或always模块中的条件语句或选择语句表达。

在这种设计中，不希望出现VHDL中的并行赋值语句（包含条件赋值和选择赋值）以及verilog中的连续赋值语句。这种语句的使用意味着组合单元脱离了寄存器控制。若这样的组合单元进行级联，则会导致组合运算级数增加，时钟频率将受到影响而下降。在这种设计中，尽量不要单独描述各类寄存器模块，这样的描述将导致依附于该寄存器的可编程组合单元被废弃，器件使用效率会大幅度下降。

当设计中需要使用大量同类单元时，应该先用上述格式形成单元模块（IP核），然后再用generate语句对这些模块进行调用，形成规模化设计。需要注意，generate语句本身不能在process或always模块内使用。

下面通过例题介绍时序控制组合逻辑的不同表达方式。

例 10.5.1　设计一个时序控制的2位加法器，该器件将2个2位二进制数a_1a_0和b_1b_0相加，产生2位和s_1s_0及进位c_2。

b_1b_0 \ a_1a_0 ($c_2s_1s_0$)	00	01	11	10
00	000	001	011	010
01	001	010	100	011
11	011	100	110	101
10	010	011	101	100

图10.5.2 2位加法器的卡诺图

解：本设计的卡诺图如图10.5.2所示。

对于最低位函数s_0，直接写出运算表达式较为方便：

$$s_0 = a_0 \oplus b_0$$

对于较高的2位，则采用“1”列表方式较简单：

$$s_1 = \sum\nolimits_{a_1a_0b_1b_0}(2,3,5,6,8,9,12,15)$$

$$c_2 = \sum\nolimits_{a_1a_0b_1b_0}(7,10,11,13,14,15)$$

在编写程序时，为了保障程序的通用性，可以先将4位输入定义为4位数组N，a_1a_0为高位，b_1b_0为低位，将3位输出定义为3位数组Y，其高低位排列对应$c_2s_1s_0$。

上述时序控制组合函数的VHDL描述如下：

```
entity add2 is
 port (clk:in bit;
 n: in bit_vector(3 downto 0);
 y: out bit_vector(2 downto 0));
end add2;

architecture a2 of add2 is
begin
 process(clk) begin
  if clk'event and clk='1' then
    y(0)<= n(2) xor n(0);
    case n is
     when "0010"|"0011"|"0101"|"0110"|"1000"|"1001"|"1100"|"1111" =>y(1)<='1';
     when others =>y(1)<='0';
    end case;
    case n is
     when "0111"|"1010"|"1011"|"1101"|"1110"|"1111" =>y(2)<='1';
     when others =>y(2)<='0';
    end case;
```

```
    end if;
  end process;
end a2;
```

上述程序中需要注意，在“1”的列表中采用十进制数字进行最小项编号的表达，但在VHDL中，由于受到数据类型的限制，需要将其转化为4位二进制表达。时序控制体现在进程运行只受时钟信号控制，所有赋值语句都处于受时钟上升沿控制的IF语句之中。

采用verilog HDL描述如下：

```
module add2 (y,clk,n);
output [2:0] y;
input clk;
input [3:0] n;
reg y;
always@(posedge clk)
   y[0]<=n[2]^n[0];
   case (n)
     2,3,5,6,8,9,12,15:y[1]<=1;
     default:y[1]<=0;
   endcase
   case (n)
     7,10,11,13,14,15:y[2]<=1;
     default:y[2]<=0;
   endcase
Endmodule
```

上述程序需要注意的是，所有赋值语句必须处于由时钟上升沿控制的always模块内以非阻塞赋值（<=）方式进行，所有被赋值的信号必须预先用reg语句限定其数据类型。

10.5.2　组合流水设计概念

所谓流水设计通常也称为管道式设计（pipeline），该设计将运算过程从输入到输出分为若干级，每一级数据通过寄存器控制进行保存和传递。一旦开始工作，每一次时钟触发形成一次数据转移。采用这样的设计，当流水线进入稳定运行状态后，每次时钟触发都可以向运算输入端送入一组新的数据，而从数据输出端取出一组运算结果，可以实现大规模数据的高速运算。

在流水设计中需要注意一个问题，每个运算周期中，前一级寄存器中的数据无论是否参与本级运算，都需要进行转移，保存到本级的寄存器中，这样才能给新输入的数据提供完整的存储空间。所以在每级运算设计和单元数量分析中，需要着重考虑的是到本级为止的结果数据需要使用多少个寄存器来保存，这决定了使用FPGA单元的数量。

流水设计中一个重要的指标是流水深度，也就是数据从输入端到输出端需要通过的流水级数。这决定了数据投入运算后，实际需要多长时间才能得到对应输出结果。级数越多，数据运算的实际时间就越长，同时由于所有数据都需要逐级转移，所使用的FPGA单元数量也就越多。所以，设计的要点往往体现在如何将需要多级运算的串行设计改变为需要级数更少的并行设计。

以下通过加法器设计的例题表达流水设计概念。

1. 4位串行加法器的流水设计

4位串行加法器要求将2个4位二进制数相加，输出4位相加结果。

考虑到加法器运行中的串行进位需求，结合加法器的基本单元（全加器）可以采用4级流水运算方式进行设计。

第0级：使用8个寄存器存放8个输入数据，使用8个FPGA单元。

第1级：a_0和b_0相加形成s_0和c_1，s_0和c_1的运算和存放使用2个FPGA单元实现，其余6个输入数据仍然需要存放，所以仍然需要使用8个FPGA单元。

第2级：c_1、a_1和b_1相加形成s_1和c_2，使用2个FPGA单元，存放转移数据有s_0和剩余4个输入，总共需要使用7个FPGA单元。

第3级：c_2、a_2和b_2相加形成s_2和c_3，使用2个FPGA单元，存放转移数据有s_0、s_1和剩余2个输入，总共需要使用6个FPGA单元。

第4级：c_3、a_3和b_3相加形成s_3，使用1个FPGA单元，存放转移数据有s_0、s_1、s_2，总共需要使用4个FPGA单元。

以上四级流水设计采用FPGA单元数量为33个，流水深度为4。

2. 32位加法器的流水设计

方案1：直接采用上题的思路，使用32级流水设计。

第0级：需要64个单元。

第1级：需要64个单元。

第2级：需要63个单元。

……

第31级：需要34个单元。

第32级：需要32个单元。

本方案设计总共需要1615个FPGA单元，流水深度为32级。对比前一例题，可以看到，随着流水级数的增加，单元耗用量急剧上升。

方案2：并串结合加法器设计。

在上面设计中，每个FPGA单元最多只使用了3个输入，使用效率较低，同时也导致进位级数过多。

根据FPGA单元4输入特点，可以先行构成2位加法器，在不考虑低位进位的情况下对32位输入按照2位一组分为16组进行运算，并行得到相应加法结果。此步每组运算需要使用3个FPGA单元，分别用于产生和保存3位加法结果。

在此基础上，再利用FPGA单元对上述结果进行以2位为一级的串行相加，其运算模式如图10.5.3所示。图10.5.3中只表达了前8位的情况。

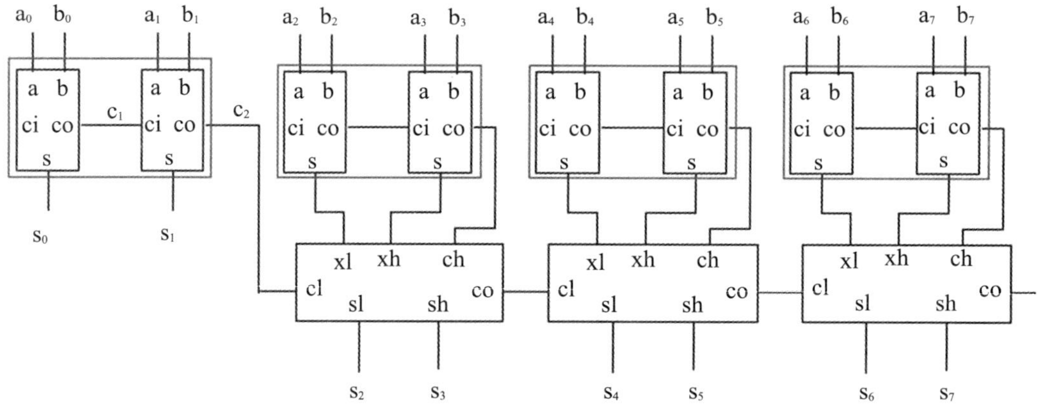

图10.5.3　并串结合加法器

采用这种设计，运算可以分为16级进行，每级运算产生2个最终结果。

第0级：使用64个单元保存输入数据。

第1级：使用47个单元运算和保存相应结果。

第2级：使用46个单元。

……

第15级：使用33个单元。

第16级：使用32个单元。

本方案共使用696个FPGA单元，流水深度为16。与上一方案对比，流水深度降低一半，而单元耗用量降低到原来的43%。

方案3：进位选择加法器设计

对比前面2个方案可以看出，减少流水深度是实现设计优化的关键，而尽量采用并行设计则是重要的手段。

如何使依赖于进位的加法运算从串行转换为并行呢？

在上面的方案中可以看到，第一级运算时，s_0和s_1就已经产生了，但s_2和s_3却需要等待c_2的产生才能进行正确的运算。

c_2是1位二进制数，其取值只有2种可能：1或0。

如果在第1级运算时，同时安排2个2位加法运算，一个是针对$c_2=1$的情况，一个是针对$c_2=0$的情况，则在第一级运算中，就可以得到s_2和s_3的两种可能值。这种可能值的最终选择可以通过第2级运算进行。

上述想法看上去并没有缩短s_2和s_3的最终结果形成的运算级数，但却成功构建了一个4位加法器，该加法器第1级运算是并行的，第2级只是对后2位结果进行选择。

将这种想法推广，前4位进行相加时，后4位也可以同时以c_4取不同常数构成2个四位加法器进行相加，然后在第3级运算时进行选择。这样通过3级运算就可以得到8位加法结果。以此类推，32位加法器只需要5级运算就可以产生结果了。

第0级：使用64个单元保存输入数据。

第1级：2位加法器设计。将32位数按照2位分组为16个组；先按照无更低进位的方式设计16个2位加法器，分别对0和1、2和3、…、30和31位对应数据进行相加，得到对应2位相加结果和进位。然后再设计15个2位加法器，表达更低位进位为1的加法情况（将无进位加法器“1”的列表中所有数字加1就可以了），分别对2和3、…、30和31位对应数据进行相加，得到对应2位相加结果和进位。

每个2位加法器需要使用3个单元，总共31个2位加法器需要使用93个单元。考虑到最高位加法不需要进位，可以省去2个单元，实际使用91个单元。本级通过并行方式完成了全部数据的加法后，后面各级只需要对本级产生的数据进行选择就可以了。

第2级：4位加法器形成。将2位加法器按照2级分组，每组使用一个低位加法器的数据和2个高位加法器（分别对应进位为1和0）的数据，低位加法器的2位相加结果直接保留，利用低位加法器的进位对高位加法器的3个数据进行选择，由此形成4位加法器的4位相加结果和1位进位。这种4位加法器在本级需要使用5个单元。

对于最低四位只形成1个四位加法器，而对于后面的4位分段，每个分段都会形成2个4位加法器，分别对应于更低位进位为1和0的情况。所以一共需要形成15个4位加法器，共计使用75个单元。同样，考虑到最高位没有进位，可以省去2个单元，实际使用73个单元。

第3级：8位加法器形成。仿照第2级情况，将4位加法器按照2级分组，每组使用一个低位加法器的数据和2个高位加法器（分别对应进位为1和0）的数据，低位加法器的4位相加结果直接保留，利用低位加法器的进位对高位加法器的5个数据进行选择，由此形成8位加法器的8位相加结果和1位进位。这种8位加法器在本级需要使用9个单元。

对于最低8位只形成1个8位加法器，而对于后面的8位分段，每个分段都会形成2个8位加法器，分别对应于更低位进位为1和0的情况。所以一共需要形成7个8位加法器，共计使用63个单元。同样，考虑到最高位没有进位，可以省去2个单元，实际使用61个单元。

第4级：16位加法器形成。将8位加法器按照2级分组，每组使用一个低位加法器的数据和2个高位加法器（分别对应进位为1和0）的数据，低位加法器的8位相加结果直接保留，利用低位加法器的进位对高位加法器的9个数据进行选择，由此形成16位加法器的16位相加结果和1位进位。这种16位加法器在本级需要使用17个单元。

对于最低16位只形成1个16位加法器，而对于后面的16位分段，每个分段都会形成2个16位加法器，分别对应于更低位进位为1和0的情况。所以一共需要形成3个16位加法器，共计使用51个单元。同样，考虑到最高位没有进位，可以省去2个单元，实际使用49个单元。

第5级：32位加法器形成。将低16位加法器的16位相加结果直接保留，利用低位加法器的进位对高位加法器的16个数据进行选择，由此形成32位加法器的32位相加结果。这种32位加法器在本级需要使用32个单元。

根据上述分析，这种方案构成的32位加法器需要使用370个FPGA单元，流水深度仅为5级，显然大大优于前两种方案的设计。

在习题中将对本设计使用的基本加法器单元和选择器单元进行具体设计和程序编写。

10.5.3 同步状态机的设计

在前面的讨论中，基本的状态机是分为3个模块进行描述的，其中状态存储器由寄存器阵列构成。而在状态机的规模化讨论中，无论是信号发生器类状态机，还是序列检测类状态机，都是在寄存器的后面添加组合逻辑实现。在这些设计方式中，寄存器阵列的设计和组合逻辑的设计是分离的，并且组合逻辑多处于寄存器之后。

将这种设计直接转移到FPGA中，则可能导致大量器件单元的设计效率低下，同时影响到时钟频率和运算时间（流水级数）。

考虑到FPGA每个单元都可以具有寄存器控制的特点，原则上可以将状态机中的激励逻辑和输出逻辑都采用寄存器控制，在HDL的描述中，将组合赋值语句置于时钟信号的控制之下。

但在规模化设计时，激励逻辑和输出逻辑可能超出4输入逻辑的表达范围，此时对于不同逻辑的表达需要进行不同的设计表达方式。

对于输出逻辑，可以采用前述的流水设计方式进行处理。采用这种设计方法，可以将时钟频率提到最高，只是最终输出可能会推迟若干时钟周期出现。

对于激励逻辑，采用流水设计则会存在问题。如果激励逻辑需要经过若干时钟周期，在当前的状态量经由激励逻辑运算形成新的状态之前，就必须防止状态存储器在时钟触发时发生状态变化。这样就必须设计专门的计数器用于对状态存储器进行使能控制。这样就使得设计复杂化了。从结果来看，状态存储器的状态变化频率实际上还是受到最长激励逻辑的影响，无法通过流水设计得到提高。

因此，在激励逻辑设计中，不应将激励逻辑分级，而是直接进行整体设计，这样可以避免控制计数器的设计和状态存储器的使能设计。当然，这样的设计可能导致时钟频率下降。因此，在进行状态机设计时，需要考虑如何能够尽可能降低激励逻辑的规模。

以下通过简单例题进行讨论，说明这种基于FPGA设计的一些特点。

1. 32位序列信号检测器设计

采用Moore型归零检测方式设计一个32位序列信号检测器，要求该器件具有同步清零功能，以便控制该检测的启动。

方案1：采用状态图设计方法，由最后1个状态产生输出

该设计需要对32位序列进行检测，根据Moore机设计概念，需要设置33个状态。状态编码需要使用6位，即使用6个状态变量寄存器。

将最后一个状态（产生输出的状态）编码为100000，而其他状态采用0xxxxx。

这样就可以直接使用状态变量最高位Q_5表达输出，不需要额外设计输出方程，只需要考虑激励方程的设计。

在上述设计中，状态变量有6位，考虑到信号输入和清零输入构成2位输入变量，每个寄存器的激励方程表现为8变量函数。

考虑到希望对待检测序列具有通用性，该8变量函数需要满足实现任意8变量函数的条件。利用展开定理，8变量任意函数可以通过展开定理分解为2个7变量函数与最高位的运算表达，可以采用1个FPGA单元实现。同理，7变量函数也可以分解为2个6变量函数与其最高位运算表达。逐层分解一直到4变量函数为止。该设计需要分为5级运算，总共使用31个FPGA单元实现。6个激励方程则需要186个FPGA单元。

由于激励方程的组合延迟长达5级，将使得时钟周期大大增加，这样设计构成的检测器的检测频率只有方案1的1/3（方案1中每级组合延迟仅为1级）。

方案2：采用移位寄存器与常数比较器结合的设计

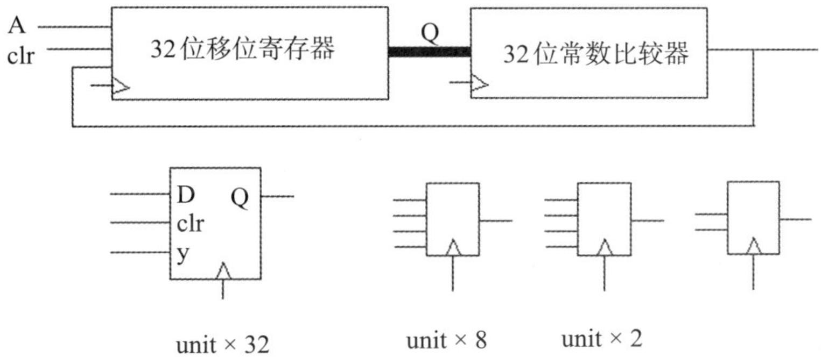

图10.5.4　第二种设计方案需要的资源

构建一个带有同步清零功能和反馈清零功能的32位移位寄存器：可以使用具有这些功能的3输入寄存器单元级联构成。每个寄存器单元实际上是将3输入组合逻辑与D触发器结合，可以采用单个FPGA单元实现。32位移位寄存器共使用32个FPGA单元。

构建一个32位常数比较器：一个32输入器件（主要为与运算）可以分解为3级4输入单元的组合，其中第1级先用异或运算构成单位比较，然后用或运算将2位比较结果合并。后面2级都是单纯的或运算。总共使用11个FPGA单元。

组合逻辑的部分采用3级流水设计。

该设计使用43个FPGA单元，在目标序列进入系统后的第3次时钟触发后产生输出。设计的激励逻辑部分由移位寄存器实现，非常简单。输出逻辑部分则采用流水设计。该设计可以实现FPGA的最高频率检测。

2. 32位二进制升序计数器设计

在前面的章节中已经看到，规模化计数器都是由具有使能控制和进位输出的计数器单元扩展形成的。在使用FPGA单元进行设计时，需要考虑基本计数器单元的状态变量和输入变量的数量如何与FPGA中的4输入单元匹配。

本设计中，计数器的激励函数需要考虑状态变量和控制输入变量。必要的输入变量有2位：使能控制变量*EN*和清零控制变量*CLR*。所以直接设计2位二进制计数器，可以正好构成4变量激励函数。将激励方程与寄存器结合，再考虑到进位输出的需要，每个2位计数器需要使用3个FPGA单元，组合延迟为一级。

将2个这样的单元级联扩展形成4位计数器时，需要添加一个或门，将2个单元的进位输出相加，形成新的进位输出。这就需要多使用1个不受寄存器控制的FPGA单元。所以，4位计数器需要使用7个FPGA单元。

将2个这样的4位计数器扩展构成8位计数器时，由前级进位到后级使能控制的路径上需要经过1个组合单元，与内部的激励方程连接，该设计的最长组合延迟就增加到了2级。

同理，由8位计数器扩展为16位计数器时，最长组合延迟将增加到3级。扩展到32位时，最长组合延迟增加到4级。

由本例可以看到，随着计数器规模的增大，计数器的频率将下降。

在实际的同步数字系统中，总是通过大量状态机对组合流水运算进行控制。组合流水设计当然可以通过分割获得最高频率的运算，对频率的限制往往来自于状态机中激励逻辑的实现。因此，在进行系统设计时，应首先分析系统中最大激励逻辑的设计情况，根据该激励逻辑决定的时钟周期，再来考虑对组合运算的分解问题。当时钟周期受到激励逻辑设计影响无法提高时，就可以根据能够实现的时钟周期对组合运算进行分级，考虑是否能够以更少的级数来实现设计。这样才能使设计取得更大效率。

10.5.4　简单同步状态机的HDL设计描述

对同步状态机的设计描述可以分为结构描述和行为描述两种方式。

结构描述时，需要先通过设计得到状态机的激励方程和输出方程，这些方程可以通过赋值语句表达。然后将这些方程置于其后的寄存器控制中。

此时，激励逻辑与状态存储器中的寄存器组合并为整体表达，输出逻辑也应该处于寄存器的控制之下，即设置于process或always模块中，受时钟上升沿控制。

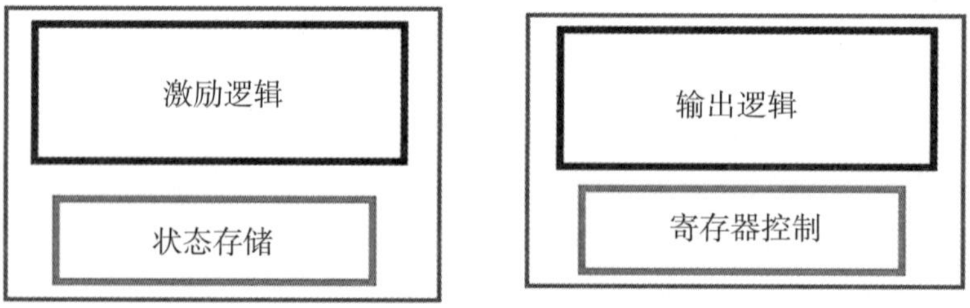

图10.5.5　状态机的逻辑分割

在此条件下，状态机由两种功能模块构成，前者可以称为状态转移模块，是状态机的核心构成部分，后者为输出模块。由于这两种模块都受同一时钟控制，也可以合并到一个模块中统一表达。

在EDA设计中，也经常采用行为设计方式对简单状态机进行描述。这种描述考虑的是对状态设置、状态赋值和状态转移进行描述，不需要表达具体的激励方程，能够较好地表现状态机的功能特点。以下对这种描述方法进行简要介绍。

1. 状态设置及状态赋值的行为描述

在VHDL中，状态设置可以采用抽象表达方式进行

```
architecture b of fsm is
  type state_type is (s0,s1,s2,s3,s4);
  signal state:  state_type;
  ......
  begin
```

该方法是在构造体的is到begin之间（设置部分）先通过枚举方式设置状态类型，然后将状态变量state设置为该类型。

这种设置方式只规定了状态名称和数量，未对状态进行赋值，是一种较抽象的表达方式。

另一种设置方式则是具体规定状态赋值

```
architecture beh of Moore2 is
signal state:  bit_vector (2 downto 0 );
constant s0: bit_vector (2 downto 0): ="000";
constant s1: bit_vector (2 downto 0): ="001";
constant s2: bit_vector (2 downto 0): ="011";
......
begin
```

在这种方式中，先设置了状态变量state的编码位数，然后通过常量设置方式对每个具体状态的名称和编码进行设置。显然这种方式更容易体现设计者的设计意图。

在verilog HDL中，也可以对状态进行类似设置

```
reg[2:0] state;
parameter
s0=3'b000,s1=3'b001,s2=3'b011,
s3=3'b010,s4=3'b100;
```

在这种方式中，先将状态变量state设置为reg类型（在always模块中赋值），同时规定了状态变量的位数，然后通过参数设置语句对每个具体状态的名称和编码进行设置。

2. 状态转移的行为描述

状态转移表达在时钟控制的模块中利用case语句表达各当前状态，利用if语句表达转移状态及转移的条件。

以下通过对图10.5.6所述状态图的描述进行表现。

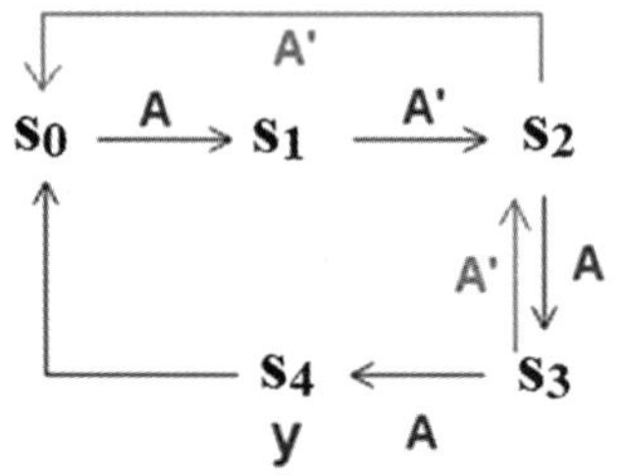

图10.5.6　状态图

采用VHDL表达为：

```
        process ( clk ) begin
          if clk'event and clk='1' then
          case state is
        when s0 =>
            if a='1' then state<=s1; end if;
        when s2 =>
            if a= '0' then state<=s0;
                else state<=s3; end if;
        ......
        when s4 =>
  state<=s0; y<='1';
        end  case;
     end  if;
 end process;
```

采用verilog HDL表达为

```
        always@(posedge clk) begin
     case(state)
        s0:if(a==1) state<=s1;
           s2:if(a==1) state<=s3;
     else state<=s0;
           ......
       s4:state<=s0; y<='1';
    end case
```

行为描述能够通过对状态设置和转移的描述来表达状态机，对状态机的行为表达直观，通过EDA工具，可以将该状态机在FPGA中综合实现。对于简单状态机设计，这是经常采用的描述方式，但其综合效果难以受设计者控制。

习题⑩

10.1　利用触发器和必要的逻辑门设计一个2位格雷码升降序计数器，其中：Q_1Q_0是该计数器的状态，M是升降序选择输入。M=1表示计数器按升序计数，且计数值为3时输出z=1；M=0表示计数器按降序计数，且计数值为0时输出z=1。要求分别选用D触发器和JK触发器进行设计，对比所用集成块数量和组合延迟。

10.2　利用触发器和必要的逻辑门设计一个Mealy型状态机，同时对“1111”和“1001”状态进行重叠检测，要求分别选用D触发器和JK触发器进行设计，对比所用集成块数量和组合延迟。该Mealy机具有一个输入x和一个输出z，当输入x连续出现序列“1111”或序列“1001”时，输出z=1，否则输出z=0。例如：

x：010111100110011111

z：000000100100010011

10.3　分析题图10.1所示的逻辑电路，要求：

（1）写出U_1的LD_L和U_2的CLR_L的逻辑表达式。

（2）假设U_1的初态为3，U_2的初态为0，试分别列出U_1和U_2的状态序列值。

（3）整个逻辑电路的模是多少？

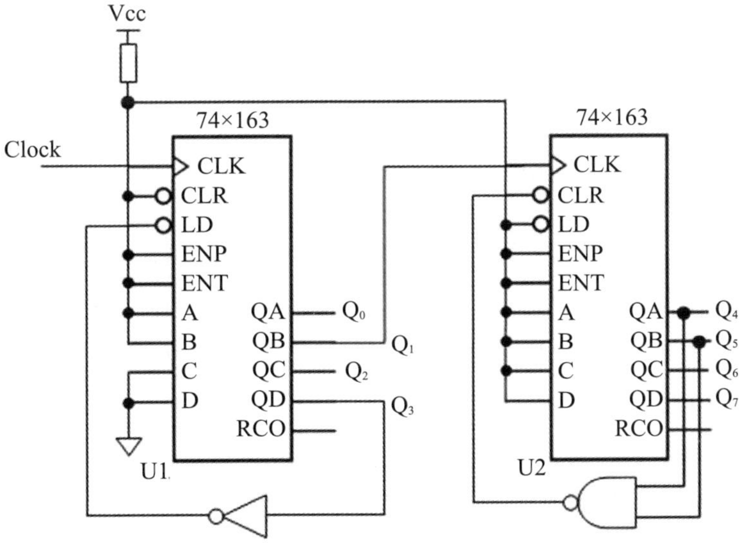

题图10.1

10.4　设计一个模60加/减可逆计数器至少需要多少块74163？

10.5　分析题图10.2所示的计数器，该计数器的模是多少？

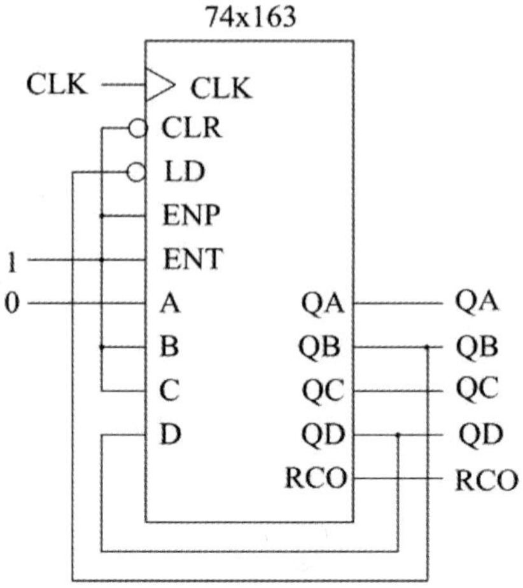

题图 10.2

10.6　用一块74163和一块74151设计一个如题图10.3所示功能的同步六进制计数器，要求写出设计过程，画出逻辑电路图。

n	Q_2	Q_1	Q_0
0	1	1	1
1	1	0	0
2	0	1	1
3	1	1	0
4	0	0	1
5	0	1	0

题图 10.3

10.7　电路如题图10.4所示，74194是双向移位寄存器，$A \sim D$为并行数据输入端，$Q_A \sim Q_D$为并行数据输出端，$SLSI$为左移串行输入端，$SRSI$为右移串行输入端，74153是双4-1MUX（数据选择器），地址（选择）输入端A、B公用，其函数表达式为：$Y = EN'(B'A' \cdot C_0 + B'A \cdot C_1 + BA' \cdot C_2 + BA \cdot C_3)$，试分析该电路，要求：

（1）画出Q_3、Q_2、Q_1的完整状态转换图；

（2）写出Y_1、Y_2的输出函数表达式；

（3）设74194的初态为0，画出在7个时钟作用下，Y_1、Y_2的波形。

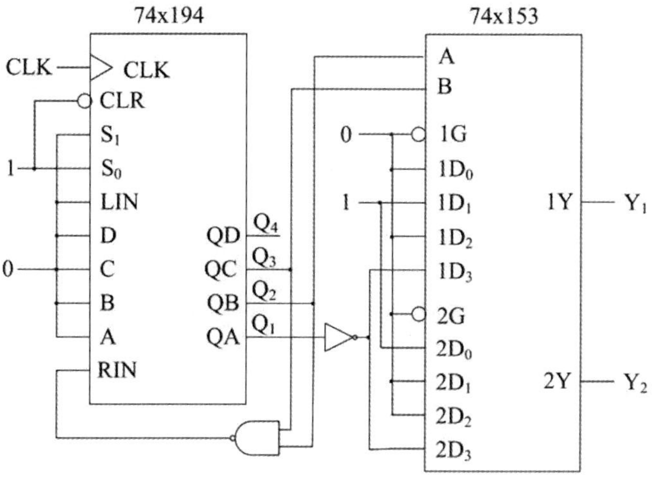

题图 10.4

10.8　题图 10.5 是双向移位寄存器 74194 和八选一数据选择器 74151 构成的序列脉冲发生器。74194 的 *SLSI* 和 *SRSI* 分别是左移和右移输入端，Q_3 为最高位，假设各输出端的初态均为 0，试列出在时钟脉冲 CLK 作用下输出 *W* 及 Q_0、Q_1、Q_2、Q_3 的状态转换表。

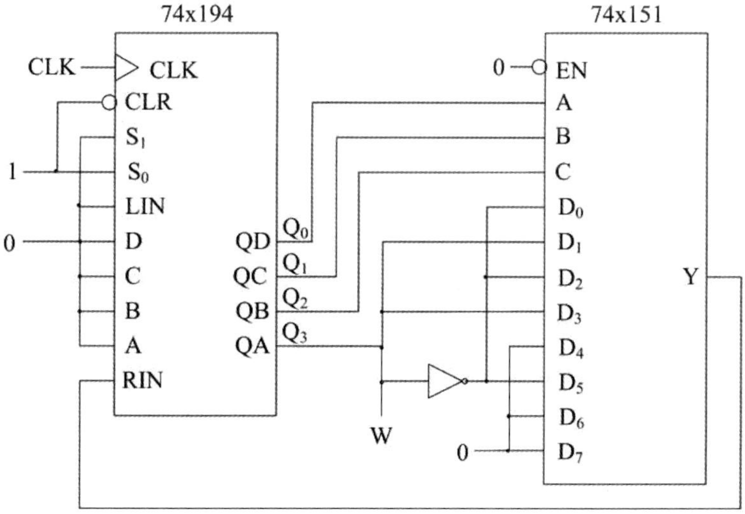

题图 10.5

10.9　用双向移位寄存器 74194 设计一个可控计数器，计数器有一个控制端 *X*，当 *X*=0 时，电路为一个 4 位能自启动的环形计数器，其计数有效循环如题图 10.6（a）所示；当 *X*=1 时，电路为一个 4 位能自启动的环形计数器，其计数有效循环如题图 10.6（b）所示。要求写出设计过程，画出电路图（设计可加必要的门电路）。

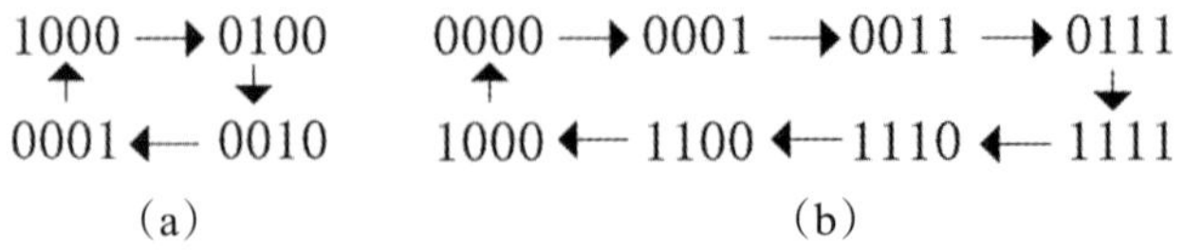

题图10.6

10.10　利用一块74194和一块74151设计一个能自启动的“101110”序列发生器，其中：74194以左移方式工作，并从74194的QA端输出序列。画出逻辑电路图。

10.11　用一个双向移位寄存器74194构成的环形计数器具有（　　）种有效状态，用它构成的扭环形计数器具有（　　）种有效状态。

A. 16，8　　　　B. 8，4

C. 4，4　　　　D. 4，8

10.12　双向移位寄存器74194具有（　　）的功能。

A. 并行置数，双向移位　　B. 异步清零

C. 保持　　　　D. 以上三项功能都具备

10.13　设计一个时序控制的2位加法器，该器件将2个2位二进制数a_1a_0和b_1b_0，以及低位进位三者相加，产生2位和s_1s_0及进位c_2。假设低位进位恒定为1，要求分别用VHDL和verilog HDL编写该加法器的HDL程序。

10.14　在本章10.5.2节方案3的进位选择加法器中需要使用到数据选择器，根据低位进位结果对高位运算结果进行选择。要求分别使用VHDL和verilog HDL编写相关数据选择器的HDL程序。

10.15　利用本章例10.5.1已经编写的低位进位为0的两位加法器add2_0和习题10.13的低位进位为1的两位加法器add2_1，以及习题10.14编写的数据选择器mux2，分别编写低位进位为0的四位加法器add4_0和低位进位为1的四位加法器add4_1。

10.16　用FPGA实现本章习题10.1和习题10.2中的设计，分别编写VHDL程序和verilog HDL程序。

10.17　用FPGA实现本章习题10.6、10.9和10.10中的设计，分别编写VHDL程序和verilog HDL程序。

参 考 文 献

[1] John F. Wakerly. Digital Design principles and practices （4th ed.） [M]. 北京：高等教育出版社，2012.

[2] John F. Wakerly. 数字设计：原理与实践[M]. 第4版. 北京：机械工业出版社，2007.

[3] 姜书艳. 数字逻辑设计及应用[M]. 成都：电子科技大学出版社，2014.

[4] Tocci R J，Widmer N S，Moss G L.数字系统原理与应用[M]. 第11版. 北京：科学出版社，2012.

[5] 姜书艳，陈学英，黄志奇. 数字设计FPGA应用[M]. 北京：科学出版社，2018.

[6] Haskell R E，Hanna D M. FPGA数字逻辑设计教程：Verilog[M]. 北京：电子工业出版社，2010.

[7] 卢有亮. Xilinx FPGA原理与实践：基于Vivado和VerilogHDL[M]. 北京：机械工业出版社，2018.

[8] 唐普英. 锁存器和触发器振荡问题探析[J]. 电气电子教学学报，2015，37（2）：48-50.